四川省农业科学院天府农科智库蓝皮书（2022）

# 四川水果产业发展报告

主　编　牟锦毅
副主编　段晓明　李　晓　杜兴端　马　晖

中国农业科学技术出版社

四川省农业科学院
SAAS
1938

**图书在版编目(CIP)数据**

四川水果产业发展报告 / 牟锦毅主编. --北京：中国农业科学技术出版社，2022.11

ISBN 978-7-5116-5988-0

Ⅰ.①四… Ⅱ.①牟… Ⅲ.①水果-产业发展-研究报告-四川 Ⅳ.①F326.13-62

中国版本图书馆 CIP 数据核字(2022)第 202345 号

**责任编辑** 倪小勋 穆玉红
**责任校对** 王 彦
**责任印制** 姜义伟 王思文

**出 版 者** 中国农业科学技术出版社
北京市中关村南大街 12 号 邮编：100081
**电 话** (010) 82106626 (编辑室) (010) 82109702 (发行部)
(010) 82109709 (读者服务部)
**网 址** https://castp.caas.cn
**经 销 者** 各地新华书店
**印 刷 者** 北京建宏印刷有限公司
**开 本** 185 mm×260 mm 1/16
**印 张** 26
**字 数** 510 千字
**版 次** 2022 年 11 月第 1 版 2022 年 11 月第 1 次印刷
**定 价** 98.00 元

# 《四川省农业科学院天府农科智库蓝皮书（2022）》
# 编　委　会

# 《四川水果产业发展报告》
# 编　委　会

**主　编**　牟锦毅

**副主编**　段晓明　李　晓　杜兴端　马　晖

**编　者**　(按姓氏笔画排序)

邓家林　吕秀兰　刘建军　江国良　李　靖
李华佳　李明章　李金平　李洪雯　吴传秀
汪志辉　宋海岩　陈　巨　陈　栋　罗　娅
罗照西　祝　进　高文波　黄　云　梁　东
谢红江　熊　鹰

# 序　言

习近平总书记指出，解决好十几亿人口的吃饭问题，始终是我们党治国理政的头等大事。党的二十大提出全面推进乡村振兴，加快建设农业强国。这是党中央对我国农业发展提出的新的更高的要求，为中国式农业农村现代化指明了方向。

四川是全国水果生产重点区域，独具熟期优势和品质优势的特色水果在国内享有盛誉，在全国具有重要影响。川果不仅撑起了自身“果盘子”、鼓起了老百姓的“钱袋子”，还起到了调剂全国供需平衡的作用。“十三五”以来，四川水果产业在面积产能、基地建设、产地加工、三产融合、主体培育、品牌市场等方面快速发展，在打赢脱贫攻坚战以及巩固拓展脱贫攻坚成果、全面推进乡村振兴中，发挥了重要作用。

党的二十大报告指出，要发展乡村特色产业，拓宽农民增收致富渠道。促进四川水果产业高质量发展，有利于保障“米袋子”“菜篮子”的同时，丰富老百姓的“果盘子”，鼓起农民的“钱袋子”。四川省农业科学院是四川省农业科技进步的排头兵、农业科技创新的主力军、“三农”工作的重要智库、农业发展的重要人才基地。近年来，坚持以问题为导向、以技术为主线、以团队为支撑、以基地为平台，建立起“政产学研推用”相结合的创新转化体系。特别是围绕四川水果产业高质量发展问题，聚焦柑橘、桃、李、苹果、梨、猕猴桃、葡萄、樱桃、草莓、蓝莓、芒果、石榴、无花果等特色产业和果树种质资源保护与育种创新、水果采后商品化处理与加工、果园数字化关键技术及智能装备应用等方面，有针对性地分析和提炼解决方案与应对之策，形成了《四川水果产业发展报告》，为促进四川水果产业高质量发展提供了一整套的技术解决方案，充分彰显了四川省农业科学院人的政治担当、责任担当。

四川省农业科学院将全面贯彻落实党的二十大精神，在新征程扛起新使命谱写新篇章，加快建设“国内一流 国际知名”农业科研院所，为擦亮四川农业大省金字招牌、推动由农业大省向农业强省跨越作出新的更大贡献。

**四川省农业科学院党委书记**

**吕火明 教授**

**2022年11月**

# 目　录

## 第一部分　总 报 告



## 第二部分　专题报告

# 第一部分

# 总报告

# 四川水果产业发展总报告①

祝　进[1]　马　晖[1]　汪　君[2]　杜兴端[2]　李　晓[2]　易　蓓[1]
（1. 四川省园艺作物技术推广总站，四川成都 610041；
2. 四川省农业科学院农业信息与农村经济研究所，四川成都 610066）

**摘　要：**四川生态类型多样，热带、亚热带和温带水果均有分布，历来是全国水果生产重点区域，独具熟期优势和品质优势的特色水果在国内享有盛誉。“十三五”以来，四川水果产业在面积产能、基地建设、产地加工、三产融合、主体培育、品牌市场等方面快速发展，但总体来看仍存在种业基础薄弱、基地水平不高、加工能力不足、品牌市场不强等短板，与快速发展的产业规模不适应、不匹配，加之受“非粮化”政策出台、果品总体供大于求、国际国内竞争加剧等宏观形势的影响，川果产业已处于转型升级关键期。为促进水果产业高质量发展，下一步四川要按照稳面提质、粮经统筹、融合增效的总体思路，通过创新驱动、夯实种业基础，粮经统筹、提升基地水平，加工补短、延长产业链条，多措并举、拓展市场渠道，融合增效、促进业态相融，协同推进、强化科技支撑“六项举措”，切实推动川果产业发展方式由规模扩张向质量提升转变，栽培模式由单一果园向果粮复合转变，产业形态由生产为主向融合增效转变。

**关键词：**水果产业；高质量发展；对策建议；四川

四川地处青藏高原向长江中下游平原过渡地带，是全国生态类型最丰富的省（区、市）之一，热带、亚热带和温带水果均有分布，特别是晚熟柑橘，晚熟芒果，晚熟荔枝、龙眼，早熟桃、梨，早熟枇杷，红心猕猴桃，石榴等具有熟期优势和品

①　基金项目：国家现代农业产业技术体系四川水果创新团队信息管理平台建设与维护岗位；四川省农业科学院省财政自主创新专项“科技支撑四川农业高质量发展研究”（2022ZZCX037）；四川省农业科学院“1+9”揭榜挂帅科技攻关项目“天府农科发展战略研究基础理论和支撑技术”（1+9KJGG009）；四川省农业科学院省财政自主创新专项“四川乡村产业振兴研究”。

质优势的特色水果，享誉全国，历来是全国水果生产重点区域。不仅撑起了四川的“果盘子”“钱袋子”，还起到了调剂全国供需平衡的作用。

四川省委、省政府高度重视水果产业发展，出台了《中共四川省委　四川省人民政府关于加快建设现代农业“10+3”产业体系推进农业大省向农业强省跨越的意见》（川委发〔2019〕21号），将川果纳入重点发展十大优势产业予以重点支持。建立了产业发展领导小组，印发了《川果产业振兴工作推进方案》（川农领〔2020〕12号），全力推进“川果”产业发展。“十三五”以来，全省水果面积、产量双双突破1 200万（亩、吨）大关①，2020年果园面积在全国排第五位，产量由2015年的第十二位上升到2020年的第八位，在打赢脱贫攻坚战，以及巩固脱贫攻坚成果接续乡村振兴中，发挥了重要作用。

## 一、国内外水果产业概况

### （一）世界水果产业概况

根据联合国粮食及农业组织对197个国家的统计数据，2020年全球水果种植面积为6 485.93万公顷，产量为88 702.7万吨。中国、印度和巴西为水果生产大国，种植面积和产量均位列全球前三位。2020年，中国、印度、巴西水果种植面积分别为1 264.63万公顷、723.06万公顷、208.22万公顷，产量分别为28 692.4万吨、10 597.1万吨、3 978.9万吨②（表1）。

**表1　主要水果生产国种植面积和产量**

| 国家 | 种植面积（万公顷） | 国家 | 产量（万吨） |
| --- | --- | --- | --- |
| 中国 | 1 264.63 | 中国 | 28 692.4 |
| 印度 | 723.06 | 印度 | 10 597.1 |
| 巴西 | 208.22 | 巴西 | 3 978.9 |
| 尼日利亚 | 192.28 | 土耳其 | 2 415.3 |
| 乌干达 | 178.04 | 墨西哥 | 2 383.8 |
| 墨西哥 | 156.59 | 美国 | 2 374.8 |
| 西班牙 | 154.81 | 印度尼西亚 | 2 274.4 |

① 2020年，四川水果面积达到1 210.4万亩，产量达到1 221.3万吨。1公顷=15亩，1亩≈667平方米。

② 数据来源于前瞻产业研究院：《2022年中国水果产业前瞻洞察报告》［EB/OL］. https：//bg.qianzhan.com/report/detail/2204201642449890.html，2022-04-20。

（续表）

| 国家 | 种植面积（万公顷） | 国家 | 产量（万吨） |
|---|---|---|---|
| 刚果 | 140.15 | 西班牙 | 1 947.1 |
| 土耳其 | 134.86 | 伊朗 | 1 896.4 |
| 菲律宾 | 132.22 | 意大利 | 1 782.8 |

数据来源：前瞻产业研究院《2022 年中国水果产业前瞻洞察报告》。

按照产量计算，2020 年全球前十大水果分别为香蕉（含芭蕉）、柑橘、西瓜、苹果、葡萄、菠萝、桃、梨、木瓜和李（表 2）。2020 年香蕉的产量为 16 295.0 万吨，柑橘产量为 14 914.8 万吨，西瓜产量为 10 162.0 万吨。2020 年印度为全球最大香蕉生产国，中国是柑橘、西瓜、苹果和葡萄的最大生产国。

**表 2　2020 年全球前十大水果品类产量**

| 品类 | 产量（万吨） |
|---|---|
| 香蕉（含芭蕉） | 16 295.0 |
| 柑橘 | 14 914.8 |
| 西瓜 | 10 162.0 |
| 苹果 | 8 644.3 |
| 葡萄 | 7 803.4 |
| 菠萝 | 2 781.6 |
| 桃 | 2 457.0 |
| 梨 | 2 310.9 |
| 木瓜 | 1 389.5 |
| 李 | 1 222.5 |

数据来源：前瞻产业研究院《2022 年中国水果产业前瞻洞察报告》。

根据联合国商品贸易库数据，主要受新冠肺炎疫情影响，2020 年全球水果进出口贸易总量为 12 512.8 万吨，同比下降 44.9%；2021 年全球水果进出口贸易持续下降，进出口总量为 10 780.7 万吨（表 3）。

**表 3　2016—2021 年全球水果进出口情况**

| 年份 | 进口数量（万吨） | 进口金额（亿美元） | 出口数量（万吨） | 出口金额（亿美元） |
|---|---|---|---|---|
| 2016 | 13 079.4 | 780.9 | 7 654.8 | 695.5 |
| 2017 | 12 283.9 | 1 242.4 | 10 688.8 | 931.7 |

（续表）

| 年份 | 进口数量（万吨） | 进口金额（亿美元） | 出口数量（万吨） | 出口金额（亿美元） |
|---|---|---|---|---|
| 2018 | 10 979.0 | 1 169.7 | 9 867.6 | 917.3 |
| 2019 | 12 236.7 | 1 305.9 | 10 316.6 | 1 014.0 |
| 2020 | 7 842.0 | 934.9 | 4 572.3 | 563.2 |
| 2021 | 5 561.5 | 796.4 | 5 208.3 | 631.8 |

数据来源：前瞻产业研究院《2022 年中国水果产业前瞻洞察报告》。

2021 年，香蕉（含芭蕉）、柑橘、苹果贸易量排名前三，分别为 2 516.3 万吨、2 068.1 万吨和 1 020.2 万吨。柑橘、香蕉（含芭蕉）和葡萄的贸易金额位居前三位，分别为 221.7 亿美元、167.8 亿美元和 161.2 亿美元（表 4）。

**表 4　2021 年全球水果进出口贸易排名前十位情况**

| 品类 | 进出口贸易量（万吨） | 品类 | 进出口贸易金额（亿美元） |
|---|---|---|---|
| 香蕉（含芭蕉） | 2516.3 | 柑橘 | 221.7 |
| 柑橘 | 2 068.1 | 香蕉（含芭蕉） | 167.8 |
| 苹果 | 1 020.2 | 葡萄 | 161.2 |
| 葡萄 | 721.7 | 鳄梨 | 125.6 |
| 西瓜 | 561.2 | 苹果 | 101.1 |
| 鳄梨 | 479.6 | 蔓越莓、越橘 | 76.8 |
| 菠萝 | 372.5 | 奇异果 | 67.4 |
| 梨 | 323.4 | 草莓 | 62.6 |
| 番石榴、芒果和山竹 | 316.3 | 樱桃 | 58.7 |
| 奇异果 | 286.1 | 鲜木莓、黑莓、桑葚及罗甘莓 | 58.5 |

数据来源：前瞻产业研究院《2022 年中国水果产业前瞻洞察报告》。

### （二）中国水果产业概况

自 2005 年以来，全国果园面积一直保持在 1 000 万公顷以上，2020 年达到 1 264.63 万公顷，较上年增长 3.0%。具体到各树种，种植面积前五位依次为柑橘、苹果、梨、葡萄、香蕉。其中，2020 年柑橘园面积 283.15 万公顷，较上年增长 8.2%，占果园总面积的 22.4%；苹果园面积 199.35 万公顷，较上年增长 0.8%，占果园总面积的 15.8%；梨园面积 96.68 万公顷，较上年增长 2.8%，占果园总面积的7.6%；葡萄园面积71.24万公顷，较上年下降1.9%，占果园总面积的5.6%；香蕉园面积32.72万公顷，较上年减少0.9%，占果园总面积的2.6%[①]（表5）。

**表5　2015—2020年全国果园面积情况**　　单位：万公顷

| 品类 | 2015年 | 2016年 | 2017年 | 2018年 | 2019年 | 2020年 |
|---|---|---|---|---|---|---|
| 果园总面积 | 1 121.22 | 1 091.66 | 1 114.86 | 1 187.49 | 1 227.67 | 1 264.63 |
| 柑橘园 | 222.98 | 232.76 | 243.90 | 248.67 | 261.73 | 283.15 |
| 苹果园 | 198.30 | 194.55 | 194.70 | 193.86 | 197.81 | 199.35 |
| 梨园 | 97.42 | 93.08 | 92.28 | 94.34 | 94.07 | 96.68 |
| 葡萄园 | 71.64 | 71.62 | 70.66 | 72.51 | 72.62 | 71.24 |
| 香蕉园 | 35.54 | 35.01 | 35.10 | 33.19 | 33.03 | 32.72 |

数据来源：《中国农村统计年鉴》。全国数据均不包括中国的香港、澳门特别行政区和台湾省，后文同此，不再说明。

2020年，全国水果产量为28 692.4万吨，较上年增长4.7%。具体到各树种，按产量排序依次为柑橘、苹果、梨、葡萄、香蕉。其中，2020年柑橘产量5 121.9万吨，较上年增长11.7%，占水果总产量的17.9%；苹果产量4 406.6万吨，较上年增长3.9%，占水果总产量的15.4%；梨产量1 781.5万吨，较上年增长2.9%，占水果总产量的6.2%；葡萄产量1 431.4万吨，较上年增长0.8%，占水果总产量的5.0%；香蕉产量1 151.3万吨，较上年下降1.2%，占水果总产量的4.0%（表6）。

**表6　2015—2020年全国水果产量情况**　　单位：万吨

| 品类 | 2015年 | 2016年 | 2017年 | 2018年 | 2019年 | 2020年 |
|---|---|---|---|---|---|---|
| 水果总产量 | 24 524.6 | 24 405.2 | 25 241.9 | 25 688.4 | 27 400.8 | 28 692.4 |
| 柑橘 | 3 617.5 | 3 591.5 | 3 816.8 | 4 138.1 | 4 584.5 | 5 121.9 |
| 苹果 | 3 889.9 | 4 039.3 | 4 139.0 | 3 923.3 | 4 242.5 | 4 406.6 |
| 梨 | 1 652.7 | 1 596.3 | 1 641.0 | 1 607.8 | 1 731.4 | 1 781.5 |
| 葡萄 | 1 316.4 | 1 262.9 | 1 308.3 | 1 366.7 | 1 419.5 | 1 431.4 |
| 香蕉 | 1 062.7 | 1 094.0 | 1 117.0 | 1 122.2 | 1 165.6 | 1 151.3 |

数据来源：《中国农村统计年鉴》。

2020年，全国果园面积超过100万公顷的省（区）分别是广西、陕西、广东，

① 数据来源：《中国农村统计年鉴》。

其中广西135.26万公顷，位列榜首。具体到各个树种，柑橘种植面积位列前三的为广西、湖南、四川，苹果种植面积最大的三个省依次为陕西、甘肃、山东，梨种植面积最大的三个省（区）为河北、辽宁、新疆，葡萄种植面积位居前三的为新疆、陕西、河北，香蕉种植面积排名前三的省（区）分别为广东、云南、广西（表7）。2020年四川柑橘园、苹果园、梨园、葡萄园、香蕉园的面积在全国的排名分别为第三位、第十位、第四位、第六位、第七位。

**表7　2020年全国各省（区、市）重点水果种植面积**　　单位：万公顷

| 地区 | 果园总面积 | 柑橘园 | 苹果园 | 梨园 | 葡萄园 | 香蕉园 |
|---|---|---|---|---|---|---|
| 北京市 | 4.25 | | 0.64 | 0.60 | 0.20 | |
| 天津市 | 2.40 | | 0.27 | 0.49 | 0.35 | |
| 河北省 | 52.16 | | 12.59 | 14.39 | 4.37 | |
| 山西省 | 38.11 | | 14.43 | 4.67 | 1.54 | |
| 内蒙古自治区 | 9.83 | | 4.15 | 0.70 | 0.50 | |
| 辽宁省 | 35.84 | | 13.93 | 8.79 | 3.25 | |
| 吉林省 | 2.71 | | 0.61 | 0.72 | 0.54 | |
| 黑龙江省 | 4.11 | | 0.97 | 0.23 | 0.28 | |
| 上海市 | 1.31 | 0.37 | | 0.19 | 0.26 | |
| 江苏省 | 19.08 | 0.21 | 2.86 | 3.52 | 3.38 | |
| 浙江省 | 31.89 | 8.89 | | 1.97 | 3.24 | |
| 安徽省 | 16.63 | 0.22 | 1.17 | 4.12 | 2.67 | |
| 福建省 | 35.58 | 14.44 | | 1.39 | 1.05 | 1.18 |
| 江西省 | 42.78 | 33.73 | | 2.07 | 0.93 | |
| 山东省 | 60.32 | | 24.65 | 3.65 | 3.58 | |
| 河南省 | 45.22 | 0.44 | 11.77 | 6.66 | 4.14 | |
| 湖北省 | 40.08 | 23.74 | 0.08 | 2.48 | 1.62 | |
| 湖南省 | 55.61 | 41.61 | | 3.43 | 2.75 | |
| 广东省 | 103.13 | 24.21 | | 0.86 | 0.11 | 11.13 |
| 广西壮族自治区 | 135.26 | 57.66 | | 2.10 | 3.26 | 7.75 |
| 海南省 | 17.84 | 0.88 | | | | 3.19 |
| 重庆市 | 34.78 | 22.36 | 0.03 | 2.42 | 0.98 | 0.01 |
| 四川省 | 80.69 | 33.89 | 4.56 | 6.66 | 3.59 | 0.19 |
| 贵州省 | 77.95 | 8.34 | 4.27 | 4.92 | 2.92 | 1.03 |
| 云南省 | 66.52 | 9.76 | 5.46 | 5.84 | 3.90 | 8.24 |

（续表）

| 地区 | 果园总面积 | 柑橘园 | 苹果园 | 梨园 | 葡萄园 | 香蕉园 |
|---|---|---|---|---|---|---|
| 西藏自治区 | 0.42 | 0.02 | 0.17 | 0.03 | 0.02 | 0.01 |
| 陕西省 | 115.45 | 2.36 | 62.02 | 4.45 | 4.88 | |
| 甘肃省 | 32.67 | 0.02 | 24.86 | 1.99 | 1.63 | |
| 青海省 | 0.72 | | 0.08 | 0.04 | 0.00 | |
| 宁夏回族自治区 | 10.47 | | 2.86 | 0.17 | 2.95 | |
| 新疆维吾尔自治区 | 90.82 | | 6.93 | 7.13 | 12.34 | |

数据来源：《中国农村统计年鉴》。

2020年，水果产量大于2 000万吨的省（区）有山东、广西、河南、陕西，山东省的水果产量为2 938.9万吨，位居第一。柑橘产量大省（区）依次为广西、湖南、湖北，苹果产量排名前三的省为陕西、山东、山西，梨产量最高的三个省（区）为河北、新疆、河南，葡萄产量位列前三的分别为新疆、河北、山东，香蕉产量最高的三个省（区）依次为广东、广西、云南（表8）。四川柑橘、苹果、梨、葡萄、香蕉的产量在全国的排名分别为第五位、第九位、第九位、第十二位、第七位。

**表8 2020年全国各省（区、市）重点水果产量** 单位：万吨

| 地区 | 水果总产量 | 柑橘 | 苹果 | 梨 | 葡萄 | 香蕉 |
|---|---|---|---|---|---|---|
| 北京市 | 53.8 | | 4.3 | 5.9 | 1.9 | |
| 天津市 | 56.4 | | 2.9 | 5.0 | 8.8 | |
| 河北省 | 1 424.4 | | 239.8 | 350.2 | 124.6 | |
| 山西省 | 909.8 | | 436.6 | 97.7 | 34.5 | |
| 内蒙古自治区 | 238.7 | 0.0 | 25.8 | 5.2 | 5.0 | |
| 辽宁省 | 851.3 | | 267.3 | 133.0 | 79.8 | |
| 吉林省 | 146.6 | | 5.6 | 7.3 | 8.8 | |
| 黑龙江省 | 170.1 | | 14.4 | 5.0 | 5.6 | |
| 上海市 | 43.9 | 11.7 | | 3.4 | 4.9 | |
| 江苏省 | 974.2 | 3.4 | 56.6 | 78.4 | 61.1 | |
| 浙江省 | 755.3 | 191.8 | 0.0 | 35.2 | 76.2 | 0.0 |
| 安徽省 | 741.5 | 3.3 | 37.6 | 127.5 | 53.4 | |
| 福建省 | 764.6 | 386.1 | 0.0 | 19.5 | 22.9 | 45.2 |
| 江西省 | 712.8 | 425.6 | | 16.5 | 9.9 | |
| 山东省 | 2 938.9 | | 953.6 | 111.1 | 116.1 | |

（续表）

| 地区 | 水果总产量 | 柑橘 | 苹果 | 梨 | 葡萄 | 香蕉 |
|---|---|---|---|---|---|---|
| 河南省 | 2 563.4 | 4.7 | 407.6 | 138.2 | 88.1 | |
| 湖北省 | 1 066.8 | 510.0 | 0.7 | 41.5 | 31.3 | |
| 湖南省 | 1 150.8 | 626.7 | | 20.1 | 24.4 | |
| 广东省 | 1 882.6 | 497.7 | | 12.3 | 1.9 | 478.7 |
| 广西壮族自治区 | 2 785.7 | 1 382.1 | | 47.1 | 62.6 | 303.7 |
| 海南省 | 495.6 | 14.4 | | | | 112.9 |
| 重庆市 | 514.8 | 319.9 | 0.6 | 32.0 | 12.7 | 0.1 |
| 四川省 | 1 221.3 | 489.0 | 80.8 | 95.6 | 41.6 | 5.1 |
| 贵州省 | 548.1 | 67.8 | 34.5 | 44.8 | 33.7 | 7.8 |
| 云南省 | 961.6 | 135.9 | 60.6 | 65.4 | 97.5 | 197.6 |
| 西藏自治区 | 2.2 | 0.1 | 0.8 | 0.1 | 0.1 | 0.1 |
| 陕西省 | 2 070.6 | 51.9 | 1 185.2 | 104.3 | 80.7 | |
| 甘肃省 | 779.0 | 0.2 | 386.0 | 23.9 | 27.1 | |
| 青海省 | 2.9 | | 0.4 | 0.5 | 0.0 | |
| 宁夏回族自治区 | 204.5 | | 21.1 | 0.5 | 10.8 | |
| 新疆维吾尔自治区 | 1 660.4 | | 184.0 | 154.5 | 305.6 | |

数据来源：《中国农村统计年鉴》。

从人均来看，全国人均水果产量呈上涨趋势，2020 年人均水果产量为 203.3 千克。居民人均干鲜瓜果类消费量逐年增长，2020 年居民人均干鲜瓜果类消费量 56.3 千克，其中城镇居民人均消费量为 65.9 千克，农村居民人均消费量为 43.8 千克（表 9）。

**表 9　2015—2020 年全国居民人均水果产量和消费量**　　单位：千克

| 指标 | 2015 年 | 2016 年 | 2017 年 | 2018 年 | 2019 年 | 2020 年 |
|---|---|---|---|---|---|---|
| 居民人均水果产量 | 177.7 | 175.9 | 180.8 | 183.1 | 194.6 | 203.3 |
| 居民人均干鲜瓜果类消费量 | 44.5 | 48.3 | 50.1 | 52.1 | 56.4 | 56.3 |
| 城镇居民人均干鲜瓜果类消费量 | 55.1 | 58.1 | 59.9 | 62.0 | 66.8 | 65.9 |
| 农村居民人均干鲜瓜果类消费量 | 32.3 | 36.8 | 38.4 | 39.9 | 43.3 | 43.8 |

数据来源：《中国农村统计年鉴》《中国统计年鉴》。

根据中国食品土畜进出口商会水果分会发布的报告，2021 年全国水果进口额达 134.7 亿美元，同比增长 30.9%；进口量达 702.7 万吨，同比增长 11.5%。进口额排名前八的水果为鲜榴莲、鲜樱桃、香蕉、鲜或干的山竹、鲜龙眼、鲜猕猴桃、鲜葡萄及鲜火龙果。以进口额排序，中国进口水果前八的供应国依次为泰国、智利、越南、菲律宾、新西兰、秘鲁、澳大利亚及南非。出口方面，受疫情影响，出口额和出口量均出现下降。出口额 54.3 亿美元，同比减少 14.9%；出口量 354.6 万吨，同比减少 8.3%。分果品来看，出口额排名前五的依次为鲜苹果、其他柑橘（包括小蜜橘及萨摩蜜柑橘）、鲜葡萄、鲜梨、鲜或干的橙。按出口额排序，主要的出口市场依次为越南、泰国、印度尼西亚、菲律宾、中国香港地区、孟加拉国、马来西亚、美国、缅甸、尼泊尔和日本[①]。

## 二、四川省水果产业发展现状

### （一）面积、产量稳步增长

2020 年，四川省水果（不含果用瓜，下同）总面积达到 80.69 万公顷，总产量达到 1 221.3 万吨，分别较 2015 年增长 26.4%和 33.9%。统计果类中，柑橘和猕猴桃增速较快，桃、苹果、葡萄稳步增长，梨面积出现下滑（表 10）。全省有 130 个县（市、区）栽培水果，覆盖全省 72%的县（市、区）。全省水果栽培面积 26 667 公顷（40 万亩）以上的大县 3 个，13 333 公顷（20 万亩）以上的县 15 个，6 667 公顷（10 万亩）以上的县 34 个。安岳、蒲江等 7 县上榜全国柑橘 30 强县（市），数量领先其他省市居全国第一。

**表 10　2015 年和 2020 年四川省水果及主要果类面积、产量增长情况**

| 果类 | 面积（万公顷） | | 增长（%） | 产量（万吨） | | 增长（%） |
|---|---|---|---|---|---|---|
| | 2015 年 | 2020 年 | | 2015 年 | 2020 年 | |
| 全省水果 | 63.85 | 80.69 | 26.4 | 912.1 | 1 221.3 | 33.9 |
| 柑橘 | 26.82 | 33.89 | 26.4 | 375.8 | 489.0 | 30.1 |
| 梨 | 7.04 | 6.66 | -5.3 | 91.0 | 95.6 | 5.0 |
| 桃 | 4.93 | 5.13 | 4.1 | 55.0 | 59.0 | 7.3 |
| 苹果 | 3.65 | 4.56 | 24.8 | 60.7 | 80.8 | 33.1 |

① 数据来源于中国农垦（热作）网：2021 年我国水果进出口贸易情况公布，进口再创新高［EB/OL］. http：//www.farmchina.org.cn/ShowArticles.php？url=ADwGYw1tU2YIOVYwADEEZVQx，2022-02-11。

（续表）

| 果类 | 面积（万公顷） | | 增长（%） | 产量（万吨） | | 增长（%） |
|---|---|---|---|---|---|---|
| | 2015年 | 2020年 | | 2015年 | 2020年 | |
| 猕猴桃 | 3.80 | 5.00 | 31.6 | 22.0 | 44.0 | 100.0 |
| 葡萄 | 2.94 | 3.59 | 22.2 | 33.5 | 41.6 | 24.3 |

数据来源：《四川农村统计年鉴》。

**（二）特色果类优势突出**

独具熟期优势和品质优势的特色水果在国内享有盛誉。晚熟柑橘，四川省晚熟柑橘面积16.67万公顷（250万亩），是全国最大的晚熟柑橘产区，产量230万吨，上市时间为1—5月，正是国内鲜果供应淡季。晚熟芒果，攀西地区晚熟芒果面积5.33万公顷（80万亩），上市时间9—11月，是全国纬度最北、海拔最高、品质最优、熟期最晚的芒果生产基地。红心猕猴桃，全省猕猴桃面积5.0万公顷（75万亩），其中以红阳为主的红心猕猴桃占80%以上，是全球最大的红心猕猴桃生产基地。柠檬，全省柠檬面积4.53万公顷（68万亩），面积产能和市场占有率占全国的80%，是全国柠檬商品化栽培最早和最大的产区。石榴，全省石榴面积3.13万公顷（47万亩），是全国最大的石榴产区，全年2 400小时以上的日照时数造就了会理石榴果大、皮薄、色鲜、汁多、籽软，唐代时即为皇家贡品。此外，四川省早熟桃、早熟梨、枇杷在全国占有重要地位；晚熟荔枝、龙眼是全国最内陆、同纬度、低海拔、最晚熟的生产基地；岷江河谷的甜樱桃、雅砻江流域的苹果、金沙江赤水河流域的脐橙、安宁河流域的鲜食葡萄、大巴山的脆李等都深受市场欢迎。

**（三）基地建设质量提升**

一是良繁基地建设。2015—2020年，通过优质种苗繁育基地建设、晚熟柑橘优势特色产业集群、现代农业种业园区等中央、省级财政资金支持，四川省已建设苍溪猕猴桃、罗江梨、雁江柑橘等国家级良繁基地8个，安岳柠檬、蒲江柑橘等省级良繁基地4个。其中，雁江柑橘被认定为国家区域性良种繁育基地，井研县区域柑橘良繁中心年育苗能力达到200万~250万株；在南充市顺庆区建成柑橘种业园区1个、崇州市启动建设落叶果树种业园区1个，优质苗木供应能力增长30%。二是标准化基地建设。按照“五网”（田网、路网、水网、电网、互联网）配套“三化”（规模化、标准化、机械化）联动要求，提升基地标准化水平，全省“十三五”期间新建和改造提升标准化基地 38.67 万公顷（580 万亩），占全省水果总面积的 47.9%。三是生产水平大幅提升。在优新品种推广上，大力推广了大雅等晚熟柑橘，攀育 2 号、金煌等晚熟芒果，晚白桃、紫玉、红玉等早熟桃，秦脆、瑞雪等早中熟苹果，翠玉、翠冠等早熟梨，红阳猕猴桃，青皮软籽石榴等优新品种；在技术上，推广了早期快速成园、高光效树形培养、宜机化作业及肥水一体化管理、轻简高效栽培、果粮/豆/菜/菌周年高效复合种植、病虫害绿色综合防控等生产技术，良种、良法、良机、良制得到广泛运用。2020 年全省水果平均单产达到 0.90 吨/亩，较 2015 年提高 8.4%。

**（四）园区建设成效明显**

一是国家现代农业产业园。四川省现有蒲江（柑橘、猕猴桃）、苍溪（红心猕猴桃）、安岳（柑橘）、资中（柑橘）以水果为主导产业的国家现代农业产业园 4 个，其中 2020 年蒲江、苍溪、安岳 3 个园区已通过国家园区认定（表 11）。二是省级现代农业园区。全省已认定水果省级现代农业园区 27 个，其中五星级园区 8 个、四星级园区 9 个、三星级园区 10 个，数量居现代农业“10+3”十大产业前列（表 12）。三是特色农产品优势区。全省现有苍溪猕猴桃、攀枝花芒果、合江荔枝、安岳柠檬、会理石榴、资中血橙、眉山晚橘、威远无花果、广安龙安柚果类中国特色农产品优势区 9 个，数量居全国前列。有都江堰猕猴桃、蒲江丑柑、合江真龙柚等果类省级特色农产品优势区 29 个（表 13）。

**表 11　以水果为主导产业的国家现代农业产业园名单**

| 产业园名称 | 主导产业 | 备注 |
| --- | --- | --- |
| 蒲江县国家现代农业产业园 | 柑橘、猕猴桃 | 通过认定 |
| 苍溪县国家现代农业产业园 | 红心猕猴桃 | 通过认定 |
| 安岳县国家现代农业产业园 | 柑橘 | 通过认定 |
| 资中县国家现代农业产业园 | 柑橘 | 创建 |

**表 12　以水果为主导产业的省级现代农业园区名单**

| 市（州） | 产业园名称 | 星级 |
| --- | --- | --- |
| 南充市 | 西充县香桃现代农业园区 | 五星级 |
| 广安市 | 广安市广安区龙安柚现代农业园区 | 五星级 |

（续表）

| 市（州） | 产业园名称 | 星级 |
|---|---|---|
| 凉山州 | 会理县石榴现代农业园区 | 五星级 |
| 泸州市 | 合江县荔枝现代农业园区 | 五星级 |
| 自贡市 | 富顺县柑橘现代农业园区 | 五星级 |
| 眉山市 | 眉山市彭山区葡萄现代农业园区 | 五星级 |
| 攀枝花市 | 攀枝花市仁和区芒果现代农业园区 | 五星级 |
| 内江市 | 威远县无花果现代农业园区 | 五星级 |
| 阿坝州 | 汶川县樱桃现代农业园区 | 四星级 |
| 广元市 | 广元市昭化区猕猴桃现代农业园区 | 四星级 |
| 资阳市 | 资阳市雁江区柑橘现代农业园区 | 四星级 |
| 南充市 | 南部县柑橘现代农业园区 | 四星级 |
| 眉山市 | 青神县柑橘现代农业园区 | 四星级 |
| 广安市 | 华蓥市梨现代农业园区 | 四星级 |
| 资阳市 | 乐至县葡萄现代农业园区 | 四星级 |
| 凉山州 | 盐源县苹果现代农业园区 | 四星级 |
| 内江市 | 资中县柑橘现代农业园区 | 四星级 |
| 乐山市 | 井研县柑橘现代农业园区 | 三星级 |
| 德阳市 | 绵竹市猕猴桃现代农业园区 | 三星级 |
| 阿坝州 | 金川县梨现代农业园区 | 三星级 |
| 广安市 | 邻水县脐橙现代农业园区 | 三星级 |
| 眉山市 | 丹棱县柑橘现代农业园区 | 三星级 |
| 凉山州 | 雷波县脐橙现代农业园区 | 三星级 |
| 德阳市 | 德阳市罗江区枣子现代农业园区 | 三星级 |
| 达州市 | 达州市通川区蓝莓现代农业园区 | 三星级 |
| 阿坝州 | 茂县李子苹果现代农业园区 | 三星级 |
| 南充市 | 南充市高坪区猪+柑橘现代农业园区 | 三星级 |

**表 13　以水果为主导产业的特色农产品优势区名单**

| 市（州） | 产业 | 类别 |
|---|---|---|
| 攀枝花市 | 攀枝花芒果 | 中国特色农产品优势区 |
| 广元市 | 苍溪猕猴桃 | 中国特色农产品优势区 |

（续表）

| 市（州） | 产业 | 类别 |
| --- | --- | --- |
| 泸州市 | 合江荔枝 | 中国特色农产品优势区 |
| 内江市 | 威远无花果 | 中国特色农产品优势区 |
| 内江市 | 资中血橙 | 中国特色农产品优势区 |
| 广安市 | 广安龙安柚 | 中国特色农产品优势区 |
| 眉山市 | 眉山晚橘 | 中国特色农产品优势区 |
| 资阳市 | 安岳柠檬 | 中国特色农产品优势区 |
| 凉山州 | 会理石榴 | 中国特色农产品优势区 |
| 成都市 | 都江堰猕猴桃 | 省级特色农产品优势区 |
| 成都市 | 蒲江丑柑 | 省级特色农产品优势区 |
| 泸州市 | 合江县真龙柚 | 省级特色农产品优势区 |
| 自贡市 | 富顺柑橘 | 省级特色农产品优势区 |
| 南充市 | 充国香桃 | 省级特色农产品优势区 |
| 广安市 | 广安蜜梨 | 省级特色农产品优势区 |
| 眉山市 | 青神椪柑 | 省级特色农产品优势区 |
| 甘孜州 | 泸定县雪域野农苹果 | 省级特色农产品优势区 |
| 阿坝州 | 汶川甜樱桃 | 省级特色农产品优势区 |
| 凉山州 | 盐源苹果 | 省级特色农产品优势区 |
| 凉山州 | 会理石榴 | 省级特色农产品优势区，后升为国家级 |
| 眉山市 | 眉山晚橘 | 省级特色农产品优势区，后升为国家级 |
| 内江市 | 资中血橙 | 省级特色农产品优势区，后升为国家级 |
| 资阳市 | 安岳柠檬 | 省级特色农产品优势区，后升为国家级 |
| 泸州市 | 合江荔枝 | 省级特色农产品优势区，后升为国家级 |
| 广安市 | 广安龙安柚 | 省级特色农产品优势区，后升为国家级 |
| 内江市 | 威远无花果 | 省级特色农产品优势区，后升为国家级 |
| 遂宁市 | 遂宁鲜柑橘 | 省级特色农产品优势区 |
| 南充市 | 南充晚柑 | 省级特色农产品优势区 |
| 广安市 | 邻水县脐橙 | 省级特色农产品优势区 |
| 泸州市 | 泸州市江阳区、龙马潭区、泸县桂圆 | 省级特色农产品优势区 |
| 凉山州 | 西昌葡萄 | 省级特色农产品优势区 |
| 眉山市 | 仁寿县枇杷 | 省级特色农产品优势区 |
| 德阳市 | 绵竹市猕猴桃 | 省级特色农产品优势区 |

（续表）

| 市（州） | 产业 | 类别 |
| --- | --- | --- |
| 广安市 | 武胜县晚熟柑橘 | 省级特色农产品优势区 |
| 自贡市 | 荣县晚熟柑橘 | 省级特色农产品优势区 |
| 雅安市 | 石棉县枇杷 | 省级特色农产品优势区 |
| 乐山市 | 井研晚熟杂交柑橘 | 省级特色农产品优势区 |
| 凉山州 | 雷波脐橙 | 省级特色农产品优势区 |

**（五）产地加工发展迅速**

初加工方面，依托产业集群、产业强镇、现代农业园区、冷链物流设施建设等重大项目支持，结合中高端果品、电子商务等市场需求，以预冷、清洗、分级、包装等为重点的采后商品化处理，以保鲜、仓储、冷链运输为重点的冷链物流体系快速发展。全省建有各类柑橘初加工分选线500余条，其中中高端生产线约占20%。四川省水果仓储能力已达500万吨，中长期果品贮藏能力达到100万吨。

精深加工方面，以果汁、果醋、果酒、功能性食品、日化产品等为主的精深加工有序推进，开发果类精深加工产品上百个。眉山市丹棱县的四川省丹橙现代果业有限公司开发的“丹橙”“果小酒”等低度果酒系列，深受年轻消费群体喜爱，年产值达到8 000万元。资阳市安岳县柠檬年加工能力达到10万吨，得荣葡萄酒、攀西芒果干片、会理石榴酒等系列加工产品，延长了产业链条，提升了附加值。

**（六）三产融合更加紧密**

一是休闲农业蓬勃发展。四川是农家乐发源地，有休闲观光传统。各地在发展水果产业同时，充分利用桃、梨、柑橘等景观价值和休闲采摘功能，在城市近郊或依托景区景点，推进产业基地景观化发展。通过精品线路推荐、农业主题公园打造、天府田园欢乐游等系列活动，打造了龙泉桃花节、眉山晚熟柑橘节、苍溪猕猴桃采摘节等系列节会品牌，创建了丹棱天府橙都、井研集益晚熟柑橘、西昌“茅坡樱红”等农业主题公园，每年新增产值超过100亿元。二是带动新产业新业态发展。依托水果产业，带动社会服务、休闲观光、电子商务、仓储物流、生鲜零售、会展策划等新产业新业态加快发展，引导农民家门口就业，让农户充分享受产业链增值收益，实现了“一业兴、百业旺”。

### （七）品牌市场更具影响

一是川果品牌持续推出。通过各类展会、节会、营销、推荐活动，成功打造了“眉山春橘”“攀枝花芒果”“苍溪猕猴桃”“西昌晚熟葡萄”“合江荔枝”“盐源苹果”“会理石榴”“蒲江丑柑”“德昌桑椹”等果类品牌。“安岳柠檬”品牌价值180亿元，“眉山春橘”获评中国农产品百强标志性品牌，“攀枝花芒果”“大凉山”系列农产品深受消费者喜爱。二是市场拓展不断增强。依托晚熟柑橘产业集群，初步形成以丹棱区域商贸物流中心为核心，带动东坡晚熟柑橘电商交易中心、仁寿晚熟柑橘期货交易中心、青神农产品加工冷链物流园区和井研产地初加工中心的商贸物流“1+4”体系。电子商务发展迅速，蒲江县与阿里巴巴合作打造西部果品交易中心，生鲜快递每天发往全国80万件，一跃成为淘宝水果电商第一县。借势“一带一路”倡议、“蓉欧+”等，川果远销西班牙、阿拉伯联合酋长国、加拿大及东南亚等18个国家和地区，2021年经成都海关检验检疫出口的水果2 514吨、出口额2 515万元，同比分别增长263. 3%和311. 3%。

### （八）新型主体更有活力

截至目前，四川省现有攀枝花锐华、四川华通、欧阳农业、金四方果业、苍溪猕猴桃等以水果为主营业务的国家级农业产业化龙头企业5家（表14）。培育丹棱丹橙果业、资中光辉好口碑、攀枝花二十六度等果类省级以上农业产业化龙头企业74家。形成了以龙头企业为“领头雁”，带动全产业链发展的“雁阵”模式。探索发展“龙头企业+专业合作社+家庭农场+农户”等模式的农业产业化联合体，通过联合体将分散的各经营主体有效链接，充分发挥龙头企业在仓储加工、品牌市场等环节的开拓能力，以及专业合作社、家庭农场在生产环节的组织协调能力。通过不断完善的利益联结机制，将各新型主体和农户吸附在产业链上，分工协作、规模经营、利益共享、风险共担，从而破解小生产、大市场矛盾。

**表14　以水果为主营业务的国家级龙头企业名单**

| 市（州） | 县（市、区） | 级别 | 企业名称 | 主营业务 |
|---|---|---|---|---|
| 攀枝花市 | 盐边县 | 国家级 | 攀枝花锐华农业开发有限责任公司 | 芒果为主的特色水果 |
| 广元市 | 苍溪县 | 国家级 | 苍溪县猕猴桃食品有限公司 | 猕猴桃为主的特色水果 |
| 资阳市 | 安岳县 | 国家级 | 四川华通柠檬有限公司 | 柠檬 |

（续表）

| 市（州） | 县（市、区） | 级别 | 企业名称 | 主营业务 |
|---|---|---|---|---|
| 广安市 | 华蓥市 | 国家级 | 四川欧阳农业集团有限公司 | 广安蜜梨 |
| 内江市 | 威远县 | 国家级 | 四川金四方果业有限责任公司 | 无花果为主的特色水果 |

## 三、四川水果产业发展面临的形势与挑战

### （一）宏观层面，三大形势将对产业产生重要影响

一是耕地非农化非粮化。党的十八大以来，习近平总书记对耕地保护做出系列重要论述，强调要采取“长牙齿”的硬措施，像保护大熊猫那样保护耕地，严防死守18亿亩耕地红线。2020年11月国务院办公厅印发《国务院办公厅关于防止耕地“非粮化”稳定粮食生产的意见》，强调永久基本农田重点用于发展粮食生产，保障稻谷、小麦、玉米三大谷物的种植面积；一般耕地应主要用于粮食、油、糖、蔬菜等农产品及饲草饲料生产。过去十年，四川省水果种植面积增长非常快，2020年全省水果80.69万公顷，较2010年增长47%。非粮化政策出台后，规模增长空间有限，产业发展将转向改造提升、延链增效。

二是果品总体供大于求。十年来不仅川果在加速发展，其他省市也在抢抓机遇加速发展。2020年全国水果总面积1 264.63万公顷、总产量28 692.4万吨，水果种植面积超过66.67万公顷（1 000万亩）就有6个省，总产量超过1 000万吨有10个省。14亿人口人均水果产量为203.3千克，国内生产总体供大于求。

三是国际国内竞争加剧。在当前错综复杂的国际环境中，加之新冠肺炎疫情等不确定因素影响，世界经济贸易形势对产业发展的影响是多方面、深层次的，对水果同样有较大影响。出口上，柠檬是四川省传统出口优势果品，早熟桃、梨、猕猴桃、枇杷、葡萄、苹果、石榴、柑橘、芒果等也有一定出口量，政治贸易摩擦和新冠肺炎疫情等必将影响川果“走出去”。内销上，国内果品供应总量除遭受特殊自然灾害外不会骤然减少，各产区间竞争激烈，加之“一带一路”国家纷纷抢滩中国这个万亿级大市场，甜樱桃、猕猴桃、甜橙、榴莲、牛油果等进口水果迅速增加并在中高端市场激烈竞争，优质优价和低价滞销可能会同时出现。

### （二）产业自身，还存在不少问题短板

一是果业“芯片”仍然薄弱。品种是核心竞争力，是产业“芯片”。近年来，四川省农业科学院、四川农业大学等科研单位在果树种质资源收集、保存、评价及新品种的选育上，开展了大量的研究和创新工作，并获得了一些自主知识产权品种，一定程度上满足了产业发展需求，但还不能持续支撑产业的健康发展。柑橘、葡萄、芒果等现有主栽品种多引自省外，自主选育并推广应用的优良品种少。

二是基地水平有待提高。基地建设上，老旧果园占果园总面积近1/3，基础设施不配套、不完善，水肥一体、智慧灌溉等设施设备覆盖面不广。产出水平上，四川省水果平均单产0.90吨/亩，远低于河南3.82吨/亩、山东3.23吨/亩，且商品果率只有70%左右，高端果品占比不到30%。科技支撑上，基层农技推广队伍断层严重，新品种、新技术推广应用不到位，优质果品生产能力和生产效益有待提高。组织形式上，小农户大市场仍是四川省的主要模式，新型主体引领产业化发展的模式或联合体作用凸显不够，利益机制体制有待完善，统一标准、统一农资、统一销售和社会化服务还不到位。

三是加工能力还需加强。初加工上，采后商品化处理能力还需加强，能实现无损检测数控分选的中高端生产线不足20%，与品牌形象、中高端市场需求和快速发展的电商不匹配；四川省水果仓储能力500万吨，不到产能的一半；中长期果品贮藏能力100万吨左右，不到产能的10%，收储机制没有建立，应对市场风险能力差。精深加工上，有实力的龙头企业少，科技研发、产品开发不足，原料收购季节性强、不确定因素多，精深加工产品附加值低、特色不突出、市场竞争力不强。

四是品牌市场亟待拓展。眉山春橘、攀枝花芒果、安岳柠檬、苍溪猕猴桃、会理石榴等特色果品，虽在省内外有一定知名度，但与川酒、川茶、川粮油等产业相比，品牌宣传和市场拓展还有待加强。与江西赣南脐橙、云南褚橙、山东烟台苹果等国内其他地区水果品牌相比，也还有不小的差距。

## 四、四川水果产业发展趋势及对策建议

### （一）四川水果产业发展趋势

进入“十四五”，四川水果产业发展迎来新变局，四川省水果产业总体趋势和发展方向为稳面提质、粮经统筹、融合增效。

一是发展方式由“传统规模扩张”向“质量效益提升”转变。从“非粮化”政策背景和产业发展阶段来看，四川省水果产业规模面积将逐步趋稳，老旧果园改造成为重点任务。产业布局上，水果产业向优生区或最适宜区集聚更为明显，次适宜区、低产低效果园将逐步淘汰或退果还粮。基地建设上，沟、渠、路、池、电等基础设施，宜机化作业及精准水肥一体化、数字智慧农业等现代设施将进一步完善，农机农艺进一步融合。生产管理上，新品种、新技术、新模式的运用将更加凸显，新、奇、特品种和优质、功能化果品成为生产者、消费者共同追求或实现的目标，消费者个性需求更加明显。采后处理上，预冷、分选、清洗、包装等适宜中高端果品和电子商务发展的采后商品化处理进一步发展，产品一致性、商品性将会进一步提升。

二是栽培模式由“单一果园”向“果粮/豆/菜/菌复合种植”转变。由传统单一果品生产的果园，逐步向果粮互作、粮经复合、稳粮增收型果园转变。栽培方式上，清耕为主的果园逐步推广果—豆、果—麦、果—菜、果—药等复合种植模式，以及“猪—沼—果”、林下养殖等生态立体种养模式，实现粮经统筹发展。

三是产业形态由“传统生产为主”向“多元融合增效”转变。四川省水果面积、产量均突破 1 200 万（亩、吨），在满足消费需求上已取得较大成效，为打赢脱贫攻坚战和巩固脱贫攻坚成果奠定了产业基础。下一步将继续向全产业链要效益，以一产带动产地加工、社会服务、电子商务、仓储物流、生鲜零售、休闲观光等全业态全链条发展。

### （二）促进四川水果产业发展的对策建议

#### 1. 创新驱动，不断夯实种业基础

一是推进突破性新品种选育。种质资源又称基因资源，是育种的基石。四川省果树种质资源丰富，应持续加大对种质资源收集保护、评价及遗传多样性等基础研究、应用基础研究工作的支持力度。依托“十四五”农作物及畜禽育种攻关等项目，充分发挥国家产业体系、省级创新团队和科研院所等作用，围绕柑橘、抗溃疡猕猴桃、晚熟芒果、早熟桃梨等重点果树产业，加快选育一批突破性品种和专用砧木。

二是科学布局优新品种。在重点产区围绕主导产业强化品比园建设，有计划开展品种区域适应性研究。强化生产与科研沟通协作机制，引进、观察、筛选、储备

一批适宜本地生态气候条件和未来发展的水果优新品种，逐步形成市场青睐、熟期配套、特色鲜明的品种体系。对适宜本区域发展的特色品种，强化配套栽培技术研究和试验示范，促进良种良繁配套，依托品种优势，打造区域特色鲜明的拳头产业和拳头产品。

三是加强良种繁育体系协作。以顺庆柑橘、崇州落叶果树省级种业园区和井研区域柑橘良繁中心等为重点，探索持续运转长效机制，建立完善四川省水果良种繁育体系。充分发挥现有良繁基地作用，探索委托育苗、订单生产等方式，推进良种繁育区域协同，稳定优质种苗（接穗）供应。加大水果种业经营主体培育，鼓励“育—繁—推”一体企业创新品种和繁育技术，树立种业品牌，拓展市场范围。

**2. 粮经统筹，不断提升基地水平**

一是调优水果生产基地布局。坚持粮经统筹协调发展，按照宜粮则粮、宜果则果思路，进一步调优水果生产布局。对生态不适宜、低产低效、失管弃管的经果林，探索退果还粮、腾田上坡等模式。有发展潜力的优势产区，充分利用山坡地、荒地发展特色水果产业，促进农民增收。

二是推进老旧果园改造提升。以坡改梯、道路、水利等基础设施，高接换种、土壤改良、整形修剪、花果管理、病虫害防控、适时采收等高效技术，水肥一体、山地轨道等现代装备为重点，按照“缺啥补啥”原则，推进老果园改造提升，带动全省水果基地生产能力和生产效益提高。

三是推广立体综合种养模式。充分利用幼龄果园，发展果—豆、果—麦、果—菜、果—药等复合种植模式；利用果园宽行，发展果—粮带状套种；以大豆为重点，推广果—豆生态互生，增加大豆产出。推广猪—沼—果、生草栽培和林下养殖，探索果—畜—草—蜂立体种养模式。

四是实施化肥农药减量增效。通过增施有机肥、套作豆科作物、秸秆还田、畜禽粪污资源化利用等方式，推广测土配方施肥、水肥一体化、缓释肥料等新产品、新技术、新设备，持续推进化肥减量增效示范和绿色种养循环试点。推广抗性品种和抗性砧木，优化树体结构和种植方式，运用黄板、性诱剂、以螨治螨等生物防治手段，持续推进病虫害绿色防控与专业化统防统治融合示范。

五是推广专业化社会化服务。鼓励龙头企业、家庭农场、专业合作社等新型经营主体，开展以土地托管、代种代收、整形修剪、植保防控、农机服务等为重点的专业化、社会化服务，统一农资供应、统一农事操作、统一采收标准，推行标准化生产。探索服务组织、新型主体和农户利益联结机制，鼓励社会化服务持续开展。

六是提升防灾减灾能力。加强与气象部门联动，强化为农气象服务，持续推进智慧农业建设，不断提高预测预报预警准确率和预见性。加强防灾减灾基础设施建设，推广设施大棚、防雹网等防灾减灾设施和抗性品种、健身栽培等农艺措施，减轻自然灾害影响。探索农业保险发展，提高财政保费补贴，鼓励金融保险机构开发更多政策性保险产品，减轻农户因灾损失。

**3. 加工补短，不断延长产业链条**

一是推动初加工发展。以预冷、分选、清洗、包装等为重点，发展与基地规模相适应的采后商品化处理，推进商品化处理生产线改造升级，鼓励有条件的产区和企业引进集外观、内质无损检测和分等分级于一体的现代果品商品化处理生产线。加大冷链物流体系建设，以保鲜、仓储、冷链运输等为重点，发展与产业规模相适应的仓储保鲜设施。

二是推动加工园区建设。依托晚熟柑橘、柠檬、猕猴桃、石榴、青梅等水果资源，支持重点产区引入龙头企业，建设一批农产品精深加工园区。支持企业与科研院校合作，瞄准市场需求，开发一批果酒、果汁、果脯、功能产品、日化产品等精深加工产品，提高产业附加值。

三是培育加工重点企业。加大龙头企业培育力度，逐步形成以国、省龙头企业为“头雁”、其他企业为补充的水果发展“新雁阵”。分层分级培育中小微企业，鼓励符合条件的企业进入四川省上市后备企业资源库，培育一批专精特新“小巨人”企业。引导企业加大资金投入，创新贷款、担保等金融措施和支持力度，支持川果企业开展以产品换代、生产换线、智能改造等为主的升级改造。

**4. 多措并举，不断拓展市场渠道**

一是实施品牌提升行动。推动品种更新，推行标准生产，完善分级包装，加大对适时采收的引导力度，强化影响品牌形象行为的监管，以品质强品牌。实施“区域品牌+企业品牌”双品牌战略，支持“眉山春橘”“攀枝花芒果”“大凉山”等品牌做大做强。加强特色水果文化挖掘和包装宣传，借助重要展会、节会、专题推介会，以及“川货全国行”等活动，擦亮“川果”金字招牌。

二是抓好国内国际市场。加强营销体系和营销队伍建设，支持龙头企业积极对接大型批发市场、重点商超和电商平台，到销区建立营销中心和专卖店，拓展国内市场渠道。积极融入“一带一路”建设，鼓励开展多种方式国际贸易合作，引进培育农产品出口龙头企业，进一步搭建农产品国际贸易综合服务平台，借助“万企出国门”“千企行丝路”等活动，推动川果走出去。

三是推进线上线下发展。鼓励重点产区依托重大项目建设，引进有实力的龙头企业，推动集产地加工、冷链物流、交割交易、检验检测等于一体的商贸物流中心建设。加强与京东、阿里、盒马鲜生等品牌电商合作，引导直播、抖音、网红带货等规范发展，积极发展电子商务，做活线上线下两个市场。

**5. 融合增效，不断促进业态相融**

一是推动乡村旅游发展。依托现有水果基地，创新乡村旅游业态产品开发，推出一批农旅融合精品项目和产品，推进农业主题公园打造，推动乡村旅游由休闲观光向康养度假、乡村旅居转型。持续做优“四川乡村文化旅游节”“四川美丽田园欢乐游”“四川花卉（果类）生态旅游节”三大节会品牌，培育打造“美丽乡村、安逸四川”乡村旅游 IP。

二是加大新型业态培育。以特色川果产业为基础，带动社会服务、休闲观光、电子商务、仓储物流、生鲜零售、会展策划等新产业新业态加快发展，支持农民工、返乡大学生回乡创业，带动更多农民在家门口实现就业，不断增强农村农业活力和吸附力。

**6. 协同推进，不断强化科技支撑**

一是加快科技成果转化。引导重点产区与四川省农业科学院、四川农业大学等科研院校，以及创新团队、产业体系有效对接，通过院（校）地合作、签订协议、购买服务、授权种植等方式，引导高层次科技人才带品种、带技术下基层。通过重大技术协同推广、科技下乡万里行等重大项目和活动，建立农科教协同、省市县乡贯通的协同推广机制，加快科技成果在生产实践上的转化运用，为产业提质增效提供科技支撑。

二是培育一支骨干队伍。多年生水果生长周期长、影响因素多、技术要求高，每个种类甚至不同品种间都存在较大差异，产业高质量发展需要培育一支专业人才队伍。基层农技推广人员缺乏、年龄老化、技术断层的重点产区，需要探索专业人才引进、培育模式，打造一支留得住、能干事的骨干队伍引领产业发展。省级科研、推广部门要积极探索培训、推广机制，促进基层农技人员知识更新和专业水平提升，为产业高质量发展提供人才保障。

三是推进智慧果园建设。充分利用物联网、5G、云计算、大数据等现代化信息技术，在有条件的地方探索推进智慧果园建设。逐步实现果园气候、土壤、病虫害等数据实时监测，病虫害防控、施肥灌溉、花果管理、采摘收获、质量追溯等信息化管理，打药、施肥等农事操作自动化、简单化、精准化。推动现代信息与果业创新“跨界融合”，以科技进步助推产业跨越发展。

## 参考文献

蔡臣，吕火明，江国良，等，2020. 四川水果产业发展现状及竞争力分析——基于科技支撑的视角［J］. 四川农业科技（1）：5-10.

邓秀新，2021. 关于我国水果产业发展若干问题的思考［J］. 果树学报，38（1）：121-127.

杜兴端，吕火明，2019. 四川农业高质量发展现状、挑战与建议［J］. 四川农业科技（12）：5-8.

江国良，2018. 产学研协同创新　为四川水果产业供给侧结构性改革发力［J］. 四川农业科技（4）：56-58.

唐齐粒，魏伟，2022. 四川省水果产业地理分布及其休闲潜力分析［J］. 中国果树（6）：102-108.

张放，2021. 2020 年我国水果生产统计简析［J］. 中国果业信息，38（12）：29-39.

张强强，司瑞石，施凡基，等，2021. 中国水果生产集中化水平的演进趋势［J］. 中国农业资源与区划，42（2）：96-108.

朱向梅，张彬，2022. 我国地理标志水果产业竞争格局时空演化研究［J］. 林业经济，44（3）：78-96.

祝进，党寿光，邱源，等，2017. 四川水果产业现状及发展对策［J］. 中国果业信息，34（3）：9-10.

# 第二部分

# 专题报告

# 四川果树种质资源保护与育种创新报告

宋海岩 江国良 陈 栋 孙淑霞 李 靖 涂美艳
王玲利 徐子鸿 银登贵
（四川省农业科学院园艺研究所，农业农村部西南区域
园艺作物生物学与种质创制重点实验室，四川成都 610066）

**摘 要**：四川省面积广阔，地势起伏大、地形复杂，气候类型多样，为果树种质资源和川果产业发展的多样性提供了优越条件。经多年努力，四川省已形成了以果树资源为基础，“早熟、晚熟和优质”为特色，多生态型特色水果快速发展的产业格局，建成了一批独具特色的水果优势产区和一大批标准化、现代化生产基地。本研究概述了国内外果树种质资源保护与育种创新进展，结合四川省气候生态特点、水果产业发展优势和现有产业格局，研判果树种质资源保护与育种创新工作的发展趋势，并针对存在的主要问题提出发展建议。

**关键词**：种质资源；精准鉴定；共享利用；育种创新

## 一、引 言

种质资源被誉为现代农业的“芯片”，是农业科技原始创新与现代种业发展的物质基础，指携带着决定生物遗传性状的遗传物质，并能够将其遗传信息从亲代传给后代的载体。种质资源可以是群体、个体，也可以是植物器官、组织、细胞、染色体和DNA片段等。果树种质资源是品种改良的原始材料和基因来源，对育种工作和产业发展具有重要意义，主要包含以下几个方面。

### （一）种质资源是果树育种工作的科研基础

如果没有种质资源，育种工作就成了无米之炊。在整个农业生产体系中，各类生产资料几乎都可以人工制造，只有种质资源是个例外。因为种质资源携带的各种各样的基因是35亿年植物进化史中形成的宝贵财富，虽然近年来通过生物技术育

种和基因组编辑等技术加速了种质资源创新的进程，但这些创新出来的种质在大自然为我们提供的种质库面前不过是沧海一粟。因此，果树育种工作成效的大小，很大程度上取决于掌握种质资源的数量多少和对其性状表现及遗传规律的研究深度。

**（二）种质资源是现代果树产业的生产实践基础**

果树种质资源为现代果树产业的发展提供了众多优异的品种和砧木等生产实践基础。四川大渡河流域是世界公认的栽培枇杷发源地，现有枇杷栽培面积和产量均位居全国首位，四川省选育的大五星枇杷更是成为全世界栽培面积最大的枇杷品种；四川还是红心猕猴桃发源地，也是红心猕猴桃栽培面积最大的省份，猕猴桃科的 3 个属共有 43 个野生种或变种在四川省被发现，为猕猴桃的驯化与栽培提供了丰富的资源宝库；此外，从四川省发掘出的小金海棠、资阳香橙和川梨等地方砧木资源具有抗盐碱、耐瘠薄等优势，是重要的果树抗性砧木资源。近年来，从四川省发掘和创制出的这些优异果树种质有力地推进了我国果树产业的生产水平。

**（三）种质资源是果树学理论研究的重要物质基础**

不同果树种质资源各具有不同的生理和遗传特性，以及不同的生态特点，对其进行深入研究，有助于阐明果树的起源、演变、分类、形态、生理和遗传方面的问题。苏联著名植物学家瓦维洛夫在收集来自世界各地 20 多万份植物及其近缘种的标本和种子后，发现物种变异的多样性和分布存在不平衡性，并于 1930 年提出栽培作物起源中心学说。在此理论基础上，我国科学家先后证实了桃、李、杏、梅、枣、枇杷、荔枝、猕猴桃、柑橘和梨等数十种重要果树起源于中国，极大地提高了我国果树种质资源保护与育种创新的科研地位。

**（四）种质资源是保护生物多样性的国家战略基础**

我国是生物多样性大国之一，尤其是西南地区的遗传资源最为丰富。截至 2020 年年底，国家野生植物种质库主库的“中国西南野生生物种质资源库”已保存野生植物种子 10 601 种 85 046 份，占我国种子植物物种数的 36%，已成为亚洲第一、世界第二的野生植物种子库，与英国“千年种子库”和挪威“斯瓦尔巴全球种子库”等一起成为全球生物多样性保护的重要设施。2022 年由四川省农业科学院园艺研究所承建的国家西南特色园艺作物种质资源圃（成都）顺利竣工，成为四川省保存种质资源种类和份数最多、面积最大的国家级种质资源圃，进一步奠定了我国保护西南地区生物多样性的战略布局。

### （五）种质资源是不断发展新的栽培果树类型的主要来源

通过搜集野生果树种质资源，并经人工驯化，可以不断发展新的栽培果树类型，增加农民创收致富的途径。据不完全统计，目前世界上已被发现的果树种质资源共覆盖134个科，659个属，2 792个种，其中栽培种约300个，其余约90%的野生果树种质资源尚未被开发利用，由此可见发掘果树种质资源的潜力还很大。野生果树多含有丰富的营养成分，且具有独特风味。第三次全国农作物种质资源普查与收集行动开展以来，四川省大量野生果树种质资源得到了抢救性收集与保存，如：火棘（救兵粮）、野生黑莓、西康扁桃、小金光核桃、野生红心猕猴桃、八月瓜（鬼指头或猫屎瓜）、桃儿七、余甘子和拐枣等，许多野生果树种质已被用作酿酒原料、道地药材或优质食材。

## 二、国内外果树种质资源保护与育种创新概况

### （一）国外果树种质资源保护概况

世界各国对种质资源工作十分重视，为了充分收集利用世界植物种质资源，1974年各国联合成立了“植物遗传资源国际委员会”（IBPGR），其中设有果树专业部门，联系并指导各国果树资源与育种创新机构。目前，世界各国果树育种创新机构将研究范围从栽培种扩大到野生种和野生近缘种。在研究方法上，已从传统的形态学、细胞学和生理生化指标鉴定转向利用分子生物学方法。在资源保存方面，除将种质资源以整株栽植于资源圃里的传统保存外，更加重视室内试管保存，建立种质资源数据库计算机管理系统或网络系统。

美国早在19世纪末已逐步开展了植物种质资源的调查、收集、保存和研究利用工作，设立了“国家植物遗传资源局”（PGRB），建立了国家植物种质管理系统，并开展了规范化、系列化工作，有许多经验值得借鉴。1981年美国率先创建了8个国家果树无性系种质库（NCGR），分设在不同地点，担负着46种主要果树的野生资源和品种类型材料的保存和研究利用任务，目前共保存果树种质资源27 335份；日本农林水产省1965年设立了种苗引入科，并在果树试验总场建立隔离室和温室等设施，将13种主要果树及其他果树分别保存在11个不同地区；英国布罗格德品种试验站收集保存苹果种质资源2 200余份、梨和李450余份、甜樱桃240余份。

此外，俄罗斯中亚试验站收集保存果树种质 4 900 余份；保加利亚收集保存果树种质资源 5 056 份，捷克 2 831 份，波兰 2 188 份，罗马尼亚国家原始材料圃收集保存各种果树品种 2 951 份；韩国果树研究所资源圃已保存 15 种果树 1 597 个品种、52 个野生类型和 110 个砧木资源（表 1）。由此可见，世界各国都十分重视果树种质资源的收集和保护工作。

**表 1　世界各国果树种质资源保存情况**

| 国家 | 地点 | 保存的果树种质资源类别 | 份数（份） |
|---|---|---|---|
| 美国 | 加利福尼亚州戴维斯 | 猕猴桃、柿、无花果、核桃、果桑、油橄榄、阿月浑子、石榴、桃、李和葡萄 | 27 335 |
| | 俄勒冈州科瓦利斯 | 草莓、梨、醋栗、黑莓、树莓、越橘和酸果蔓越莓 | |
| | 纽约州杰尼瓦 | 苹果和葡萄 | |
| | 得克萨斯州布朗伍德 | 山核桃和栗 | |
| | 加利福尼亚州河滨和布劳利 | 柑橘类及其近缘属和椰枣 | |
| | 佛罗里达州奥兰多 | 柑橘、柠檬、甜橙和葡萄柚 | |
| | 佛罗里达州马亚奎兹等 | 巴西坚果、咖啡、芒果、香蕉、鳄梨、可可、枣 | |
| | 夏威夷州迈阿密 | 凤梨、阳桃、桃、番木瓜、橄榄、荔枝、昆士兰栗、红毛丹、西番莲和番石榴 | |
| 日本 | 盛冈、新庄和上北等 | 苹果 | 5 200 |
| | 东京和新庄等 | 梨 | |
| | 盛冈和新庄 | 西洋梨 | |
| | 东京和宫崎浦 | 桃 | |
| | 东京 | 桃、李、杏、板栗 | |
| | 安艺津和山梨 | 葡萄 | |
| | 盛冈和上北 | 核桃 | |
| | 安艺津 | 柿 | |
| | 盛冈 | 樱桃 | |
| | 兴津和口之津 | 柑橘 | |
| | 兴津和长崎 | 枇杷 | |
| 英国 | 布罗格德品种试验站 | 苹果、李、梨、甜樱桃等 | 2 890 |
| 俄罗斯 | 中亚试验站 | — | 4 900 |
| 保加利亚 | — | — | 5 056 |

（续表）

| 国家 | 地点 | 保存的果树种质资源类别 | 份数（份） |
|---|---|---|---|
| 捷克 | — | — | 2 831 |
| 波兰 | — | — | 2 188 |
| 罗马尼亚 | 国家原始材料圃 | — | 2 951 |
| 韩国 | 韩国果树研究所资源圃 | 1 597 个品种、52 个野生类型和 110 个砧木资源 | — |

**（二）国外果树育种创新基本情况**

人类的命运将取决于人类理解和发掘植物种质资源的能力。美国、法国、新西兰及日本等世界水果产业强国用工业化的思路、理念、措施来经营、管理现代果业和育种科研工作，全面实现了良种化、多样化、区域化、集约化、规模化、标准化、机械化、设施化、技术简化、生草化、水肥一体化、信息化、安全化、组织化、一体化，取得了显著的经济、社会和生态效益。其中，与果树育种创新相关的趋势与特点主要如下。

一是建立有效运行的水果新品种权保护、新品种权转让及水果良种苗木繁育制度。例如，美国的果树新品种保护年限为 17 年，苗木公司必须注册才可出售苗木，育种者和企业二合一使利益最大化。这不仅可规范水果苗木市场，保障苗木质量，而且有效保护了育种者、育苗者及栽培者的利益，调动育种者的积极性，加速新品种的选育、推广与更新换代，保证了生产上采用的品种及其品质能够满足市场及消费需求，实现了水果产业的有序、有力和高效发展。

二是选育主体的商业化。以美国的桃育种工作为例，19 世纪美国的桃育种工作在经历了一段时期的繁荣之后，许多国立育种课题因为经费削减或萎缩而不得不中止研究。但在一些桃产区的州，私人育种公司的崛起并迅速壮大是当前美国乃至西方发达国家桃育种的典型特征。目前加利福尼亚州是美国桃生产的第一大州，也是桃出口最多的州，Fruit Acres、Zaiger Genetics、Brandford Genetics、Burchell Nursery 和 Flamin Fury 这些著名的公司选育的品种主导了美国大部分桃栽培的品种。

三是育种目标的多样化。育种目标的多样化主要表现在果实类型的多样化。传统西方国家的桃品种为高糖、高酸黄肉桃为主，而近年来白肉桃，尤其是高糖、低酸的白肉油桃发展迅速；蟠桃在意大利、西班牙和法国发展迅速。在功能性品种选育方面，富含花青素的红肉桃品种和富含胡萝卜素的黄肉桃品种成为育种家的目标之一。

四是注重品质与抗性育种。在果实品质方面，美国率先启动了高糖水果育种技术，中国也提出了大果、优质、耐贮运等育种大方向，耐贮运品种的选育已成为世界桃育种家的共识。在果实安全性方面，国际上提倡选育对生产者、消费者和环境安全适宜的品种，因此抗性品种选育成为未来的另一热门育种方向，美国和中国等国家在抗白粉病、抗细菌性穿孔病、抗桃蚜、抗根结线虫等新品种的选育上取得了较快进展。

五是良种的区域化和多样化布局。优良品种高度的区域化：即每个地区有最佳的品种组成，每个品种均种植在其最适宜的地区，以最大限度地发挥优良品种的基因潜力。此外，由于消费习惯、产业定位及生态条件的不同，世界各国水果生产的主栽品种比例可能存在一定差异，但存在一个共同特点就是均采用多样化的品种来延长应市期和满足不同消费者的需求。

**（三）我国果树种质资源保护概况**

中国的果树种质资源为世界果树的发展作出了重要贡献。Ernest Henry Wilson在对中国进行了10年的资源考察后于1929年出版了《中国，园林之母》一书。据不完全统计，全世界45种主要果树包含了3 893个植物学种，其中起源于中国的为725种，占世界的18.62%；45种主要果树作物种类栽培种有15种起源于中国或部分起源于中国，占33%；大宗果树起源于中国的野生种数量占世界的56.13%，如苹果、梨、葡萄、桃、李、杏、枣、核桃、柑橘、枇杷、龙眼、荔枝等。为保护和利用丰富的果树种质资源，我国从20世纪80年代起逐步建立起“国家级果树种质资源圃+野生果树保护区+野生果树保护点”的多级果树种质资源保护体系。2019年12月30日国务院发布《关于加强农业种质资源保护与利用的意见》，明确实施国家和省级两级管理，建立国家统筹、分级负责、有机衔接的保护机制。随后山东、四川、海南和贵州等各省份也加快建设地方种质保存中期库（圃），并加强了果树种质资源的原生境保存圃建设力度。

**1. 国家园艺种质资源库的建设与运行成效**

通过开展1999年的农作物种质资源基础性工作，2004年至今的农业部

（2018 年 3 月更名为农业农村部）物种保护项目和 2011 年建成的国家农作物种质资源共享平台（CGRIS）等项目，我国果树种质资源共享利用体系建设取得长足进展。为进一步完善科技资源共享服务体系，科技部、财政部于 2019 年 6 月正式批准成立国家园艺种质资源库，其依托单位为中国农业科学院郑州果树研究所，联合国内主要从事园艺作物种质资源保存、研究与共享的科研机构等 27 家单位共同开展资源整合与共享服务，主要包括 2 个国家中期库、21 个国家种质圃和 13 个地方特色资源库（圃），并建立了国家园艺种质资源库门户网站，其中涉及果树种质资源有 20 个国家种质圃，11 个地方特色资源库（圃）。据不完全统计，2016 年以来该资源共享平台提供直接利用种质 9 万多份次，为近 57 万人次提供了信息共享服务，直接生产利用或培育新品种累计推广面积 33. 8 万公顷，取得了显著的社会经济效益。

**2. 现有国家级果树种质资源圃保存情况**

中国农业科学院于 1979 年 6 月在重庆市主持召开了“全国果树科研规划会议”，会议制定了果树种质保存统一规划，决定建立国家果树种质资源圃并编写《果树志》。20 世纪 80 年代，15 个国家果树种质资源圃建立并得到世界银行贷款资助；1989 年共有 16 个国家级果树种质资源圃建成。此后，又有国家山葡萄圃、果梅杨梅圃、猕猴桃圃、伊犁野苹果圃、热带果树圃等逐步建成。截至 2022 年，中国共设立了 21 个国家级果树种质资源圃和 1 个国家级园艺作物种质资源圃（表 2），保存的果树种质资源达 2. 45 万余份，位居世界第二位。

**表 2　我国现有国家级种质资源圃保存果树种质资源情况**

| 种质圃名称 | 保存果树种质资源数（份） | 种质圃名称 | 保存果树种质资源数（份） |
|---|---|---|---|
| 国家果树种质兴城梨、苹果圃<br>National fruit germplasm resources repository of pear and apple in Xingcheng | 2 394 | 国家果树种质广州荔枝、香蕉圃<br>National fruit germplasm resources repository of litchi and banana in Guangzhou | 642 |
| 国家果树种质郑州葡萄、桃圃<br>National fruit germplasm resources repository of grape and peach in Zhengzhou | 2 908 | 国家果树种质福州龙眼、枇杷圃<br>National fruit germplasm resources repository of longan and loquat in Fuzhou | 1 071 |

（续表）

| 种质圃名称 | 保存果树种质资源数（份） | 种质圃名称 | 保存果树种质资源数（份） |
|---|---|---|---|
| 国家果树种质重庆柑橘圃<br>National fruit germplasm resources repository of citrus in Chongqing | 1 753 | 国家果树种质北京桃、草莓圃<br>National fruit germplasm resources repository of peach and strawberry in Beijing | 865 |
| 国家果树种质泰安核桃、板栗圃<br>National fruit germplasm resources repository of walnut and chestnut in Tai'an | 888 | 国家果树种质熊岳李、杏圃<br>National fruit germplasm resources repository of plum and apricot in Xiongyue | 1 439 |
| 国家果树种质南京桃、草莓圃<br>National fruit germplasm resources repository of peach and strawberry in Nanjing | 1 070 | 国家果树种质沈阳山楂圃<br>National fruit germplasm resources repository of hawthorn in Shenyang | 470 |
| 国家果树种质新疆名特果树及砧木圃<br>National fruit germplasm resources repository of special fruit and rootstock in Xinjiang | 829 | 国家果树种质左家山葡萄圃<br>National fruit germplasm resources repository of grape in Zuojiashan | 415 |
| 国家果树种质云南特有果树及砧木圃<br>National fruit germplasm resources repository of special fruit and rootstock in Yunnan | 1 274 | 国家果梅杨梅种质资源圃<br>National fruit germplasm resources repository of Japanese apricot and waxberry | 500 |
| 国家果树种质眉县柿圃<br>National fruit germplasm resources repository of persimmon in Meixian | 817 | 国家猕猴桃种质资源圃<br>National fruit germplasm resources repository of kiwifruit | 1 200 |
| 国家果树种质太谷枣、葡萄圃<br>National fruit germplasm resources repository of jujube and grape in Taigu | 1 448 | 新疆伊犁苹果种质资源圃<br>National fruit germplasm resources repository of apple in Yili, Xinjiang | 60 |
| 国家果树种质武昌砂梨圃<br>National fruit germplasm resources repository of pear in Wuchang | 1 107 | 国家热带果树种质资源圃<br>National fruit germplasm resources repository of tropical fruit | 468 |
| 国家果树种质公主岭寒地果树圃<br>National fruit germplasm resources repository of cold region | 1 430 | 国家西南特色园艺作物种质资源圃（成都）<br>National germplasm resources repository of southwest special horticultural crops in chengdu | 1 514 |
| 总计 Total | 24 562 | | |

**3. 野生果树保护区和县域保护点保存情况**

我国野生果树种质资源呈现从北到南密度加大趋势，以华南和西南野生果树资源最为丰富（表3）。为保护丰富的野生果树种质资源，截至2022年，我国建成了含野生植物的保护区122个，其中包含了15个野生果树保护区。

2003—2006年，农业部建立了农业野生植物保护点67个，其中含野生果树保护点4个，分别为新疆维吾尔自治区新源县野苹果、吉林省长白山县野生海棠、湖南省道县野生柑橘、陕西省周至县野生猕猴桃。

**表3　我国不同区域果树种质资源分布情况**

| 地区 | 种（含变种、变型）数（份） |
|---|---|
| 中国 | 1 157 |
| 云南 | 548 |
| 四川攀西地区 | 525 |
| 甘肃 | 358 |
| 武陵山 | 342 |
| 广西 | 290 |
| 福建 | 282 |
| 广东 | 234 |
| 贵州 | 225 |
| 湖北 | 213 |
| 湖南 | 209 |
| 河南 | 171 |
| 大别山 | 149 |
| 宁夏 | 126 |
| 西藏 | 103 |
| 新疆 | 102 |
| 青海 | 99 |
| 四川 | 85 |
| 海南 | 85 |
| 河北 | 84 |
| 山东 | 81 |
| 吉林 | 48 |
| 黑龙江 | 37 |

### （四）我国果树育种创新概况

中国是世界上最大的水果生产国和消费国，苹果、柑橘、梨、桃等种植面积和产量均排在世界第一位。根据《2021 年世界粮食及农业统计年鉴》（联合国粮食及农业组织，FAO）和《中国农业年鉴 2020 版》统计数据，2020 年中国水果（不含西瓜和甜瓜）栽培面积和产量分别达 1 227.67 万公顷和 27 400.8 万吨，占世界的 18.07%和 31.61%，人均占有量超过 195 千克。近年来我国果树产业的飞速发展，主要得益于各级行政部门的政策支持和育种创新取得的巨大成效。

改革开放以来我国果树品种改良研究大体可划分为 3 个阶段。第一个阶段为 1978—1995 年，我国各级农业科研机构开展果树资源调查整理、品种比较试验，发掘了一批地方良种，也培育出一批当时生产上需要的品种。这期间的品种以丰产为主要特征，如秦冠苹果、国庆一号温州蜜柑、黄花梨、京亚葡萄等。第二个阶段为 1996—2007 年，由于科研体制变化及部分研究机构改制等原因，育种工作出现停顿。第三个阶段为 2008 年以后，特别是国家现代农业产业技术体系建立后，我国果树育种进入有序发展阶段，一批新品种进入产业。尤其是近几年，我国先后牵头或自主完成了甜橙、梨、猕猴桃等果树基因组测序，并对桃的品质性状、柑橘多胚性状等开展了研究，取得突破性进展。这些工作对加快果树品种改良具有里程碑式意义。以下重点从 4 个方面介绍我国果树育种创新进展。

#### 1. 主要果树育种成效

据不完全统计，苹果、柑橘等 11 种果树在过去 40 年间共选育出 1 968 个品种（系），其中，接穗品种（系）1 925 个，砧木品种（系）43 个。选育品种数最多的是桃、葡萄，分别达到 566 个和 325 个。选育品种多的树种除了育种者努力和育种工作传承较好外，还与这两种果树童期短、育种周期相对较短有一定联系。柑橘、香蕉杂交培育的品种少，主要是由于其特殊的生物学特性，杂交育种效率低。如栽培香蕉是三倍体，无籽；柑橘多数品种具有多胚性，通过有性杂交进行遗传改良的难度较大。从生产利用的品种看，原产中国的野生资源种质、地方品种和国内育成品种在中国果树产业中占主导地位。据中国园艺学会、国家现代农业产业技术体系专家等提供的数据表明，不同树种间，优良地方品种、国内育成品种以及国外引进品种在产业中的占比差异很大。中国原产果树树种中，梨、李、杏、枣等地方品种的市场占有率在 40%以上，其中枣占 90%之多。原产中国的梨、桃、猕猴桃、荔枝、枇杷、龙眼等国内育成品种的市场占有率约50%，其中桃占80%以上。苹果、葡萄、樱桃、草莓等由国外引进的品种占50%~90%。通过树种栽培面积及其来源品种占比分析发现，中国名特优地方品种、国内育成品种、国外引进品种分别约占中国果树栽培面积的30%、30%和40%。同时，在中国果树生产中，95%以上砧木来源于野生资源的种子或者其无性系品系和品种。

**2. 遗传改良创新平台**

中国果树遗传改良领域的科技创新平台和体系包括4个国家重点实验室（设有果树研究方向），苹果和柑橘国家工程技术研究中心，农业农村部设置的果树生物学重点实验室以及6个专业性重点实验室、7个区域性重点实验室、15个果树科学观测站，28个国家现代农业产业技术体系育种岗位，国家瓜果改良中心及苹果、梨、桃等7个树种的分中心。此外，各省市也设立了具有地方特色的果树遗传改良领域创新平台。

**3. 新品种保护制度和测试体系**

中国研制的植物品种测试指南（DUS测试指南）中涉及果树的有27项，包含2项国家标准和25项农业行业标准，包含苹果、梨、桃、李、樱桃、葡萄、猕猴桃属、柿、草莓、桑属、树莓、蓝莓、无花果、杨梅、柑橘、香蕉、荔枝、枇杷、龙眼、芒果、黑穗醋栗、木菠萝、椰子、西番莲、木瓜属、番木瓜、凤梨属。同时建立DUS测试体系，已建成北京1个测试中心、27个测试分中心、郑州/兴城2个果树专业性测试站。

自加入国际植物新品种保护公约20余年来，中国品种权授权数量迅速增加，2018年授权近1.2万件，授权的果树新品种占3.2%。

**4. 育种技术创新进展**

据不完全统计，1978—2018年中国主要果树新品种总计1 968个，按照选育方式，19.4%来自芽变选种，16.7%为实生或辐射育种，63.9%为杂交育种。育种技术方式经历了自然实生、杂交育种、胚挽救技术、细胞融合以及分子标记辅助育种等过程。自然实生是最传统的育种方式，1960年开始，大连农业科学研究院利用桃品种早生黄金自然实生进行选择，于1970年选育出丰黄罐桃品种。杂交育种是最广泛利用的育种方式，1957年陕西省农业科学院果树研究所利用金冠与鸡冠苹果杂交，于1970年培育出秦冠品种。1956年中国农业科学院果树研究所利用苹果梨与不知梨杂交，于1969年培育出早酥梨品种。1985年上海市农业科学院园艺研究所利用胚挽救的方法培育出春蕾极早熟桃品种，标志着中国桃胚挽救技术的成功应用。2003年中国农业科学院果树研究所通过花粉培养培育出富士85-1苹果品种。2008年华中农业大学和秭归县柑橘良种繁育示范场共同选育的早红脐橙品种为龟井温州蜜柑和罗伯生脐橙的嫁接嵌合体，挂树期可达6个月。2015年华中农业大学培育出世界第1例通过细胞融合直接创造的植物新品种华柚2号。随着基因组测序技术的成熟，分子标记辅助育种的研究与应用发展迅速，部分分子标记已经有效运用于果树育种，例如鉴别桃果形圆和扁、柑橘单胚和多胚的分子标记。

## 三、四川省果树种质资源保护与育种创新现状

四川地处中国西南部，面积48.5万平方公里①，占全国面积的5.1%，居全国第五位，跨越青藏高原、云贵高原、横断山脉、秦巴山地等四大地貌区。由于面积辽阔，东西部地貌差异显著，地势起伏大、地形复杂，从而成为中国气候带最多的省区之一，东部盆地属湿润温暖的东南季风气候，川西北部分地区是长冬无夏的高原气候，川西南为冬干夏湿的西南季风气候。四川从南到北，海拔从低到高，具有南亚热带、中亚热带、北亚热带、暖温带、温带、寒温带和亚寒带等多种气候类型。四川气候复杂还以气候垂直分带之多著称，尤其是川西高山峡谷地区，常在亚热带的基带上，依次出现暖温带、温带、寒温带、永冻带等山地气候类型。

多样的气候类型为四川果树种质资源和产业发展的多样性提供了优越条件，造就了早熟水蜜桃、早熟梨、优质枇杷、红肉猕猴桃、晚熟芒果、晚熟荔枝、晚熟龙眼、晚熟柑橘等一大批在全国独具优势的特色产业，川果产业已成为四川省农产品中最具竞争优势的产业之一，成为助推产业精准扶贫和乡村振兴的重要产业。据统计，2020年四川省水果栽培总面积约77.65万公顷（1 164.75万亩），产量约1 136.7万吨，产值超过800亿元。

经多年努力，川果发展迅速，四川省已形成了以果树资源为基础，“早熟、晚熟和优质”为特色，多生态型特色水果快速发展的产业格局，建成了一批具有特色的果树产区和一大批独具特色的标准化、现代化水果基地。据统计，“十三五”以

① 1平方公里=1平方千米，全书同。

来四川省果树种质资源创新与新品种选育相关的获奖项目共有 11 项，且获奖等级和数量上升趋势明显（表 4）。

**表 4　"十三五"以来四川省果树种质创新与新品种选育获奖项目**

| 序号 | 成果名称 | 获奖类别 | 等级 | 年份 |
|---|---|---|---|---|
| 1 | 猕猴桃产业提升关键技术创新与应用 | 省科技进步奖 | 一等奖 | 2016 |
| 2 | 真龙柚品种选育与产业化关键技术创新 | 省科技进步奖 | 三等奖 | 2017 |
| 3 | 杏品种结构优化及优质高效栽培关键技术研究及示范 | 省科技进步奖 | 三等奖 | 2017 |
| 4 | 蜀葡 1 号品种选育及棚架一体化栽培配套技术研究与推广 | 省科技进步奖 | 三等奖 | 2017 |
| 5 | 柚优良砧木和新品种选育及其提质增效关键技术研发应用 | 省科技进步奖 | 三等奖 | 2018 |
| 6 | 李新品种选育及优质高效栽培关键技术研究与应用 | 省科技进步奖 | 三等奖 | 2018 |
| 7 | 血橙新品种选育及提质增效关键技术研究集成与推广 | 神农中华农业科技奖 | 二等奖 | 2018 |
| 8 | 优质红肉猕猴桃品种创制与推广应用 | 神农中华农业科技奖 | 一等奖 | 2019 |
| 9 | 晚熟柑橘新品种选育及配套生产技术研发与应用 | 省科技进步奖 | 二等奖 | 2021 |
| 10 | 突破性鲜食枣新品种选育及产业化应用 | 省科技进步奖 | 二等奖 | 2021 |
| 11 | 晚熟柑橘新品种选育与绿色高效栽培关键技术创新及应用 | 省科技进步奖 | 二等奖 | 2021 |

## （一）四川省果树种质资源保护现状

### 1. 四川省果树种质资源分布情况

四川是我国野生果树资源的过渡和交汇地带，是我国野生果树资源富集的地方。四川省果树种质资源不仅分布广而且类型丰富，野生果树垂直分布范围极广，果实类型覆盖浆果、柑果、核果和仁果等几乎所有类型。1949 年以来，国家组织开展了多次大规模、专业的农作物资源（包含果树）考察，其中规模最大和影响最深远的是 1956—1957 年、1979—1983 年和 2016 年至今的 3 次全国农作物资源普查。根据第二次和第三次全国农作物种质资源普查与收集行动的数据统计，四川现有野生果树 37 科 72 属 642 种 183 变种、变型和亚种，其中常绿果树 170 种，落叶果树 655 种，乔木类 150 种，小乔木或灌木类 531 种，藤本类 144 种（表 5、表 6）。

**表 5　四川省果树种质资源类型**

| 类型 | 乔木（份） | 小乔木或灌木（份） | 藤本（份） | 小计（份） |
|---|---|---|---|---|
| 常绿果树 | 40 | 112 | 18 | 170 |
| 落叶果树 | 110 | 419 | 126 | 655 |
| 小计 | 150 | 531 | 144 | 825 |

**表 6　四川省不同区域果树种质资源分布情况**

| 川内地区 | 科（个） | 属（个） | 种（个） | 变种、变型和亚种（个） | 小计（个） |
|---|---|---|---|---|---|
| 四川盆地 | 29 | 60 | 151 | 34 | 274 |
| 盆周山区 | 34 | 68 | 412 | 93 | 607 |
| 川西南山地区 | 31 | 56 | 289 | 48 | 424 |
| 川西北高山峡谷区 | 30 | 55 | 367 | 53 | 505 |
| 川西北高原区 | 5 | 7 | 97 | 21 | 130 |
| 小计 | 129 | 246 | 1 316 | 249 | 1 940 |

四川省野生果树不同科所含有的种类数相差大。如蔷薇科（Rosaceae）的种类最为丰富，有 12 属 309 种（含种下单位）；其次是忍冬科（Caprifoliaceae）有 3 属 100 种，小檗科（Berberidaceae）有 1 属 99 种；再次是猕猴桃科（Actinidiaceae）有 3 属 43 种，虎耳草科（Saxifragaceae）有 1 属 42 种，山茱萸科（Cornaceae）有 3 属 41 种。这 6 科共有 634 种，占总种数的 76. 85%；而其他 31 科共有 49 属 191 种（含种下单位），分别占总属和总种数的 68. 06%和 23. 15%。

**2. 四川省果树种质资源保存体系**

四川省属于全球生物多样性的热点地区，是园艺作物种质资源丰富的地区，种质资源优势明显。为全面提升四川省对中国西南地区园艺作物种质资源的保存能力和水平，2017 年 12 月 8 日农业部下达《关于 2018 年现代种业提升工程内蒙古自治区阿左旗野生肉苁蓉和科右前旗野大豆原生境保护区等 5 个项目可行性研究报告的批复》，同意由四川省农业科学院园艺研究所建设国家西南特色园艺作物种质资源圃（成都），保存对象主要包括枇杷、梨、猕猴桃、苹果、草莓、桃、李、杏、樱桃等特色果树资源，以及山药、葛根、芋头、魔芋、芥菜等特色蔬菜资源。重点保存西南地区特有的野生、半野生果蔬资源，西南地区地方（农家）果蔬品种，国内外主要果蔬的审认定品种，以及承担国家委托的相关园艺作物种质资源的备份保存。

为保护四川省果树种质资源，2020 年四川省农业农村厅启动了四川省农业种质资源保护单位（第一批）建设项目，截至 2022 年 2 月，已建成 22 家农作物种质资源保护单位，含 7 个省级果树种质资源圃，逐步形成了“国家级果树种质圃和农业农村部园艺种质创制重点实验室+省级果树种质圃”两级管理、分级负责、有机衔接的保护机制（表 7）。

**表 7　四川省农业果树种质资源保护单位名单**

| 序号 | 名称 | 依托单位 | 级别 |
|---|---|---|---|
| 1 | 国家西南特色园艺作物种质资源圃（成都） | 四川省农业科学院园艺研究所 | 国家级 |
| 2 | 农业农村部西南区域园艺作物生物学与种质创制重点实验室 | 四川省农业科学院园艺研究所 | 农业农村部园艺学科群区域平台 |
| 3 | 四川省枇杷种质资源圃 | 四川农业大学 | 省级（第一批） |
| 4 | 四川省樱桃种质资源圃 | 四川农业大学 | 省级（第一批） |
| 5 | 四川省柑橘种质资源圃 | 四川农业大学 | 省级（第一批） |
| 6 | 四川省葡萄种质资源圃 | 四川农业大学 | 省级（第一批） |
| 7 | 四川省梨种质资源圃 | 四川农业大学 | 省级（第一批） |
| 8 | 四川省猕猴桃种质资源圃 | 四川省自然资源科学研究院 | 省级（第一批） |
| 9 | 四川省荔枝、龙眼种质资源圃 | 泸州市农业科学研究院 | 省级（第一批） |

### （二）四川省果树育种创新现状

四川省从“十五”开始把果树育种列入“四川省农作物及畜禽育种攻关”项目，果树育种工作得到快速发展。四川果树育种攻关团队紧密围绕柑橘、桃、梨、枇杷、樱桃、猕猴桃、芒果和石榴等特色果树产业发展需求，重点开展果树优异基因资源发掘、保存与利用，果树综合资源圃建设，果树育种新材料创制、突破性新品种选育与配套技术创新研究工作。项目组在“十三五”期间的工作成效突出：一是发掘和创制了大批骨干亲本和特异新种质等新材料；二是创建了四川省首个国家级种质资源圃，搭建了四川省果树种质资源开发与利用的高质量平台；三是育成了一批在品质、熟期、用途和特殊性状等方面具有突破性的“川字号”果树新品种，打破了国内外一些主栽品种的垄断地位；四是集成创新并推广了一批省力高效现代栽培关键技术，为川果高质量发展提供有力的科技支撑；五是培养了一支稳定的育种队伍，为加快构建四川省“10+3”现代农业产业体系，擦亮“川果”金字招牌，作出了巨大贡献。

据统计，“十三五”期间四川果树育种攻关团队在成都、德阳、攀枝花等地联合建立了西南地区拥有桃、猕猴桃、梨、芒果、石榴等特色果树资源的3个综合资源圃；累计搜集、保存果树野生资源、农家品种、国内外选育品种等1.5万余份(其中核心种质302份)；基于项目组在果树资源收集保存上的良好基础，2017年由四川省农业科学院园艺研究所为主体申报的“四川省成都市国家西南特色园艺作物种质资源圃”获得国家现代种业提升工程项目支持，这为提升四川省果树育种水平和持续创新能力奠定了重要基础；项目组累计配制杂交组合547个，选育出具有自主知识产权的果树新品种43个（其中国审品种1个)，获得植物新品种保护权11件，创新果树育种及配套栽培技术33项，在全省推广项目组选育的果树新品种2.02万公顷，推广配套栽培新技术22.39万公顷，举办技术培训班424期，培训果农和企业代表30 452人次，在四川省四大片区建立科技扶贫基地69个，项目成果先后获省部级以上科技奖6项（其中一等奖2项)。

四川省“十四五”农作物育种攻关项目“突破性果树育种材料与方法创新”团队涵盖四川省农业科学院园艺研究所、四川农业大学、四川省自然资源科学研究院、四川省农业科学院经济作物研究所和农产品加工研究所、成都市农林科学院、攀枝花市农林科学研究院、四川华果农业科技有限公司以及四川华胜农业股份有限公司等9家单位、14个育种专题，果树育种攻关项目组成为四川省果树种质创新的骨干力量。

### （三）四川省果树种质资源保护与育种创新存在的主要问题

#### 1. 果树种质资源的收集、保存、评价、鉴定及发掘力度不够

本土种质流失严重，国外引种途径受阻。四川省是果树资源大省，具有丰富的桃、李、枇杷、猕猴桃、柑橘、梨、核桃等果树的野生资源和地方品种（表8)。近年来，随着气候变化、农户迁徙、地质灾害频繁发生等问题，四川省野生果树种质资源和地方品种流失现象严重。与第二次全国农作物种质资源普查与收集行动相

比，四川省内 9 个科、20 个属的野生果树种质资源未被收集和保存。此外，受新冠肺炎疫情、逆全球化和种质争夺战影响，我国从海外引进果树种质资源的途径受阻，如日本 2021 年实行的史上最严格的《新种苗法》，禁止 1 900 类水果或者其他农作物的种子、苗木私自流入国外，这些壁垒将严重影响今后世界各国种质资源的交流。

**表 8　国家西南特色园艺作物种质资源圃（成都）保存的果树种质资源清单**

| 作物名称 | 入库份数（份） | 入库年份 | 来源 |
|---|---|---|---|
| 樱桃（221 份） | 221 | 2003—2022 | 四川资源 66 份<br>外省资源 80 份<br>国外资源 75 份 |
| 草莓（573 份） | 573 | 2004—2021 | 四川资源 400 份<br>外省资源 121 份<br>国外资源 52 份 |
| 梨（83 份） | 27 | 2014 | 四川资源 20 份<br>国外资源 7 份 |
| | 28 | 2018 | 四川资源 28 份 |
| | 28 | 2020 | 四川资源 28 份 |
| 猕猴桃（143 份） | 143 | 2014—2021 | 四川资源 116 份<br>外省资源 22 份<br>国外资源 5 份 |
| 枇杷（124 份） | 124 | 2010—2021 | 四川资源 31 份<br>外省资源 67 份<br>国外资源 26 份 |
| 桃（345 份） | 345 | 2010—2021 | 四川资源 101 份<br>外省资源 199 份<br>国外资源 45 份 |
| 李（6 份） | 6 | 2019 | 四川资源 6 份 |
| 苹果（19 份） | 2 | 2018 | 外省资源 2 份 |
| | 9 | 2019 | 四川资源 7 份<br>外省资源 2 份 |
| | 8 | 2020 | 外省资源 8 份 |
| 合计 | 1 514 | | |

资源评价体系不完善，特异种质发掘不够。目前四川省虽然已建立“国家级果树种质圃、园艺种质创制重点实验室+省级果树种质圃”的果树种质资源保护体系，

但省内种质资源保护单位的系统鉴定、评价及创新利用等方面的研究方法和水平还有待进一步提高；除枇杷、樱桃、柑橘等7种主要水果建立有省级果树种质资源圃外，很多西南地区特异果树种质尚未纳入保护体系内，发掘力度不够。

种质资源评价、鉴定与利用经费严重不足。2018年国家西南特色园艺作物种质资源圃（成都）建设项目和第三次全国农作物种质资源普查与收集行动开展以来，国家和省级财政对于四川省种质资源收集与保存工作给予大力支持，但与其紧密关联的评价、鉴定和利用经费比例严重不足，并且由于果树种质资源扩繁所需人工、土地成本极高，目前已严重制约了果树种质资源的发掘工作。截至2022年5月，由四川省农业科学院园艺研究所承建的国家西南特色园艺作物种质资源圃共编目果树种质资源1 514份，涉及2个科、7个属和39个种，仍有芸香科、葡萄科、鼠李科、无患子科、桑科等众多科属未被鉴定或编目，且覆盖度甚至不足四川省现存的果树种质资源的20%。

**2. 果树新品种选育还不能满足市场需求**

目前四川省栽培的果树品种有相当比例来自引进国外品种或其他省份的衍生品种，其主要原因是四川省果树育种起步晚，而且育种科研经费不稳定。果树育种是一个周期较长的过程，根据日本的统计，培育一个果树新品种的时间平均为24年左右。其次是育种关键要素，即育种者、经费支持等变化较多。除此以外，不足的地方还有下列方面：第一，针对加工的品种选育滞后或产业应用不好。第二，部分果树类型围绕产量和耐贮藏目标选育的品种多，消费者反映我国果实品质下降较多，“桃没有桃味”“葡萄没有原来的葡萄味”，反映出过去我们在追求高产耐贮藏和好运输时，原有风味丧失或下降比较明显。第三，育种手段上，如何将先进的分子技术与常规手段结合提高早期筛选效率，如何将各育种单位联合起来，真正做到分工协作，还任重道远。第四，果树突破性资源材料匮乏，特异性种质资源材料创新程度低。第五，传统育种（人工杂交）规模和杂交后代数量少，周期长，占地多，用工量大，育种效率还不高。第六，四川省果树砧木选育工作落后，没有开展系统的研究工作，一般采用传统的砧木或本砧嫁接，砧木的纯度和整齐度差，缺乏专用的抗性砧木。

**3. 果树种质资源共享与分发利用机制不完善**

第三次全国农作物种质资源普查与收集行动开展以来，四川省众多科研机构、育种企业和个人经四川省种子站联系到种质资源圃管理人员，希望通过种质资源共享平台获得育种材料。但长期以来，由于果树种质资源的科研价值和珍稀属性，我国果树种质资源共享与分发利用机制建设缓慢。不提供应用证明、不按规定分享、利用共享资源获得利益、不及时反馈利用信息、不按规定使用造成泄密或种质资源流失和恶意索取种质资源等不良行为在我国果树种质资源共享体系建设中时有发生，在一定程度上挫伤了种质资源圃管理人员提供共享的积极性。

**4. 果树良种繁育体系不健全**

果树种苗是水果生产中的特殊生产资料，是果品参与市场竞争的重要决定因素。近年来，四川省水果生产整体效益形势看好，加之国家、省、市等各级各类惠农政策助推，促使果树种苗市场得到快速发展，随之而来的也有一系列生产问题和安全隐患。

果树种苗生产通常需要具备砧木繁殖圃、品种采穗圃、苗木繁殖圃和品种示范园，四川省虽然已建设了一批标准化良种苗木繁育基地，但优质种苗供应仍滞后于产业发展；优良品种的采穗圃少，穗条来源不明，致使种苗品种杂乱，品种纯度不够，苗木质量较差；在规范生产和销售上缺乏法律依据，市场较混乱，病虫害传播风险加大。如以枳壳砧木或红橘砧木实生苗代替香橙砧木；可能没有品种采穗圃，育苗户经常在未经品种认定的母本园采穗，在纯度低的、病虫害严重甚至有检疫对象的幼龄果园采穗；使用普通接穗，侵染携带病毒比较严重，更没有考虑到砧木、接穗间的亲和性、抗逆性、适应性和一致性，甚至在果树种苗生长季节喷施矮壮素，影响苗木定植成活率，很难保证新建果园的优质、整齐和一致。苗木质量良莠不齐，有的苗木没有达到出圃标准就起苗定植，降低了成活率，造成多年栽苗不成园、刚栽几年就挖树的现象。

**（四）四川省果树种质资源保护与育种创新趋势与对策建议**

**1. 四川省果树种质资源保护与育种创新趋势研判**

四川春季升温快、热量条件好、物候期早，以桃、梨、枇杷、葡萄等为代表的伏季水果成熟上市期早，果实品质发育期光照较好；冬季冷量充足，是我国早熟桃、早熟梨、葡萄和枇杷的优势产区，其成熟期比东部长三角地区相同品种早 15 天左右，比北方产区早 25 天左右，所以四川果品具有质量一流、早熟优质的突出优势。四川枇杷实现四季鲜果供应、错季上市的优势明显；四川 1—5 月上市的晚熟柑橘在全国起步最早、发展最快、规模最大、影响最大、潜力最大；攀西芒果是全国纬度最北、海拔最高、品质最优、最晚熟的芒果生产基地。

根据国内外果树种质资源与育种创新情况、市场需求、竞争、产业技术发展趋势等，结合四川省气候生态特点、水果产业发展优势和现有产业格局，从以下4个方面对未来四川省果树种质资源与育种创新趋势做出如下研判。

（1）种质资源的收集、保存、评价、鉴定与发掘

一是野生果树和国外种质将成为育种机构争夺的热点。通过野生果树种质资源品种化及亲本化利用等方式，选育出能产业应用的新品种，是利用野生资源进行果实品质改良的重要方式之一。野生果树不仅遗传多样性丰富，而且在长期的自然选择与生存抗争的过程中，逐渐形成了一些优良特性，是品质与抗逆育种的珍贵基因库，但因农田开垦等因素而导致野生果树资源的遗传多样性正遭到严重破坏，濒临灭绝。因此，建立包括原生境保护、异地建圃保存、离体器官建库保存及利用保存等多层次的种质资源保护、保存技术体系，对野生果树种质资源的科学保护与持续高效利用具有重要意义。例如，樱桃李（*Prunus cerasifera* Ehrh.）仅分布在新疆伊犁，是核果类果树最原始的一个种，其果实的总酚含量和抗氧化能力极强，其中紫果的抗氧化能力和保健价值高于蓝莓，但濒临灭绝。因此，山东农业大学从新疆伊犁引进2.8万株新疆野生樱桃李自然杂交实生苗，在山东青岛胶州建立了迁地种植圃；由于水、温匹配，青岛胶州的单果质量变异系数是伊犁霍城的7.7倍，优异性状得以充分表达，从中选育出鲜食型森果佳人和鲜食与加工兼用型森果红露2个大果型新品种，实现了野生樱桃李资源的品种化。此外，山东农业大学陈学森课题组研究发现，新疆野苹果的果实形状、大小、颜色、挥发性化合物总含量、各类挥发性化合物种类数及其含量、主要挥发性化合物分离比率与含量以及糖、酸及酚类物质组分等表型性状的变异系数均在10%以上，表现出丰富的遗传多样性。为达到亲本利用的目的，采用以“扩大遗传基础”为核心、以“多组合、大群体”为保障的品质育种策略，自2009年以来，先后构建了红富士苹果品种×新疆红肉苹果的$F_1$及回交一代（$BC_1$）杂种分离群体40个，定植杂种实生苗4万株，并选育出红心7号等新品系10个。

果树种质资源收集全球化是发达国家种质资源收集的典型特征，也是近年来各国争夺种质资源的热点。世界各国均很重视果树种质资源的保护与利用，尤其是发

达国家。美国 NPGS 机构框架下建立了不同专业的分支机构，如国家果树种质资源委员会建有苹果、梨、葡萄、核果类等分会，建有 8 个与果树相关的无性系种质资源圃，保存了 1 000 多个植物学种的 4 万份种质，其中 80%来自国外。此外，日本、俄罗斯、意大利等国家 60%以上的种质资源来自国外。中国仅有 15%的资源来自国外，国家西南特色园艺作物种质资源圃（成都）保存的国外果树种质资源仅有 210 余份，数量不足、覆盖面不够、栽培品种居多等是果树国外引种的主要问题。

二是资源保存体系和技术不断完善将大大降低保存成本。为了确保种质资源安全，西方发达国家相继建成了由种质圃、超低温库、试管苗库、低温种子库、DNA 库等组成的多元化完整保存体系。如美国国家圃中 33%的资源建立了核心种质库，66%的种质进行了包括温室、网室等的复份保存，100%的种质进行了病毒检测和脱毒，部分野生种质的种子低温库保存，草莓利用组织培养长期保存，超低温长期保存果树种质资源 3 000 份以上。根据《四川省农业种质资源保护与利用中长期规划（2021—2035）》，四川省目前正在积极建设国家种质资源（四川）中期库和天府种业实验室等一系列种质资源保存、解析和利用平台，将有助于提升四川省果树种质资源多元化保存水平。

三是联合多组学精准鉴定将加快优异种质的发掘。随着表型组学、基因组学、转录组学等现代生物技术的发展，种质资源鉴定由基本农艺性状向复杂农艺性状、由单点向多年多点、由表现型向基因型鉴定等精准化方向发展。我国各级果树遗传改良领域创新平台正加快建立表型组学评价体系、研制评价技术，将表型与基因组有效结合，加快优异种质资源的评价速度，有效拓展育种材料的遗传背景，有针对性地为育种提供服务。如中国农业科学院郑州果树研究所利用丰富的种质资源以及建立的表型数据库，在果树功能基因组学的研究与利用领域也取得重要进展，通过对 480 份桃种质重测序，明确了桃基因组遗传多样性和变异特征，揭示了桃野生近缘种向栽培种的进化路线，阐明了桃花、果实、需冷量等 10 个重要性状的分子遗传特性。

四是种质资源保护力度逐步加强，共享利用平台逐渐完善。2022 年 3 月 1 日新修改的《中华人民共和国种子法》正式施行，首次建立实质性派生品种制度，全方位扩大植物新品种权保护范围，大幅度提高侵权损害赔偿标准，进一步健全了激励种业原始创新的法律制度，对推进种业振兴具有标志性意义。《中华人民共和国种子法》修订前，植物新品种权的保护范围仅限于受保护品种的繁殖材料，权力控制环节主要是繁殖材料的生产和销售环节；而新实施的实质性派生品种制度，通过对利用种质资源创制的“原始品种”提供强化保护，以激励育种者加强对种质资源的收集整理、精准鉴定评价以及进一步开发利用，最终达到保障种业创新之源的根本目的。在此政策的大力支持下，今后越来越多的育种单位或个人将敢于分享种质资源和育种进展。

此外，随着大数据、云计算等现代信息技术的发展，各国纷纷开始建立果树种质资源专业化大数据，加强数据分析和资源挖掘，提供个性化、定制化和专业化知识服务。美国建立了种质资源信息网（GRIN），欧洲建立了农作物种质资源协作网（ECPGR），专门成立了仁果类、核果类、浆果类等协作小组。2019 年中国农业科学院郑州果树研究所牵头组建了国家园艺种质资源库（http：//www.nhgrc.cn/），涵盖了 198 个园艺种类、637 个植物学种、7.5 万份种质资源，约占国内园艺资源总量的 85%，占世界保存总量的 16.7%，提供苹果、桃、猕猴桃等 25 种果树的育种数据资源。据统计，国家园艺种质资源库 2016 年以来提供直接利用种质 9 万多份次，为近 57 万人次提供了信息共享服务，开展各类专题服务 128 个。面向江西井冈山、河北阜平、河南兰考、新疆喀什等地区，提供软籽石榴、红肉猕猴桃等特异种质，开展精准扶贫专题服务；面向主产区，提供沃柑和清脆李等优异种质，服务农业产业结构调整；面向都市农业，提供观赏桃花、莲菜、葡萄等种质在观光农业中利用。提供优异种质间接利用，创制新种质 335 份，挖掘新基因 155 个，培育新品种 104 个。

（2）果树新品种选育

参照国际种业发展水平，一般可分为四个阶段，即驯化选择 1.0 时代、常规育种 2.0 时代、分子标记辅助选择育种 3.0 时代和智能化育种 4.0 时代。目前发达国家园艺作物育种工作已全面进入“生物技术+人工智能+大数据信息技术”的育种“4.0 时代”。中国果树育种工作仍处在以杂交选育和分子技术辅助选育为主的“2.0 时代”至“3.0 时代”之间，四川省甚至刚进入“2.0 时代”初期，正朝着以下方向发展。

育种途径上，传统育种者把果树育种途径归结为“查引选育”，“查”即资源调查发掘野生和地方良种，如猕猴桃的不少品种是通过此途径从野生材料中选育的。四川省通过野生资源调查方式挖掘优良猕猴桃资源并使其逐步发展成为产业的首推。除了猕猴桃外，东北的蓝靛果、山西的欧李和南方的八月瓜（木通）也是野生资源发掘和驯化的案例。

引种筛选是世界各国解决品种急用的途径。四川省果树产业中，相当一部分品种来自引种筛选。特别是2002—2006年，在国家支持下，四川省农业科学院园艺研究所通过引进桃、樱桃、杏、草莓和柑橘等果树品种，丰富了四川省的品种资源。从引进的资源中，筛选出十分优秀的品种，并在产区广泛推广。例如，从意大利罗马果树所引进的桃耐低铁抗重茬砧木GF677和从江苏省农业科学院引进并合作选育的高甜晚熟白肉桃晚湖景等。

选种包括实生选种和芽变选种。过去，农民种植的果树多数是通过实生繁殖，因此，从农家品种选择和提纯复壮，也属于实生选种的范畴。四川省农业科学院园艺研究所从乐山市夹江县界牌镇凤山村脆红李园中选育出的早熟李新品种凤山早红脆以及从龙泉驿区柏合镇李生产园中选育出的晚熟高甜李新品种玉带李都是通过此途径获得。芽变选种主要是利用体细胞变异或嫁接产生的嵌合现象，从果园中直接选出优良的变异类型，进而成为品种。通过此途径选育的品种主要为柑橘类，如四川农业大学选育的早熟脐橙新品种雷早一号和四川省农业科学院园艺研究所选育的优质柠檬新品种蜀新柠檬。

“查引选育”中的“育”主要指杂交育种，通过有性杂交实现遗传重组，获得新的基因型（品种或品系）。四川省果树育种攻关项目组统计了桃、枇杷、柑橘等9种果树在“十三五”期间选育的43个品种（系），按品种选育途径进行分析，2.33%的品种来自芽变选种，30.23%来自杂交育种，67.44%来自实生选种或引种筛选等。值得注意的是，2019年之后四川省杂交育成的果树新品种比例快速提升，因此杂交育种未来仍将是四川省果树新品种选育的主要途径。

育种目标上，近10年来，四川省果树育种目标从最初跟随国内育种前沿机构追求产量和品质，逐渐探索出“以市场为导向，发展区域特色产业”的新目标。第一是满足不同人群和不同用途需求，培育多样化、个性化的品种，例如，柑橘和葡萄的无籽品种选育，提高了食用品质。通过芽变选种从普通琯溪蜜柚选育出果肉红色以及橙色的品种，并在生产中大面积推广。通过杂交育种培育了肉质细嫩、水分多、风味浓的梨品种以及含酸量较高的苹果榨汁专用品种。第二是优质、绿色、安全的发展方向，为此需培育抗性强、品质优、耐贮运以及满足机械化、省力化栽培的品种，例如早熟耐贮运桃品种、抗裂果油桃/油蟠桃品种、抗溃疡病猕猴桃品种、抗日灼或裂果枇杷品种、不需授粉的梨品种、短枝型苹果品种、抗盐碱或抗涝砧木品种等。

育种技术上，近年来一批新技术应用于果树遗传改良中，提高了育种效率。这些技术主要有细胞工程技术（胚胎抢救、细胞融合、试管繁殖与微芽嫁接等）和分子标记辅助选择技术（MAS）。

胚胎抢救技术有效克服了胚胎败育或果实成熟而胚胎尚未发育完全等问题，在果树育种中得到广泛应用。在桃、杏和葡萄等果树的早熟品种选育中，该技术发挥了重要作用，取得了很好的效果，目前四川省农业科学院园艺研究所桃育种团队采用该技术获得了 3 000 余株早熟桃杂交后代。柑橘中采用胚胎抢救技术主要是解决珠心胚干扰问题，培养出了一批三倍体无核株系。

20 世纪 80 年代，细胞融合技术研究在我国取得成功，先后在柑橘、猕猴桃和苹果等果树上开展了研究。后来，只有在柑橘上坚持下来，并建立起一套完整的原生质体培养、融合再生技术，创造了一批柑橘种间和属间体细胞杂种，进而与二倍体杂交经过胚胎抢救得到一批三倍体无核柑橘类型。再进一步发展为通过细胞融合转移胞质基因，创造出原生质体融合培育二倍体无核胞质杂种的新育种路径；研究人员将温州蜜柑与 HB 柚子进行细胞融合，获得了转温州蜜柑 CMS 的二倍体柚无核品种华柚 2 号，成为世界第一例通过细胞融合直接创造的植物新品种。

分子标记辅助选择技术的应用相对较晚。21 世纪以来，各类分子标记包括 RAPD、SSR、SNP 等陆续应用于果树杂交后代的早期选择，在枇杷、桃、李、猕猴桃和柑橘等树种的育种中得到应用。如四川省农业科学院园艺研究所基于枇杷类胡萝卜素生物合成关键基因 *EjPSY2A* 在黄肉和白肉枇杷品种间的序列差异，开发了一个 InDel 分子标记，可以准确地将黄肉和白肉枇杷种质资源以及杂交后代区分开来，准确率达 100%。该标记可以用于不同果肉颜色枇杷新品种选育，对指导枇杷杂交后代早龄选择育种具有重要意义。

（3）抗逆性专用砧木品种选育

四川果树种类多，分布较广泛，不同生态区域的立地和气候条件差异巨大，对抗重茬、抗寒、抗旱、耐涝、耐碱性土壤等抗逆性砧木需求也呈现多样化发展，而四川省各产区生产砧木主要采用野生种子实生苗，缺乏与产区匹配的专用砧木品种。此外，在全国防止耕地“非粮化”稳定粮食生产的政策背景下，低效老果园改造成为四川省果树产业需要解决的首要问题，抗重茬、耐瘠薄砧木的缺口将进一步放大。因此亟须建立系统性的砧木研发体系，选育适于不同区域、不同果园类型的专用砧木品种。

（4）果树良种繁育技术体系

在果树良种繁育技术体系方面，辽宁省的发展经验值得借鉴。辽宁省依托中国农业科学院果树研究所、辽宁省果树科学研究所和沈阳农业大学等科研院所建立国家级果树良种苗木基地5处，并在兴城、丹东建立省级果树无病毒良种繁育场。一是建立国家级果树良种资源库，将从国内外广泛引进、收集的水果栽培品种（或品系）和砧木品种资源都集中到资源库中进行保存，并进行品种（或品系）接穗预鉴定和初始增殖，利用茎尖接种等脱毒方式进行脱毒处理，通过指示植物等方式再鉴定。凡经省级品种审定或备案并决定推广的品种，经过同样的程序，集中到果树良种资源库保存，植株需定期鉴定，建设果树原原种母本园和一级果树种苗采穗圃，以确保品种的纯正度、无毒化和及时提供优质接穗。果树一级采穗圃建于网室中，采穗母树每三年一换。一级采穗圃负责向二级采穗圃提供脱毒接穗，按成本价收取费用。二是建立省级果树种苗繁育中心或繁育场。每个繁育中心具有无病毒原母本树。集中定植，建设果树原种母本园和二级果树种苗采穗圃，要求定期检测病毒，一旦发现有检验病毒后，立即淘汰。果树种苗繁育中心主要是提供无病毒水果品种接穗和繁育果树种苗生产基地所需要的无病毒果树种苗。果树原种母本园和二级果树种苗采穗圃由国家和企业共同投资建设，由企业负责经营管理，采用公司化运作。二级采穗圃建于简易网室中，采穗母树每三年一换。三是在辽宁省建立50~60个果树种苗生产基地。每个种苗生产基地必须具有果树无病毒母本园和三级果树种苗采穗圃，以保证果树种苗的繁育。所繁育苗木可以是无病毒果树种苗，可以是高规格果树大苗，也可以是符合规定或规程的各类果树品种苗木。果树种苗的最后价格定位按不高于10%利润的价格，限制果树种苗的最高价。借鉴辽宁沈阳市、大连市对于苹果种苗的扶持政策，市级财力给予不少于每株果树种苗价格50%的补贴资金。无病毒果树种苗前期销售时，建议政府、企业和农户各承担一部分，将更加有利于无病毒果树种苗的推广。

**2. 促进四川省果树种质资源保护与育种创新的对策建议**

（1）加强野生资源收集和周边友好国家果树种质引进

以第三次全国农作物种质资源普查与收集行动和国家西南特色园艺作物种质资源圃（成都）为主要依托，各省级果树种质圃为补充，加快开展西南地区野生果树资源的收集、保存，并通过多渠道逐步恢复周边友好国家果树种质资源的交流与引进。

（2）增加种质资源评价与精准鉴定项目经费支持

以品质、抗性为重点开展果树种质资源果实性状的深入评价，对优异、特色果树种质资源开展植物学、生物学和园艺学性状精准鉴定，开展基因型与表型性状的关联分析，加快优异种质发掘、优化果树杂交组配并缩短育种周期。

（3）结合传统杂交育种与分子辅助育种创新种质

以提品质、抗病虫、耐逆境为重点开展果树种质创新研究；针对省工省力、保健营养等关键问题，通过选择育种、杂交育种和分子辅助育种等技术相结合创新种质。重点创制抗溃疡病猕猴桃、耐碱性土壤核果类果树砧木、高糖白肉枇杷和春花枇杷、广适性甜樱桃、大果优质蓝莓等种质。

（4）加快果树新品种选育和高效育种技术研发

一是突破性特色新品种选育。充分发挥四川省落叶果树成熟期早和常绿果树成熟期晚的熟期优势，主要选育晚熟柑橘、早熟桃、早熟苹果、红皮梨、抗溃疡病猕猴桃、适宜四川低海拔地区种植的甜樱桃、休眠浅抗病性强草莓、抗冻性强的白肉枇杷、早熟葡萄、丰产优质蓝莓、早熟芒果和优质牛油果等新品种。

二是高效育种技术研发。研究并优化果树早熟胚挽救技术，提高种胚发芽率；优化高接换种和强化栽培技术以缩短杂交后代的童期；研究分子标记技术并应用于杂交苗早期性状鉴定；利用细胞融合技术创制无核果树材料等。

（5）持续开展果树抗逆专用砧木的选育

一是重点围绕川中丘陵区土壤 pH 值较高，果树容易发生缺铁黄化的问题筛选或培育适宜碱性土壤的专用砧木；针对桃、李等核果类果树重茬障碍严重的问题，筛选或培育抗重茬砧木品种。

二是在特定范围内，进行果树砧木区域试验，形成全面的新砧木评价体系，筛选出适宜的砧木。

三是从适应性、抗性、亲和力等方面，开展不同区域、不同生态类型果树砧木的筛选，开展砧穗组合研究。

（6）构建种质保存与育种信息交流平台

在四川省现有两级果树种质圃基础上构建“四川省果树核心种质资源圃+电子数据库”种质保存与育种信息交流平台，加快果树新品种推广与应用，加速育种成果转化，加强知识产权保护。

（7）建设现代化果业良种繁育保障体系

一是核果类专用砧木工厂化繁育技术研究。抗重茬抗盐碱专用砧木被世界各国广泛使用，在意大利、法国、西班牙等国都有大量应用。在四川桃、李产区应用显示出抗重茬、抗黄化病的效果，因此建议研究并推广无性系砧木工厂化繁育技术，筛选适宜组培的最佳培养基、最适生根培养基、最佳增殖培养基、适宜炼苗移栽条件。建立无性系砧木组培快繁技术及繁育体系，培育优质苗木，保障苗木质量的一致性。

二是果树良种繁育体系建设技术创新。果树种苗产业是一个集市场调研、种质创新、品种研发、种苗繁育、推广营销和售后服务等于一体的链条产业。因此，为规范和建成四川省果树良种繁育体系，必须研究示范果树新品种、新材料的母本园、品比园、采穗圃、砧木圃、育苗圃建设规范技术；研究推广果树苗木扦插繁育、嫁接繁育、组织培养、苗圃管理、种苗的纯度和质量鉴定技术；研究脱毒种苗良繁、快繁技术体系和现代育繁技术；研究推广果树苗木繁育环节的机械化、智能化技术。

**参考文献**

邓秀新，王力荣，李绍华，等，2019. 果树育种 40 年回顾与展望［J］. 果树学报，36（4）：514-520.

何飞，刘兴良，王金锡，等，2004. 四川野生果树资源种类、地理分布及其开发利用研究［J］. 四川林业科技，25（1）：6.

宦杰，李晓佳，高云鹏，等，2021. 国之重器　中国西南野生生物种质资源库——植物学家李德铢和“种子世界”［J］. 人与自然（2）：12.

王力荣，吴金龙，2021. 中国果树种质资源研究与新品种选育 70 年［J］. 园艺学报，48（4）：749-758.

Adaskaveg J E, Hartin R J, 1997. Characterization of *Colletotrichum acutatum* isolates causing anthracnose of almond and peach in California [J]. Phytopathology, 87 (9): 979-987.

Ahern J, Qenani E, 2007. Consolidation in the California fresh stone fruit industry [J]. Journal of Food Distribution Research, 38 (1): 81-88.

Dirlewanger E, Pascal T, Zuger C, et al., 1996. Analysis of molecular markers associated with powdery mildew resistance genes in peach [*Prunus persica* (L.) Batsch] × *Prunus davidiana* hybrids [J]. Theoretical & Applied Genetics, 93 (5-6): 909.

Gallardo R K, Nguyen D, Mccracken V, et al., 2012. An investigation of trait prioritization in rosaceous fruit breeding programs [J]. Hortscience a Publication of the American Society for Horticultural Science, 47 (6): 771-776.

Maquilan M A D, Olmstead M A, Olmstead J W, et al., 2018. Genetic analyses of resistance to the peach root - knot nematode (*Meloidogyne floridensis*) using microsatellite markers [J]. Tree Genetics & Genomes, 14 (4): 47.

Nicotra A, Conte L, Moser L, et al., 2002. New types of high quality peaches: flat peaches (*P. Persica* var. *Platicarpa*) and Ghiaccio peach series with long on tree fruit life [J]. Acta Horticulturae, 592: 131-135.

Picañol R, Eduardo I, Aranzana M J, et al., 2013. Combining linkage and association mapping to search for markers linked to the flat fruit character in peach [J]. Euphytica, 190 (2): 279-288.

Sherman W B, Anderson P C, 1995. Observations on peach tree short life in the University of Florida peach breeding program [C]. Florida: Florida State Horticultural Society Meeting.

# 四川柑橘产业发展报告

刘建军　陈克玲　何　建　关　斌　何　礼
（四川省农业科学院园艺研究所，柑橘育种与栽培国家
地方联合工程实验室，四川成都 610066）

**摘　要：**四川是全国柑橘主产区，面积、产量位居国内前列，其中晚熟柑橘发展规模居全国第二位。本研究简述了四川柑橘品种改良、结构调整、技术研发推广以及品牌培育等成效，分析了存在的问题与产业发展趋势，提出了促进产业发展的对策建议。

**关键词：**四川省；柑橘；发展报告

“柑橘”是对柑橘属（*Citrus* Linn.）植物或果实的总称，在植物分类学上属于芸香科（Rutaceae）、柑橘亚科（Aurantioideae）、柑橘族（Citreae）、柑橘亚族（Citrinae）、真正柑橘组。经济栽培和商业领域，“柑橘”通常还包括与柑橘属近缘的金柑属（*Fortunella* Swingle）和枳属（*Poncirus* Raf.）。中国及全球大部分国家/地区栽培的柑橘主要是柑橘属。现代柑橘生产按不同的种，分为甜橙、酸橙、柑、橘、柚、葡萄柚、柠檬、金柑、杂交柑橘（橘橙、橘柚等）。

柑橘果实形美色鲜味佳，营养丰富，果实富含水分和糖类、有机酸、氨基酸、蛋白质、维生素、膳食纤维、矿物质、酚类、萜类等营养和功能性生物活性成分，不仅能为人体的生命活动提供基本的能量和营养，而且对于保健、防病、治病、美容等都具有重要作用。经过长期栽培和选择，柑橘品种丰富，风味品质多样，已成为人类广泛喜爱的重要消费果品。

柑橘起源中心在中国、印度及东南亚一带。中国是柑橘属大多数栽培种的原产地，金柑属和枳属的起源中心在中国。柑橘是世界第一大水果，第三大国际贸易农产品。中国柑橘栽培历史悠久，种质资源丰富，优良品种繁多，目前柑橘面积、产量均居世界第一。四川是全国柑橘主产区，位于国家规划的长江上游柑橘优势产业

带，2021 年柑橘面积、产量居全国第三位。柑橘是川果中最重要的水果产业之一，是四川省巩固脱贫攻坚成果和乡村振兴建设中的重要经济作物和骨干产业。推进柑橘产业的品种改良、结构调整、转型升级和提质增效意义重大。

## 一、国内外柑橘产业概况

经过长期栽培和选择，柑橘已成为人类重要的消费果品，在全世界亚热带和热带地区广泛栽培。柑橘性喜温暖湿润，据统计，全球有 148 个国家或地区生产柑橘，生产带分布在南纬 35°和北纬 35°之间，地中海因气候特殊，生产地域可延伸至北纬 42°。2020 年世界柑橘种植面积达 1 007. 22 万公顷（超过 1. 51 亿亩），总产量 1. 58 亿吨。柑橘产量居前列的主要生产国为中国、印度、巴西、墨西哥、美国、尼日利亚、西班牙、土耳其、埃及、伊朗、阿根廷、意大利、南非、摩洛哥、印度尼西亚、巴基斯坦、阿尔及利亚、越南、叙利亚和哥伦比亚。

进入 21 世纪以来，全球柑橘种植面积、产量持续增长。2020 年比 2000 年面积新增 130. 5 万公顷（1 957. 5万亩），产量新增 4 331 万吨。受第二、第三产业快速发展和土地、劳动力、农资成本以及黄龙病等因素影响，柑橘产业发展的总体态势是从发达国家及地区向发展中国家及地区转移，世界柑橘生产重心已逐渐由美洲转移到亚洲和埃及、尼日利亚、南非等部分非洲国家，其中亚洲在全球面积和总产量中的占比最高。目前亚洲柑橘种植面积占世界柑橘种植面积的 52. 90%，美洲和非洲分别占 24. 50%和 16. 60%，欧洲和大洋洲合计占比 6%。进入 21 世纪以来，柑橘产量的净增长主要来自亚、非两大洲的发展中国家，其中以中国增长最快。

2020 年，全球柑橘平均单产为 15. 75 吨/公顷（1. 05 吨/亩），中国为 18. 15 吨/公顷（1. 21 吨/亩）。以色列、美国、巴西、西班牙等技术先进国家，平均单产比中国高 29%～114%。世界人均柑橘占有量 21 千克，其中占世界人口 22%的发达国家，年人均柑橘占有量 35 千克，而不发达国家的人均占有量不足 9 千克。

随着时代发展，柑橘品种优化改良的速度和效率显著提升，进入 21 世纪以来全球共培育了 100 多个新品种，育种速度远超过 20 世纪 90 年代的水平，品种结构更趋合理化。世界柑橘生产的种类结构仍以甜橙为主，但近年甜橙比例持续下降，宽皮柑橘（包括杂交柑橘）比例明显上升，柠檬、葡萄柚总量略增。2019 年世界柑橘总产量中甜橙占比 53%、宽皮柑橘 32%、柠檬 8%、葡萄柚等 7%。

世界柑橘以鲜果消费为主，加工总量在25%左右，其中美国和巴西的甜橙主产区加工比例高达70%和95%，部分国家加工比例为40%。橙汁是世界产量最大的果汁饮料，占柑橘加工总量的90%。

国际贸易出口鲜果以甜橙为主，其次为宽皮柑橘、柠檬、酸橙、葡萄柚及柚。西班牙、南非、中国、美国、土耳其是世界柑橘五大出口国。出口加工产品以橙汁和橘瓣罐头为主，巴西和美国是橙汁出口大国，中国是橘瓣罐头出口大国。世界柑橘五大进口国分别是俄罗斯、德国、法国、美国和英国。2018年全球柑橘出口量为1 729.62万吨，出口额为146.73亿美元。我国柑橘罐头出口金额占世界总量的44.37%。

中国是世界上栽培柑橘历史最早的国家，古籍记载可考的柑橘栽植历史已逾4 000年。全国柑橘分布在北纬16°~37°，经济栽培区主要集中在北纬20°~33°的海拔1 000米以下地域。全国包括台湾在内有20个省（区、市）的985个县（市、区）种植柑橘，2020年全国柑橘集中产区为广西、湖南、四川、江西、广东、湖北、重庆、福建、云南、浙江和贵州共11个省（区、市），面积和产量占全国98%以上。上海、江苏等省（市），台湾、陕西、河南、海南、安徽、甘肃和西藏等省（区）也有部分栽培。

2002年农业部组织相关单位对我国柑橘优势区进行了布局规划，2008年再次修编，发布了《柑橘优势区域布局规划（2008—2015）》。目前全国已建成“九区、四带、五基地”柑橘优势区域格局。

九大柑橘主产区包括广西、湖南、四川、江西、广东、湖北、重庆、福建和浙江，柑橘种植面积、产量占全国的94.3%。近年云南柑橘种植面积已超过了第九位的浙江，但产量仍低于浙江。2019—2020年广西、湖南、四川等地柑橘种植面积仍呈增长态势（表1）。

**表1 中国柑橘主要集中区面积和产量**

| 序号 | 省（区、市） | 2019年 | | 2020年 | | 2021年预测 | |
|---|---|---|---|---|---|---|---|
| | | 面积（万公顷） | 产量（万吨） | 面积（万公顷） | 产量（万吨） | 面积（万公顷） | 产量（万吨） |
| 1 | 广西 | 43.85 | 1 124.5 | 57.66 | 1 382.1 | 57.56 | 1 495.4 |
| 2 | 湖南 | 39.99 | 560.5 | 41.61 | 626.7 | 41.09 | 516.0 |

（续表）

| 序号 | 省（区、市） | 2019 年 | | 2020 年 | | 2021 年预测 | |
|---|---|---|---|---|---|---|---|
| | | 面积（万公顷） | 产量（万吨） | 面积（万公顷） | 产量（万吨） | 面积（万公顷） | 产量（万吨） |
| 3 | 四川 | 32.31 | 457.7 | 33.89 | 489.0 | 34.01 | 526.1 |
| 4 | 江西 | 33.60 | 413.2 | 33.73 | 425.6 | 33.29 | 277.0 |
| 5 | 广东 | 23.63 | 464.8 | 24.21 | 497.7 | 23.89 | 532.5 |
| 6 | 湖北 | 32.38 | 478.2 | 23.74 | 510.0 | 23.72 | 500.8 |
| 7 | 重庆 | 22.17 | 295.1 | 22.36 | 319.9 | 22.63 | 322.1 |
| 8 | 福建 | 13.85 | 365.8 | 14.44 | 386.1 | 14.50 | 393.8 |
| 9 | 云南 | 8.43 | 108.6 | 9.76 | 135.9 | 11.25 | 158.3 |
| 10 | 浙江 | 8.86 | 183.4 | 8.89 | 191.8 | 8.21 | 149.6 |
| 11 | 贵州 | 7.28 | 52.4 | 8.43 | 67.8 | 8.44 | 73.9 |

数据来源：国家现代农业（柑橘）产业技术体系等。

四个优势柑橘产业带分别为：①长江上中游柑橘产业带；②赣南—湘南—桂北柑橘产业带；③浙南—闽西—粤东柑橘产业带；④鄂西—湘西柑橘产业带。

五个优势柑橘基地包括：①南丰蜜橘基地；②岭南晚熟宽皮柑橘基地；③云南特早熟柑橘及柠檬基地；④丹江库区柑橘基地；⑤四川柠檬基地。

20 世纪 80 年代，全国柑橘开始进入快速发展期。进入 21 世纪后，柑橘面积、产量呈显著增长态势，先后超过美国和巴西，2008 年起中国柑橘面积、产量跃居世界首位，成为世界柑橘第一生产大国。2017 年我国柑橘种植面积居全国各类水果之首。2018 年，全国柑橘产量首超苹果，且柑橘面积、产量突破“双 4 000 万”大关，即总产超过 4 000 万吨，总面积超过 266.67 万公顷（4 000万亩），柑橘成为中国的第一大水果产业。2020 年全国柑橘面积 283.15 万公顷（4 247.3 万亩），产量 5 121.9 万吨（约为 1978 年的 135 倍），约占世界总量的 30%（图 1、图 2）。种植柑橘成为产区农民经济收入的重要来源，同时为贮藏、保鲜、包装、精深加工、物流和营销等第三产业提供了充足就业机会。

目前全国主栽柑橘为甜橙类的脐橙、血橙、冰糖橙、红江橙等；宽皮柑橘类的温州蜜柑、砂糖橘、南丰蜜橘、椪柑等；柚类的琯溪蜜柚、沙田柚、玉环柚等；柠檬类的尤力克等；金柑类的融安金橘等；近年葡萄柚类和杂交柑橘类新品种发展迅

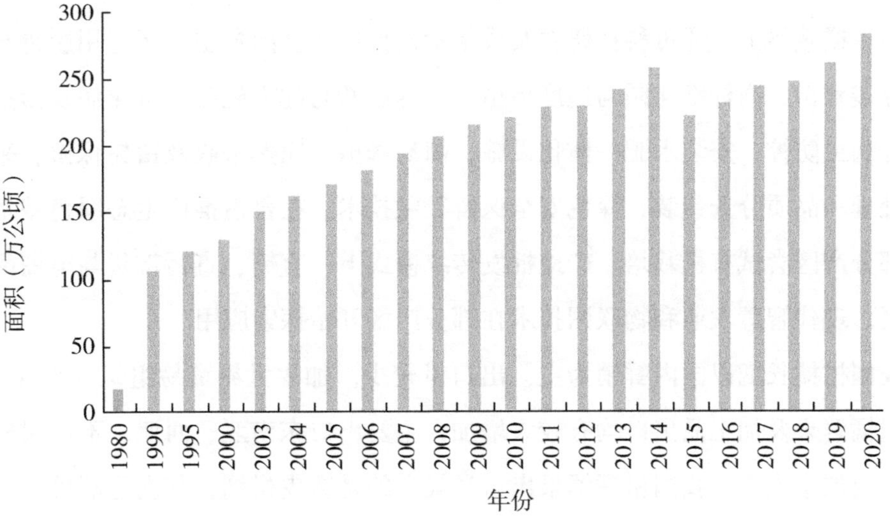


**图 1　中国柑橘面积**

数据来源：《中国农村统计年鉴》等。

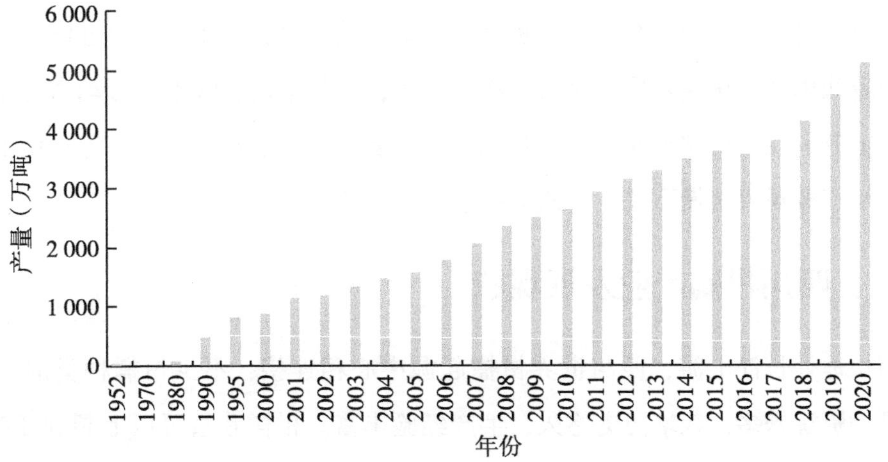


**图 2　中国柑橘产量**

数据来源：《中国农村统计年鉴》等。

速。全国品种结构以宽皮柑橘（含杂交柑橘）为主，占比近 60%。近 20 年来围绕优质、无核、特色和成熟期等育种目标，引进筛选和自主培育了 60 多个柑橘优新品种在生产上示范推广。通过品种熟期和生态条件的搭配优化，全国柑橘基本实现周年鲜果供应。随着种植面积发展加快和产能的增加，国内柑橘供给的数量和花色品种日益丰富。2020 年全国人均柑橘占有量达 36 千克，季节性和结构性过剩的压力逐步显现。

在柑橘栽培上，通过科技研发及成果示范推广，全国各主产区应用脱毒与设施化营养袋育苗，高标准建园与适度稀植，营养诊断与配方施肥，黄龙病及溃疡病等危险性病虫防控，安装水肥一体化设施，简易修剪，完熟采收及留树保鲜，采后商品化处理和品质分选包装，绿色安全保鲜贮藏技术。在普遍推广生态绿色栽培基础上，部分产区尝试有机栽培。产地批发传统模式上，直销、直播带货与电商网购快速发展。现代智慧农业和物联网技术在部分产区开始探索应用。

我国柑橘长期以国内鲜销为主，出口量较少。加入世界贸易组织（WTO）后，我国柑橘鲜果及加工品出口均有较大增加，主要出口东南亚、西亚、不产柑橘的东欧国家及加拿大等。我国柑橘鲜果出口量最大的是宽皮柑橘，其次是甜橙和柚，再次为柠檬。近年柑橘鲜果出口量在 100 万吨左右，约占我国各类水果出口总量的 1/3。我国进口柑橘鲜果主要是甜橙，以及柠檬和葡萄柚等，获得我国检验检疫鲜柑橘准入的国家和地区有近 20 个，其中主产国 6 个。中国是橘瓣罐头加工和出口大国，出口量占全球约 57%。国内橙汁加工和自给不足，每年需大量进口。

随着我国经济快速发展和比较优势的变化，以及土地、资本、劳动力等生产要素成本上升，我国柑橘产业呈“东橘西移”趋势，浙江、福建、广东等东南沿海地区的柑橘产业规模缓慢下调，中西部柑橘面积、产量显著增长。

## 二、四川柑橘产业发展现状

四川地处长江上游，西与世界柑橘起源中心相连接，不少柑橘种类原产于四川，品种资源繁多，栽培历史悠久，生产经验丰富。柑橘栽植可以上溯到 4 000 年前的夏代，秦汉时期蜀地一带已广为栽培。西汉司马迁编著的《史记》描述了“蜀汉江陵千树橘”的景象，西汉扬雄《蜀都赋》记述“橘林铜陵”“缘畛黄甘”“杂以梃橙”，西晋左思的《蜀都赋》也描述“家有盐泉之井，户有橘柚之园”，唐代有“益州每岁进柑子”，宋代苏东坡赠友人时所勉“一年好景君须记，最是橙黄橘绿时”传唱至今。

四川是全国柑橘主产区。省内地形地貌变化多样、生态气候资源和土壤类型丰富，光、温、水、气、土条件适宜柑橘生长，与国内其他柑橘主产区相比，具有“冬季无冻害、周年无台风、春季升温平缓、非检疫性疫区”的独特优势。不少产地是全国柑橘生态研究确认的甜橙和宽皮柑橘的最适区和适宜区，20 世纪后期中国柑橘生态区划和 21 世纪初国家柑橘优势产业发展规划均将四川列为全国的柑橘主产区和优势生产区域。

柑橘是四川省第一大果树种类，柑橘产业是农村经济发展的骨干产业和农民增收的重要来源。四川省共 21 个市（州），有 20 个市（州）96 个县（区）生产柑橘。2020 年全省柑橘面积 33.87 万公顷（508 万亩），产量 489 万吨，产值 286 亿元，柑橘面积居全国第三位，预计 2021 年[①]四川柑橘面积、产量均居全国第三位。

柑橘主要分布在四川盆地平坝区、盆地丘陵区和部分盆周山区的低地小气候区域，集中分布于长江干流沿岸和长江水系支流嘉陵江、沱江、岷江流域周边地区，以及金沙江河谷及其支流雅砻江、安宁河等部分河谷地区。产区主要为中亚热带暖湿气候区，少数属南亚热带干热河谷气候区。

**（一）立足生态地理优势，不断优化区域布局**

四川柑橘产区立地条件优良，生态特征鲜明。四川盆地是中国各大盆地中形态最典型、纬度最南、海拔最低的盆地。盆地底部以丘陵为主，其次为低山和平原。四川盆地是中国中生代陆相红层分布最集中地区，是全国著名的红层盆地。地表覆盖大面积中生代紫红色砂岩与页岩风化发育成的紫色土，是全国紫色土分布最集中的地方，有“紫色盆地”的美称。紫色土含有丰富的钙、磷、钾等营养元素，但氮和有机质含量普遍较低，坡地和坡顶土层瘠薄。除川东地区沙溪庙组紫色土壤多数中性微酸外，盆地遂宁组钙质紫色土壤多为碱性，磷易生成磷酸钙盐被固定，使根系有效性吸收降低。铁则形成氢氧化铁而沉淀，使铁的有效性吸收降低，柑橘植株易出现缺铁黄化（枳砧表现尤甚）。

四川盆地属中亚热带。由于地形闭塞，北部秦岭阻挡冷空气南下，冬季气温高于长江中下游同纬度地区 1～4℃，霜雪少见，无霜期长（280～350 天），部分区域全年无霜，有利于发展晚熟品种或中熟品种完熟晚采，挂果安全越冬。盆地气温东南高西北低，盆底高边缘低。盆西夏天平均气温约 25℃，较长江中下游同纬度城市偏低 3～4℃，但湿度较大。盆东南最热月气温高达 26～29℃，长江河谷局地达到 30℃。盛夏连晴高温天气易造成盆地东南部出现严重的夏伏旱。各地年均温 16～

① 数据来源于年鉴统计，目前尚未出版。

18℃。10℃以上活动积温 4 500~6 000℃，东南部的长江河谷活动积温超过 6 000℃，相当于中国南岭以南的南亚热带气候，攀西河谷南亚热带气候区活动积温可达 7 500℃。

盆地年降水量 1 000~1 300 毫米，雨量季节分配不均，70%~75%集中于 6—10 月，特别是 7—9 月。冬干、春旱、夏涝、秋绵雨的特征明显。盆地年日照较少，仅 900~1 300小时，尤其冬季阴天多，中熟柑橘品质后期发育受到较大影响。

四川柑橘产业的分布可分为五个产区，其中盆西平原区、盆南长江河谷区和盆中及盆东丘区是三大主产区。

**1. 川西杂交柑橘产业带**

位于盆西的成都平原坝区及浅丘区，属中亚热带湿润太平洋东南季风气候区，海拔 400~600 米。主要包括成都市、眉山市和德阳市的柑橘区域，是省内主要的杂交柑橘产业带，另有部分脐橙和柚等其他品种。

柑橘产区四季分明，气候温和，日照较少，降雨充沛，多年平均气温在 16. 0~17. 4℃，≥10℃的年积温为 4 900~5 300℃，全年无霜期 283~320 天，年平均日照时数 1 100~1 300 小时，年平均降水量为 900~1 300 毫米，夏秋多雨，冬春雨少。柑橘产区土壤主要有冲积土、紫色土（酸性、中性、碱性）、水稻土、黄壤、黄棕壤、潮土等。

川西柑橘产区是省内主要的优质晚熟杂交柑橘区，冬无严寒，少大风，多阴云，寡日照（日照时数约 100 小时），偶见短暂低于 0℃霜冻，可树冠盖膜或果实套袋越冬。早春升温平稳（至 2 月，白天多数温度 8~12℃，最高 15~16℃），适合完熟延迟采收。

**2. 川南长江上游柑橘产业带**

位于盆南的长江上游干流及支流河谷沿线区域。主要包括宜宾市和泸州市，以及乐山、自贡两市南部的部分区域，是四川柑橘生产最适区和甜橙优势产业带。主产脐橙、血橙，另有部分杂交柑橘（宜宾、乐山）和地方柚（泸州）。该区原主产的夏橙，近年品种改换后已存量极少。

柑橘产区属于亚热带湿润季风气候，低丘和长江河谷地带兼有南亚热带的气候属性。金沙江、岷江、长江三江在宜宾交汇，始称长江，宜宾素有“万里长江第一城”的美誉。川南长江上游柑橘产业带年均温 18℃左右，≥10℃的年积温为

5 500~5 800℃，年均日照时数 1 200~1 400 小时，年降水量 1 000~1 200毫米。该产区光照充足，热量和水资源丰富，冬无严寒，全年无霜期 340~358 天，个别区域或个别年份终年无霜雪，生长期长。产区土壤主要有紫色土（酸性、中性、碱性）、水稻土、黄壤、新积土等。

**3. 川中及川东丘区柑橘产业带**

位于盆地中部遂宁市、资阳市、内江市、自贡乐山两市北部、南充市，与盆东重庆市毗邻的广安市、达州市南部的丘陵及岭谷低地。栽培品种主要有血橙、脐橙、柠檬、杂交柑橘和柚，其中资阳市安岳县建成了国内最大的柠檬基地，内江市资中县建成了国内最大的血橙基地。

该区域以丘陵广布、溪沟纵横为其显著地理特征，是四川省丘陵集中分布区。区域内经嘉陵江、涪江、沱江及其支流切割后，地表丘陵起伏，沟谷迂回，海拔一般在 250~600 米，丘谷高差 50~100 米。丘陵紫红色砂岩和泥岩质地松脆，极易遭受侵蚀和风化，故土壤中多沙和碎石。

柑橘产区年均温 16.8~18.0℃，≥10℃的年积温为 5 400~ 5 700℃，年均日照时数 1 200~1 470 小时，年降水量 950~1 200毫米，冬干春旱明显。全年无霜期 280~350 天。冬暖春早，是四川热量较高地区。产区土壤主要有紫色土（酸性、中性、碱性）、水稻土、黄壤、新积土等。最大特点是多数市县碱性钙质紫色土分布广泛，在遂宁、资阳等地，园区土壤 pH 值可高达 8 以上（最高为 8.7），柑橘园地土壤钙含量充足或过量，磷和铁以及部分微量元素利用率低。

**4. 川北柑橘生产区**

位于盆地北部。主要包括广元、绵阳及巴中三个地级市的南部。盆地北端热量偏低，柑橘主要在该区南部的广元市苍溪县和旺苍县，绵阳市涪城区、游仙区、梓潼县、三台县、盐亭县，巴中市巴州区和恩阳区有部分种植。栽培种类主要有柚、杂交柑橘以及脐橙等。

川北柑橘产区年均温 16~17℃，≥10℃的年积温为 5 000~5 400℃，年均日照时数 1 300~1 500 小时，年降水量826~1 100毫米，冬干春旱明显。全年无霜期 260~294 天。产区土壤主要有碱性紫色土、黄壤、水稻土、新积土。

**5. 川西南金沙江河谷早熟脐橙生产区**

该区地处盆地以外的川西南山地，包括攀西地区的攀枝花市、凉山彝族自治州

（简称凉山州）雷波县、宁南县、金阳县、会东县、会理县等部分河谷热区。主栽品种脐橙。因攀枝花市近20年来重点发展芒果、香蕉等热带和南亚热带特色水果，而其余地区的热区面积较小，因此该区柑橘栽培较少。

攀西地区柑橘生产主要位于金沙江干热河谷区及其支流雅砻江、安宁河的局部河谷地带。年平均气温18~21℃，最冷月平均气温大多在10℃以上，最热月平均气温26℃左右，≥10℃的年积温达6 500~7 500℃。全年日照时数2 300~2 700小时。年总降水量760~1 000毫米，分干、雨两季，降水量高度集中在6—10月，占年降水量的90%左右。该产区光照充足，热量高，昼夜温差大，空气干燥，夏无酷暑，冬无严寒，雨热同步，极有利于植株生长和品质发育，是早熟优质脐橙产区。土壤种类主要有红壤、水稻土、黄红壤、黄棕壤、黄壤等。

**（二）面积、产量快速增加，产业规模居国内前列**

四川柑橘虽然栽培历史悠久，但集约化商品果园生产形态的建设发展较晚，多呈小果园、庭院式、零星分散的种植状态。中华人民共和国成立初期，四川省柑橘年产量仅0.4万吨，此后计划经济时代，柑橘属于国家统购统销管理，扩增也较为缓慢。改革开放以来，大力发展经济建设，尤其进入20世纪80年代，四川柑橘产业发展步入快车道。全省柑橘产量1980年9.9万吨，1985年37.7万吨，1995年增长为93.33万吨。其间，四川省柑橘面积、产量曾位居全国第一和第二位。

1997年年初国家行政区划调整，成立重庆直辖市，原四川重庆市所辖与代管的各区县、原四川涪陵、万县、黔江三个地级市（地区）从四川划出，该区域原为川东柑橘主产区和优势区，柑橘生产统计数据相应从四川剥离。川渝分治后四川柑橘面积、产量调减较大，当年在全国柑橘产业规模排名中下降到第四位，但仍保持快速发展势头。2000年四川省柑橘面积达到15.5万公顷（232.5万亩），产量132.75万吨，面积居全国第三位、产量再次居全国第一位。柑橘面积和产量均占四川水果总量的50%以上，仍是四川省最大宗的果树，在农村经济和多种经营中继续占有举足轻重的地位。

跨入21世纪以后，特别是近十余年来，四川柑橘发展呈现更迅猛的增长态势。2001—2020年，四川柑橘面积每年以0.67万~2万公顷（10万~30万亩）速度增加。2020年全省柑橘面积、产量分别增加到33.87万公顷（508万亩）和489万吨，面积居全国第三位，预计2021年四川柑橘面积、产量均居全国第三位。20年来，年均新增面积 0.92 万公顷（13.78 万亩），年均新增产量 17.81 万吨（图 3、图 4）。

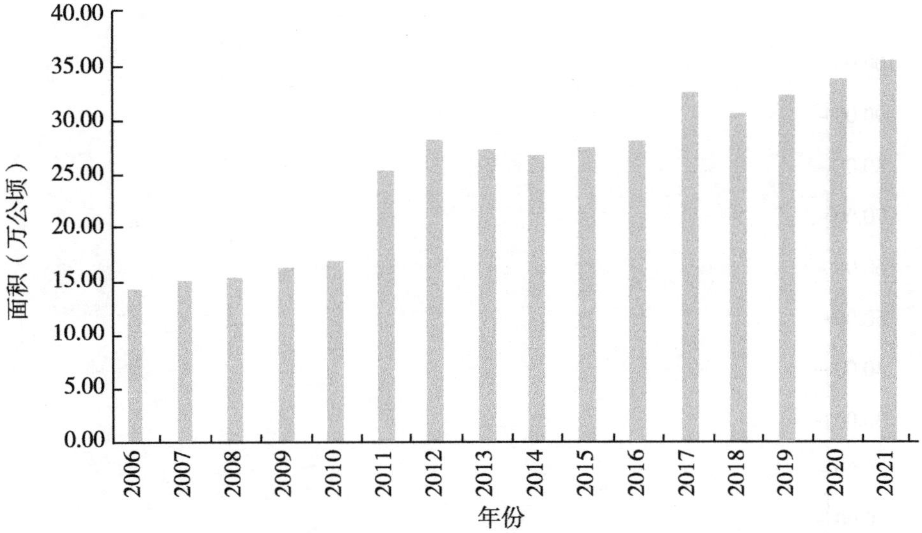


**图 3　四川柑橘面积**

数据来源：《中国农村统计年鉴》等。

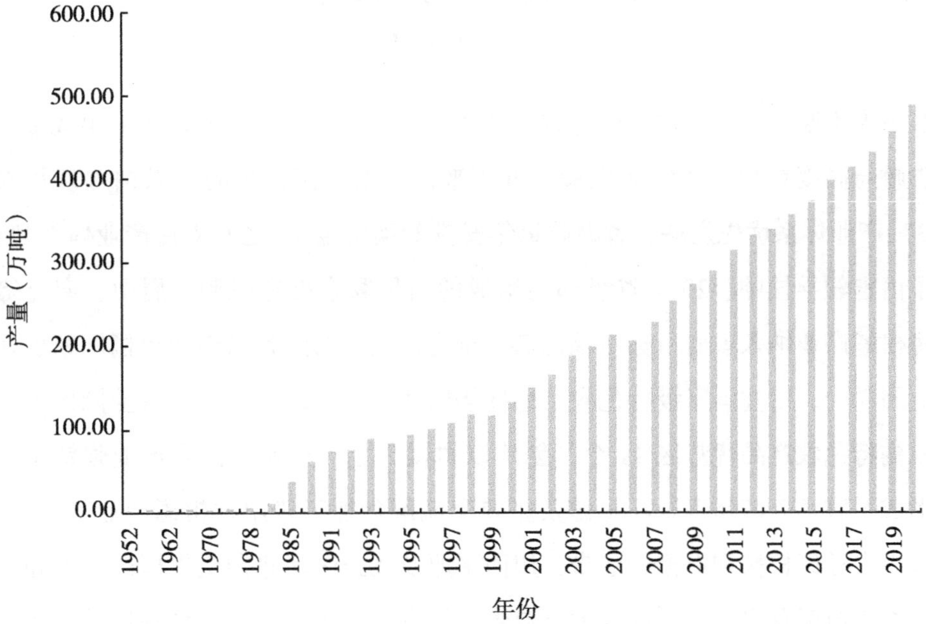


**图 4　四川柑橘产量**

数据来源：《四川统计年鉴》。

四川柑橘生产规模最大的集中产区为眉山市、资阳市、成都市和南充市，其次为宜宾市、内江市、达州市、自贡市、泸州市、广安市和乐山市，其他市州规模相对较小（图5）。

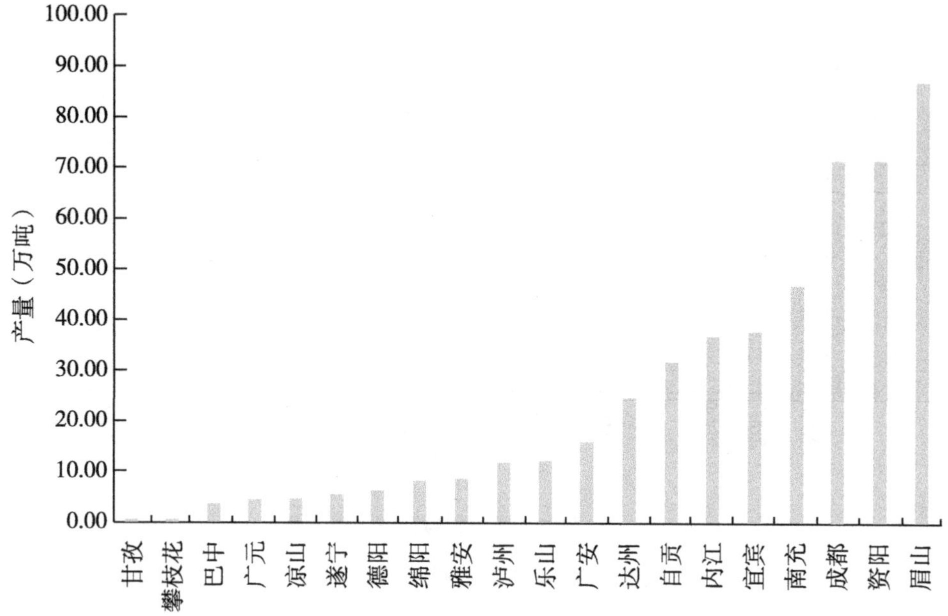


**图5　2020年四川各市州柑橘产量**

数据来源：《四川统计年鉴》。

在规模不断发展的同时，四川省柑橘优势基地和园区建设取得了突出成绩。省委、省政府高度重视现代农业发展，近年来，把以柑橘为主的川果纳入现代农业“10+3”产业体系优先发展，省财政每年安排专项资金15亿元支持产业体系建设。建立了由省领导挂帅、20个省级部门组成的川果联合推进机制。眉山、南充等主产区将柑橘产业纳入政府目标考核范畴，全力推进。四川省已创建柑橘国家现代农业产业园3个、柑橘国家级特色农产品优势区4个、省级柑橘现代农业园区10个、省级柑橘特色农产品优势区11个，创建以柑橘为主导产业的国家产业强镇12个。初步形成了宜宾、泸州等长江上游及主要支流鲜食加工兼用型柑橘产业带，资阳、内江等川中丘区柠檬和血橙产业带，川西平原及浅丘区晚熟杂交柑橘产业带和川南攀西河谷优质鲜食柑橘产区等四大产业带。培育了一大批特色柑橘基地县。在很多地区，发展柑橘产业为脱贫攻坚和乡村振兴作出了重要贡献。

近20年来，柠檬、血橙和杂交柑橘规模增长最快。四川建成了全国最大的无核血橙基地，血橙面积占全国80%以上。建成了全国最大的优质柠檬基地，柠檬面积占全国80%。建成了全国最大的丑柑（不知火）、粑粑柑（春见、大雅）和清见等晚熟杂交柑橘基地。建成了全国最大的甜橙和柠檬加工基地，浓缩橙汁产量占全国66%，柠檬加工产品种类和数量占全国75%以上。

**（三）持续推进品种改良和结构调整，晚熟柑橘发展成效突出**

四川是全国柑橘老产区和主产区，也是部分品种资源的重要分布区和原生区域之一。野生、半野生以及民间保存的药用及观赏柑橘种质资源分布地域较多，适栽品种类型丰富。中华人民共和国成立以来，品种的更新换代前期较慢，中期较快，近期迅猛。

20世纪50—60年代，四川柑橘主栽品种基本沿用历史传承的古老品种红橘、地方甜橙和地方柚类，少量为柠檬、佛手及汉源黄果柑。以红橘栽培量最大，分布最广，其次为地方甜橙类。20世纪30年代引进四川的脐橙、夏橙、红玉血橙以及四川从地方甜橙实生选育的鹅蛋柑、先锋橙等优良品种仅有少量推广。中国柠檬产业的发展始于四川，1926年从美国引入尤力克柠檬，1929年转引到安岳，1949年后因发展对苏联和东欧国家的出口贸易，在安岳开始规模栽培。

20世纪70—90年代，四川省重点推广发展的主栽品种可概括为“锦、夏、脐、血、温”。同期椪柑、柠檬和柚类也有一定的扩展。锦橙在全国范围广为推广，高峰期锦橙曾占全国甜橙种植总量的60%。80年代中期到90年代中期，四川脐橙新品种和地方柚类选育品种成为发展热点。原主栽的红橘规模不断减少，至20世纪末期几乎难觅成片果园。90年代初，意大利塔罗科血橙引入四川内江市资中县栽培，因质优无核受到生产者和消费者重视，并获评国际农业博览会金奖和省内柑橘优质果品奖。塔罗科血橙成为老品种红玉血橙的换代品种，在资中迅速发展，省内部分产区引种试栽。从椪柑中选育出多个新品种，逐步成为椪柑主栽品种。原中国农业科学院柑橘研究所和四川省农业科学院相继从国外引进大批新的柠檬、杂交柑橘和砧木新品种，在省内布置品比试验。20世纪90年代末至21世纪初，四川省农业科学院强化自主育种创新，在院实验农场建立稳定的杂交育种及鉴定基地12.67公顷（190余亩）。

进21世纪后，尤其是近10年，四川省品种改良速度快、规模大、效益明显。2002—2016年，全省选育通过四川省农作物品种审定委员会审定和公布的柑橘优新品种达30个。四川省农业科学院联合选育的资阳香橙是国内首个通过品种审定的抗性砧木新品种，在省内外广泛推广应用，成为21世纪以来四川柑橘以及广西沃柑良种繁育的首选砧木。四川省农业科学院从国际合作项目引进的大量美系和日系脐橙、意大利系血橙、欧系柠檬、日本和欧美杂交柑橘中试验筛选出大批优新品种在产区推广应用。纽荷尔、朋娜、奈维林娜以及自主选育的21世纪、新世纪等脐橙新品种基本取代了原主栽的华盛顿脐橙和罗伯生脐橙。无核优质的塔罗科血橙全面替换了先期栽培的路比血橙，通过新生系选育出的塔罗科血橙新系、早红、春红和晚红血橙又进一步更替老系普通塔罗科在生产上大量推广。无核少核、早结丰产稳产的系列柠檬新品种推广应用拉开了对“百年尤力克”柠檬换代的帷幕。杂交柑橘新品种发展迅猛，异军突起。前期四川省农业科学院引进筛选推广的不知火、春见、爱媛和近年西南大学选育的大雅柑和金秋砂糖橘成为发展极快的杂交柑橘热门品种。四川省农业科学院先后自主杂交育成20余个特色突出的新品种陆续投放生产应用，金煌、金春、红锦获得国家植物新品种权。四川省农业科学院联合自主选育的无核寿柑以及引进筛选的天草、洛娃在21世纪前期曾一度作为杂交柑橘先行品种发展，寿柑还成为数年出口创汇明星品种。近年还有很多国内外杂交柑橘新品种正在各地试栽评价。红橘退出主栽品种后，椪柑成为四川橘类生产的主要代表，主栽品种有自主选育的新生系3号、中岩早、台湾椪柑以及引进的太田椪柑。

目前四川柑橘品种结构中，甜橙占总面积的22.7%、宽皮柑橘（含杂交柑橘）占46.1%、柠檬占12.9%、柚占12.1%，其他占6.2%。

柑橘成熟期的划分，10月及以前成熟为早熟，11—12月成熟为中熟，翌年1月及以后成熟为晚熟。长期以来，四川柑橘产业品种熟期结构不合理，直至21世纪初，早熟品种占比约8%，晚熟品种占比不足3%，中熟品种占比近90%。面对全国庞大的中熟品种群，上市集中压力大，加之四川盆地入冬低温寡日照，中熟品种到达成熟期但品质发育不充分，风味偏酸，竞争力不强，经济效益较低。四川省农业科学院经长期研究，在20世纪90年代后期发表对策建议基础上，21世纪初正式提出四川柑橘产业结构调整“双晚战略”路径（重点发展晚熟品种，留树晚采中熟品种），以充分利用盆地内冬无严寒、极端低温少和冻害频率低、早春升温平缓的优势，实现差异化发展，错峰上市，提升产业效益。

“双晚战略”获得省地政府和生产者采纳认同，发展晚熟柑橘列入四川农业供给侧结构性改革文件，成为四川柑橘产业变革的政府导向。经近十余年的努力奋斗，四川柑橘结构调整取得极为突出的成效。2020年四川省33.87万公顷（508万亩）柑橘中，晚熟柑橘达15.33万公顷（230万亩），产量210万吨，占全省柑橘面积近50%。四川成为全国晚熟晚供柑橘大省，晚熟柑橘面积仅次于广西，居全国第二位。

目前，四川柑橘熟期结构调整为早熟品种约占总面积6%，中熟品种占45%，晚熟品种占49%。早熟品种主要是温州蜜柑。中熟柑橘类主要包括爱媛28、金秋砂糖橘、柠檬、脐橙、锦橙、椪柑和柚。晚熟柑橘的主要品种组合和鲜果采摘上市期有序衔接。

1—2月：早红血橙、塔罗科血橙新系、晚白柚及留树保鲜柚类上市；

2月：晚芦椪柑、黄果柑、留树保鲜椪柑上市；

2—3月：春见、大雅、春红血橙、晚熟（及晚季花）柠檬上市；

3月：不知火、清见、金煌等上市；

4月：留树保鲜脐橙上市；

4—5月：晚红血橙上市。

结构调整后，四川柑橘品种组合丰富，熟期梯次衔接，鲜果错季上市，显著改善了市场供应，满足了春夏消费者需求，促进了产业增效和农民增收。晚熟晚采通过延长果实后期发育时间换取了品质提升空间和市场占领空间，上市果实新鲜，品质风味优异，被誉为“北纬30度的味觉奇迹”。

四川晚熟柑橘最大的产区眉山市，2019年被农业农村部、财政部等九部委认定为晚熟柑橘中国特色农产品优势区。2020年，四川晚熟柑橘成功入选全国首批优势特色产业集群建设项目，并作为全国唯一的晚熟柑橘优势特色产业集群获得中央财政重点建设专项资金资助，眉山、乐山两市四区县正在全力实施晚熟柑橘全产业链高质量发展行动计划，建设中国晚熟柑橘良繁基地、商贸物流中心、大数据信息中心和四川晚熟柑橘研究院，努力打造规模集中、品质优异、品牌响亮、效益显著、在全国有影响力的晚熟柑橘优势区和四川现代柑橘产业高质量发展示范标杆。

**（四）强化科技支撑，柑橘产业技术全面提升**

十余年来，四川相继实施国际、国家和部省一系列柑橘重要科技研发推广示范项目，建立了柑橘科研创新平台、成果转化平台和产业科技支撑服务团队，以科技创新、转化、示范、推广和服务，赋能四川柑橘产业高质量发展。四川柑橘科技支撑体系构建取得突出成效。

建成两个重要实验室：柑橘育种与栽培国家地方联合工程实验室（四川省农业科学院）、农业农村部西南园艺作物种质创新重点实验室（四川省农业科学院）。

建立三个院士工作站：四川柑橘院士工作站（邓秀新院士，四川省农业科学院）、安岳柠檬院士工作站（康振生院士，安岳）、柑橘智能与信息装备院士工作站（赵春江院士，南充）。

设立四个国家柑橘体系综合试验站：国家现代农业（柑橘）产业技术体系先后在四川设立中晚熟柑橘综合试验站（四川省农业科学院）、安岳柠檬综合试验站（安岳县柠檬科学技术研究所）、泸州甜橙综合试验站（泸州市农业农村局）、南充柑橘综合试验站（南充市农业科学院）。四川在全国率先建立与国家现代农业产业技术体系对应衔接的省级系列创新团队。在柑橘方面，组建了国家现代农业产业技术体系四川柑橘/水果创新团队，成立了四川省柑橘科技创新产业技术联盟。

加强国际开放合作，此期还建立了中国—意大利国际合作果树苗木繁育中心（四川省农业科学院）、科技部国家引进国外智力成果（柑橘）示范推广基地（四川省农业科学院）、科技部柠檬国际科技合作示范基地（安岳、四川省农业科学院）、血橙国际科技合作基地（资中、四川省农业科学院）、四川柑橘育繁推一体化示范基地（四川省农业科学院）。

省市科研院所和高校专家团队、四川省园艺作物技术推广总站等在重要产区建立了一大批柑橘专家大院或研发中心。四川省老科学技术工作者协会还组织退休老专家发挥余热，针对特色优势柑橘基地建立了安岳柠檬四川省老专家科技服务营地，资中血橙四川省老专家科技服务营地，以及其他柑橘基地的老专家服务联系点。

通过各级党政重视、科技支撑、示范转化和培训服务，四川省柑橘新技术研发与推广应用取得显著进步和突出成效，跨上了新的台阶。

**1. 现代种苗良繁技术**

从传统露地培育裸根苗转为设施生产脱毒容器苗，由低位嫁接育苗改为高砧嫁接育苗，使用普通泥土基质转变为专用育苗配方基质，砧木选择转为重点应用抗性品种（资阳香橙），在防虫网室或大棚温室中苗床培育壮苗，肥水药管理技术配套。制定和颁布了新的育苗技术规程。

**2. 新型建园模式**

改密植为适度稀植，改零散随意栽植为土地调形整理基础上的适度规模化成片成带规范种植，有条件的园片实行宜机化设计或宜机化改造。针对不同条件和建园标准，主要推行三种模式。一是聚土起垄建园，二是深沟高厢建园，三是坡地等高建园。制定和颁布了新的建园技术规程。通过深松培肥改良土壤、聚土起垄加厚土层、宽行窄株通风透光、应用抗性砧木提高肥料利用率、地布覆盖免用除草剂、肥水一体化提高肥效等农艺技术的配套应用，培养健康栽培环境，提高肥料利用率，减少病虫为害，增强树势和发育，快速成园投产。

**3. 化肥农药减施增效及绿色生产技术**

对四川省主要柑橘产区果园化肥农药技术应用模式调查表明，柑橘生产管理中化肥农药过度施用与管理粗放、施肥用药严重不足并存，但以过量施用现象为主。N、P、K 过量施肥果园占比高达 70%，农药盲目组合高频施用和主药不交替现象普遍，化肥农药减施空间很大。四川省农业科学院在代表性产区建立研发集成示范基地 26 个，其中万亩示范基地 1 个，千亩示范片 5 个，新型经营主体示范园 20 个。根据不同产区资源特征、立地条件、栽培模式、品种类型与砧木组合、土壤与叶片养分状况、产量和树势特点、主要病虫害、肥药施用现状，研发确认了基于土壤叶片营养诊断分析的柑橘多元素平衡施肥、幼树以龄定肥和结果树以产定肥的科学配肥方案，高效快速补充中微量元素矫治缺素症技术。暖湿温和的气候条件下，四川柑橘病虫害种类和发生代数较多。主要病虫害为红（黄）蜘蛛、蚜虫、粉虱、潜叶蛾、蚧壳虫、实蝇、炭疽病、树脂病、疮痂病、脂点黄斑病、灰霉病、黑斑病及疫霉褐腐病等。针对性研发集成推广了与四川生态环境相匹配的柑橘化肥农药减施增效“一清、两减、三替、四挂”技术模式。

“一清”：冬春清园。减少越冬病菌和虫口基数，是全年减少用药的基础和关键。

“两减”：精准减肥、绿控减药。幼树以苗龄定肥，结果树以产定肥，土壤叶片营养诊断辅助精准配方，三要素基本平衡肥动态调整并及时矫正锌、硼、镁、铁等中微量养分缺素症。推广柑橘绿色生产农艺技术，在科学肥水供给和规范栽培措施的基础上，摒弃不必要的外源激素应用，禁止使用有毒有害添加剂和调理剂。推行病虫测报、农艺防控、生物防控和物理防控基础上的化学农药选择、控量和交替施用技术，以及安全间隔期要求，实现绿色防控和农药减量。

“三替”：有机肥部分替代化肥、生防绿防部分替代农药、主药交替换用提高防效。

“四挂”：园内挂诱杀板、诱杀球、诱杀灯、性诱器（芯）。

在四川省内示范推广面积2.28万公顷（34.13万亩），辐射带动全省应用推广6.67万公顷（100万亩）以上。示范区实现化肥减量60.06%，肥料利用率提高127.48%。化学农药减量82.49%，农药利用率提高108.62%。通过与地方农技部门、新型经营主体（涉农企业、业主、专业合作社、种植大户等）对接，建立示范点、召开现场会，举办培训班，开展实地指导、电话咨询服务等大力推广示范，辐射推广区化肥施用量减少25%以上，农药减量35%以上。

编制颁布了相关生产技术规程，其中国家柑橘绿色生产技术标准2部、出版相关技术书籍3本。

**4. 注射施肥和水肥一体化技术**

结合起垄栽培果园或深翻改土果园推广土壤根际注射施肥技术，肥料利用率和劳动效率大大提高，且避免伤根和破坏土壤结构。施肥枪头换为喷雾头即可变为喷药机械。投资小，使用灵活，移动方便，多次进行设备和功能改进，适宜规模较小和地形较复杂果园应用，深受农民欢迎。在园区和有条件的果园近年大量推广安装水肥一体化滴灌等设施，研发改进相关部件及功能控制结构并获专利，显著节肥并均衡供肥，提高肥料利用率，节省劳力肥料成本。同时还通过持续保持土壤适度湿润，对气候、土壤干湿交替剧烈导致裂果的防止效果显著。果园水肥一体化装备和智能控制以及遥控应用，已成为果园现代化和新近发展数字化智能化果园必备的基础配置，展示了广阔的开发应用前景。

**5. 花果管理与简易修剪技术**

随着高产稳产优新品种的换代推广、新型高标准建园和栽培技术进步以及农业投入品的多样化功效等保障，正常年份或正常管理水平下，丰产不再是突出问题。历史上柑橘栽培非常重视保花保果促丰产，这项传统技术现已转化为更强调疏花疏果，或先保后疏的作业程序，以调控果实负荷与均匀分布，保障适宜的产量和优良的品质。新的疏花疏果技术研发推广，一是由花果双疏改为疏果为主，二是次数由一次改为多次疏除，三是以增进商品外观和风味品质为目标。六月落果结束前后疏除密弱果、其后陆续疏除畸形果和病虫果、机械伤果、日灼果和裂果，后期疏除商品性外观较差的果实，因此定果期常可延迟到9—10月。部分种类和品种定果后及时施肥、防治病虫并实行人工套袋保护果面。整形修剪上，基于传统精细修剪原理和精髓，研发推广因树培形、简易修剪技术，以适应现代集约化规模化商业栽培模式。根据品种特性、立地条件和生产模式，选用不同树形，达到丰产稳产和优质生产目的。主要树形有自然圆头形、变则主干形、多主枝丛生形、自然开心形、塔形等。整形与修剪互为结合，不能截然分割。生长期修剪与冬季相对休眠期修剪结合应用。柑橘的整形过程始自苗圃培养合格壮苗和分枝高度，出圃定植培育主干和主枝。幼树期轻剪免剪，加强肥水管理，促进树冠迅速扩大形成结果体积，并由营养生长及时转入生殖生长（结果投产）。盛产期综合采用短截、疏剪、回缩修剪等为主，调节维持生长与结果平衡的树形结构和改善通风透光条件，确保品质优良和丰产稳产。老龄树对主干主枝实施重度更新修剪，达到树冠重建、恢复树势和产能的目的。

**6. 果实安全越冬留树保鲜技术**

晚熟品种和需留树晚采的中熟品种，安全越冬至为关键。因特殊地理位置和构造，四川盆地柑橘主产区罕有霜雪冻害，非常有利于晚熟品种正常越冬，亦有利于中熟品种继续延长发育，增进果实品质和市场竞争力。为防止局部性偶发性霜冻危害，四川省农业科学院主持研发安全越冬留树保鲜技术多年，并以成本效率工作量相对最优而不断简化技术处理因子，最终形成成本低、易学易做、效果稳定、适用四川盆地广大产区的树冠覆膜越冬技术，深受农民欢迎，群众总结为“1次肥、1包药、1张膜、1副竹杆好操作”。该技术迅速在全省各地推广，成为每年固定化技术程序。编制颁布了全国首部《柑橘留树保鲜技术规程》，被原农业部和四川省多年列为农业主推技术。具体做法是在正常田间肥水管理病虫害防治基础上，10月中下旬施入基肥（冬肥前移），10月中旬至11月中旬，防治病虫害、保果处理和补充灌水，入霜期前用4~6微米的流滴膜进行树冠覆膜（部分冬季气候较温暖区域，部分品种可果实套袋越冬），四川盆地冬季日照少且强度弱，覆膜不易因日晒强烈导致膜内升温剧烈和灼伤枝叶果实。盆地冬季无大风，覆膜稳定，亩成本低于果实套袋。不同覆膜材料优选试验表明，流滴膜成本低廉，与无纺布和遮阳网相比，对低温防护的效果和性价比最高。翌年2月气温稳定通过12℃以上揭膜，及时补充灌水并防治病虫害。需揭膜后马上采果的品种，可在采收后结合春季管理补充肥水并防治病虫害。

研发推广安全越冬留树保鲜技术前，四川体量很大的中熟柑橘12月完成采收后必须尽快鲜销或库贮调节销售，晚熟柑橘也被迫于12月未熟早采入库贮藏退酸，品质低下。留树保鲜技术有效解决了该产业难题，为四川中熟柑橘带来六大优势：①避开全国采摘销售高峰，产期延长3~5个月；②果实发育充足，品质提升；③克服产区贮库不足，减少建库和贮期制冷耗能，符合低碳、经济、生态的发展方向和要求；④不依赖采后化学药剂浸果杀菌的库贮程序，安全环保；⑤技术简易，果农增收效益高；⑥非常适合中国农村产地分散特点，实现就地贮藏。联合国粮食及农业组织官员来四川考察给予高度评价，认为可供条件类似的国家和地区借鉴推广。目前四川晚熟柑橘越冬面积16.67万公顷（250万亩），中熟品种留树保鲜面积每年稳定在3.33万公顷（50万亩）左右。

**（五）产业链条不断延伸，经营机制不断创新，品牌效益日益增强**

先后引进、培育了四川佳美食品工业有限公司（内江和南充）、四川华通柠檬有限公司、安岳安得利柠檬产业科技有限公司、成都圆大生物科技有限公司、安岳柠檬加工中小企业群等柑橘制汁、日化、生物药业加工企业。橙汁加工年处理柑橘原料30万吨，柠檬加工企业560余户，加工能力30万吨，产值50亿元。浓缩橙汁和NFC鲜榨汁产量占全国的66%，柠檬系列加工品种类和产量占全国75%以上。开发了果汁、香精油、果胶、干片、饮料、生物功能活性成分等十多个系列二十多种加工产品，部分产品出口欧美，柑橘鲜果的用途结构显著改进。佳美NFC鲜榨汁和浓缩橙汁、安岳柠檬即食片、冻干片、柠檬精油和果胶、柠檬汁、果茶、果露酒，资中血橙即食片、冻干片、丹棱橘橙低度果酒“丹橙”和“果小酒”、圆大生物提取的柑橘功能成分等加工系列产品深受市场欢迎。四川省柑橘加工比例约为11%。

四川省采后商品化处理（清洗、分选、分级、包装）快速发展，建有各类柑橘初加工分选线500余条，柑橘商品化处理率达到60%。东坡、丹棱、蒲江等重点产区柑橘采后商品化处理率达到80%以上，国内外先进的无损光学数控智能品质检测分选线开始在产区推广安装。四川省包含柑橘的水果仓储能力已达500万吨以上，中长期果品贮藏能力达到100万吨以上。

经营机制不断创新。引导资金、人才、技术等生产要素向优势柑橘产业积聚，发展适度规模经营。探索完善利益联结机制，龙头企业、农民专业合作社、柑橘职业经理人队伍不断扩充壮大，推动了柑橘产业化经营进程。

品牌效益日益增强。四川省柑橘获得国家农产品地理标志产品 28 个，培育打造了一批区域公共品牌，安岳柠檬、丹棱橘橙、眉山春橘、雷波脐橙、资中血橙、蒲江丑柑等特色鲜明、优势明显、市场畅销的品牌产品远销周边国家和国内大中型超市。依据品牌价值评价有关国家标准，经专家评审、技术机构测算、品牌评价发布工作委员会审定，中国品牌价值促进会发布，安岳柠檬品牌价值 175.43 亿元，蒲江丑橘品牌价值 68.48 亿元，丹棱橘橙品牌价值 50.65 亿元。眉山春橘、丹棱橘橙、安岳柠檬等多次荣登“中国农产品百强标志性品牌”。2019 年和 2020 年，安岳柠檬和遂宁矮晚柚先后入选中欧地理标志产品保护与合作协定首批和第二批中欧互认产品清单名录。

成都市蒲江县与阿里巴巴合作打造西部果品交易中心，生鲜快递每天发往全国 80 万件，跃升为淘宝水果电商第一县。眉山市东坡区与京东合作打造的大型冷链物流电商聚集中心已启动建设。内江市资中县引入北京新发地投资 10 亿元建设成渝晚熟柑橘批发交易中心。眉山市仁寿县引入山东水发集团着力打造以晚熟柑橘为主的果品期货交割中心。眉山市青神县依托眉山市神果环球食品有限公司主攻东南亚市场。雷波脐橙美誉远扬，依托电商和直销，多年保持为全国优质脐橙产地售价最高的产区。

## 三、四川柑橘产业的主要问题与短板

### 1. 柑橘种业短板突出

我国是世界柑橘起源中心，又是世界柑橘种植第一大国，而主栽优新品种几乎均来自国外。当前国际上对知识产权的重视和保护已成为时代主流，得到社会深度认知并成为行业合法利用的自觉行动。包括果树在内的农作物品种知识产权的转化生产，不仅在欧美，甚至在部分欠发达国家和地区也受到法律应有保护。四川作为全国柑橘主产区，当前除少数自主选育推广品种和少量保留的地方原产品种外，多数品种尤其是一些热门的优新品种，均为国外育成。随着近年来国外柑橘新品种因知识产权保护限制以及个别国家因地缘政治原因封锁等变化，原有的引种方式已难以持续。

**2. 品种选择上盲目追新跟风，乱引滥繁，品种布局同质化严重**

部分产地盲目引种，既未遵循引种程序和检疫法规、又缺乏正规试验评价和区试结论的支撑。有的直接从疫区引种或从非疫区转引实际来自疫区的种子、接穗、苗木，将危险性病虫带入健康产区并传播危害。有的地方因假苗、病苗、劣质苗木造成极大损失。有的优质特色品种在疯狂跟风扩展下市场很快饱和导致价格迅速下调。一些本不适宜当地发展的品种，炒作栽植数年后其适应性、抗性、产量、品质等不良性状短板显现，失利失败后被迫多次改接换种，反复折腾不能及时获益，且原有品种植株存在的病虫害尤其是病毒病、类病毒病得以续传蔓延，导致树体早衰甚至毁园。

**3. 果园基础建设薄弱，管理成本高，效率低**

四川柑橘产区丘陵坡地多，地块小而分散，地形变化大，基础建设配套和改造困难。果园干道和作业便道缺乏，灌排系统不完善，生产管理和抵御洪涝干旱自然灾害的难度大。果园机械化智能化发展滞后或受到严重制约，即使条件较好的基地，多数在建园模式设计时即未考虑应用机械管理方式或迄今尚未进行宜机化改造，人工管理仍占绝对或主导地位。当前农村劳动力严重老化并短缺，劳务成本高，效率低下。一些基地因劳力资源瓶颈突出，在生产关键环节的有限有效时间内，无法如期组织人力完成施肥、灌水、打药和采摘作业而损失严重。

**4. 先进实用技术推广力度不够，基地管理技术水平较低**

一是平均单产较低，2020 年四川省柑橘平均单产为每 667 平方米不足 1 000 千克，低于全国平均单产，且在主产柑橘九省区中排位第七。二是优级果比例不高，批量不足。肥药施用过量或营养元素配比不当，以及施用方法不合理，直接影响品质和外观。采后高端先进分级线按大小、果形、色泽、果面瑕疵和果实糖酸品质等指标智能分级，高品质商品果率通常仅 10%～30%。人工粗放分拣或果园统货交易方式普遍，对商品化处理尚缺乏全面深入理解和充分重视。四川省可进行品质分级的先进生产线占比仅 17%，不少产区仅使用大小分选功能。市场真正需求的外观内质兼优的果品和品牌优级果品价高俏销且供不应求，而普通品质及混级低质果市场价格低或过剩滞销，同时还影响和拉低了优级果售价。三是在绿色及有机生产中，也存在较多标准引领、科技支撑和技术服务不足的问题。

**5. 农民组织化发展程度低**

专合组织和龙头企业带动力和凝聚力不强，利益联结机制未能有效改进。缺乏大数据支撑的信息平台、水平较高的集中交易综合平台以及冷链物流等配套设施设备，单打独斗和低水平恶性竞争，导致产地价格低迷或无序波动。品牌培育力度不足，宣传包装和市场开拓形式雷同。生产营销方式和渠道单一，产地收购价格波动大，质量安全监管难。

## 四、四川柑橘产业发展趋势与对策建议

### （一）四川柑橘产业发展趋势研判

#### 1. 规模和产能发展的压力与风险逐渐增大

四川是全国柑橘主产大省，随着全国和四川省种植面积持续发展和产能稳步增加，供应显著改善，全国人均柑橘占有量上升到36千克，超过同期世界人均值（全球人均21千克，发达国家人均35千克）。虽然目前全国柑橘供需总体而言尚较平衡，但具体到品种和基地，产能结构性过剩和季节性过剩的压力与挑战值得高度重视。

#### 2. 晚熟柑橘产业仍有发挥空间

全国柑橘中熟品种比例仍然偏大，中部和东部诸省因冬季低温和周期性冻害，发展晚熟柑橘受限，全国晚熟柑橘总量和比例仍低（不足25%）。借鉴国际技术先进国家和地区柑橘品种熟期结构的配置实践经验，晚熟比例通常在40%及以上。四川适宜发展晚熟柑橘并已成功实施晚熟结构调整，与国内多数主产区错位发展是应对全国柑橘总量压力和错峰竞争的突破方向。四川省人均柑橘占有量在全国九大主产区中较低，柑橘鲜果成熟上市期覆盖8个月均衡上市，且产品消化方式为大量外调，已成为向全国不产柑橘的温带北方诸省和亚热带柑橘产区后期市场的主要供应基地。因此坚定发挥所长，稳定发展和提升晚熟柑橘产业，仍有较大优势特色和空间。

#### 3. 发展速度减缓，规模压缩调减

在产能压力加大，新冠肺炎疫情对经济和消费的持续负面影响，国家对坚决遏制耕地非粮化政策的落地落实，农资与人力成本上升过快、效益下降等多重因素影响下，柑橘扩展速度将剧减甚至停滞，产业规模趋于压缩调减，价格较低和消费较弱的现状近年可能还将持续。占用高标准农田的基地，缺技术、缺资金、无市场以及老劣低效的果园，苗木繁育类基地等将先行退出或改换经营。留存基地布局、品种改良和结构配置将继续调整优化。

**4. 新形势下产业发展思路和生产观念行为发生重大转变**

由规模扩张向提质增效转变，由追炒品种向种好果实转变，由传统种植向现代技术转变，由注重产量向追求品质转变，由偏爱大果向生产精品果转变，由人工劳作向应用机械转变，由统货交易向商品营销转变，柑橘产业由单一生产形态向融合增效（农旅融合，观光体验，科普教育等）转变。

**（二）促进四川柑橘产业发展的对策建议**

**1. 强化顶层设计和省级规划引领**

把做强做优柑橘产业作为城乡融合、特色农业产业发展、乡村振兴的战略举措。前期柑橘高速发展时期，基本是各自为政竞相发展，在取得显著成效的同时，也遗留下发展中待解决的问题，亟须四川省统筹、顶层设计、精心制定和科学论证新时期、新形势、新要求下四川柑橘产业转型升级规划。通过规划引领、协调优化，促进柑橘产业高质量可持续发展。结合生态地域、生产环境、优势特色、问题短板、耕地保护和市场变化，突出优势和特色，重点规划调整四川省柑橘优势产区布局和特色品种区域化生产，引导基地向特色化、差异化、适度规模化、品牌化融合发展，克服目前品种分布“多、杂、乱”和同质化内卷的发展升级障碍。

**2. 突出“一重点三特色”优化产业配置**

全国以中熟柑橘为主，成熟供应期集中在 11—12 月，中部和东部柑橘主产区因冬季寒冷和周期性冻害不宜大规模发展晚熟柑橘。冬春温暖、晚熟柑橘越冬方便的广东、广西和海南，适栽晚熟品种与四川不雷同竞争。四川具有晚熟柑橘发展的优势，晚熟规模全国第二，是四川柑橘产业差异化发展的重点方向。柠檬、血橙、晚熟杂柑（丑柑和耙耙柑）是四川柑橘三大特色种类，栽培规模全国第一。建议新时期发展中，政策支持“调优四川晚熟柑橘产业，培强川西晚熟杂柑集群，提升川中血橙产业带，打造（安岳）中国柠檬产业高地”。积极推进安岳柠檬品种换代并配置晚熟柠檬、甜柠檬等新品种，选育推广高品质、易着色血橙新品种和特色杂交柑橘新品种。在突出晚熟柑橘产业结构和三类特色品种基础上，配置增加其他柑橘早熟及早中熟品种和比例，继续适度下调中熟柑橘比重。注重发展优质橙类，继续调减柚类生产规模。

**3. 重点支持柑橘自主育种创新和四川柑橘种业体系构建**

随着知识产权保护和个别国家品种封锁以及种植国外品种出口禁限等变化，原有靠简单引种发展的方式已难以持续。柑橘物种进化中遗传基因高度杂合、特有多胚干扰、种子实生苗童期漫长，自主育种创新需要长期、持续、稳定的支持。四川柑橘种质资源丰富，积累基础扎实、选育经验丰富、长期以来品种和砧木育种成效在全国具有重要地位。构建四川柑橘种业体系（自主选育创新、引进筛选试验评价、脱毒良繁等），解决柑橘产业可持续发展中的种业“卡脖子”难题，意义和作用巨大。结合种业建设完善品种引育良繁推广机制，强化检疫防疫，杜绝乱引滥繁，严防危险性病虫害（尤其是细菌性病害和病毒病）潜入，确保产业安全。

**4. 加强先进实用技术研发转化，提升产业科技水平**

整合各级柑橘科技研发平台和专家团队力量，以更多更有效形式与产业升级结合，重点围绕提高果实品质、品牌影响力和市场竞争力，开展精品果生产关键技术、绿色果品生产技术、肥水一体化技术、果园机械化应用与柑橘农机农艺融合技术、智慧果园物联网技术、果园土壤地力质量提升与退化防控技术、省力化节本增效技术、采后商品化处理与冷链物流技术的研发攻关、示范转化、技术培训和指导服务。

**5. 强化标准引领，基地示范，辐射带动**

加强四川柑橘地方标准、团体标准、企业标准的制定与修订，推进标准普及和进企入户工程，大力建设绿色、有机、地理标志农产品标准化生产示范基地，加强生产全过程的技术指导、质量监控和产品认证。扶持品种和技术无知识产权争议、规模适宜、生产稳定、质量安全水平高的园区和基地进行出口基地备案和认证。鼓励和培训龙头企业、农民专业合作社、家庭农场等新型经营主体按标生产，以示范基地引导产业健康发展，以标准规范提高柑橘质量安全水平。

**6. 加强配套体系建设**

规划建设四川柑橘综合交易平台、仓储物流体系、增加产区装备无损智能品质分选生产线。引导柑橘产业尚占用的耕地积极探索多种高效粮经复合模式以及分类制定不同类型有序还田机制。积极争取国家项目和资金支持、安排部署省级和地方相关项目。改革探索和出台向柑橘产业转型升级倾斜的资金、项目、建设用地等优惠政策。加强区域公共品牌建设和培育。通过发展柑橘产业农旅结合、文旅融合、节庆采摘、电子商务、农超对接、直播带货等方式，延展产业链，发展新业态，提升综合效益，推进乡村振兴。

# 四川桃产业发展报告

陈　栋　江国良　涂美艳　孙淑霞　李　靖
宋海岩　王伶利　徐子鸿　银登贵
（四川省农业科学院园艺研究所，四川成都 610066）

**摘　要**：本研究对世界与中国桃产业的生产概况、种质资源保存与评价、砧木资源的开发与应用、桃新品种培育及栽培技术研究等方面进行了总结论述，找出了我国桃产业发展与世界发达国家在种质资源、品种选育及栽培技术、产品加工等方面存在的差距。同时，深入分析了四川桃产业生态特色与产业优势，提出了四川桃产业生产区划布局；深入地对四川桃种质资源搜集、评价与创制及新品种选育、绿色高效种植、病虫害绿色防控、机械化生产、采后处理和加工等全产业链进行了总结；系统地对四川桃产业经营主体与生产现状、果品市场营销、价格与趋势、一二三产业融合等方面进行了调查研究。通过对全球、中国及四川桃产业发展现状的对比分析，明确了四川桃产业存在的主要问题，研判了四川桃产业发展趋势，提出了四川桃产业发展对策，为四川桃产业绿色高质量发展提供了理论支撑和发展路径。

**关键词**：四川省；桃产业；品种；技术；对策

桃是世界上分布最广的古老树种之一，具有适应性强、果实营养丰富、种植见效快等特点，全球有 80 多个国家和地区生产桃，有4 000多年的栽培历史。中国是世界第一桃生产大国，四川也是我国重要桃生产区域，据调查统计，2021 年四川省桃栽培面积 100 万亩左右，桃产量 120 万吨，其中，成都市龙泉驿区是我国三大著名水蜜桃生产基地之一，是全国闻名的“中国水蜜桃之乡”，“龙泉水蜜桃”产品畅销国内外，每年一度的国际桃花节世界闻名，已成为成都市重要特色产业，有力地助推了当地社会经济的发展。四川西南横断山区是世界桃起源中心之一，广泛分布光核桃、山桃、毛桃和西康扁桃等珍稀野生桃，种质资源丰富，为世界桃育种作出了重大贡献；同时，四川具备发展桃得天独厚的优越条件，3—12 月均可实现鲜果成熟，品质优，特色突出，市场竞争力强。但是，四川桃产业发展与国内外发达地区相比，尚存在品种结构不合理、区域布局亟待优化、规模化桃园风险防控能力不强、劳动力成本居高不下、采后加工滞后等诸多问题。因此，本研究深入剖析四川桃产业存在的问题，提出产业发展对策与路径，推进川果产业绿色高质量发展，助力乡村振兴。

## 一、国内外桃产业概况

### (一) 国际桃产业基本情况

#### 1. 国际桃生产概况

世界范围内桃栽培品种有 5 000 余种，其中美国选育及引进的桃品种有 700 余种，中国选育的品种有 1 000 余种。近年来，世界桃的种植总面积始终保持在 150 万公顷左右，近 10 年来产量逐年增高。世界桃生产主要集中在亚洲。中国是世界桃生产第一大国，桃栽培历史最悠久；近年来，通过对中国、美国、西班牙、法国、意大利等国的单位面积桃产量进行比较发现，我国年平均桃产量为 15. 95 吨/公顷，年平均增长率为 3. 54%，在世界其他主产国中处于中间位置。除法国以外，西班牙、意大利等西欧国家的单位面积桃产量大体呈上升趋势。中国、南非和委内瑞拉等发展中国家的单位面积桃产量都在稳步上升，其中委内瑞拉的年平均增长率达到 14. 87%。相比之下，美国近几年的单位面积桃产量呈负增长。

世界上桃商业栽培的主要产区分布在亚洲和欧洲，美洲、非洲、大洋洲栽培面积较小，亚洲主要分布在东亚。世界主要产桃国家（地区）为：中国、欧盟和美国，三个国家或地区总产量约为 1 800 万吨，约占世界总产量的 91%。

#### 2. 桃种质资源的保存与评价

世界上很多国家都很重视桃种质资源的搜集与保存。美国于 1983 年在加利福尼亚州建立了美国国家桃种质圃，拥有种质 1 400 多份，种质圃现保存种质 3 000 余份，包括大部分现在栽培品种的血缘亲本上海水蜜，韩国的著名白肉离核品种，法国的红肉品种，以及美国最近培育的蟠桃品种等。全球种质资源保存的主要方式仍然是资源圃田间保存，每份种质种植 2～3 株，也有个别单位进行网室盆栽备份保存。

欧洲是世界上产桃第二大洲，1980 年建立了作物种质资源网络，其中法国波尔多果树研究中心搜集保存了 1 249 份核果类种质，地中海果树试验站保存 931 份；意大利罗马果树试验站保存了 1 400 余份桃和樱桃种质。

日本于 1985 年建立了果树基因库，目前在筑波果树试验总场保存桃种质资源约 700 份，其中野生和观赏资源约 50 份。由于消费习惯与中国相近，日本鲜食桃也以白肉水蜜桃为主，上海水蜜是重要的亲本资源。

世界各国对桃种质资源的鉴定评价标准都不一致。美国主要采用国际遗传资源研究所的标准，其中基本情况 62 项、初评资料 20 项、再评资料 67 项。欧洲对桃种质资源的描述标准包括 54 项，其中有 19 项共性描述项目，13 个李属植物共性描述项目和 22 个桃特有描述项目。日本桃种质资源评价分为 3 个层次，首先是必选性状（12 个），其次是第二必选性状和可选性状（9 个），最后是第三必选性状和可选性状（16 个）。

**3. 砧木资源的开发与应用**

世界各国应用的桃砧木主要是实生砧木，不同的国家或地区所应用的砧木也不同。美国应用较多的是其选育出的 Nemaguard 等抗根结线虫的桃砧木。法国选育并推广的无性系砧木 GF677，抗重茬效果好，在地中海地区适应性强，是桃树的主要砧木之一，被世界各国广泛应用，在意大利和西班牙等国都有大量繁殖。匈牙利杂交的桃砧木 Peda、Pena 和 Avimag 应用也较为广泛，其与桃、巴旦杏嫁接亲和力强，且表现出了生长势强、产量高、死亡率低的特性。在耐旱、耐石灰岩土壤也不易患缺铁失绿症。西班牙推广的桃砧木是 Adafuel 和 Adaricias，抗重茬效果明显。而日本常用的桃砧木是筑波 4 号和筑波 5 号，在抗根结线虫、抗涝以及嫁接亲和性方面表现良好。

**4. 桃育种研究进展**

世界各国的育种目标各具地域特色。美国是世界上最大的油桃生产国，且近年来其油桃所占比重仍在增加。据统计，1990 年以来，美国、意大利两国公布的桃新品种中油桃占一半以上。近年来选育的适合亚洲各国（地区）消费市场的油桃系列品种，发展势头良好。美国佛罗里达州、得克萨斯州、加利福尼亚州南部、路易斯安那州和佐治亚州南部都种植短低温油桃品种（需冷量不高于 400 小时），经过近百年的努力，现已培育出了系列短低温品种。这些品种在澳大利亚、非洲、地中海沿岸的短低温地区种植，极大地扩大了油桃的栽培边界。美国新泽西州桃育种一直致力于抗细菌性穿孔病和溃疡病的研究，同时也致力于蟠桃、低酸和硬脆桃的培育；在弗吉尼亚州，美国农业研究中心致力于柱型桃与半矮化品种的研究。在北卡罗来纳州，在芽的抗寒性与晚花品种培育方面研究较多，此外美国的公司与私人在培育桃品种的工作中也作出了巨大的贡献。

欧洲各国在桃育种工作中，在抗逆性与抗病虫害能力方面研究较多。法国波尔多果树研究中心致力于提高桃果实品质和桃的白粉病、卷叶病、抗蚜性、李痘病毒（PPV）和线虫的研究。意大利主要研究桃抗褐腐病、白粉病、卷叶病等的能力。保加利亚主要研究抗白粉病与卷叶病及培育极早熟和极晚熟桃品种。希腊近年来主要研究提高不溶质桃抗李痘病毒与褐腐病的能力。

**5. 主要桃产区栽培技术研究**

美国目前主推的桃栽培模式是大冠稀植，建园用激光测准，通常行距 6~8 米，株距 2~3 米，栽植密度因土壤条件和品种而不同，土壤条件比较好的地块，生长势较强的品种，株行距较大。土壤条件比较差的地块或生长势弱的品种种植密度略大。

授粉品种搭配有两种方式：一种是三品种组合，即 1 个主栽品种搭配 1 个比其早开花的品种和 1 个晚开花品种；一种是双品种组合，即 1 个主栽品种搭配 1 个与其花期一致的授粉品种。建园时，按 2 行主栽品种 1 行授粉品种（2：1）或 1 行主栽品种 1 行授粉品种（1：1）栽植。整形修剪树形主要采用开心形或杯状形。春季定植后主干剪留高度 70~90 厘米，主干上的侧枝全部留 2 个芽短截。栽植第 1 年冬季，在主干上间隔 15 厘米选留 4 个主枝，4 个主枝间水平夹角 90°左右，剪留长度 60~90 厘米，其余枝条疏除。第 2 年冬剪时，每主枝上选留 2 个二级分枝，不再短截。幼树期间以轻剪为主，多疏少截。重视夏季修剪，主要采取摘心控制辅养枝生长，保持骨干枝和选留枝条的优势，建立牢固骨架。桃园土壤管理多采用行间生草，多次刈割。生长期有效降水与灌水之和达到 1 000 毫米，即可满足桃树正常生长发育需要。在多数桃园，生长期需灌水，灌水均采用节水灌溉方式：滴灌或微喷灌溉。在病虫害防治方面，实施物理、化学和生物相结合的综合防治模式，使用的农药须是政府许可的农药，并严格禁止施用生长抑制剂多效唑。在花期管理方面，为保证桃花期能够充分授粉，放蜂是一项重要工作，一般每公顷用蜂 15 箱左右。花期防霜冻主要采用烟熏法。从土壤管理施肥、刈草、灌溉到打药、修剪、防霜冻熏烟，采收、采后处理均由机械完成。桃园土壤水分、养分由计算机实行动态监测。成龄树整形修剪先由机械统一进行，之后人工稍作补充调整。自动化、机械化作业大大提高了劳动生产率，降低了劳动强度，一个人可管理10公顷桃园。

西班牙内陆桃产区均使用滴灌系统，灌溉水取自国家投资修建的水库和灌溉渠道，远离灌溉网的产区可使用地下水。西班牙桃生产大多使用三主枝开心形或双“Y”形（类似于国内的杯状形），这两种树形具有苗木投入少、立体结果性能佳、树势容易控制、单位面积产量高、果实品质均匀等特点。近年来也开始使用主干形、折叠扇形、两主枝“Y”形和架式“V”形，这些树形具有通风透光性好、结果早、便于机械化操作等优势，但需投入架材，仅在部分新农场使用。桃树种植机械化程度较高，土壤翻耕、定植、农药喷施、除草、清园等均可进行机械化操作。据2009年统计，西班牙桃平均生产成本为0.36欧元/千克，其中劳动力投入占46%，主要是疏果、果实采收、整形修剪所涉及的人工操作。

意大利北部地区的传统栽培树形保留主干，树体高度一般大于4米以补偿光损失，前期投资及管理成本较高。与意大利传统桃栽培区域相比，南部地区的气候条件有所不同，光照强而空气湿度低，为适应这种气候条件，在这些地区提出了两种不同于北方的栽培模式：中密度的延迟“V”形模式（500~600株/公顷）以及高密度的“Y”形模式（900~1 100株/公顷）。“Y”形模式两主枝间的开张角度更大，邻行冠层顶部没有间隔，增加了树冠的覆盖面积，但同时也降低了行间的光照利用率。由于“Y”形模式需要搭建棚架，早期投入较高，多数桃种植户无法负担，选择用延迟“V”形模式代替，该栽培模式的投资成本和后期管理费用均较低，但结果较晚，产量较低。“Y”形和延迟“V”形模式是目前意大利南部地区的主要栽培模式，这两种树形的树冠构架具有明显差别，在桃园管理方面也完全不同。“Y”树形冠层的光截获率显著高于延迟“V”形，第2层的叶片可截获25%的太阳辐射，第4层可达70%；而延迟“V”形则仅为10%和40%。光照条件的不同在一定程度上也会影响树体与环境间的气体交换及能量平衡，树体冠层的差异会影响冠层内部的光照分布，进而改变气孔的导度。

日本桃栽培仍以露地栽培为主，设施栽培面积少。品种上则多选用果大、质优、丰产的品种。日本是个多山国家，桃园立地条件多为丘陵山地，土壤沙性较重。定植采用计划密植，根据土壤瘠薄或肥沃和树势的强弱分为以下几种类型：

4.5 米×4.5 米（成年后间伐成 6.3 米×6.3 米），5.4 米×5.4 米（成年后间伐成 7.6 米×7.6 米），6.4 米×6.4 米（成年后间伐成 9.0 米×9.0 米）。多采用低定干（或无主干）、大树冠、自然形整形修剪（在日本亦称作大藤式修剪）。定植后留数芽即短截，任其生长，仅删除内膛部分直立枝，翌年结果后树冠自然开张。多数桃园树干的附近立有一金属支柱，比树冠略高。从支柱的顶部垂下数根金属拉绳，用来调节骨干枝的角度。设施栽培亦采用相同树形，棚高 4~5 米。操作均需用“人”字梯上下。不少农家的桃园采用钢管支撑桃树枝干，以免被果实压断。桃园四周大多用3~4 米高的塑料网围起，起到防风作用。土壤管理施肥以有机肥为主，大多采用农业协会生产的有机堆肥（颗粒肥），施用少量速效性化肥作追肥，桃园安装有滴灌。病虫害防治常用药剂仍为石硫合剂和波尔多液等老品种。除采用化学药剂防治外，在果实成熟期，普遍采用驱虫灯（发出黄色的光）驱逐夜蛾以减轻产量损失。套袋仍是防止桃病虫害的重要技术之一。早熟桃采用白色纸袋，中晚熟桃则一律采用橘黄色纸袋。纸袋呈圆桶状，底部不封闭，以便于观察果实成熟程度。

**（二）国内桃产业基本情况**

**1. 国内桃生产概况**

我国桃栽培区域分布广泛，品种间品质特性差异大，我国的桃品种类型主要有普通桃、油桃、蟠桃和黄肉加工桃 4 种，其中以普通白肉桃居多。桃作为我国主要的果树种类之一，在落叶果树中仅次于苹果、梨，居第三位。全国除海南省、内蒙古自治区和黑龙江省外，其余省（区、市）均有桃的产业化栽培，可见，桃也是我国分布范围最广的果树之一。2021 年我国桃种植面积达 93.3 万公顷，总产量达 1 500 万吨，居世界第一位。我国的桃种植主要分布在山东、河北、河南、四川、湖北、陕西、江苏、辽宁等地。其中，山东省桃种植面积和产量均占全国总种植面积和产量的 50%左右。栽培面积排在前十位的省份占全国桃总面积的 78%；年产量排在前十位的省份占全国桃树总产量的 83%。

在世界产桃大国中，加工桃占比大，而我国桃约 80%为鲜食，加工量仅占原料总产量的 18%，难以满足市场需求。我国桃品种类型多，鲜食以中晚熟品种为主，成熟期集中在每年 7—8 月。同时，我国鲜食桃的出口比例很小，主要出口到哈萨克斯坦、俄罗斯、新加坡等国家。鲜食桃进口方面，我国从智利、澳大利亚、西班牙进口少量鲜食油桃，主要用于弥补季节供应和品种差异消费。由此可见，我国桃品种存在地域品种繁多、差异大、较分散、品种结构不合理等问题。

从成熟期和品种结构看，传统上我国桃果实成熟应市的高峰期是6—8月这3个月，但近年来随着品种改良和生产设施的发展，特别是设施栽培的发展，鲜桃供应期大大延长，每年4—12月均有国产鲜桃销售。在品种方面，目前生产上80%的桃品种都是我国自育品种，特别是产业结构调整与脱贫攻坚以来发展的桃园，我国自主知识产权的品种已达90%以上。据统计，目前我国桃生产上具有一定面积的主栽品种超过200个。近几年，高品质的黄肉鲜食桃、油桃、蟠桃成为发展的新宠。

**2. 桃种质资源收集、保存与评价进展**

我国一直十分重视桃种质资源的收集、保存工作，并根据《全国果树科技发展规划（草案，1979—1985年）》，将国家级果树种质圃列为重点科研项目。截至2008年年底，中国农业科学院郑州果树研究所、江苏省农业科学院园艺研究所和北京市农林科学院果树研究所3个国家桃种质资源圃共保存桃种质资源1 300余份。除了这3个国家桃种质资源圃保存桃种质外，还有四川省农业科学院、湖北省农业科学院、上海市农业科学院、西北农林科技大学等十多个科研教学单位也保存了桃种质资源，包含光核桃、山桃、普通桃、新疆桃、陕甘山桃、甘肃桃6个种。近年来随着野生资源搜集力度的加大，以及国内外种质资源交换的增多，种质资源的保存份数仍在逐年增加。

“七五”到“九五”期间，在国家科技攻关项目的资助下，国内对郑州桃圃、南京桃圃和北京桃圃的种质资源进行了鉴定评价，并出版了《果树种质资源目录第一集》和《果树种质资源目录第二集》。随后，王力荣、朱更瑞等人分别对资源圃内的种质资源开展了需冷量、抗蚜性和耐寒性等农艺性状的调查与评价。规范化描述了桃种质资源地理分布、植物学性状、果实性状、生长结果习性、物候期、贮藏加工性能、抗逆性、抗病虫性及分子生物学的遗传多样性。

**3. 我国桃育种技术进展**

我国有计划的杂交育种工作开展较晚，早期的桃育种以实生选种为主，生产品种多为对当地生态条件有特殊适应性的地方品种。近年来，桃育种目标逐渐出现多样化趋势，全国各桃育种单位纷纷根据本地条件确立了不同的、各具特色的目标，新品种层出不穷。据不完全统计，2000—2011年，我国共培育了120个品种，包括鲜食普通桃品种72个、油桃品种36个、加工桃品种9个、观赏桃品种3个。品种类型多样化，熟期配套，优质、耐贮、外观美、适应性好、自花结实成为总的育种方向，红肉桃、观赏鲜食两用桃、半矮生桃、蟠桃等成为部分研究单位颇具特色的育种方向。

不同类型的桃育种方向不同。鲜食品种以优质、大果、耐贮运为目标；加工桃品种中的制罐品种以黄肉、粘核、不溶质为目标，制汁品种以出汁率高、不容易褐变为目标；设施栽培品种以短低温、弱光照为育种目标；油桃育种则进入了第三代育种阶段，主要目标是果面全红、不裂果。

人工杂交育种的应用，加快了品种定向改良的速度。20 世纪 90 年代开始的早熟桃胚挽救技术的应用，大大提高了早熟桃育种的效率，带来了早熟桃育种的突破，从而培育了一些果实发育期少于 60 天的特早熟桃品种，使桃的市场供应期进一步提前，而胚挽救技术也成为早熟桃育种中的一项常规技术。国家桃产业技术体系全国各个试验站也开展了果实外观、品质、果实肉质、粘离核、黄肉或白肉等桃主要经济性状的遗传倾向研究，为桃品种育种提供了丰富的理论支撑，并建立了胚挽救、人工气候室+温室育苗、合理密植、早期鉴定等缩短育种周期的配套技术。近 10 年来，分子生物学、生物信息学等学科快速发展，转基因、分子标记辅助选择、全基因辅助选择技术等的研究逐渐深入，未来将逐渐应用到育种工作中，特别是对基因组相对较小的桃，必将带来一场革命，进一步推动桃育种事业的快速发展。

**4. 我国桃栽培技术研究**

我国对桃栽培技术首次系统性、规范性的研究始于 20 世纪 80 年代，中国农业科学院郑州果树研究所、江苏省农业科学院园艺研究所对桃栽培区进行了研究，初步明确了桃适生区域的环境要求，冬季绝对最低气温不低于-25℃，休眠期日平均气温低于或等于 7.2℃的日数在一个月以上的地区，都是桃的适宜栽培地区，并以品种类群的自然分布为依据，把全国分为 5 个栽培区：西北干旱桃区、华北平原桃区、长江流域桃区、云贵高原桃区和青藏高寒桃区。

我国传统桃生产多采用大冠稀植，20 世纪 80 年代后，受西方果树密植栽培的影响，逐渐由稀植向密植方向发展，并在矮化砧利用、不同株行距、整形修剪等方面进行了大量探索，如采用毛樱桃、欧李作为矮化砧来实现密植，同时，使用乔砧、合理施肥、轻剪疏删等措施，也达到了早结果、丰产、优质的效果。目前，我国桃栽培密度仍处于试验探索阶段，如陕西宝鸡市眉县等地采用1米×2米株行距，333株/亩，取得了每亩4 000千克以上的高产，且果大、品质优良。此外，为适应机械化管理、改善桃园劳作环境，宽行密株的栽培方式也受到长江中下游等桃产区的青睐。

在整形修剪方式上，整体趋势是简化修剪、改善树体光照，并在不同整形修剪方式对树冠光照、光合作用、果实品质等方面开展研究。在具体修剪措施上，倾向于结果枝向主干主枝靠近、结果枝数量减少而长度增加，多不再培养侧枝，采用长枝修剪。

在花果管理方面，研究表明，疏果越早，越有利于果实发育膨大。近年来一些管理精细的桃园开始采取疏花结合疏果的措施，以适度控制产量，实现大果优质。套袋技术在晚熟桃生产中及病虫害多发地区逐渐普及，但研究认为，套袋虽对果实外观有改善，但降低了果实可溶性固形物含量，导致风味变差，耐贮性下降。采用透气性更好的新型材料果袋甚至免袋栽培的研究目前正在进行，有望减少对果实品质的负面影响并降低生产成本。

在栽培耕作模式上，为了控制杂草生长，我国桃园地面管理多采用清耕，但清耕费时费力，且长期清耕易导致土壤有机质下降，使用除草剂虽然能控制杂草，但会对树体造成伤害，特别是南方地区，也可能是导致流胶病发生的一个诱因。近些年来，有关桃园生草的研究逐步开展，特别是自然生草、不同生态条件下的草种选择及对桃园微环境、土壤理化性质等的影响方面，正在进行一些试验研究，但桃园生草、培肥土壤的观念正逐渐被越来越多的果农接受。土壤是农业生产的基础，如何保持和改善土壤肥力，实现桃园的可持续优质高效生产，是一个需要长期关注的问题。早期的桃园多为经验式施肥，与家庭小规模经营相对应，以农家肥为主，随着生产规模的逐渐扩大和肥料生产的发展，化肥在桃树生产上的用量越来越大，但实践中肥料搭配不合理，氮肥施用过多，忽视有机肥、钾肥及微量元素肥料的配合施用，往往造成果品风味偏淡，树体生长旺而不壮。近年来，随着农业农村部测土配方施肥项目的开展，全国各地桃产区也开展了相关的研究与应用。由于桃为多年生植物，对养分的需求随生长季节和发育时期有所不同，袋控缓释肥的研究在近些年也取得了巨大的进展，如通过肥料袋控制肥料的溶解释放速率，控制肥料的供应时期，该技术在山地桃园取得了较好的效果。

设施栽培是果树栽培的一个重要分支，桃和油桃被认为是最具设施栽培价值的树种之一。我国桃设施栽培从20世纪80年代开始试验起步，经过20余年的发展，设施栽培已成为我国桃产业的一大亮点和特色，逐渐形成规模化、产业化，不仅改善了果品市场供应，还增加了农民收入，成为设施农业的重要组成部分。在设施条件下，目前有研究建立了1米×1.5米株行距定植、主干形整形修剪，15个月产量22 500千克/公顷的设施早结丰产栽培模式；通过对设施环境、桃生长结果习性的研究，建立了完善的设施内环境因子调控指标及采后修剪量化指标。我国设施桃的基础理论和技术研究基本上是随着产业的发展而逐渐开展起来的，主要包括栽培模式、品种筛选、设施内环境因子调控、设施环境对果树生长发育的影响等，取得了一批有价值的研究成果，有科研单位利用容器栽培和冷库处理等专利技术，甚至实现了鲜桃春节前成熟上市。

**5. 桃贮藏保鲜及加工研究**

采收成熟度是影响果实耐贮性的首要因素，适宜的采收成熟度对提高果实的耐贮性和贮藏后的商品价值至关重要。适宜的采收成熟度对桃贮藏保鲜具有重要意义，不同成熟度的桃果实对低温的敏感性差异很大，有研究表明，成熟度越低的油桃越容易发生冷害。

目前，国内关于桃贮藏技术的研究从最初的常温贮藏、低温贮藏，到现在的气调贮藏、辐照贮藏、减压贮藏、真空贮藏等多种技术复合应用。近年来，化学和生物贮藏保鲜技术也在生产中广泛应用，随着民众食品安全意识的增强和新型保鲜剂的发现，如钙、水杨酸、聚乙烯吡咯烷酮、二氧化硫、多胺、壳聚糖和1-MCP等在桃采后保鲜上的研究报道越来越多。

桃树及果实加工制品主要包括：桃汁（桃茶）、桃脯、桃片、桃罐头等，近年来对桃胶和桃仁的研究也有一定的进展，桃胶中主要成分是多糖、蛋白质等，多糖有半乳糖、鼠李糖、葡萄糖醛酸等。医学上可以用桃胶治疗泌尿系统结石和糖尿病，也可用作混悬剂、稳定剂、润滑剂、微胶囊的胞囊材料。食品商可利用桃胶的增稠、乳化、凝固等性质生产糖果、冻胶性食品、可食性食品保鲜膜、饮料等食品。商品桃胶常作为进口阿拉伯胶的代用品，用途广泛。桃籽油包含91.27%的不饱和脂肪酸和较高含量的酚类化合物，具有较高的保健功能。

## 二、四川省桃产业发展现状

### （一）四川桃产业概况

四川桃产业在20世纪80年代初才开始大量发展，是我国重要桃产区。据调查统计，2021年四川省桃栽培面积100万亩左右，桃产量120万吨。四川省桃栽培区域分布广阔，全省各地均有分布，广泛分布于龙泉山脉和川中丘陵、盆周山地、西南横断山区等生态区域，但主要集中在龙泉山脉的龙泉驿区、东部新区、简阳市、金堂县、天府新区、青白江区及仁寿县、广汉市等区域，栽培面积40万亩左右，占四川省桃面积的近一半，果实品质佳，果品畅销上海、北京、广州、重庆等国内大城市，远销东南亚地区。四川桃栽培种类主要以水蜜桃为主，其次为油桃，少量栽培有黄桃和蟠桃、观赏桃花等种类。水蜜桃栽培面积占四川省桃栽培面积的85%左右，油桃栽培面积占10%左右，其他占5%。近年来，鲜食黄肉桃、蟠桃和观赏桃花栽培面积逐年增加。打造出了“龙泉水蜜桃”“简阳晚白桃”“充国香桃”“蓬溪仙桃”“三元油桃”“女皇贡桃”“阳春玉桃”“大竹秦王桃”“大英甜桃”等一大批知名品牌，深受消费喜爱。

### （二）生产区划

四川是中国气候带最多的省区之一，复杂多样的生态气候为桃种质资源多样性和产业发展多元化提供了优越条件，形成了桃四季鲜果供应的市场时序优势。在南亚热带干热河谷生态区（攀西地区）的金沙江流域、安宁河流域，具有光热资源丰富、气温年较差小、日较差大、干热同季、春旱突出、雨量集中的立体气候特点，低海拔地带的早熟普通桃、油桃3—5月成熟，高半山地区果实5—8月成熟，高海拔地带的晚熟、极晚熟品种（雪桃、冬桃）10—12月成熟，系我国少有的特色优质桃产区。在中亚热带偏湿性盆地生态区，土壤多为富含钾、钙等品质元素的紫色土，利于果实品质形成；果实品质形成关键时期（4—9月）光照充足又不如北方产区光照强烈，生产出来的果实颜值高；果实发育期多夜雨，孕育出来的桃果实甜脆爽口、汁多味甜；早中晚熟品种配套，桃果实5—9月成熟。在南温带干暖河谷及高山生态区［甘孜藏族自治州（简称甘孜州）、阿坝藏族羌族自治州（简称阿坝州）］，光照充足，气候温和，春秋相连、雨旱分季、夏季冷凉干燥、昼夜温差大、空气湿度低，中晚熟品种在7—11月成熟，果实生育期长、产量高、品质好、耐贮运好。

### （三）品种资源创新

#### 1. 种质资源搜集、评价与创制

四川境内的横断山区是世界桃起源中心之一，广泛分布光核桃、山桃、毛桃和西康扁桃等珍稀野生桃种质资源，为世界桃育种作出了重大贡献。四川省从“十五”开始，把桃新品种选育列入“四川省农作物及畜禽育种攻关”专题。四川省农业科学院桃育种攻关团队紧密围绕产业发展需求，重点开展了桃优异基因资源发掘与创制、保存与评价、利用工作，收集保存普通桃、油桃、蟠桃、油蟠桃、观赏桃、鲜食黄肉桃及砧木等桃种质资源 1 000 余份，创建了西南地区种类最齐全、数量最多的桃种质资源圃和育种圃、选种圃，“成都市国家西南特色园艺作物种质资源圃”于 2022 年获得批准挂牌。

根据四川气候、生态特点，以“优质、大果、耐贮”为育种目标导向，四川省农业科学院桃育种项目组构建了“表型初评+DUS 测试+分子标记鉴定+功能基因挖掘”为核心的四川桃种质资源鉴定评价体系。对资源圃保存的 600 余份桃种质资源的果实性状、生长结果习性、物候期、抗逆性等基础数据进行了连续多年跟踪评价，获得资源鉴定数据 800 余条，图像数据 360 份，建立了桃种质资源评价数据库 1 个。以 42 个桃 DUS 测试指标为基础，挖掘高甜、耐贮等核心种质 34 份。

#### 2. 育种技术创新与品种选育

根据四川桃产区自然禀赋和产品市场需求，确定“早熟果大、耐贮运”为主要育种目标，“品质优异、熟期配套”为共同目标。四川省农业科学院桃科研团队通过分析龙泉山脉温度、光照、水分、土壤、地形、海拔、风、污染物、生物 9 个关键生态因子对桃生长发育的作用，论证了在龙泉山脉发展生育期 100 天左右，即 6 月底前成熟的早熟、早中熟桃的生态学基础。同时为四川确定培育“早熟、耐贮运、品质优异、熟期配套”的桃选育种目标提供了理论依据。

项目组经多年实践总结，创新了以规模化、标准化、规范化为主要特征的工程化育种模式，以“核心种质筛选→远缘杂交或实生选种→种胚挽救→缩短童期”为主要内容。通过有性杂交，配制杂交组合 1 000 余个，杂交后代苗 10 000 余株，初选出了高甜、耐贮等优株 30 余个，为四川省今后培育优良桃新品种打下了坚实基础。2012 年以来，针对生产发展、产业升级和市场需求，以目标市场为导向，应用系统选择、有性杂交、人工诱变等育种方法，选育出胭脂脆桃、晚湖景、霞脆、霞

晖8号等桃优新品种8个；依托国家桃产业技术体系成都综合试验站，筛选出了普通桃、鲜食黄桃、油桃、蟠桃、观赏桃等特色桃系列品种23个，如紫玉、红玉、中桃9号、中蟠11号、金辉油桃等。这些品种在生产上得到了广泛应用，为四川桃品种结构优化和升级换代作出了重大贡献，其中高甜型品种晚湖景、不变软的耐贮运品种中桃9号、霞脆等部分品种已成为四川主栽品种，显著提升了果实品质；果面光滑无毛适宜观光采摘的甜油桃品种，富含多种维生素的营养型鲜食黄肉桃，果形奇特、口感风味品质极佳的蟠桃和油蟠桃等特色品种正在四川进行商业化栽培，果实可溶性含量提高了3~5个百分点，显著提升了桃果实品质，市场售价高达10~30元/千克，彻底改变了过去以生产低价水蜜桃为主的格局；系列观赏桃品种将桃花期由原来的15天延长至45天，显著促进了乡村旅游业的发展。

**（四）绿色高效种植技术**

**1. 聚土起垄（堆）建园技术**

四川桃产区多分布在山地、丘陵地，普遍存在土层薄、有机质含量低、养分不均衡、保水保肥能力低等不利因素，传统的深沟高厢建园技术或挖定植穴建园技术都有一定的局限性，只能改善一定范围的土壤条件。而且四川盆地年降雨较多，尤其是夏秋雨水集中，往往对桃树造成严重涝害，流胶病发生严重，严重影响桃树产量和品质，甚至出现死树。因此采取起垄（堆）栽培，对防止桃园积水、培肥土壤、改良土壤结构及为根系生长创造良好生长环境具有重要意义，将会显著提升产量和品质、延长结果年限。

起垄前按照栽植的行距进行放线，通常行距以4~6米为宜，在行中间利用工程挖土机进行施工。首先在园内按规划要求挖好要修建的沟渠、道路等系统。随后在全园内撒充足的农家有机肥，每亩施入200千克磷肥，用挖土机在要栽植桃树的2米范围内进行松土，松土深度为30~50厘米。再将行间表层肥沃土壤堆向种植带内，直到垄高超出行间40~60厘米为宜，行间可以推平，便于田间管理操作，若园地较低，地下水位高，则可以在行间挖排水沟。应用该技术，方便后期管理、机械化耕作和行间生草，有利于提高早期产量，早投产、早见效，也改善了桃园劳作环境。

**2. 土壤健康管理技术**

四川传统桃园多数实施清耕除草，不仅耗费大量劳动力，而且易导致土壤有机质匮乏、依赖化肥提高产量，不仅降低了肥效、增加了成本，而且破坏了桃园生态环境。使用除草剂虽能控制杂草，但会对树体造成伤害，容易诱发流胶病。针对上述问题，近年来，生产上采用垄上覆盖、行间间作，有效提高了桃园有机质含量，拓宽了桃园农副产品创收渠道。

（1）地布控草保墒

为了促进桃园土壤控草、保墒，目前四川省桃产区规模化栽培桃园以“适时地布覆盖”模式为主，具体措施如下：幼树前三年行内采用地布覆盖，每年覆盖时间为春季至秋季，冬季揭开地布以松土施肥，有效减少劳动力投入，降低了管理成本，而且能有效控制杂草、保水保墒，避免除草剂对树体造成的伤害。

（2）行间高效间作

随着社会发展和城镇化进程的加快，我国耕地资源日益紧缺，提高单位面积产出是农业增产增收必须要解决的问题。此外，四川桃产区冬季桃园土地闲置。合理套作和间作是提高土地利用率和单位面积产出率的重要途径。为提高幼龄桃园前期收入，同时为桃产区果农冬季提供就业机会，增加土地利用率，研究提出了桃园秋冬至春节前后行间套种马铃薯、羊肚菌、十字花科蔬菜、豌（胡）豆，夏秋套作黄豆等高效套作模式，实现了以园养园，以短养长，目前已成为四川桃产区果园立体高效种植示范样板。例如，2015—2021 年在龙泉驿区柏合镇长松村等地进行了桃树行间种植羊肚菌试验，结果表明：①桃园间作羊肚菌能够提高土壤真菌群落多样性，间作羊肚菌后土壤真菌优势种群为子囊菌、接合菌和担子菌。②桃园间作羊肚菌显著增强土壤酶活性，增加土壤养分含量，有利于土壤真菌群落的多样性和稳定性的提高，改善土壤生态环境。③间作羊肚菌 1 年和 2 年可分别增加 253. 7% 和 244. 5%的纯收益，桃园增收效果明显。

**3. 高光效树形培养与省力化长枝修剪技术**

四川省桃的传统整形修剪方式为“三主枝开心形+短枝修剪”，占老产区总面积的 95%，该方式采取的株行距普遍为（2~3）米×（3~4）米，培养的树体在挂果 6~7 年后，树冠扁平或下垂，内膛和下部枝条易干枯，造成结果部位逐年外移，经济结果寿命短，产量低，后期还严重影响田间管理操作。

结合生产实际需求，“十二五”以来，桃科技工作者提出了适宜四川不同立地条件下的桃树简化整形修剪技术：一类是缓坡地、台地或平地，这种立地条件适宜采取聚土起垄方式建园，株行距为（2.5~3.0）米×（4.5~6.0）米，采取“两主枝‘Y’形+长枝修剪”方式；另一类是坡度>25°的陡坡地、宽度在3~4米的台地，采用等高栽植模式，采取“主干形+长枝修剪”方式。创新提出了“旺头、打薹、疏稀、留细”的“八字四步骤”简化修剪技术体系，和传统的短截修剪技术比较，容易维持树体的营养生长和生殖生长的平衡，通风透光性好，具有修剪省工省力、易懂易学、坐果率高、果实品质好等突出特点。例如，北京24号经长枝修剪后株产比对照（短枝修剪）增产了15.5千克，其果实可溶性固形物含量比短枝修剪提高了1.8个百分点。

**4. 老桃园重茬再植技术**

四川省内20世纪八九十年代栽培的桃树大多进入衰老期，老桃园重茬再植表现出幼树生长停滞或衰弱，叶片失绿，枝干出现流胶，产量低，甚至出现死树等生产问题。老桃园重茬再植技术措施如下。

在老桃园旧址上重新栽植桃树时，定植穴挖在原桃园的行间。或者再植前深翻土壤，把定植穴内0.5立方米范围内的土壤挖起移走，彻底清除残根；回填没有种植过桃等核果类果树的熟化土。

加强土肥水管理，合理补充土壤营养元素。重茬栽植前先进行桃园的土壤分析，掌握土壤中营养元素的含量，根据平衡施肥的原则确定施肥方案，注意有机肥料和微量元素的应用，补充和调节土壤内的营养元素。

选择大苗、壮苗定植，根系浸蘸微生物菌剂。调查发现，桃树的再植障碍在幼苗、小树和弱树上表现得比较突出。选择壮苗、大苗定植，可有效降低再植病的发生。

应用抗性砧木。在老桃园缺株位置，采用挖大穴起堆，栽植抗性砧木，可有效控制再植病害的发生。2020—2021年田间试验结果表明：应用一年生抗重茬砧木补植，栽植成活率达到95%以上，秋季进行树体长势测定，抗性砧木比对照（毛桃砧木）生长势明显增强，粗度增加50%以上，高度增加近1倍，同时，在龙泉山紫色页岩碱性土壤上没有黄化障碍现象发生。

**（五）病虫害绿色防控技术**

**1. 病虫害发生调查**

目前，四川省桃的主要病害是缩叶病、桃褐腐病、流胶病、炭疽病及缺铁、钙、锌、硼、镁等生理病害，虫害主要是梨小食心虫、潜叶蛾、桃蛀螟、蚜虫、桃小绿叶蝉、桑白蚧、天牛等。多年以来，对四川省龙泉、简阳等 5 个区（市、县）的桃主产区的桃园进行了主要病虫害发生和防治情况调查，结果表明，桃褐腐病总体发病率达 15.6%，尤其是在晚熟品种老桃园发病更为严重；流胶病发病株率平均达 22.5%，其中在平坝桃园发病率最高可达 50%以上，山地桃园相对较轻，仅为 10%。四川桃产区梨小食心虫、潜叶蛾等虫害发生严重，其次为桃小食心虫、桃蛀螟、苹小食心虫等虫害发生较轻。近年来在成都市龙泉驿区、天府新区等桃老产区进行桃树潜叶蛾发生情况调查，结果表明，为害株率达到 45%以上，每株为害叶片率达到 60%左右，采取频振式杀虫灯、潜叶蛾性诱剂等方法处理的桃园，虫害发生程度降低 20%左右。

**2. 病虫害综合防治技术**

每年冬季坚持桃园清园，喷一次 5 波美度石硫合剂，有效地控制了冬季越冬病虫源。套袋技术的应用有效地降低了果实炭疽病、褐腐病、细菌性穿孔病的发生。采取频振式杀虫灯、糖醋液、性诱剂、黄板等物理防治措施也起到了良好防治效果。采取桃园生草，增加了天敌数量，实现了一定程度的生态控制效果。

目前四川桃园病虫害防治正在向农业、物理、生物等综合防治方向转变，但仍以化学防治为主，在用药方面总体情况比较混乱，桃园使用的农药商品名多达 30 种以上。选用的农药均是国家允许使用的种类，在采收前 15 天之内不用农药。

**（六）机械化生产技术与应用**

四川省针对农田使用的机械相对较多，专门针对果园机具研发很少，目前仅对旋耕机、喷药器具、移动式液压施肥机等产品进行了开发，但针对桃园除草、摘果、修剪及苗木培育等方面的机具基本没有。近年来，新建的部分标准化、规模化桃园，已从日本、韩国及意大利等国家引进了乘坐式割草机、弥雾机、操作平台等机具，取得了显著进展。

**（七）采后处理和加工**

四川桃果实采后分级、包装等商品化处理是普遍被接受的技术，但是低温贮藏保鲜和冷链物流技术尚处于起步阶段，先进的预冷、贮藏设施缺乏或落后，没有完整的冷链流通系统，尤其缺乏冷藏运输工具。桃果实加工企业很少，目前仅部分企业或专业合作社开发出了桃酒、桃醋、桃干等加工产品。

### （八）经营主体与生产现状

在国家产业结构调整和产业扶贫的政策背景下，引导企业、村集体经济组织、家庭农场和农户等市场主体，在四川不同生态区建立了一批各具特色的桃标准化产业基地。四川省农业科学院桃科研团队，针对传统桃园建园标准低、树形结构不合理、整形修剪复杂、土肥水管理劳动强度大、病虫害为害严重、产量品质低下、商品化处理水平不高等诸多生产问题，创新应用了标准化沃土建园、高光效树形结构培养与简约化长枝修剪、水肥一体化、地布控草保墒、病虫害绿色综合防控等绿色轻简高效栽培技术，显著提升产量和品质。如在成都龙泉建立的主干形集约化栽培桃园，5~7 年生晚湖景桃品种实现年亩产 3 500~4 000 千克，年亩产值达到 3 万~5 万元；2015 年以来，借助产业结构调整和产业扶贫、乡村振兴产业基地建设的契机，在简阳市、广元昭化区等地建立的桃产业扶贫和发展基地，均实现了第二年结果，第三年投产，培育了一批企业年收入 500 万元以上、村集体经济年收入 10 万~50 万元以上、农户家庭种桃收入 2 万~10 万元的经营主体，经济社会效益显著。

### （九）市场营销、价格与趋势

四川省 5—6 月成熟的早熟品种，占四川桃总产的 30%左右，果品畅销重庆、上海、北京、广州等大城市，远销新加坡等东南亚国家，市场平均售价 6~20 元/千克；7—8 月成熟的中晚熟品种，主要在成渝地区销售，市场售价 4~10 元/千克。近年来发展的蟠桃、油蟠桃、鲜食黄肉桃市场售价高，市场售价在 10~30 元/千克。总体来说，果实品质好的果品，价格呈上升趋势，品质差的果品，市场售价低。

### （十）一、二、三产业融合

桃花可谓“艳外之艳，花中之花”，古书中既是春光、春色的象征，又是女性青春美丽的同义词。桃果外观艳丽，果实风味浓郁、营养丰富，深受消费者喜爱。以成都为首的四川人休闲文化源远流长，加之春季气候宜人，在地方政府的支持下，以“赏桃花、品桃果、享桃文化”为主题的休闲农业蓬勃发展，桃花节期间，人们到桃树下洽谈生意、商讨工作、喝茶聊天、棋牌娱乐、吃农家饭、住农家院、购农产品和享农家乐已成为一种重要的“忙闲结合”的休闲方式。例如，成都市龙泉驿区以赏桃花为核心的国际桃花节不仅备受四川、重庆人民喜爱，还会吸引美国、日本、韩国、新加坡等国外游客包机前来赏花。多年来，当地政府按照“以花为媒、广交朋友、促进开发、繁荣经济”的办会宗旨，使成都国际桃花节规模越来越大，品牌越来越响，知名度越来越高。桃花节不仅带动了观光农业的发展，促进了果农增收，而且已成为当地产业发展、经济贸易、文化交流、招商引资的平台，有力地助推了当地社会经济的发展。近年来，在四川成都龙泉、简阳及西充县、大竹县、大英县、广元昭化等地创建了一批桃博园、桃主题公园、桃花景区、民宿与农家乐；据不完全统计，四川全省每年至少有 30 个区县举办桃花节 50 余场次，吸引 6 000 万人次以上前来赏花，带动乡村旅游业收入 30 亿元以上，促进了美丽新村建设和乡村旅游业发展，增加了桃园综合收入。

## 三、四川省桃产业发展存在的主要问题

### （一）种质资源流失严重，资源评价利用有待加强

桃野生种质资源和地方品种的搜集保存、评价鉴定以及开发利用工作亟待加强。四川境内的横断山区是世界桃起源中心之一，广泛分布光核桃、山桃、毛桃和西康扁桃等珍稀野生桃种质资源，为世界桃育种作出了重要贡献。近年来，随着气候变化、农户迁徙、地质灾害频繁发生等问题，四川省野生桃种质资源和地方品种流失现象严重。桃种质资源评价体系不够完善，绿肉、红肉、黄肉、香味浓郁及仁用、加工专用、短低温、晚花等特异种质资源发掘不够，种质资源系统鉴定、评价及创新利用等方面的研究方法和水平有待进一步提高。

### （二）突破性新品种缺乏，综合性状优良的品种亟待培育

桃突破性资源材料匮乏，特异性种质资源材料创新程度不够；传统育种（人工杂交）规模和杂交后代数量不足，周期长，占地多，用工量大，育种效率还不高；育种工作还不能充分满足生产者和消费者对多样化、个性化品种的需求。

部分老产区仍以皮球桃、北京 24 号、北京 27 号等传统老品种为主，优新品种覆盖比例还不够。早、中、晚熟桃品种结构比例为 3：4：3，品种结构不尽合理，中晚熟品种比例偏大。白肉水蜜桃种植面积占四川省桃总面积的 80%左右，油桃、蟠桃、油蟠桃、鲜食黄肉蟠桃、加工专用桃、观赏桃等优质化、多样化和专用化的特色品种发展滞后，不能适应城乡居民对果品消费多元化、特色化的需求变化。

### （三）苗木市场混乱，良种繁育体系有待规范

四川省桃砧木选育工作落后，没有开展系统的研究工作，一般采用传统的毛桃砧木或本砧嫁接，抗旱和耐盐碱、抗重茬力低，砧木的纯度和整齐度差，缺乏专用

的抗性砧木；新品种的区域适应性评价及配套栽培技术集成应用有待加强。

四川省内虽然已建设了一批标准化良种苗木繁育基地，但优质种苗供应仍滞后于产业发展；优良品种的采穗圃少，穗条来源不明，个体育苗户居多，致使种苗品种杂乱，品种纯度不够，接穗苗木质量较差；种苗属于非主要农作物，在规范生产和销售上缺乏法律依据，市场较混乱，病虫害传播风险加大。

**（四）桃园标准化生产程度低，机械化水平有待提高**

成都市龙泉驿区、东部新区、青白江区、金堂县及天府新区，南充市西充县，遂宁市蓬溪县、大英县等老产区，桃树老龄化问题越来越严重，建园起点不高，基础设施不完善，生产管理不到位，病虫害普遍发生；优良品种和水肥一体化、病虫害绿色防控、土肥水高效管理等优新技术，运用不到位；桃园建设、翻耕、除草、轮作、采收、运输、清洗、烘干、分选与包装等环节机械化水平低，劳动力成本居高不下。桃园水肥一体化技术研发不足，机械化水平低，劳动力成本高，亟须引进、研发多功能桃园管理机械，以提升规模化生产水平。

随着人口老龄化，土地逐步向种植能手集中，越来越多的企业、村集体经济、专业生产合作社及种植大户参与桃生产，规模化桃园日益增多。规模化经营主体往往由其他行业转业而来，缺乏桃管理专业知识和田间管理经验，易偏听偏信，常导致管理不到位和入不敷出的窘境。从事桃生产的农民专业合作社目前正处于摸索发展阶段，多数专业合作社缺乏与产后销售的对接，依靠专业合作社带动桃产业发展还需要进一步探索和示范引导。

桃属于劳动力密集型产业，在生产过程中的定植、除草、施肥、疏果、套袋、修剪、病虫防控、采收、包装等环节都需要大量的人工。近年来许多大型桃园用工荒、用工贵等现象越来越凸显，例如自 2020 年以来，在成都龙泉驿区，疏果、套袋、修剪等环节聘请的工人价格高达 200～300 元/个工，劳动力成本占年生产成本的 70%以上，而且呈逐年上升趋势。而桃园农机具研发与应用相对滞后，宜机化建园技术研究与推广不够，导致桃园管理中各个重要作业环节的技术落地难，严重影响产量和品质，效益难以保障。

**（五）防灾减灾应急技术缺乏，安全生产技术体系有所欠缺**

随着极端高温、低温、狂风、暴雨、冰雹及季节性持续干旱和降雨、阴天等极端灾害性天气频繁发生，导致果实坐果率低、裂果、落果等和缩叶病、流胶病及褐腐病等病虫害严重发生，给果实正常生长发育和产量品质形成造成严重影响，大面积生产桃园尚未有效建立防灾减灾应急技术体系。

四川省对桃栽培地环境监控、土壤障碍检测等投入不够，果实溯源追溯系统等还有待于进一步加强。桃主要种植在丘陵和山地，存在土层薄、有机质含量低、养分不均衡、保水保肥能力差等土壤不利因素。生产中普遍重视化肥施用，轻视有机肥和生物菌肥施用。土壤管理以清耕为主，一般采用人工除草，部分采用化学除草剂除草。化肥和除草剂的过量使用易导致土壤和植株健康水平低，果实发病率高，农药使用次数增加。果品在销售环节上也存在被污染的现象。

**（六）果品贮藏加工比例低，桃园废弃物资源化利用不足**

桃果实属于易损果品，产业链集中在种植端，生产者众多但生产效率低下，中下游环节生产规模小，且主要停留在初级加工上，因而附加值和总利润额较低。果品分级、包装等采后商品化处理设施设备明显不足，采后商品化处理率不足。生产上缺乏专用加工品种，加工产品开发力度不足，加工比例极低。

四川省桃园废弃物循环利用模式不完整，利用率和开发效益低；大量果枝、烂果、废弃幼果和果袋、农资包装等随意堆沤，容易造成环境污染、病虫害暴发；果—草—畜—肥（沼）等循环利用模式有待进一步加强研究与应用。

**（七）“政—产—学—研”体系亟待完善，品牌价值有待提升**

长期以来，四川省各级财政安排用于桃科研、农业技术服务体系等方面的资金少，产区从事技术推广的基层农技人员少，科技推广力度不够，在品种改良、整形修剪、水肥管理、病虫害防治、采后处理等技术研究方面尚缺乏长期稳定投入机制，支撑产业发展的产—学—研—用结合的技术研发体系有待完善。

经营主体以鲜果销售为主，大多数种植者等客登门收购，销售时没有定价权。在销售过程中，不重视产品内部品质以及外部包装的协调，丧失视觉方面的优势与吸引力。部分产地在销售市场上没有统一的品牌，缺乏知名品牌，产品市场竞争力不强。近年来桃果实早采早售现象逐年增加，对桃质量品质和品牌效应带来负面影响。

## 四、四川省桃产业发展趋势与对策建议

### （一）四川省桃产业发展趋势研判

**1. 面积趋于稳定，优势特色区域有序缓慢增加**

我国国情决定了要以粮为主，国家要控制耕地非农化、粮田非粮化，要坚持

“果树上山上坡，不与粮油争地”的原则。四川省桃产业发展方向为：稳定面积、调优品种结构、提高单产、重视安全、提高质量、延长产业链、增加效益。传统老产区主要措施是老桃园改造、品种换代、技术升级、融合发展、复合种植。新兴特色产区要立足生态，把握特色，稳步有序发展。

**2. 政府加强宏观调控、分类施策**

要以自然禀赋为基础，突出特色与优势，找准发展种类、品种，产品特点和卖点。以特色生态（光、温度）+精品（绿色、优质、高效）发展为主，形成多样化、区域化、特色化。现有的老产区以增产增效，利用抗重茬砧木重茬再植，提高产业化水平，增强竞争力为主。四川省三州地区要林果结合，利用生态资源，以观赏桃、油桃、蟠桃、油蟠桃等特色品种为主，实现桃产业多样化、差异化、融合化发展。

品种生产区域化有待进一步完善。一方面，传统优势产区桃园老龄化问题日益突出，亟须进行品种升级换代、土壤改良、树形结构改造、设施装备提升等；另一方面，针对凉山州、甘孜州和阿坝州等高山、高半山不适宜种植粮食作物的特殊区域，结合脱贫攻坚成果巩固和推进乡村振兴建设，需要进一步发展乡村特色产业，拓展四川省桃种植区域，丰富桃果品类型、延长鲜果应市期，与内地形成差异化发展格局。

**3. 品种趋于多元化**

避免盲目求新，种植户肯定+市场认可的新品种才是好品种。新品种不等于好品种，洋品种不等于好品种，新品种要先试验，再推广。要增加花色品种、特色品种、专用品种，延长果实成熟期，在提供优质鲜果方面创造唯一性产品，满足个性化需求，实现果农增收。四川盆地 6 月 20 日前成熟的桃果实在全国的竞争力强，种植效益高，具有较强的市场竞争力。

**4. 机械逐步取代人工**

桃园运输机、喷雾机、水肥一体化滴灌系统、果枝修剪机、开沟机、轻简型挖穴机以及山地桃园轨道、索道、履带和轮式运送装备，可以解决果树生产劳动强度大、效率低等问题。

**5. 经营模式发生变化**

经营模式由分散向规模化集中转变，建园模式由传统粗放型向高投入标准化转变，生产模式由靠天吃饭向防灾减灾设施化栽培转变。以家庭经营+社会化服务的托管经营模式会逐步得到发展。

**（二）促进四川省桃产业发展的对策建议**

**1. 强化桃种质资源收集保存、鉴定评价和新材料创制**

（1）桃种质资源收集保存与利用

以四川省农业科学院桃种质资源圃为主要依托，以地方特色资源圃为补充，广泛开展桃种质资源收集保存并进行系统鉴定评价，利用现代分子生物学发掘优异种质，创新育种材料，构建完善的四川省桃核心种质资源库（圃）。

（2）种质资源评价与精准鉴定

以品质、抗性、耐贮性为重点，开展桃种质资源果实性状的深入评价，对优异、特色桃种质资源开展植物学、生物学和园艺学性状精准鉴定，开展基因型与表型性状的关联分析；构建桃资源评价模型和评价体系。

（3）优异种质创新

以提品质、抗逆境、耐贮运为重点，开展桃种质创新研究；针对省工省力、功能营养等关键问题，通过选择育种、杂交育种和分子辅助育种等技术相结合创新种质。重点创制高甜、耐贮、香味浓郁、广适性、长花期等特色桃种质，耐碱性、抗重茬、抗流胶桃砧木种质。

**2. 桃新品种选育**

（1）突破性特色新品种选育

充分发挥四川盆地桃鲜果成熟早、西南山地应市期长的生态优势，主要选育早熟优质桃、中晚熟特色桃新品种。

（2）研发高效育种技术

研究早熟胚挽救技术，高接技术和强化栽培技术以缩短杂交后代的童期；研究分子标记进行早期性状鉴定的技术。

（3）新品种适应性评价及配套高效栽培技术

开展新品种的区域适应性评价及优化区域布局研究；集成整形修剪、肥水管理、绿色防控等多项配套管理新技术，解决良种良法配套问题。

**3. 桃抗逆专用砧木选育与快繁**

重点围绕川中丘陵和西南山地碱性土壤区域，针对桃容易发生缺铁黄化的问题筛选或培育适宜碱性土壤的专用砧木；针对老桃园桃重茬障碍严重的问题，筛选或培育抗重茬砧木品种。在特定范围内，进行桃砧木区域试验，形成全面的新砧木评价体系，筛选出适宜的砧木。从适应性、抗性、亲和力等方面，开展不同区域、不同生态类型桃砧木的筛选，开展砧穗组合研究。

研究推广无性系桃砧木工厂化繁育技术，筛选适宜组培的最佳培养基、最适生根培养基、最佳增殖培养基、适宜炼苗移栽条件。建立无性系砧木组培快繁技术及繁育体系，培育优质苗木，保障苗木质量的一致性。建设规范的桃母本园、品比园、采穗圃、砧木圃、育苗圃。

**4. 桃安全优质高效栽培技术**

（1）现代高标准桃园改造与管理关键技术

按照现代桃产业发展需求，研究集成现代高标准桃园改造与管理关键技术，推动产业基地“五网”配套、“三化”联动。配套建设物联网、水肥一体化、绿色防控、环境控制等设施设备，提升设施化、机械化、智能化水平。

（2）桃园土壤健康管理综合技术

针对桃园有机质含量普遍偏低，严重制约产量与品质的问题，研制推广生物有机肥料、土壤改良剂、桃园自然生草与人工生草、周年种豆、秸秆覆盖、修剪下的枝条制备生物炭与粉碎还园等综合技术，针对不同条件的桃园提出相应的提高桃园土壤有机质含量的技术。

（3）桃园水肥一体化精准调控关键技术

研究灌溉水源不足和丘陵坡地桃园滴灌、微喷灌、管道灌溉节水灌溉技术；研究基于土壤分析、叶片营养分析的配方平衡施肥技术，分析平衡施肥对增强桃的抗逆性、提高产量、改善品质的作用；研究不同土壤桃园缺素症鉴定与矫正技术；研究土壤改良剂以及使用有益元素对养分吸收利用与产量、品质的影响，筛选障碍性土壤改良技术措施。

研究袋控肥肥料芯配方、袋控缓释肥与生物有机肥配施对养分吸收利用效率、产量与品质的影响，提出利用袋控缓释肥与有机肥配施的节肥技术方案，达到提质增效、省肥省工的目的，并进行示范推广。

研究针对桃的水溶肥配方，优化灌溉施肥的指标参数；研制适合桃园利用的液体长效肥，在保证养分利用效率的同时，减少施肥次数，形成相应的产品与技术方案。研究肥水管理技术对桃可溶性固形物含量的影响，提出高品质的肥水调控关键指标参数。通过创新集成现代肥水管理技术，提高肥料利用率 5 个百分点，节省施肥用工支出 25%以上。构建桃园现代肥水管理技术体系，减少化学肥料施用量，提高肥效，减轻施肥导致的面源污染。

（4）桃高光效树形培育与省力化栽培技术

以“省力、高效、优质”为目标，研究构建主干形、“Y”形等高光效树形，建立高光效、低消耗、标准化、省力化、机械辅助和化学控制的修剪技术体系。重点研究建立科学的适合机械耕作的省工省力的栽植密度和整形修剪方法；坡地整形修剪制度研究与示范；建立高光效树形标准整形修剪技术示范园；确定整形修剪方式与品质效益等的关系；引进国内外先进机械并进行适应性评价、利用与改进提升，集成园地翻耕、除草、轮作等机械化技术，提高桃园机械化管理水平。

（5）桃生态种植模式的集成与示范

创新“桃树+行间种草+养殖+沼气”的生态种植技术，探索幼龄桃园行间间作食用菌、豆类、马铃薯、蔬菜、饲草等多种生态种植模式，研究高效生态间作的配套技术。

（6）老桃园改造技术集成示范

研究分析低产低效桃园的成因，评价老桃园间伐、疏枝，短截、回缩更新，树下条沟追肥、断根、扩穴、地表覆盖秸秆等改造技术综合应用的改造效果。集成老桃园高接换种，配套设施改造，病虫害综合防控，品质提升等技术，形成综合改造技术体系，提升产业发展质量。

（7）桃园病虫草害绿色防控技术

研究病虫等有害生物与作物互作引致病害的机制，病虫生活史、侵染循环特性，病虫流行成灾机制，并根据成灾机制研发早期快速监测技术及产品。

研究以生物、生态为核心的桃园病虫草害综合控制技术；研究筛选高效、低毒、低残留化学农药和新剂型，研究筛选适于规模化桃园的高效施药方式和机械。在四川省桃园开展农药高效低风险集成技术示范，并在产区进行示范。研究桃园橘小实蝇的监测预警，筛选简便适用器具，监测橘小实蝇发生情况和为害情况，研发或筛选橘小实蝇高效控制技术，提出绿色防控技术。

（8）果品质量安全生产技术

开展产地灌溉水质量、土壤环境质量、环境空气质量等的监测。开展农药残留、重金属残留、真菌毒素和植物有害生物等检测。建立桃种植、加工、仓储物流等重要环节的溯源系统，将桃生长、加工、贮藏、检测及销售等供应链环节的管理对象进行可追溯性标识。

（9）桃设施栽培技术

筛选短低温、耐弱光、树势中庸适宜设施栽培专用桃品种；研究适宜的设施类型、覆盖材料，引进筛选新型材料；研究设施内环境调控技术和栽培配套技术；研究人工破眠技术；研究生长调节剂抑制果枝生长技术；研究棚内土壤理化性状变化特点和应对措施。

**5. 果品贮藏保鲜流通和精深加工技术**

（1）水果贮藏保鲜技术

研究制定适宜的采收标准。研究桃果实成熟期及贮藏期的品质变化特点，制定四川省桃采收标准。

研发抗菌复合包装材料，开展采后水果品质劣变和病害控制、采后精准低温/气调/真空预冷/臭氧熏蒸/LED 光诱导/纳米胶囊活性粒子预处理等保鲜技术、包装技术的研究与应用。

研发不同产地、不同肉质类型果实采收、预冷、智能分级与包装、包装材料、现代仓储设施、贮藏保鲜、品质预测预警与远程监控及超长途复合冷链物流技术，制定采后商品化与绿色贮运保鲜技术标准，提高采后处理的数字化、智能化和标准化技术水平。

（2）果品精深加工技术

开发桃果实发酵型产品（果酒、果醋、发酵果汁），以及桃汁（浓缩果汁、NFC 果汁、HPP 果汁、复合果蔬汁）、桃干、桃粉等加工产品。开展桃果实功能性成分分析。

（3）副产物综合利用技术

研究疏除幼果、核仁、桃胶等副产物特征物质组分结构、功能与精深加工技术。研发利用桃园中修剪下来的枝条生产食用菌、饲料或粉碎还田、增加桃园有机质的技术。

**6. 桃园机械装备引进筛选及改造提升**

（1）桃园机械化管理与农艺融合配套技术

根据桃生长结果特性及桃园立地条件，研究宽行密植，主枝小角度开张栽培等农艺措施与机械耕作、除草、施肥、植保、修剪和采摘等机械化操作相融合的技术，提高桃园机械化管理水平。

（2）果实品质无损检测设备与技术

引进筛选桃果实采后内外部品质（大小、糖度等）无损检测设备和技术，保障销售的果品内在品质，促进桃栽培技术的提升。

（3）桃园管理作业机械化装备的引进、利用与提升

针对四川桃园立地条件和管理特点，引进国内外先进机械并进行适应性评价、利用与改进提升，优化关键零部件和整机作业性能，开发桃园多用途机械。

**7. 桃产业新兴业态培育技术**

在发展桃产业时，要把产业布局与美丽乡村建设同步规划，拓展桃产业的多种功能，促进桃产业与旅游、文化、教育等产业深度融合，发展分享农业、定制农业、创意农业、休闲农业、养生农业等新产业、新业态，推进一、二、三产业融合发展，构建集生产、经济、生态、文化功能于一体的多功能新型农业。

# 四川苹果产业发展报告

谢红江　杨文渊　陶　炼
（四川省农业科学院园艺研究所，四川成都 610066）

**摘　要**：本研究介绍了苹果产业国内外发展概况和四川省苹果产业的现状，分析了当前四川省苹果产业发展中存在的主要问题，研判了四川省苹果产业发展趋势，提出了促进四川省苹果产业发展的对策建议：加强资源收集与利用、培育优良新品种，优化区域布局、调整品种结构，变革栽培制度、发展现代矮砧集约高效栽培模式，推进标准园建设、提高果园生产设施和装备水平，加强采后果品商品化处理和贮运技术的应用，加强技术推广体系建设、加大果农培训力度。研究为促进四川苹果转型升级和高质量发展提供理论支撑和实践路径，对充分发挥四川苹果的优势和特色，提升四川苹果在国内外的影响力和市场竞争力具有参考价值。

**关键词**：四川省；苹果；产业现状；问题；发展建议

苹果是世界四大水果产业之一，总面积和总产量仅次于柑橘、葡萄，居第三位。苹果是我国最重要的温带落叶果树，是保障我国水果市场周年供应的大宗水果，对建设美丽中国、助力乡村振兴具有重要意义。我国苹果资源丰富，种植历史悠久，四川省面积辽阔，生态、气候类型多样，是我国南方苹果生产的最适宜区和第一生产大省，优势突出，生产潜力大。当前，随着农业产业结构调整的不断深入，特别在打赢脱贫攻坚战中，苹果产业优势和特色得到进一步凸显，已成为四川省高原区域及民族地区经济发展重要的支柱产业之一，助农增收成效显著。因此，正确认识四川省苹果产业现状，找准问题，理清思路，增添措施，对于实现四川省苹果产业高质量、可持续发展，不断巩固拓展脱贫攻坚成果同乡村振兴有效衔接至关重要。

# 一、国内外苹果产业概况

## （一）世界苹果生产概况

苹果是世界四大水果产业之一，总面积和总产量仅次于柑橘、葡萄，居第三位。据有关资料显示，从面积和产量上看，2017 年全世界苹果栽培面积维持在 495 万公顷左右，产量达到 7 620 万吨，产量比上一年减少 260 万吨，主要由于欧盟果园受自然灾害影响的减产量抵消了我国苹果的产量增长。从生产区域上看，全世界共有 93 个国家和地区生产苹果，主要集中在亚洲、欧洲、北美洲，这 3 个洲苹果产量占世界总产量的 90%以上，其中年产量超过 100 万吨的有 12 个国家，依次为中国、美国、伊朗、土耳其、俄罗斯、意大利、印度、法国、智利、阿根廷、巴西和波兰，总产量 4 957. 2 万吨，占世界苹果总产量的 77. 16%。

从主栽品种结构上看，据国家苹果产业技术体系公开资料显示，目前全世界富士产量占苹果产量的 20%，已成为世界第一主栽品种，其次是金冠、元帅系、嘎啦、澳洲青苹和乔纳金等。生产区域不同其主栽品种不一，如俄罗斯、法国、德国、意大利、荷兰、西班牙、波兰、乌克兰、匈牙利和罗马尼亚等欧洲苹果主产国，是世界上金冠苹果栽培面积最大的生产区域，金冠苹果产量占苹果总产量的 40%，其次是嘎拉、元帅系、乔纳金和澳洲青苹。北美洲苹果主产国有美国、加拿大和墨西哥等。美国的主栽品种为元帅系、金冠、澳洲青苹、嘎拉、富士和蜜脆等，加拿大以元帅系、斯巴坦等为主栽品种。南美洲苹果主产国为阿根廷、智利、巴西和秘鲁等。其中智利的主栽品种以元帅系、澳洲青苹和嘎拉为主。亚洲苹果主产国以中国、韩国和日本为主。韩国主栽品种以富士、津轻等为主，其中富士品种占到 75%以上；日本主栽品种以富士、津轻、王林、乔纳金等为主。大洋洲的苹果主产国主要包括澳大利亚和新西兰。澳大利亚栽培品种以元帅系、嘎拉、澳洲青苹、金冠和粉红女士等为主。新西兰主栽品种以皇家嘎拉、布瑞本、太平洋皇后、富士、爵士、粉红女士、艾娃等为主，其中皇家嘎拉栽培面积最大，其次为火箭、艾娃和爵士等。

从单产和果品质量上看，发达国家苹果单产每亩达到 2 吨以上，而中国只有 1. 4 吨，与世界先进国家水平相比还有较大差距，增产潜力大。当前世界苹果主产国中奥地利的苹果单产最高，达到 5 223. 0 千克/亩，居世界第一位；其他排名前十位的国家依次为瑞士、比利时、斯洛文尼亚、利比亚、法国、新西兰、荷兰、智利和意大利，其单位面积产量均在2 000千克/亩以上。美国、日本、新西兰等苹果生产强国的苹果优果率高达70%~80%，出口标准高档果比率在50%左右。

### （二）国内苹果生产概况

我国是世界第一大苹果生产国，苹果栽培面积和产量均占世界总量的35%以上，居第一位。苹果是我国第一大水果，栽培面积和产量均占全国水果总面积和总产量的50%。据国家现代苹果产业技术体系调查表明，2017年我国苹果种植面积为3 764.4万亩，比2016年增加1.73%；产量为3 522.37万吨，比2016年增长3.44%。其中，黄土高原优势区面积同比增长4.16%，环渤海湾优势区面积同比减少1.99%。当前全国苹果产业发展过程中，甘肃、云南、四川、新疆苹果种植面积增速较快，就目前发展情况来看“西移北扩”趋势更加明显。

从生产区域及产量上看，国内苹果种植主要集中在陕西、山东、河南、山西、甘肃、辽宁、河北和新疆等区域，其中陕西省为我国最大的苹果生产区域，以2017年统计数据为例，陕西省苹果产量为1 092.46万吨，其次为山东939.52万吨，山西444.94万吨，河南434.53万吨，甘肃311.13万吨等。

从品种结构上看，我国苹果品种结构是以富士系列为主，占了总产量的70%以上，其余主栽品种有国光、元帅系、秦冠、嘎拉、华冠、金冠、乔纳金和寒富等。以农业部2017年统计数据和苹果产业有关专家学者研究结果，黄土高原苹果产区主栽品种为红富士、秦冠、嘎拉、新红星等，澳洲青苹、金冠、甜黄魁等也有一定的规模；环渤海湾苹果产区早熟品种主要有嘎拉、珊夏、藤木一号等，中熟品种有红将军、新红星、乔纳金、西施红、金冠、明月等，晚熟品种有红富士、寒富、小国光等；黄河故道苹果产区主栽早中熟品种有藤木一号、华硕、嘎拉、美国8号、金冠等，晚熟品种有富士、秦冠；西南冷凉高地主栽早中熟品种有华硕、嘎拉、金冠、红将军等，晚熟品种有红富士。目前主栽品种的先进性不够，总体上世界优良品种居多，但是这些品种都是从国外引进的，中国自有的苹果品种极少，规模化种植占比仅为10%左右。

从果品质量上看，国内苹果优质果率为30%~40%，达到出口标准的高档果率仅为5%左右，与世界先进国家的苹果质量水平差距较大。但随着生产者和消费者食品安全意识的增强，果品质量日趋重视，通过绿色食品和有机食品认证的比重增长较快。国内有多地苹果园被认证为绿色果品基地或有机果品生产基地。

## 二、四川省苹果产业发展现状

从苹果栽培历史上看，无论绵苹果还是西洋苹果，四川苹果的引进、种植发展历史都比较早。据阿坝州南坪县（现九寨沟县）林业局调查，绵苹果最早于300多年前（即16世纪中叶自甘肃省传入）就有种植于海拔1 200~1 850米的保华、永丰、双河、安乐、白河、郭元、隆康等乡镇的记载；据甘孜州《巴塘县志》记载，四川省西洋苹果栽培最早始于1904年，光绪三十年（1904年）美国基督教会派遣美籍医士史德文同牧师浩格登由打箭庐（今康定市）来巴塘设立教会时，于1906年将苹果苗和种子分批带到巴塘兴办果园，此外还带来了西洋梨（巴梨）、桃、杏、核桃、葡萄、无花果等。据当地年长的藏族群众回忆，牧师浩格登因来巴塘的道路崎岖曲折、遥远，携带苗木极不方便，将带来的苹果吃后，将种子留下进行播种、繁育，形成巴塘实生品种或单系。据四川大学资料文献记载，20世纪40年代末，加拿大人丁克生在华西大学与张明俊教授在成都从事果苗经营，从美国引进金冠、元帅、红星、丹顶、祝光、倭锦、拉宝、玉霰、醇露、翠玉等20多个品种，并将优良品种进行繁育应用。据资料记载，1952年原川西农业实验所（现四川省农业科学院）从东北辽宁兴城研究所（现中国农业科学院果树研究所），引进苹果品种57个，嫁接繁育了一批苗木，分别定植于茂县凤仪农场、四川大学农学院狮子山园艺场、西康省乾宁农场（以后移至新都桥农场），后期进行了苹果苗木的大量繁育推广，并开始了四川省苹果较大规模的栽培试验，尤其是阿坝茂县繁育推广了金冠、红元帅、红星、红冠、祝光、旭、拉宝、红祝、翠玉、荣冠、红绞、大国光、金花等主栽和授粉品种数百万株，为四川省苹果产业的发展作出了贡献。20世纪60—70年代，四川省科研单位及有关部门又陆续从东北、西北、山东等地引进了数十个苹果品种，不断地丰富了四川省的苹果品种。

从苹果分布区域上看，较大规模的生产最早是以成都为中心的盆地区域为主，在成都、金堂、简阳、蓬溪、遂宁等地发展，栽培面积不大，由于栽培管理技术差，病虫害发生严重，产量仅有10万余千克，那时的发展未注意选择适宜的生态环境进行栽培，导致产量、品质皆差。此后，在有关政府部门及研究单位的指导下，四川省的苹果发展逐渐由次适宜区向优生区转变，即从最早的以成都为中心的盆地苹果产区逐渐过渡到川西高原优生区，并在20世纪60—80年代经历了两次大发展时期，分别在阿坝州、甘孜州和凉山州建立了一批苹果基地县。自1963年以来，四川省多次参加全国的果品评比，特别是阿坝茂县金冠苹果三次参加全国评比，三次夺魁；1985年在北京召开的全国优质水果展评会上，茂县红冠、金冠均夺得同组（同品种、品系）第一名，这对四川省苹果发展及基地建设产生了重要的促进作用。“十二五”以来，随着四川省水果产业结构的不断优化，苹果产业已得到较快的发展，特别是脱贫攻坚过程中，一些民族地区扶贫县将苹果产业作为重要的脱贫产业来支撑地方经济的发展，主要分布在凉山州的盐源县、越西县、喜德县、冕宁县等，甘孜州的康定市、泸定县、丹巴县、乡城县、巴塘县、雅江县、道孚县等，阿坝州的小金县、茂县、理县、黑水县、九寨沟县等，雅安市的汉源县、石棉县和宝兴县。

从苹果品种结构和产量上看，20世纪40—80年代苹果主要以金冠为主，约占60%~70%，其次为红星、红冠、元帅系，还有少量的如丹顶、祝光、辽伏、甜黄魁、倭锦、金花、青香蕉、红玉、大国光等。90年代不断引进一些国内外新品种如富士系、王林、乔纳金、陆奥、金矮生、元帅系第三代、第四代浓红短枝型品种及国内育成的新品种秦冠等，特别是在凉山州盐源和越西引种富士苹果，但产区主栽品种仍然以金冠、红星、红冠、元帅为主。

“十二五”以来，四川省苹果产业迎来重要转型升级快速发展期，当前全省苹果面积达到70余万亩，产量达到80余万吨，发展潜力和空间仍然较大，未来无论在面积增量上、果品质量上、经济效益上都具有较大潜力。品种结构随着生产发展及市场消费结构的影响不断变化，品种由单一的金冠品种逐步转变为早、中、晚熟多元化结构。目前早熟品种有华硕、嘎拉、红露、津轻等；中熟品种有红将军、玉华早富、秦脆、信浓黄、信浓金等；晚熟品种有烟富系列、瑞阳、瑞雪、维纳斯黄金等。但富士系列品种的栽植比例仍然占了总产量的55%以上。近几年来，通过品种引进试验、筛选，品种结构也在不断地优化，形成了一些苹果优势特色县。例如，西南地区苹果生产规模最大的县——盐源县，传统的主栽品种有金冠、红星等，现逐步优化品种结构，以嘎啦、华硕、玉华早富、秦脆、红将军为主的早中熟品种得到了大量发展，晚熟品种富士系逐步降低比例，更加地凸显了利用低纬度、高海拔、南方气候特点生产北方品种的优势。又如阿坝州小金县从20世纪80年代至今，仍然已栽培金冠为主，其占比达到90%以上，小金县特殊的生态条件下金冠苹果果形高桩，五棱突起，阳面着红晕，果面光洁无锈，风味、香气浓郁，品质优良等特点突出，但贮藏期较短也成为该品种发展的限制因子，通过引进以玉冠、维纳斯黄金、瑞雪等耐贮性好青苹果为主的优良品种，逐步优化品种结构，同时也为打造独特的“高原青苹果之乡”奠定基础。

从苹果栽培模式上看，四川省90%以上的成龄苹果园是在20世纪80年代和90年代初大发展时期栽植的，采用以乔砧密植为主要特征的传统栽培模式。该模式在当时促进了生产发展，但由于栽培方式、管理体制和生产技术不配套，多数果园定植4~5年才进行初结果，表现出树体生长旺、树势难控制、栽培技术复杂、结果晚、产量低。传统栽培模式自身的缺陷，加之果农对乔砧密植栽培技术掌握和执行不到位，造成大多数果园树体高大、枝量多、树冠郁闭、内膛光照不良，生产环境恶化，致使产量低、果实内在品质下降、优质高档果品比率低的问题十分突出。“十二五”以来，针对乔砧果园的现实问题进行了系列改造提升，同时由传统栽培模式向现代高效种植模式进行转变，通过在不同的区域建立矮砧集约化标准核心园区，推行了集约化高效栽培，如引进了M系矮化砧、抗重茬矮化砧及不需要设立枝架的青砧系列等砧木苗木，研发创新了“宽行起垄+密植高纺+种草沃土+肥水布+小型农机农艺组合”为一体的轻简化高效模式，苹果建园即采用矮砧集约宽行密植，应用高纺锤轻简化丰产树形，园区除草、施肥、喷药等均采用智能机械化，肥水管理以不同区域苹果年生长周期需求进行精准施肥滴灌，能有效地实现省肥50%、省力65%、节约土地45%，效益提高2~3倍。特别是近年来，越西县十余万亩苹果产业中，80%以上果园采用现代矮砧集约高效栽培模式，实现了种植第二年亩产量达到750千克，第三年达到1 500千克，并且在脱贫攻坚过程中取得了非常显著的成效。该创新技术体系的研发应用加快了四川省苹果由传统生产模式向现代高效栽培种植方式的转变，并在四川省的凉山州、阿坝州和甘孜州及西藏、云南等区域得到了大力的应用推广。

从苹果贮藏加工、营销及品牌上看，四川省的苹果80%以上为鲜果供市，贮藏与加工占鲜果的20%左右。据苹果产区县市加工与贮藏统计，苹果的贮藏主要以气调贮藏为主，具有200吨以上贮藏能力的个体或企业有8家，以苹果汁、苹果醋、苹果脆片、苹果白兰地等为主的苹果加工企业有6家。就四川省苹果精深加工与贮藏而言，加工能力不足，企业少、规模小、产品不突出。四川省苹果鲜销市场，国内主要有云南、贵州、广西、广东、湖北、重庆、香港等，国际市场有越南、缅甸、泰国等东南亚国家。四川省苹果品牌建设特点较为鲜明，也形成了“离太阳最近·离城市最远”的盐源苹果、“情歌故乡·红苹飘香”的康定苹果、“好山好水出好果”的越西苹果及小金青苹、茂汶苹果等国内品牌，其中“盐源苹果”获得国家著名商标，另有“盐源苹果、越西苹果、茂县苹果、小金苹果”先后获得国家地理标志产品保护，同时也成为省级现代农业星级园区、四川省优质苹果生产基地等。

## 三、四川省苹果产业发展存在的主要问题

当前我国的果业发展面临着消费者对优质果品的需求日益增长与水果总量饱和但整体质量水平不高、种植者生产成本居高不下与果园经济效益持续下滑的两大矛盾，这对四川省水果高质量发展提出了更高的要求。四川省苹果产业发展相比东部和西部两大产区占据了生态和地理上的优势，生态上利用南方气候种植北方品种，同一品种熟期早20~40天，鲜销上离东南亚市场近，但产业发展上仍然面临着区域品种结构和种植布局需调整优化、果品质量不高、栽培制度落后、果园生产设施不配套、标准化程度低、产后环节滞后及社会化服务水平低等问题，亟待协同解决。

### （一）品种结构单一，区域布局不尽合理

四川省苹果主产区集中在川西横断山区的高原上，冬春无严寒，夏秋无酷暑，气温年较差较小，日较差较大，海拔高、空气湿度小，光照充足，短波光较多。对比国内外专家提出的苹果最适生态气象指标发现，四川省苹果主产区的生态气象指标符合最适宜区 7 项指标，属于最佳优势区，苹果生长的优势还表现在以下几方面。生态优势突出：苹果集中分布在甘孜州、阿坝州、凉山州等海拔 1 500~3 000 米的高原乡镇，森林覆盖率高，空气清新，无工业污染，农业用药量少，海拔高、昼夜温差大、光照充足，苹果内在品质好，具有生产优质苹果、有机苹果的最佳生产区域和得天独厚的生态条件。价格优势突出：苹果生产成本低，离东南亚销售市场近，在同一销售市场与北方苹果价格悬殊，有明显的价格升值空间和利润空间。时序优势显著：四川省凉山州的早熟及中熟优质苹果 7—8 月上市，晚熟富士苹果 9 月下旬上市，阿坝州优质苹果 9—10 月上市，同一品种以南方气候条件较北方苹果

成熟期提早 20~30 天，因此具有发展早熟苹果抢占市场的优势。虽然四川省苹果产区自然条件得天独厚，但也存在不利于苹果生产的水资源短缺等限制因子，最为突出的是苹果生长期干湿季节分明，雨季集中在 6—9 月，冬春为旱季，春季花期易受干旱的影响。并且土地资源少，较为零碎，给规模化发展和机械化操作带来不便，因而劳动力成本较高。在品种上，同质化现象十分严重，缺乏消费者需要的高品质、多样化、新奇特品种，单一品种集中上市，导致压价风险，并且晚熟品种（红富士）占比过大，红色系偏多，其他色系较少，没有有效地根据生态气候及地理优势特点对其品种结构进行优化组合、配置。在区域布局上，由于利益驱动下盲目地将不适宜的品种引进栽种，加之管理失控，造成部分区域生产管理成本高，果品品质差，缺乏市场竞争力且有可能因果品市场和自然灾害导致难以挽回的损失。

**（二）种质资源利用率低，优良新品种选育滞后**

四川省是野生苹果的资源大省，由于面积辽阔，气候类型多样，西南部又是川滇古陆范畴，孕育了丰富的生物类型，其苹果属植物起源古老、多样，初步查明的苹果属野生种质资源有丽江山荆子、锡金海棠、滇池海棠、西蜀海棠、小金海棠等 15 个种以上。同时种质资源演化历史时期长，具有无限的遗传潜力和各类优异性状，有些还具有很强的抗旱性、耐盐性、耐涝性；一些无融合生殖率高；一些抗早期落叶病和抗寒力强，其中小金海棠是在全球范围内筛选出的第一个具有抗缺铁黄叶病的苹果基因。但是长期以来，由于缺乏必需的科技支撑和相关研究基础条件，资源收集容易保存难，甚至在部分区域因人为破坏、自然灾害等因素影响，有的资源已处于濒危灭绝边缘，仅有极少数资源用于种苗的繁育。相比其他水果产业而言，四川省苹果品种的育种工作起步晚，显著落后于国内其他科研单位，明显存在育种的竞争力不强，育种适应不了苹果生产发展形势的需求。目前生产上主栽苹果品种多引自国外或少数引自国内科研单位，由于长期缺乏稳定的育种经费的支持，导致目前仅仅停留在资源收集、杂交育种、芽变选种的层面上，现代的分子标记、QTL 定位、转基因技术等生物技术辅助育种还处于起步阶段，因此必须加强对优质资源发掘及新品种的培育来满足产业发展的需求。

**（三）栽培制度落后，标准化程度低，品质有待提高**

当前，四川省苹果主要是 20 世纪 70—90 年代发展栽植，其中 90%以上的果园采用乔砧密植的传统栽培制度，树体高大，枝多树密，病虫害发生严重，管理困难、生产成本高、效益低，而省工、省力、优质、高效和便于机械化作业的现代矮砧集约高效栽培模式尚未普遍建立起来。由于采用乔砧密植栽培制度，且片面追求早果高产，加之整形修剪、肥水管理等配套栽培技术措施不到位，多数苹果园树体生长旺、树势难控制，导致多数苹果园进入盛果期后逐渐出现了郁闭现象，造成果园通风透光条件恶化，果实偏小、果形指数小、不端正、果面粗糙，有些红色品种着色不良、色泽不鲜艳、可溶性固形物含量低、风味淡等，部分果实农药残留较多，一些果园产量不高、商品性差，病虫害发生严重、树势衰弱、结果寿命缩短、管理困难等问题，不仅降低了经济效益，还严重制约着四川省苹果产业的健康和可持续发展。因此，果园郁闭低效已经成为当前亟待解决的重大产业技术问题。目前，四川省苹果标准化生产还处于初级阶段，栽培管理技术标准体系有待于组装集成，标准化建设还在起步；与先进国家相比，在安全高效标准化生产方面存在着较大差距，与国际标准及市场接轨的技术基础还比较薄弱。与美国、欧洲、日本等国家的苹果产业相比，还没有形成现代高原苹果矮砧密植标准化生产技术、水果综合生产（IFP）制度、病虫害综合防治技术（IPM）、果园精准施肥技术（PFS）、良好农业规范（GAP）等，难以支撑高原苹果产业的高质量和可持续健康发展。由于四川省苹果一直处于各家各户经营管理，生产管理粗放，栽培技术、果品质量标准、采后处理等都未能实现统一规范，产品质量参差不齐，其理论和技术也亟待加强。

**（四）果园生产设施不配套，技术装备落后**

由于四川省苹果生产主要集中在高原民族地区，相对发达区域而言，其种植水平相对较为落后，并且苹果园大多是建立在千家万户小规模分散经营管理的模式之上，经济基础差，生产方式总体上传统、落后，缺乏水、电、路、渠等配套生产设施和施肥、喷药、灌溉、修剪、采收、防灾（旱灾、霜冻等）技术装备条件，机械化管理水平很低，抵御自然灾害能力十分薄弱。在苹果生产管理中，使用机械装备代替人力操作，实现果园作业的机械化，在世界苹果生产先进国家中已经普遍实行，但我国苹果生产管理依然以人工操作为主，果园机械化程度普遍偏低，相关果园机械和设施的技术发展水平比较落后，配套程度不高，且区域间发展极不均衡。目前，四川省苹果生产从苗木定植到施肥、灌水、修剪、疏花疏果、采摘等几乎都要依靠人工来完成，尤其是坡地果园的生产物资、果品等的运送，主要采用人力或畜力运送，机械化程度最高的作业环节为植保喷药，也普遍使用的是小型简易喷雾装置，有些地方引进的先进植保喷药机械及建立的果园喷灌、滴灌等先进灌溉设备由于多方面原因未能得到有效利用，导致生产管理用工量大，成本高，作业效率较低。

**（五）产中、产后配套不完善，果品流通以传统批发为主**

四川省苹果生产采后商品化处理环节较为薄弱。适期采收、分批采收、分级堆放、预冷等尚未推广应用；产后处理薄弱，贮藏加工滞后，果品的采后商品化处理，包括分选、包装、贮藏、加工、运输等环节投入不足，现有设施设备使用率太低，尤其是气调贮藏仅占1%～2%，与发达国家气调贮藏占60%～80%的水平，有着巨大差距。深加工少，直接影响丰富供应、均衡上市、果品增值。电子商务、新零售等新渠道占比还不高，苹果贮运标准尚未形成体系，果品采后全程质量控制体系等还是空白，果品采摘技术规程（规范）、商品化处理、贮藏（包括冷藏和气调贮藏）、运输规范等还很不完善，尤其是“最初一公里”的预冷基本缺失；冷藏、分选水平不高，冷链覆盖率低，耗损率高，造成水果生产流通成本高。特别是当前果品流通模式发生重大变化，传统市场加速转型，产销市场重新分工，销区只进行标品分销，产区市场及商户经营面临洗牌，电商发展迅猛，手机成为新农具、直播成为新农活、数据成为新农资、农民成为新网红、果品成为新网货等都给传统营销流通模式带来新的挑战。

**（六）应用推广体系脆弱，成果转化率不高**

四川省苹果集中分布在青藏高原余脉和川西横断山脉优生区域，该区域正是藏族、羌族、彝族、苗族等少数民族聚居地，农业人口比例高，农村富余劳动人口较多，为技术密集型、劳动密集型的苹果产业提供了充足的人力资源。但是，由于受地域、文化、经济等因素的影响，相比之下该区域属省内欠发达地区，从业者半文盲人口、文盲人口比例较高，特别是当前传统农业向现代农业快速发展的转型时期，久居大山深处的少数民族果农的科技素质较低的问题日益突出。当前果业生产主体发生了重大变化：一是果农老龄化日益严重，知识技能提升困难，转型升级人才支撑不足；二是农村空心化不断加剧，果品生产后继乏人，人工费快速上升成为果品生产最大成本，出现季节性用工短缺。从整体上看，接受和掌握新技术、新信息的能力较差。这对当前苹果产业由数量型向质量型转变持续健康发展极为不利，因此提高果农的文化、技术素质，参与市场竞争等都是一项长期艰巨的任务。四川省县、乡（镇）一级的果树技术推广体系很不健全，特别是基层技术推广部门，由于推广人员工作艰苦，基本生活、工作条件差，加之待遇低，有些甚至难以维持正常生活，造成人心涣散，跳槽或改行现象时有发生；同时，基层推广人员知识结构相对专一、老化，缺少培训、进修、提高的机会，很难适应当今飞速发展的科学技术对推广工作提出的要求。此外，果树技术推广部门与科研部门的结合属于松散型，仅以科研课题为纽带的协作，不存在管理机制上的内在联系，结果导致科研成果没有流向推广部门的正常渠道，影响了科技成果向现实生产力的转化。

## 四、四川省苹果产业发展趋势与对策建议

### （一）加快资源收集与利用，培育优良新品种

种质资源又称基因资源，是育种的基石。行内共识“一个基因造就一个产业”，对基因资源的占有决定了一个国家在农业生物技术产业发展中的地位，因此世界各国越来越认识到基因资源对农业发展的重要意义。以优良种质为基础，广泛应用以分子标记为主体的现代生物技术手段，是增加特殊性状、提高选育效率和缩短育种周期的主要途径。四川省面积辽阔、气候类型多样，西南部又是川滇古陆范畴，野生苹果种质资源十分丰富，现初步查明的苹果属野生种质资源有丽江山荆子、锡金海棠、滇池海棠、西蜀海棠、小金海棠等 15 个种以上，同时一些实生变异群体多达 50 余个。因此，开展种质资源的收集与利用，深度挖掘苹果基因资源中蕴藏的高产、优质、抗逆等优异基因，获得具有自主知识产权的有价值基因，也是当前资源收集及利用的主要目的。各国在苹果育种上追求的目标主要是培育高品质的新品种，要求具备肉质脆、汁多、气味芳香、外观美、耐贮运、货架寿命长等主要特点。随着消费的多样化及生活方式的改变，如富含类黄酮、花青素、高酸低糖、高维生素 C 等特色营养功能的新品种选育迎合了消费者心理，更能促进四川省苹果品种的多样化发展。虽然四川省苹果育种工作起步晚，结合四川省独特的高海拔、强紫外光等生态气候特点，结合优良种源创新，重点围绕早中熟“优质、丰产、抗性、耐贮性”品种育种目标，加强生物技术育种与传统育种技术的紧密结合，持续推动传统育种技术的改造升级，实现育种精准化、高效化和规模化。目前已获得了优良变异材料 10 余个、杂交育种获得 20 余个新组合、实生选种获得 5 个优良单株

等，并对杂交群体及实生、芽变优系进行田间评价。今后须建立稳定的科研团队进行持续攻关，才能更好地为四川省苹果优良品种的培育奠定良好基础。

**（二）优化区域布局，调整品种结构**

四川省苹果集中分布在青藏高原余脉和川西横断山脉等，生态类型多样的特征、特点十分突出，要发展好该区域的苹果产业，首先是贯彻新常态下新发展理念，强化顶层设计，做好四川省高原苹果区域的产业规划，确定其最佳优生区、适生区。其次是按照“因地制宜，因需而变，扬长避短，发挥优势”原则，选栽适地适树适销的优新品种并安排好供需与熟期协调的种植比例，才能有效地调节市场供应，提高产量、品质和效益，增加果农收入。再次是按照“四高”（高起点、高标准、高质量、高科技）和“四化”（标准化、规模化、产业化、宜机化）的标准和要求进行选址建园；增加对优势区苹果产业扶植力度的同时，科学统筹粮果用地，要始终把粮食安全放在首要位置，正确处理好粮果关系，严格落实防止耕地“非粮化”要求，遏制增量，分类处置，加快推动非优生区果树从基本农田有序退出和撂荒果园复垦。复次，在适宜区内，要充分利用荒山、荒坡、荒滩大力发展适宜品种，加快低效、老劣果园的淘汰与更新，进一步调整优化品种结构，适当控制老品种的栽植面积，积极发展优新鲜食品种和加工专用品种。同时，在选栽适宜的优新品种时，应搭配好早、中、晚熟品种的比例，以改变目前晚熟品种产量过多、早熟品种短缺的现状。最后，应积极实施品牌战略，结合高原地理、民族历史和文化背景，根据区域生态环境及所产品种品质优势，突出本地特色，创建优势品牌，同时通过多种途径加强品牌宣传，将其建设成为拓展市场、站稳市场的金字招牌，成为消费者心目中信得过的金牌产品。近年来，随着巩固脱贫攻坚成果与乡村振兴的有效衔接的实施，四川省苹果优势产区更加重视苹果品牌建设，以大凉山“盐源苹果”“越西苹果”、净土阿坝“茂汶苹果”“小金苹果”、圣洁甘孜“康定苹果”“乡城苹果”“丹巴美人脆”等为代表的区域品牌的影响力和知名度不断提升，市场竞争力不断增强。

**（三）变革栽培制度，发展现代矮砧集约高效栽培模式**

四川省苹果的发展虽然历史悠久，但苹果栽培90%以上的果园以乔砧密植的传统栽培制度为主。近年来，世界苹果栽培制度发生了深刻的变化，矮砧密植成为主要的栽培模式。欧美发达国家用了大约20年，实现了乔砧密植栽培到矮砧密植栽培的转变，矮砧密植栽培占比达90%以上，国内如陕西、山东、辽宁等省份也大量发展现代矮砧集约高效栽培模式。四川省20世纪80年代末至90年代栽植乔砧苹果，树龄基本达35年以上，这正是实施老果园更新换代的关键时期，因此亟须积极引导和稳步推进传统栽培制度向现代栽培的变革，在新建果园推广苹果矮砧集约高效栽培技术模式，但必须大力开展不同类型的矮化砧木适应性评价，筛选最佳砧穗组合。针对高海拔区域不同生态特点，加大科技支撑力度，根据矮砧栽培特点，同时吸收、借鉴国外现有的技术和经验，研究形成与四川省苹果生产条件相适的配套栽培技术体系，为现代矮砧集约栽培模式的发展提供强有力的技术支撑。根据四川省苹果产区的发展实际情况，同时结合生态及果园的功能，应选择基础设施好、管理水平高、技术应用领先、代表性强的基地为核心示范，稳步推进高原苹果栽培制度的变革，逐步实现由乔砧栽培向矮砧集约高效栽培的转变，加快推动四川省苹果栽培制度的变革和现代生产制度的建立，实现苹果的省工、省力、集约、高效和标准化生产。加强和完善标准化良种苗木繁育体系的建设，强化苹果苗木生产与流通过程中的检验和检疫管理，有效控制病毒病和危险性、检疫性病虫害的传播和蔓延。

**（四）推进标准化园区建设，提高果园设施和装备水平**

当前，四川省苹果生产最紧迫的任务就是要最大限度地提高果园的产量和质量水平，增强果品的市场竞争力；而关键是推进标准化生产来提高产量和质量，重要途径和突破口是开展标准化高质量果园的创建。在标准化园区建设过程中，针对苹果生产中存在的突出问题，亟须围绕果园管理省工省肥省成本、轻简高效、果品生产安全和农民增收等重大需求，以优质果品生产关键控制环节为研究对象，建立果品安全高效标准化生产技术体系、标准化关键控制技术和安全监控体系。大力推广果园生草覆盖、豆菜轮茬等技术，做好病虫害预测预报和综合防控技术。加快提升果业生产装备现代化，逐步实现苹果生产数字化、精准化。结合四川省苹果生产的实际，一是努力实施并开展核心示范园水网、路网建设及土壤肥力提升工程；配套精准水肥一体化系统、果园智能化设施；更新提升果园割草机、施肥机、喷药弥雾机、疏花机、采果和修剪平台、多功能作业机具等新型机械装备水平。二是针对高原自然灾害发生频次，突出自然灾害防御，重视防灾减灾体系建设。强化自然灾害预警，积极完善以防霜冻、防雹为主的人工影响天气装备，加大果园防雹网、防霜冻新技术投入。

**（五）加强采后果品商品化处理和贮运技术的应用**

四川省苹果90%以上果实以鲜销为主，由于前期产量不高，省内及周边的市场都可消化，因而对产后商品化处理和贮运环节历来重视不足；加之缺乏现代化的水果分级包装生产线和冷藏运输设备，所以果实商品化程度低。同时，缺乏产销信息网络，不能准确捕捉到市场供需信息，小生产与大市场的矛盾十分突出，并且流通组织化程度低，在一定程度上成为制约苹果产业发展的“瓶颈”。此外，果农为早日上市恶性早采，更是降低了果实品质、影响了信誉。

因此，针对四川省实际，需要大力研究推广与省经济发展水平和果业生产现状相适应的果品采后商品化处理和贮运技术，建立健全产品质量标准和监测检验体系，提高产品采后贮藏、包装能力；建立以企业为主体，“产、学、研、用”相结合的研发体制，自主研制和引进利用先进的果品采后商品化处理、贮藏加工技术及设备，实行果实清洗、分级包装、预冷处理、保鲜贮藏一体化流水作业；建立果品采后处理技术体系和从产地到市场的“冷链”流通技术体系，全面提升水果产后商品化处理和贮运技术水平，特别要针对采后损耗高环节，着力提升分选贮藏运输相关装备水平。制定出台采后智能分选、冷（气）贮藏、冷链运输等装备配套补贴政策。

**（六）加强技术推广体系建设，加大果农培训力度**

按照实施科教兴农战略，提高农业综合生产能力和促进农业增效、产品增值、农民增收的要求，坚持政府主导，加强果树技术推广体系建设，进一步发挥其在推广先进科研成果和提供技术服务中的主体和带动作用，并通过明确职能、理顺体制、创新机制、完善保障等一系列改革，建立适应现代农业发展和乡村振兴要求的多元化果树技术推广体系。在果树技术推广体系建设中，要着力提高技术推广人员的综合素质，制定果树技术推广人员培训计划，建立和完善技术推广人员教育培训机制，加强技术推广人员技能培训，加速知识更新，提高工作能力；建立技术推广人员工作考评机制，完善技术推广人员技术职务评聘制度，充分调动积极性，不断提高和强化果树技术推广队伍的服务意识、服务能力和水平。继续支持水果生产经营实施体制机制创新，壮大龙头企业和家庭农场、合作社等新型经营主体，通过实施主体引领和示范，完善“企业+合作社+基地”或“合作社+基地+社员”等经营模式。结合产业发展实际，建立“5 个 1+N”即以“1 个水果专家+1 个团队+聚焦 1 个示范县+围绕 1 个主导产业+建立 1 批示范基地+指导 N 个经营主体”的成果转化应用模式，形成良好利益联合机制，带动或促进区域产业发展。

四川省苹果产区果农的文化层次普遍较低，科技知识贫乏，是影响推广效果，制约果树产业进步的重要因素。因此，应加强对农民的科技知识的普及，提高果树从业人员的文化素质和技能水平。一是各级政府要加大基层农技人员教育培训的工作力度，普遍提高农村从业者的文化层次，这是实现果业强、乡村美的前提；二是加大农业科研院所建设工作力度，为果树产业培养具有较高专业文化素质的后备人才；三是壮大基层果业技术服务队伍，完善果业科技人才招聘引进和激励机制，引进高层次专业技术人才，培养县级果业技术带头人和乡镇级果业技术骨干，全面落实基层技术推广服务队伍相关政策和服务设备配套，解决科技服务“最后一公里”问题。总之，实践是创新的基础，通过实践培养人才，构建好管理人才、技术骨干与工匠人才的合理模式，才能真正实现四川省水果产业的高质量发展。

# 四川梨产业发展报告

邓家林 张全军 李文贵 钟必凤 蒋林珈

（四川省农业科学院园艺研究所，四川成都 610066）

**摘 要**：介绍了我国及四川省梨的生产与贸易现状，并围绕生产供给、市场需求、科技创新、组织形式等方面阐述了四川省梨产业的发展趋势。同时，结合国家政策与社会发展需求，指出四川省梨产业发展中存在品种结构不合理、传统栽培技术烦琐费工、技术推广体系不健全、农机与农艺不配套、梨果采后商品化处理环节薄弱，果实采后附加值低等主要问题，从而提出基于新常态下加快产业结构调整、推动产业转型升级和提质增效的科技创新措施与对策建议，为梨产业绿色高质发展提供可靠的理论依据和技术支撑。

**关键词**：梨产业；四川省；发展趋势；对策建议

我国是梨的重要起源地之一，是世界第一产梨大国。梨是我国仅次于苹果、柑橘的第三大水果。我国梨种植范围较广，除海南省和港澳地区外其余各省（区、市）均有种植。我国梨产量约占世界总产量的2/3，中国梨在世界梨产业发展中有举足轻重的位置。梨是四川省分布最广的果树种类，全省21个地市州都有梨的栽培，183个区市县中绝大部分有梨的资源分布与梨的栽培。梨是四川省除柑橘之外的主栽水果，四川省梨栽培面积100.0万亩，占四川省水果总面积的17%以上；产量90多万吨，占四川省水果总产量的16%以上，无论是产量还是规模10年来稳居四川省水果第二位。由于四川省独特的自然条件和消费习惯，果农的利益能够得到充分保障。再加上近几年采摘和观光农业的发展，梨果的效益优势越来越明显。

## 一、国内外梨产业概况

### （一）种植概况

据联合国粮食及农业组织统计，2020年世界梨收获总面积和总产量分别为

129.270 9 万公顷和 2 321.066 9 万吨，同年我国梨栽培总面积和总产量分别为 86.995 8 万公顷和 1 610.145 万吨，分别占全世界总量的 67.3%和 69.37%，均居世界首位。

梨是世界上发展较稳定的水果之一，2010—2020 年，虽然世界梨收获面积有所下降，但总产量总体保持了稳定，2020 年的收获面积相对于 2010 年下降了 16.23%，但总产量增长了 2.9%。

从区域分布来看，近年来全球年产鲜梨果 20 万吨以上的国家主要有中国、意大利、美国、阿根廷、土耳其、南非、荷兰、比利时、西班牙、印度和智利。据联合国粮食及农业组织 FAOSTAT 数据库 2022 年 5 月数据计算得出，种植面积前 10 位的国家依次为中国（约 87 万公顷，占总面积的 67.3%）、印度（3.25%）、意大利（2.05%）、土耳其（2.02%）、阿根廷（1.99%）、西班牙（1.56%）、阿尔及利亚（1.54%）、美国（1.36%）、韩国（1.1%）和波黑（1.0%）。前 10 位的产量大国分别为中国（约 1 610.145 万吨，占总产量的 69.37%）、意大利（2.67%）、美国（2.63%）、阿根廷（2.58%）、土耳其（2.35%）、南非（1.86%）、荷兰（1.72%）、比利时（1.69%）、西班牙（1.39%）和印度（1.31%）。

从单位面积产量来看，2010—2020 年，10 年间世界梨平均单产变化不大，相对于 2010 年，2020 年的平均单产为 15 450 千克/公顷，增加了 11.14%，年均增长仅为 1.1%，而相对于 2019 年，2020 年一年的单产就增加了 6.9%。此外，在产梨国之间，单产的差异比较显著，先进的梨生产国，如奥地利和黑山的梨单产分别达到了 131 203 千克/公顷和 84 420 千克/公顷，远超世界平均水平。

梨也是我国发展最迅速的水果之一，在国内位居全国水果栽培总面积和总产量的第三位。世界梨平均单位面积产量为 12.3 吨/公顷，呈平稳增长趋势。近 10 年来东方梨产量上升速度较快，中国梨产量增加了 3 倍；韩国梨产量基本呈上升趋势，是 10 年前的 2 倍；日本梨产量则一直比较稳定，年产量在 40 万吨左右。与世界梨生产变化趋势一样，我国梨产业发展总体呈逐年稳步上升态势。据农业农村部统计，2020 年我国梨栽培总面积和总产量分别增长到 94.07 万公顷和 1 781.53 万吨（与联合国粮食及农业组织数据略有不同）（图 1）。此外，随着近年来新建梨园进入盛果期，以及新品种、新技术、新模式的逐渐推广应用，除总产量得到大幅提高之外，2020 年我国梨单位面积产量也达到了 18 508千克/公顷，略超世界平均水平

15 450 千克/公顷（此为联合国粮食及农业组织的数据，与农业农村部数据略有差异），但与世界先进国家相比，差距仍然很大，如奥地利和黑山的梨单产分别是我国单产的 8.5 倍和 5.5 倍。可见，我国梨产业可以继续加大品种更新和新技术、新栽培模式的推广应用力度，以获得更大的提升空间。

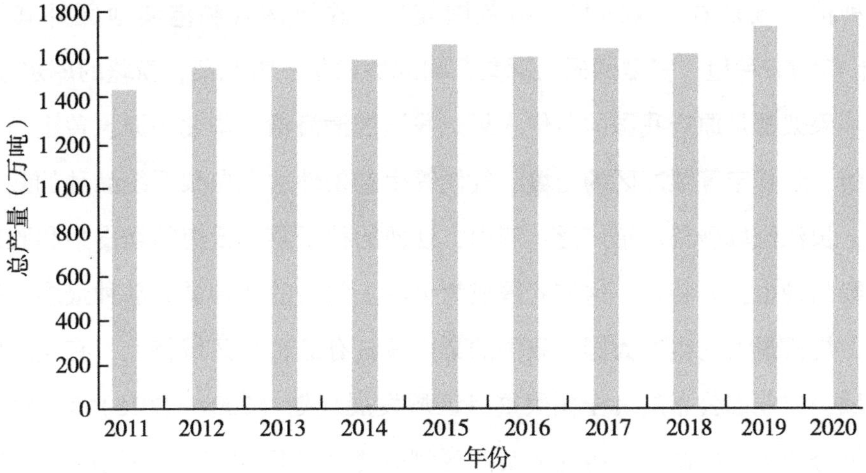


**图 1　2011—2020 年中国梨总产量趋势**

数据来源：2021 年《中国统计年鉴》。

### （二）分布区域及品种结构

全世界共有 76 个国家和地区生产梨，主要集中在亚洲、欧洲、美洲、非洲、大洋洲等地，这些地区梨总产量占世界梨总产量的 98%以上，其中亚洲的总产量最高，约占世界总产量的 72.9%。从栽培品种看，中国、韩国和日本主要生产东方梨，其余国家主要生产西洋梨。我国梨产业在世界上具有举足轻重的地位，多年来我国梨栽培总面积和总产量一直居世界首位。

在品种资源方面，我国是世界栽培梨的起源中心，种类、品种资源十分丰富。目前，我国梨栽培涵盖了秋子梨、白梨、砂梨和西洋梨 4 个种，大量栽培的品种达 100 多个，如我国传统的主栽品种砀山酥梨、鸭梨、南果梨、京白梨、库尔勒香梨、雪花梨、苍溪雪梨、莱阳在梨等，新育成的翠冠、黄冠、中梨 1 号、红香酥、玉露香等，以及从日本、韩国引进的丰水、黄金梨、圆黄、新高等，近年从欧盟、美国引进的西洋梨如早红考密斯、康佛伦斯、红安久等品种表现也较好。其中砀山酥梨、鸭梨等晚熟品种仍占主导地位，库尔勒香梨、南果梨也是举世闻名的特色梨果。此外，20 世纪 90 年代以来，一批早中熟品种特别是长江流域早熟品种的推广应用，优化了梨的熟期结构，早熟梨栽培的比例逐步升高。近几年，发展较快的是长江以南的早熟梨区域，发展面积、产量和经济效益在全国居领先地位。但与发达国家相比，我国梨果种植区域分散，跨区盲目引种问题仍很突出，同时生产管理水平落后、标准化生产程度低，直接影响了单产和品质的提高，梨果质量总体水平较低。

从种植区域来看，我国梨种植范围较广，除海南省和港澳地区外其余各省（区、市）均有种植。安徽的砀山酥梨、河北的鸭梨、雪花梨，新疆的库尔勒香梨，吉林的苹果梨都是原产我国的名优水果。我国的渤海湾、华北平原、黄土高原、川西、南疆、陕甘宁等梨产区的土壤、气候等生态条件适宜白梨系统品种的栽培；淮河以南、长江流域砂梨栽培广泛；燕山、辽西的秋子梨、云南的红皮梨和胶东一带的西洋梨品种也独具特色。这使我国成为世界上栽培的梨种类和品种最多、种植范围最广、规模最大的生产大国。我国的梨产业具有品种与区域特色，有相应的生产优势区域，农业部公布的《全国梨重点区域发展规划（2009—2015）》，对传统的梨产区划分做了一些调整，将优势梨产区划分为“三区四点”。所谓的“三区”是指华北白梨区、西北白梨区和长江中下游砂梨区；所谓的“四点”是指辽宁南部鞍山和辽阳的南果梨重点区域、新疆库尔勒和阿克苏的香梨重点区域、云南泸西和安宁的红梨重点区域和胶东半岛西洋梨重点区域。

**（三）加工概况**

全球梨果总产量约10%用于加工，主要生产梨罐头、梨浓缩汁、梨酱、梨酒、梨醋，还有少量的梨保健饮料、梨夹心饼、蜜饯及梨丁等。西洋梨中的巴梨（Bartlett）是最主要的罐藏与鲜食兼用品种，其次为康富伦斯（Conference），是欧盟成员国栽培面积最大的品种。日本梨主要是鲜食，兼用于加工的品种有二十世纪、长十郎、独逸等。韩国梨也主要是鲜食，兼用于加工的品种主要是新高、长十郎。

我国白梨、砂梨的主栽品种适合于鲜食，但秋子梨的许多品种具有鲜食和加工兼用的优点。我国市场上梨果主要用于鲜食，据联合国粮食及农业组织报告显示，2018—2020年，我国梨果用于鲜食的占88%左右，比例呈缓慢上升态势，2018年为88.16%，2019年为88.6%，2020年为88.65%。而在加工方面，变化趋势与鲜食相反，呈缓慢下降趋势，如2018年，我国鲜梨的加工量为152.5万吨，占总产量的11.83%，而到了2019年加工量约144万吨，占总产量的11.39%，鲜果加工率下降了近0.5个百分点，而2020年则维持在了11.34%，说明我国梨果加工能力趋于稳定。但是，我国加工专用梨品种少，多数加工企业主要利用当地价格便宜的残次果进行加工，如安徽、陕西及江苏主要用砀山酥梨，河北用鸭梨，山东用长把梨和鸭梨，北京用鸭梨等。同时，我国梨加工技术水平较低，加工产品种类较少，梨浓缩汁和梨罐头依然是最重要的梨加工品。

**（四）贸易概况**

在出口贸易方面，从部分国家（地区）来看，近年全球梨贸易量也有所增加，2020 年全世界 145 个国家和地区梨的出口总量为 271.9 万吨，2019 年的出口总量为 270.3 万吨，增幅为 0.59%。从出口金额来看，世界梨出口金额缓慢上升，2020 年全球梨出口总金额 27.9 亿美元，单价为每吨 1 026.11 美元，与 2018 年相比，增幅分别为 3.7%和 4.39%。

从部分国家（地区）来看，近年来世界梨进口的数量总体呈上升趋势，2020 年，全世界 145 个国家和地区梨的进口总量为 251.56 万吨，2019 年进口总量为 259.7 万吨，下降了 3.13%。从进口金额来看，世界梨进口金额显著上升，2020 年全球梨进口总金额 25.57 亿美元，单价每吨 1 016.45 美元，与 2018 年相比分别下降 7.79%和 1.7%。

我国梨出口与世界贸易变化趋势一致，近年来也呈稳步增长的势态。据国际粮油组织统计（2022 年 5 月），2020 年全年我国梨出口量 54.53 万吨，比 2018 年增长了 10.45%；出口金额的增加也十分显著，2020 年出口总金额达到 6.75 亿美元，相对于 2018 年，增长 26.4%，平均单价达每吨 979.27 美元。显然，出口价格增长速度快于出口数量的增长速度，如果忽略物价上涨的因素，表明我国梨果品质有所提高，出口价格逐步提高，梨出口呈良性发展势态，但出口单价仍然与世界先进国家相距甚远，仅为日本梨出口单价的 1/6 左右。此外，从 2009 年开始我国梨出口量超过阿根廷，跃居世界第一，但出口量仍然与我国生产大国的地位很不相称，直到 2020 年，出口量才 54.53 万吨，占总产量的 3%，远低于世界平均 10%的水平。据商务部统计，菲律宾等东南亚国家是目前中国梨果的主要出口市场，其中云南省的出口量最大，2020 年 7 月出口量占全国总量的 33%。俄罗斯和欧盟成员国仍是主要的梨进口国，其进口量分别占世界梨进口总量的 24%和 23%；其余的梨进口国有巴西、墨西哥、美国和加拿大。近年来日本的水晶梨在纽约市场、我国的雪青等早熟梨在欧洲市场深受欢迎。世界梨出口价格为 750~860 美元/吨。西洋梨出口价格较高的国家为意大利、德国和荷兰等，东方梨出口价格较高的是日本和韩国，其出口价远远高于世界平均水平，约为我国梨出口价格的 10 倍。中国、智利、南非等国家的梨出口价格均低于世界平均水平。

我国出口的梨加工品主要为梨浓缩汁和梨罐头，其中梨罐头出口量和金额总体呈逐年上升的趋势。据《中国海关统计年鉴（2022）》统计，2020 年我国出口梨罐头 5. 9 万吨，出口金额为 5 250 万美元。

近年来我国进口贸易呈稳定发展趋势。2018 年我国进口梨 49. 38 万吨，2019 年略有下降到 47. 76 万吨，2020 年回升至 54. 53 万吨。而就进口金额而言，2018—2022 年一直是稳中有进，2018 年的进口金额为 5. 34 万美元，2019 年上升了 0. 5 万美元，2020 年增长至 6. 75 万美元。

## 二、四川省梨产业发展现状

四川省梨栽培面积近 8 万公顷，占四川省水果总面积的 17%以上；产量 90 多万吨，占四川省水果总产量的 16%以上。其中，早熟梨栽培最多，面积和产量均占全省梨的 60%以上。

### （一）四川梨的栽培面积趋于稳定，产量稳步提升

近 10 年来，四川省梨栽培面积基本趋于平稳，部分区域略有调整，总体上盆周山区略有增加，阿坝州、凉山州略有缩减。由于产业技术水平的提升和先进技术的应用，2011—2020 年，总产量增加了 1. 2 倍（图 2）。

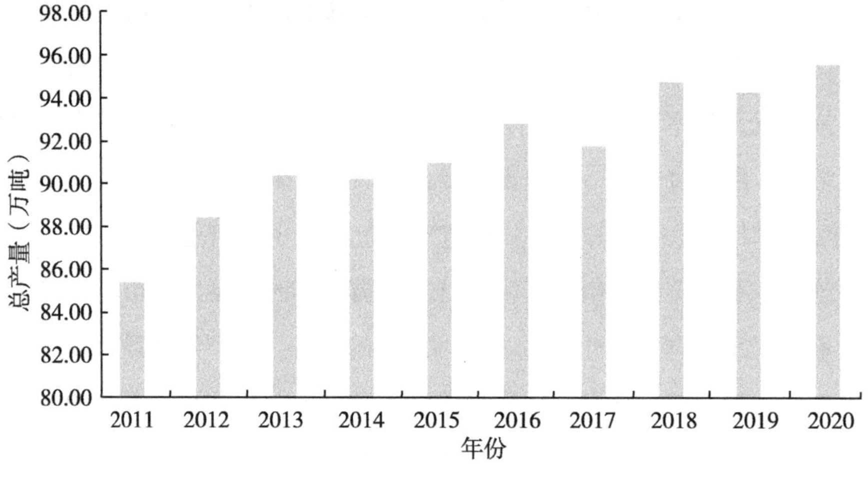


**图 2　2011—2020 年四川省梨总产量趋势**

数据来源：2021 年《四川统计年鉴》。

### （二）新品种的选育和产业推广应用

作为西南区域梨的起源中心，四川省具有丰富的品种资源，在我国已发现的梨属植物14个种中，四川省有8个，其中5个是栽培种；地方品种繁多，约有270多个。其中，金花梨、苍溪梨是闻名全国的优良品种，在全国梨主产区均有栽培。自20世纪90年代起，四川省开始有计划、系统、科学地开展梨品种引进与选育工作，四川省农业科学院、四川农业大学、西南科技大学和四川苍溪梨研究所等代表的科研院所和大专院校从事梨的育种工作，主要围绕果实品质、抗病、抗逆、不同熟期等目标进行遗传改良，相继育成了以金雪梨、翠雪等为代表的梨优良品种（表1）。目前，四川省栽培的传统地方优良品种和引进选育的新品种约占栽培总面积的80%左右，新品种选育工作成绩喜人，有力地推动了四川省梨产业的发展。由于早熟、中熟品种的育成与大面积推广，早、中、晚熟品种结构失调的状况正逐步改善，梨鲜果采收期延长了近两个月，结合贮藏保鲜，梨鲜果已基本实现了周年供应。

**表1　2005年以来四川省选育梨品种主要性状**

| 品种 | 果皮颜色 | 果实形状 | 成熟期 | 可溶性固形物（%） | 品质评价 | 来源 | 审认定编号 | 主要完成单位 |
|---|---|---|---|---|---|---|---|---|
| 翠冠 | 黄绿色 | 圆形 | 6月底 | 13.0 | 肉质细嫩松脆，汁多，味甜 | 1999年从杭州引入 | 川审果2005001 | 四川省农业科学院园艺研究所、四川省农业厅经作处等 |
| 黄金 | 黄白色 | 近圆形或扁圆形 | 7月底 | 12.6 | 可食率90%以上，石细胞少，肉质脆嫩，汁多 | 2000年2月引入 | 川审果2005002 | 四川省农业科学院园艺研究所、四川省农业厅经作处等 |
| 爱甘水 | 褐色 | 扁圆形 | 6月中下旬 | 12.0 | 果肉乳黄色，质地细脆、化渣，味浓甜，具微香，汁多 | 从中国农业科学院果树所引入 | 川审果树2007003 | 西南科技大学、成都天一绿色科技有限责任公司等 |
| 新泉 | 黄褐色 | 近圆形或扁圆形 | 7月中旬 | 12.6 | 果心小，石细胞少，肉质脆嫩，汁多，品质极佳 | 2002年引种 | 川审果2010008 | 四川省农业科学院园艺研究所 |
| 金雪梨 | 黄色 | 卵圆形 | 9月中旬 | 12.0~15.0 | 果肉白色，肉质较细，松脆多汁，石细胞少，味甜 | 金川梨芽变 | 川审果2014001 | 四川农业大学、金川县生产力促进中心等 |

（续表）

| 品种 | 果皮颜色 | 果实形状 | 成熟期 | 可溶性固形物（%） | 品质评价 | 来源 | 审认定编号 | 主要完成单位 |
|---|---|---|---|---|---|---|---|---|
| 雪青 | 黄绿色 | 卵圆形 | 7月中下旬 | 12.7 | 果肉洁白，质地细嫩而脆，石细胞少，汁多味甜，微香 | 从浙江农业大学园艺系引入 | 川审果2015004 | 四川欧阳农业集团有限公司、四川省农业科学院园艺研究所 |
| 翠雪 | 黄绿色 | 卵圆形 | 7月中下旬 | 11.6 | 肉质细嫩多汁，石细胞少，香味浓，味甜微酸 | 1996年苍溪雪梨与日本二宫白杂交 | 川审果2015005 | 四川苍溪梨研究所、四川省农业科学院园艺研究所等 |

四川省梨主推品种以砂梨系统为主，主要品种有丰水梨、黄金梨、翠冠梨、金花梨等品种（图3）。根据四川省区域气候比较优势，梨产业品种内部结构调整应突出“早、优、特”，即熟期结构上突出早熟性，瞄准6月上旬至7月上旬水果淡季，立足利用品种固有熟性与发挥温光资源优势相结合，重点扩大7月10日前成熟的早熟、特早熟品种；品质结构上突出优质性，具体要求：果形扁圆形或圆形；果皮绿色、黄色、红色；肉质松脆多汁、酸甜适口。目前可供选择发展新品种有翠玉、初夏绿、翠冠、雪青、红皮梨等；同时根据不同消费群体不同消费需求与猎奇心理，可适当发展部分新颖、奇特品种，如紫红、黄色等新奇皮色品种，葫芦形等新奇果形品种，高糖、甜酸等新奇风味品种。

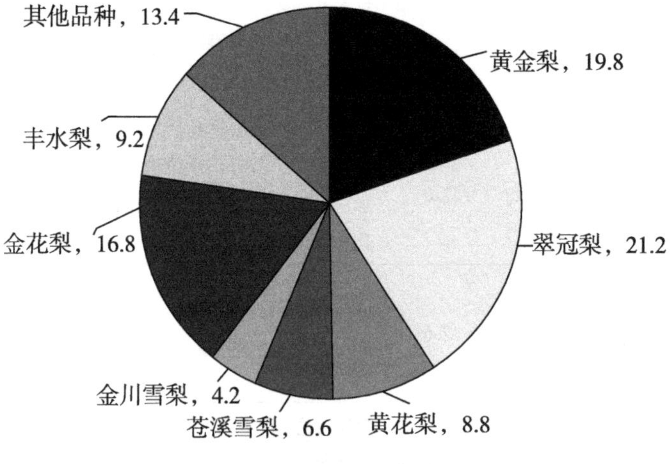


**图3　2021年四川省梨品种结构（单位：万亩）**

数据来源：2021年国家梨产业技术体系成都综合试验站。

培育不同熟期、耐贮、抗病虫和品质优良的红色梨新品种是世界梨果主产国多年来的主要育种目标，而培育出色泽鲜红、品质优良的脆肉型红梨品种更是我国育种工作的目标之一。

我国云南、四川、重庆等地存在着丰富的红皮梨资源，是优良的育种材料。如应用野生红皮川梨、野生红皮砂梨等原始材料培育抗性强、适应性广、耐瘠、丰产的红皮梨新品种和新材料，砚山红香酥和文山红雪梨可作为培育湿热地区红皮梨的亲本，巍山红雪梨、秋火把梨等则可作为培育温凉或冷凉地区红皮梨的亲本，若要培育早熟红皮梨则可用弥渡香酥梨、火把梨和秋火把梨等作为亲本。

近年来，随着梨种质资源收集和保存工作的不断深入，越来越多的红梨资源被发掘出来。根据《果树种质资源目录》《中国果树志》第三卷、部分省市的《果树志》和《中国温带果树分类学》等资料，依据红梨资源的来源或所属种的不同对具有明显着色的品种或类群进行归纳。在整理过程中，根据国内外近年来有关梨属分类及品种亲缘关系的研究结果，将长江流域及其以南的资源都归为砂梨，而将分布于黄河流域的大果型品种归为白梨。砂梨系统中的红梨品种及资源主要分布在云南及四川西南部。我国科研工作者利用红梨资源育成的品种见表 2。

**表 2　我国杂交选育的红梨品种**

| 梨品种 | 杂种亲本 |
|---|---|
| 八月红 | 茄梨×早酥梨 |
| 寒红梨 | 南国梨×晋酥梨 |
| 红金秋 | 大香水×苹果梨 |
| 红酥脆 | 幸水×火把梨 |
| 满天红 | 幸水×火把梨 |
| 美人酥 | 幸水×火把梨 |
| 红香蜜 | 库尔勒香梨×郑州鹅梨 |
| 红香酥 | 库尔勒香梨×郑州鹅梨 |
| 红秀 1 号 | 延边大香水×苹果梨 |
| 红秀 2 号 | 延边大香水×苹果梨 |
| 锦香 | 南国梨×巴梨 |

（续表）

| 梨品种 | 杂种亲本 |
|---|---|
| 硕丰梨 | 苹果梨×砀山酥梨 |
| 龙园洋红 | 56-5-20×乔玛 |
| 五九香 | 鸭梨×巴梨 |
| 香红蜜 | 矮香×贺新村 |
| 向阳红 | 京白梨×巴梨 |
| 新梨1号 | 库尔勒香梨×砀山酥梨 |
| 玉露香 | 库尔勒香梨×雪花梨 |

**（三）四川梨的栽培区域—产业布局向优势区域集中**

在长期的自然选择和生产发展过程中，四川省逐渐形成了优势突出的梨产区和特色鲜明的特色梨产区。四川省既有温暖湿润的川西盆地及盆周丘陵区的广阔区域，又有川东、川南、川中的高温多湿区域，可生产出6月中下旬至7月下旬成熟的特早熟和早熟梨优质产品。成都平原和盆周山区冬无严寒，春季土温、气温回升快，梨的开花期比我国梨主产省的河北、山东、安徽、湖北等早，6月下旬可上市，是我国早熟梨生产的生态优势区，这种生态条件在全国都是独一无二的。四川早熟梨的熟期较长江中游的江西、湖北、湖南和安徽等省相同品种提早10~15天，较长江下游的浙江、上海和江苏等省（市）提早15~20天，较日本、韩国的早熟梨提早25天左右。因此，四川自然形成了我国具有独特优势的早熟梨生产区。同时，冷凉干燥的川西高原如金川、丹巴、泸定、小金、巴塘、乡城、得荣、盐源和越西等县属我国中、晚熟梨生产的最适生态区，可以生产出优质的中、晚熟梨。因此，四川省适宜建立我国早、中、晚熟优质梨商品基地。

四川省梨产区分布较广，省内各地（市、州）均有栽培（图4），重点分布在凉山彝族自治州、阿坝藏族羌族自治州、雅安、成都、泸州、德阳、内江、绵阳、南充、宜宾、广元和巴中等市（州），又以苍溪、汉源、罗江、仁寿和金川等县的生产规模大、数量多，质量、市场、效益较好，其中苍溪县和汉源县规模都超过10万亩。梨已成为当地经济发展的支柱产业和县域特色拳头产品，为当地经济的发展发挥了重要作用。

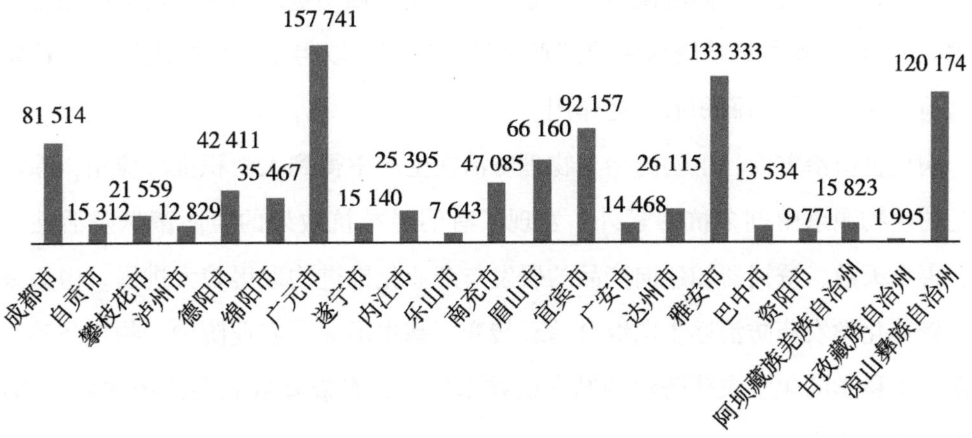


**图 4 2020 年四川省各市州梨产量（单位：吨）**

数据来源：2021 年《四川统计年鉴》。

**（四）栽培模式与生产技术不断创新，轻简化管理为主要趋势**

四川省已步入农业高质量发展的新时代，生产重心正逐渐由“产量”向“品质”“安全”转变，生产方式从劳动密集型逐步向机械化、轻简化、标准化和现代化迈进，梨果品质和经济效益显著提升。

栽培模式方面，细长纺锤形、主干树形、“Y”形以及水平棚架树形等高光效新树形的逐步推广，形成了简约、省工、高效的新型栽培模式。上述模式与传统的疏散分层形等大冠稀植传统栽培模式相比，具有树体结构简单、整形修剪简化，通风透光条件好，品质优，且更适合机械化操作等突出优点。同时，适于梨园机械化生产的配套装置，如开沟机、旋耕机、割草机、喷药机等在生产中普遍应用。

花果管理方面，授粉、脱萼、化学及机械疏果等生产技术研发成为关注重点。梨花粉长期贮藏及运输技术日渐成熟，适合轻简化生产的液体授粉等技术的研发成功，无人机授粉技术在各主产区（新都区、华蓥市）逐步使用，比传统授粉方法节省用工 90%以上，且操作简单，授粉均匀，节本增效显著。

土肥水管理方面，传统经验性施肥逐步被梨园配方施肥和肥水一体化管理替代。生草、覆盖、间作、种养结合等多种梨园土壤管理方式，以及梨树修剪枝条降解、堆肥、还田等技术研发均取得重要进展，并成功研制出梨树专用生物有机肥和专用复合肥。

对四川盆地丘陵区梨树早期落叶的原因进行了研究，明确了其主要诱因是叶片病害和适宜病害发展的高温高湿气候条件。集成“四川盆地梨树早期落叶综合防控技术”，在四川省盆地丘陵区主要梨产区推广应用，取得了很好的效果，对稳定四川盆地丘陵区的梨园面积有长远作用。

病虫害防治方面，生物防治与物理防治在生产中得到大面积推广应用，除已有登记的生物源杀菌剂多抗霉素外，发现了有明显拮抗效果的生防菌株及活性代谢物，害虫天敌、诱捕器和迷向产品的研发与产业化推进均取得较大进展。由原来的单一依赖化学农药防治逐步向综合治理转变，基本形成了农业防治、物理防治、生物防治与科学的化学农药防治相结合的技术体系，有效降低农药使用次数和用量，基本实现安全生产。

**（五）贮藏保鲜日趋成熟，加工产品日益丰富**

多数梨品种成熟时正值夏季高温天气，生理代谢旺盛，肉质脆嫩，极不耐贮藏。常温下，一般果实采后10天开始软化和腐烂，在成都平原货架期仅一周左右，严重影响其商品价值和经济效益，无法满足产业化的技术需求。针对以上问题，研发出温度、气体浓度、化学处理等相结合的梨果安全贮藏关键技术，以及梨果绿色防病和精准贮藏保鲜配套技术，显著延长了贮藏期。比如，1-MCP采后保鲜处理技术是梨贮藏保鲜领域重要的技术亮点。

加工方面，梨果的加工量约占总产量的5%；加工产品由梨罐头、梨汁为主，逐步衍生出梨干、梨酒等多样化产品，在功能型饮品、梨膏方面也取得了新进展。超高压处理、辐照处理技术、液氮排氧打浆、大孔吸附树脂及其与阳离子交换树脂配合使用，以及乳清分离蛋白等控制梨汁褐变的技术日益成熟。

**（六）梨农组织化程度增加，销售渠道、手段多样化，品牌意识提升**

食用梨主要分为两大类：一是西洋梨，属软肉型，主产于欧美。二是东方梨，属脆肉型，主产于亚洲。两者不仅熟期相错，品质迥异，食法不同，而且东方梨肉质松脆、果汁丰富，食之生津止渴，比西洋梨更受消费者欢迎，因此不会产生竞争。东方梨主产国有中国、日本、韩国。日本、韩国因其地理纬度因素，大多品种均在8月下旬以后成熟上市，与中国长江流域以北地区所产鸭梨、酥梨、雪花梨相近，在早熟性上无法与中国长江流域及其以南地区相抗衡。国内虽然从总量上看梨产量处于相对超饱和状态，但集中于环渤海湾、黄河故道、黄土高原等北方地区，且多为鸭梨、酥梨等中晚熟品种，8月10日前成熟的早熟梨所占份额尚小，面对国际国内市场尚存较大发展空间。

四川盆地、盆周丘陵区为中国发展优质早熟梨优势区，上市期为6月中旬至10月上旬，人均占有量接近全国平均水平12千克，但每年11月至翌年5月需要北方调入大量的梨满足市场需求，另外，每年四川产的早熟梨需要调入江苏、上海、浙江，部分鲜梨进入中国香港地区以及新加坡等东南亚国家东方梨主销区。总体来说，四川梨供小于求，目前的产量不能满足市场需求。同时，还可利用果实成熟季节差异抢占北方梨产区市场。

根据国家梨产业技术体系成都综合试验站对于梨农组织化程度的调查数据，近年来，以合作社、龙头企业为主导的生产经营组织蓬勃发展，主要集中在成都、德阳、广元等梨栽培面积较大的区域。其中，合作社为最主要的组织形式，占全部梨农组织的80%以上，龙头企业占9%，部分产区正逐渐形成以企业为龙头的产业化联合体。

随着贮运保鲜及物流技术日益成熟，梨果的销售形式不再局限于产地就地销售或者经纪人销售等形式，电商等新型销售渠道比例逐渐增加，集生产、观光、休闲为一体的新型经营模式以及梨花节、梨果采摘活动等多样化的营销手段增加了梨果的附加价值和生产效益。各主产区的区域品牌建设不断推进，各地区积极实施优果工程和名牌战略，许多区域梨品牌取得了长足的发展。广安蜜梨入选中国百强农产品区域公用品牌。金川县梨产业园区和华蓥市梨产业园区分别被评为四川省三星级和四星级现代农业科技园区。

就四川全省来看，早熟梨由于果实成熟早，价格优势明显，如德阳市罗江区和内江市的翠冠和翠玉在6月中下旬成熟，近几年价格均不低于7元/千克，按2 000千克的产量计，每亩产值1.4万元；雅安市汉源县、眉山市仁寿县主栽的金花梨，单价3元/千克，但由于其产量高（3 000~4 000千克/亩），每亩产值也超过万元。所以，在全国梨价格稳定的情况下，四川省由于其独特的自然条件和消费习惯，果农的利益能够得到充分保障。再加上近几年采摘和观光农业的发展，梨果的效益优势越来越明显。

## 三、四川省梨产业发展存在的主要问题

虽然四川省梨产业近几年取得了长足的进步，但是还存在以下问题。

**（一）产业优势受到挑战**

除需热量极高的椰子等个别树种外，几乎中国南北所有的果树种类在四川均能生产，在比较效益驱使下，出现了毁梨园发展柑橘（采收期长）、猕猴桃（采后入库）、青脆李（不需要套袋）等水果的现象。

**（二）梨品种结构不够合理，上市集中，销售压力大，梨农的经济效益低，特色红皮梨品种少**

四川省梨品种结构与10年前相比有了一定的改善，但是目前生产上早、中、晚熟品种比例仍不够合理，晚熟品种多为传统地方品种，如苍溪雪梨、金花梨、黄花梨等的比例偏大，而现代育成的晚熟优异品种的比例较小；缺乏综合性状优良新品种和矮化砧木品种，加工专用品种匮乏，尤其是缺少在国际市场上具有较强竞争力的优良品种；早熟梨果实耐贮运性差、货架期短。

**（三）缺少完整的梨标准化的生产技术体系，具规模的优质绿色梨果生产基地较少，单产低、优质果率低，商品性差，市场竞争力弱**

单产方面：近年来，四川省梨平均亩产911千克，单产离2 000千克/亩水平有较大差距。品质方面：早、中熟梨品质总体较好，但晚熟品种金花梨、苍溪雪梨、金川雪梨的品质亟待提高，3个品种的栽培面积达36万亩，占四川省梨栽培面积的34.29%。

四川省梨产业相关的龙头企业、合作社等新型经营主体及种植大户较少，组织化程度较低，主要以家庭小规模经营为主，投资不足，不利于梨园机械的应用推广，人工成本居高不下，经济效益较低，与梨产业现代规模化生产难以协调。当前，四川省正处于从传统农业逐步向现代农业转变的关键时期，加快梨产业现代化，提高生产效益和梨果质量安全水平，在优势产区及特色产区适度规模化发展，扶持梨生产的龙头企业及种植大户是梨产业可持续发展的必然趋势。

**（四）农机与农艺不配套，影响梨园机械化管理**

在梨园规模化经营、劳动力紧缺、梨园提质增效的背景下，四川省对梨园机械化装备产品需求巨大，对机械的质量和性能技术要求更高。由于四川省坡地果园多，分布广，种植模式和地域地形复杂，且多为一家一户的小农户经营模式，因此，价格高、适于规模化生产的多种农机尤其是大型机械并不适用，目前应用较多的仅限于植保机械，梨园专用生产机械严重缺乏。

**（五）梨果采后商品化处理环节薄弱，果实腐烂损耗大，果实采后附加值低**

梨采后商品化处理与加工是延长梨产业链的重要方式，国外先进梨生产大国非常重视采后商品化处理与加工技术研发，商品化处理程度高达85%以上，几乎所有进入超市销售的鲜梨果必须进行商品化处理，加工产品技术含量高，产后增值幅度高，产业发展空间大。相对而言，四川省梨采后商品化处理程度低，梨果加工企业发展严重滞后，四川目前梨果企业只有2~3家，其加工能力远不能满足梨产业发展的需求，且加工产品单一。存在采后处理不科学、欠规范，冷链流通极少的问题；梨果进行机械化分级之后包装上市的比例低，导致在国际市场上竞争力明显偏弱，给相关企业带来了严重的经济损失，已成为制约四川省梨产业健康发展的瓶颈。

**（六）技术推广体系不健全**

四川梨栽培区域集中度低，加之缺乏基层专职技术推广人员，且推广和培训手段较为落后，标准化生产技术普及率低，造成科技对梨产业的发展推动作用不强。

## 四、四川省梨产业发展趋势与对策建议

**（一）四川省梨产业发展趋势研判**

四川省梨产业发展要遵循“创新、协调、绿色、开放、共享”的发展理念和“一稳定，二调整，三提高”的总体思路。即，划定梨产业优势区域进行重点发展，保持四川省梨种植面积基本稳定；调整梨区域布局，调整梨品种结构；提高梨果质量效益，提高产业绿色发展能力，提高产业竞争力。积极推进农业供给侧结构性改革，以市场需求为导向，调优、调高、调精梨生产结构和产品结构。

**1. 梨产业生产布局向优势区域集中**

四川省梨生产布局以川西盆地及盆周丘陵区、川东、川南及川西高原四大区域为主，形成生产布局由非优势产区向最优产区的转移，建立优势产业带。

**2. 集约化栽培模式发展**

采用大苗建园、宽行密植、轻简化修剪、病虫害综合防控等技术，实现由传统栽培制度向现代栽培制度的转变，推动果园改造进度。

**3. 省力化栽培管理技术加快发展**

实现果园建设标准化、管理规范化、生产规模化、经营产业化，逐步形成梨果生产由劳动密集型向技术密集型的转变。

**4. 生产经营管理逐步迈向组织化**

由分散经营向组织化、专业化、规模化转变，不断增强市场竞争力。

**5. 智慧果园技术逐步使用**

研究果园环境参数、个体及器官生长发育模型、园相树相表型组参数，结合果树关键生育期对农业气候资源的要求，综合判断果园果树关键生育期的情况，实现对梨园环境的智能监测、梨树生育期的智能识别，水肥灌溉的智能决策，为果园精准化管理和气象灾害预防提供参考有非常重要的意义。

**（二）促进四川省梨产业发展的对策建议**

**1. 稳定现有面积**

通过多方努力，稳定现有梨种植面积，不再大规模新增梨园面积。

**2. 加大品种改良与新品种选育力度，优化现有梨园的品种结构**

一是进行现有主栽品种的品质改良，加快早熟、大果型、多抗性品种的引进与筛选。二是优化现有梨园的品种结构，根据市场的需求，优化梨园的品种结构，进一步压缩晚熟老品种的种植面积。综合考虑果实成熟期及市场需求等因素，把优化品种结构成为改善梨市场行情的首要措施之一。对经济效益和市场行情逐年下滑的部分老品种，其栽培面积要逐步缩减，如金川雪梨、苍溪雪梨、金花梨等；稳定部分优质、特色传统地方品种及育成品种的栽培面积，如翠玉、新梨 7 号、翠冠、苏翠 1 号等，此外，针对四川阿坝、凉山等地的自然条件优势，适当增加红皮梨品种。

**3. 提高梨单产和品质，加快梨果产业化进程**

通过政策的优化、推广体系的健全、梨优质高产综合技术的普及和梨园投入的增加等，提高梨园单产和品质。在加强商品化基地建设的基础上，通过多种途径扶持龙头企业发展，培育并发展一批龙头骨干企业，重点做好梨果贮藏和深加工产业，拉长产业链，有效地解决小生产与大市场之间的矛盾。

**4. 重视新技术示范与推广，降低生产成本**

以科研院所为依托，研究推广果园简化管理技术。将一些成熟的单项科技成果如架式栽培、壁蜂授粉、合理套袋、配方（平衡）施肥、病虫综合防治和节水灌溉等组装集成，形成易被果农掌握的技术。

栽培模式与轻简化技术应用方面，促进传统栽培模式向新型栽培模式转变，将传统的疏散分层形树形改造为主干形或细长圆柱形树形，以及水平棚架树形等，研发各种树形的培养及其整形修剪技术。通过树形改造，将大树冠变为小树冠，降低树冠，同时进行品种改良，调整栽培密度等，利用果园机械替代人工生产操作，减少劳动力投入。同时研发应用梨轻简化生产关键技术，从而推进梨树栽培管理的轻简化和规范化。

优质高效绿色栽培新技术方面，以提高梨果品质和安全性，实现梨园清洁生产，维护梨园生态环境为出发点，积极应用、推广梨园优质高效绿色生产技术，如病虫害预测预报技术、病虫害物理与生物防控技术，如利用迷向丝、杀虫灯、天敌、HSAF 生防制剂进行病虫害防控等。研发、应用梨园节水灌溉、营养诊断与平衡施肥、修剪枝条粉碎堆肥还田、土壤培肥等土肥水管理技术，从而实现梨绿色栽培。

梨园配套机械研发与“农机农艺”结合方面，一方面，要加大适合山地、株行距窄梨园的小型、简易、半自动化国产农机装备开发及生产投入；另一方面，更重要的是要通过农村土地流转等方式，逐步推进梨的规模化经营，并研发、推广适于机械化的栽培模式及栽培管理技术，促进农机农艺紧密结合、协调发展，逐步提升农机装备水平，推动梨产业机械化、现代化进程。

**5. 积极推进梨采后商品化处理与加工关键技术研究**

政府从政策层面优先支持发展利用残次果为原料的果品加工业，提高果业的综合效益。加强研究以下内容，一是新引进或育成品种的贮藏特性研究；二是采后清洗、分级等自动化设备的引进与创新研制；三是梨传统加工工艺和设备的改进及新产品的开发与研制。

在梨园修建冷库、推广梨果冷链贮运及产地商品化、清洁化处理，延长梨果的货架期，有利于缓解梨果上市时间集中、梨农卖果难的困境。同时，开发出更多的精深加工产品，如梨干、梨酒等，进一步延长产业链，实现采后增值。

**6. 在扩大已有品牌宣传，提高知名度的同时，根据生产规模注册一批高档优质绿色果品的品牌**

出台相关政策，多渠道引入工商资本，对新品种选育、优势产区新型农业经营主体建设、梨果贮藏保鲜和加工设施建设、绿色高效技术研发与示范等予以政策和资金支持。加强梨地方品牌、区域品牌建设，促进区域品牌与渠道品牌合作，进一步打开梨果的销路，提升经济效益。

**7. 加快标准化技术体系的建立**

四川省作为梨果的重要产区，应尽快实施标准化生产技术，制定梨标准化生产技术规程，并大力开展标准化生产示范基地和出口基地建设，建立和实施梨果市场准入制度和产品质量的可追溯制度及与国际接轨的各种质量检测体系。

## 参考文献

范理璋，邓国涛，刘仁道，等，2007. 利用四川独特的生态优势　发展以早熟梨为主的优质梨产业 [J]. 中国果业信息 (6)：16-17.

甘玲，汤浩茹，董晓莉，2006. 我国近年培育和引进的梨主要品种及特色品种 [J]. 落叶果树 (3)：16-19.

李秀根，杨健，王龙，等，2010. 我国近 30a 梨育种研究进展与今后工作建议 [J]. 果树学报，27 (6)：987-994.

刘仁道，范理璋，侯大斌，等，2008. 特早熟优质梨新品种"爱甘水" [J]. 中国南方果树 (5)：61-62.

王苏珂，李秀根，杨健，等，2016. 我国梨品种选育研究近 20 年来的回顾与展望 [J]. 果树学报，33 (S1)：10-23.

王文辉，王国平，田路明，等，2019. 新中国果树科学研究 70 年——梨 [J]. 果树学报，36 (10)：1273-1282.

杨健，李秀根，王龙，等，2017. 我国梨果生产未来发展趋势 [J]. 果农之友 (1)：2-4.

张绍铃，2016. 当前我国梨产业发展面临的重大问题和对策措施 [J]. 中国果业信息，33 (12)：12-14.

张绍铃，谢智华，2019. 我国梨产业发展现状、趋势、存在问题与对策建议 [J]. 果树学报，36 (8)：1067-1072.

仲青山，邓家林，邱模荣，等，2017. 早熟梨新品种'翠雪梨'的选育 [J]. 中国果树 (S1)：17-18.

# 四川李产业发展报告

梁 东 吕秀兰 王 进 夏 惠 林立金
（四川农业大学园艺学院，四川成都 611130）

**摘 要**：李果实圆润饱满，玲珑剔透，味道可口，营养丰富，深受广大消费者喜爱。我国是世界李第一生产大国，四川是我国李种植大省之一，李产业在脱贫攻坚和乡村振兴中发挥了重要产业支撑作用。本研究多方位阐述了四川李产业的发展现状，分析了产业发展过程中存在的瓶颈问题，提出了相应的对策建议，以推进四川李产业健康快速发展。

**关键词**：李；产业；现状；问题；对策

随着我国人民生活水平的日益提高和膳食水平的改善，营养的均衡与健康逐渐受到人们的重视。除苹果、梨、桃、葡萄等大宗水果外，人们对特色水果的需求日益增加。李作为一种新兴的小众水果，在当前大宗水果相对饱和的情况下，因其形美味佳，营养丰富，受到广大消费者喜爱，在农业产业结构调整和脱贫攻坚发展特色产业中优势尤其突出。

李耐瘠薄，能适应山地、丘陵等不良条件，适宜在土壤、自然生态条件较薄弱的区域发展。近年来，国家在扶贫产业、生态建设等方面加大了政策扶持，许多贫困山区通过果树栽培进行产业扶贫。因此，发展特色李也有助于巩固脱贫攻坚成果、助力乡村振兴发展。

李原产于我国，种质资源丰富，为开展种质资源收集、保存、评价和利用提供了坚实基础。李地方优良种质丰富，四川省内外多个科研单位通过多年评价筛选，选育出了一大批具有自主知识产权的品种，为保证国家种业安全和掌握种业“芯片”奠定了坚实基础。

## 一、国内外李产业概况

李为蔷薇科（Rosaceae）李亚科（Prunoideae）李属（*Prunus*）植物，原产于

我国长江流域，目前全世界约有 30 余个种。李果实圆润饱满、色泽艳丽、酸甜可口、皮薄多汁，入口有清香味。李果实营养丰富，含有多种有利于人类健康的营养成分，每 100 克果肉中含脂肪 0.2~0.6 克、碳水化合物 9.0~12.9 克、有机酸 0.8~1.0 克、维生素 C 2.0~11.0 毫克、钙 7.5~17.1 毫克、铁 0.48~0.53 毫克、氨基酸 786.2~885.6 毫克。李按颜色可以分为黄、绿、紫、红四大类，按软硬可分为水蜜类和脆李两大类。李不但可以鲜食，而且可以加工成不同种类的食品和营养品，同时还具有适应性强、耐瘠薄、易管理和结果快的特点，因此广泛种植于世界各地。

## （一）国际李产业概况

### 1. 李面积

21 世纪以来，世界李种植收获面积如图 1 所示。世界李的种植面积呈逐渐上升的趋势，2013 年是 2001—2020 年全世界李种植面积最大的年份，达到 2 669 772 公顷（40 046 580亩），是 2002 年的 1.3 倍。根据 FAO 2020 年数据，全世界李收获面积最大的国家是中国，其种植面积达到 1 944 054 公顷（29 160 810 亩），占全世界李种植收获总面积的 73.7%以上，其次是波黑、塞尔维亚、罗马尼亚、俄罗斯、印度、美国、土耳其、摩尔多瓦和伊朗，这些国家的李种植面积在 1.9 万~8.6 万公顷（28.5 万~129 万亩）（图 2）。

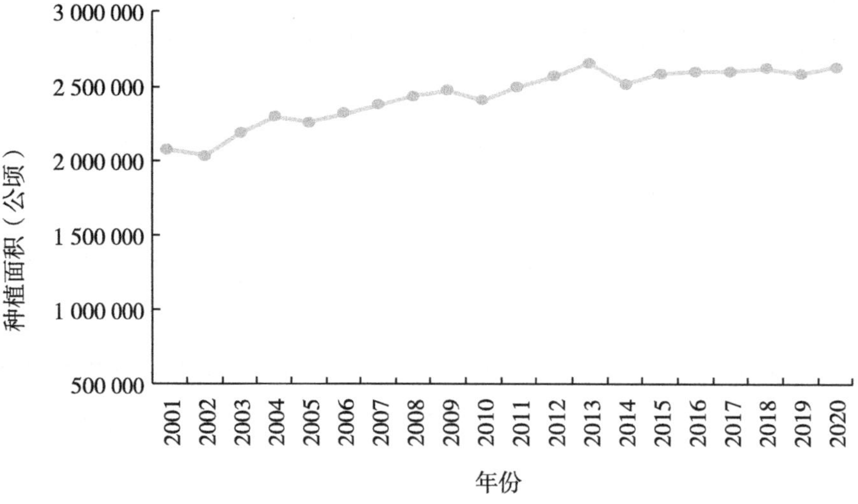


**图 1　2001—2020 年世界李种植面积**

2011—2020 年，世界李种植面积增长了 5.3%，其中玻利维亚、阿根廷、摩洛哥、斯洛文尼亚、塔吉克斯坦和格鲁吉亚等国家的增幅最大，分别增加了 152%、121%、

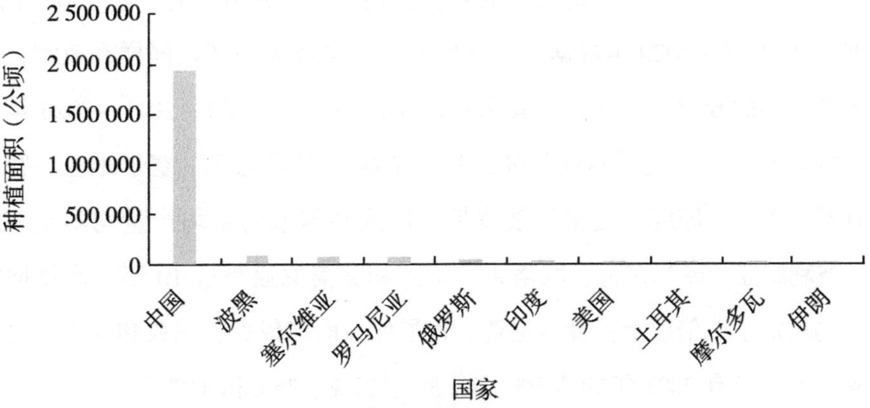


**图 2　2020 年世界李种植面积前 10 位国家**

114%、100%、78%和 73%；种植面积降低较大的国家主要有爱沙尼亚、不丹、奥地利、瑞典、斯洛伐克、塞尔维亚、秘鲁和肯尼亚等，降幅均达到一半以上。根据 FAO 数据，主要种植国中国、波黑、俄罗斯、印度、土耳其、摩尔多瓦 2020 年的种植面积分别较 2011 年增长了 12.4%、6%、23%、6%、17%、9%，而塞尔维亚、罗马尼亚、美国、伊朗分别下降了 57%、2%、35%和 4%。据 FAO 数据，2001—2020 年中国李种植面积持续增加，2020 年是 2001 年的 1.44 倍（图 3）。

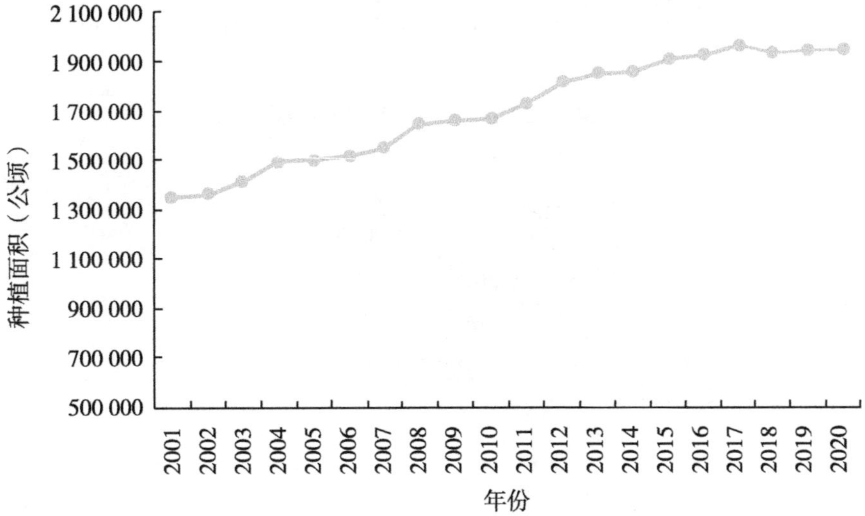


**图 3　2001—2020 年中国李种植面积**

### 2. 李产量

从年产量数据来看，2001—2020 年世界李产量同样呈逐渐上升的趋势（图 4）。

2018 年是近 20 年全世界李产量最高的年份，达到 12 394 607 吨，是 2002 年的 1.48 倍。根据 FAO 2011—2020 年数据，全世界的李产量最大的区域同样在亚洲，其李总产量约占全世界的 65.6%，远大于其余洲产量的总和（图 5）；2011—2020 年平均产量最高的国家是中国，超过 600 万吨，然后依次是罗马尼亚、塞尔维亚、智利、伊朗、土耳其、美国、印度、法国和俄罗斯，但这些国家的年均产量均不足 100 万吨（图 6）。玻利维亚、摩尔多瓦、摩洛哥、伊朗和艾美尼亚是近 10 年李产量增幅最大的国家，均增加了一倍以上；爱沙尼亚、肯尼亚、斯洛伐克、瑞典和立陶宛是降幅最大的国家，产量只有 2001 年的 7.5%、18.3%、29%、35%和 41%。

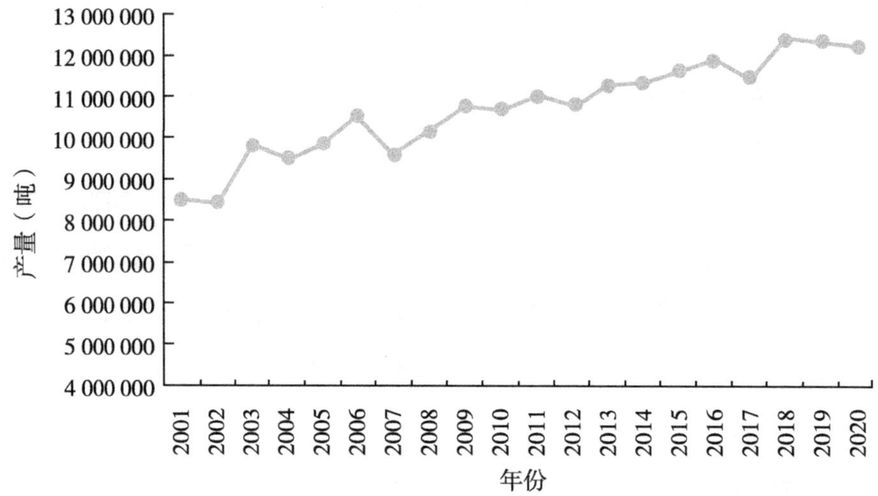


**图 4　2001—2020 年世界李产量**

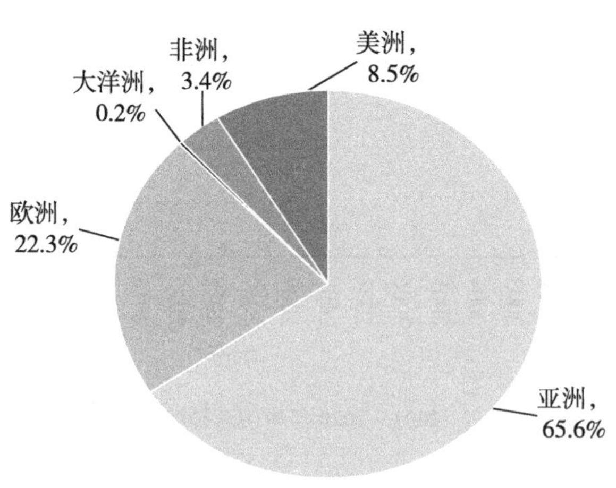


**图 5　世界各大洲 2011—2020 年李平均产量占比**

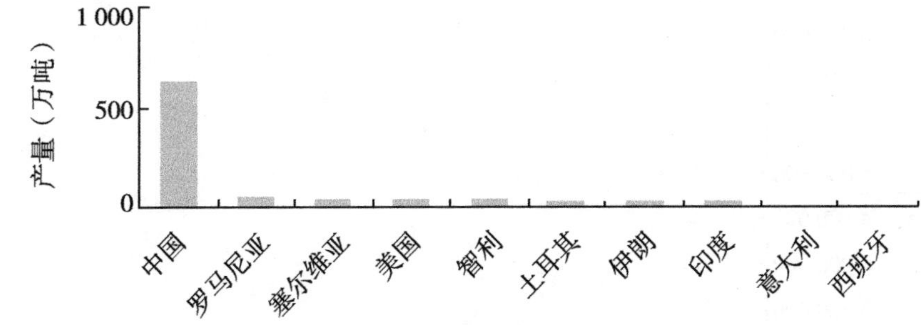


**图 6　2011—2020 年世界李平均产量前 10 位国家**

除美国李产量降幅较大外（下降了 57%），世界上李主要生产国的年产量都呈现增长趋势。与 2011 年相比，中国、罗马尼亚、智利、伊朗、土耳其、印度、法国、俄罗斯 2020 年的李产量（图 7）分别增加了 10.6%、32.1%、32.1%、107.9%、22%、9.4%、17.7%、32.8%，塞尔维亚变幅不大（增加了 0.1%）。据 FAO 数据，除 2007 年产量下降外，2001—2016 年中国李产量持续增加至最高值（658.6 万吨），之后略有下降，2017—2020 年基本保持在 642 万～649 万吨（图 8）。

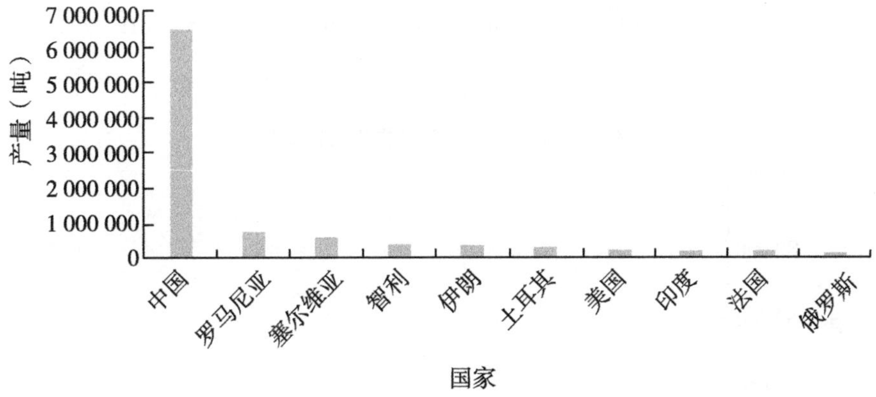


**图 7　2020 年世界李产量前 10 位国家**

**3. 世界李贸易分析**

2011—2020 年世界和中国李进口量和出口量的变化趋势如图 9、图 10 所示。除 2014 年外，全世界李进口量和出口量大体呈现逐年增长的态势，但 2020 年又有明显下降；2011—2020 年，除 2017 年进口量略大于出口量外，其余年份出口量均

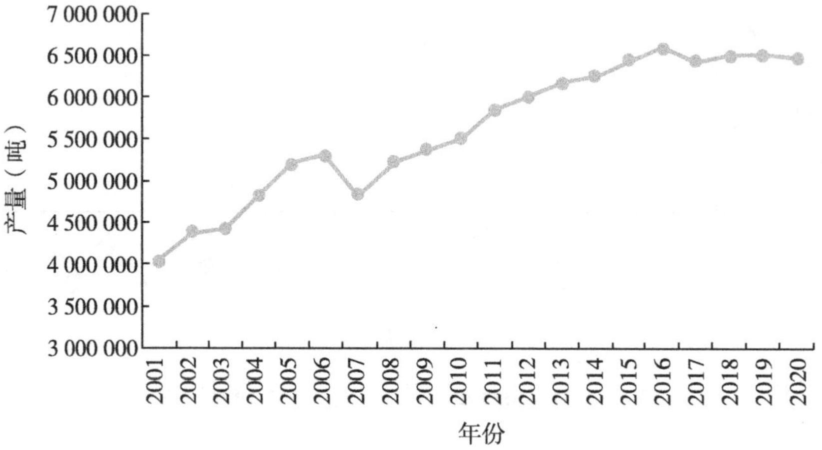


**图 8　2001—2020 年中国李产量**

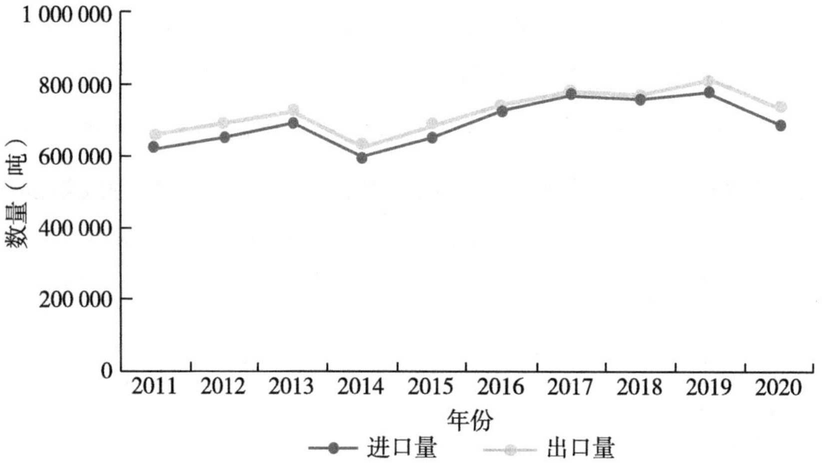


**图 9　2011—2020 年世界李进出口量**

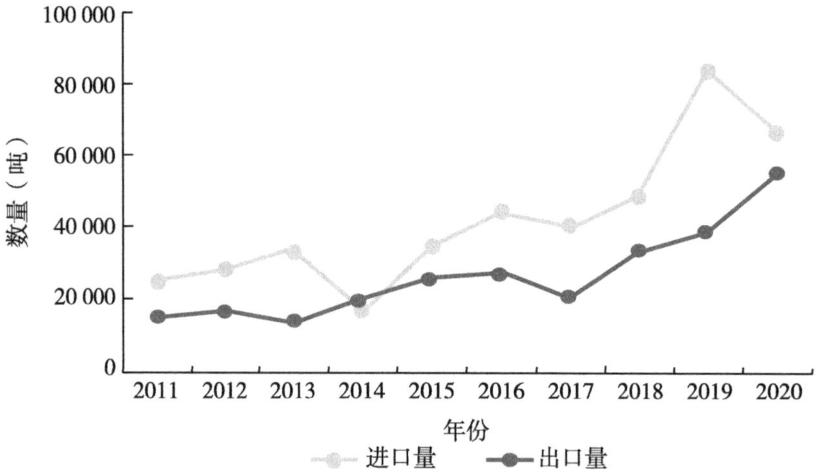


**图 10　2011—2020 年中国李进出口量**

大于进口量；2019 年的进口量和出口量为近年最高，分别达到 777 399 吨、809 778 吨（图 9）。中国李的进出口量也基本呈逐年增长的趋势，但进口量高于出口量；2011—2020 年，进口量最高值和最低值分别为 2019 年的 84 421 吨和 2014 年的 17 138 吨，出口量的最高值和最低值分别为 2020 年的 54 973 吨和 2013 年的 13 810 吨（图 10）。

2020 年，全世界李出口量最大的前 10 位国家（地区）有 4 个欧洲国家（西班牙、摩尔多瓦、荷兰、塞尔维亚）、1 个美洲国家（智利）、3 个亚洲国家（中国、土耳其、乌兹别克斯坦）、1 个中国的特别行政区（中国香港）和 1 个非洲国家（南非）；智利、西班牙、中国香港、中国、南非是目前国际上出口李子最多的国家或地区，分别占当年世界出口量的 18.35%、13.1%、9.1%、8%、7%（图 11）。

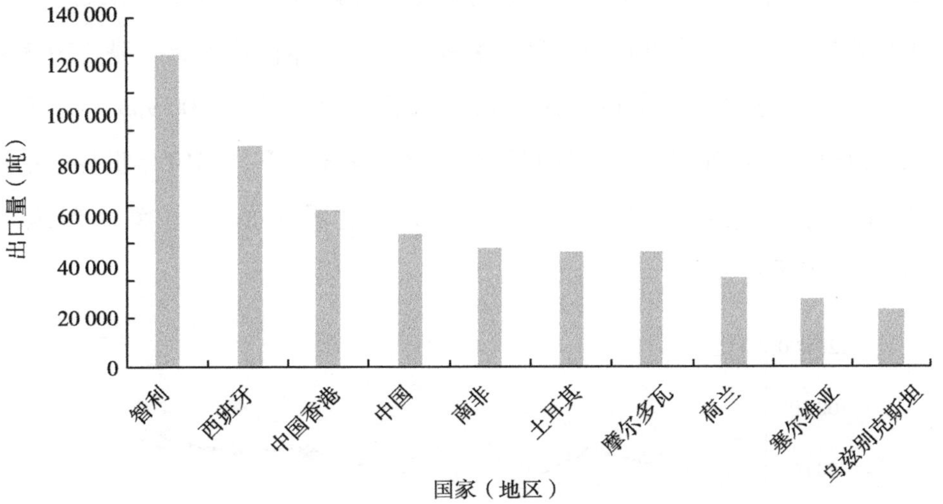


**图 11　2020 年世界李出口量前 10 位的国家和地区**

进口量最大的前 10 位国家有 5 个欧洲国家（俄罗斯、德国、荷兰、英国、波兰）、2 个美洲国家（美国、加拿大）、2 个亚洲国家（中国、伊拉克）和 1 个中国的特别行政区（中国香港）；其中俄罗斯、中国、中国香港、德国和荷兰是世界李进口最多的国家（地区），分别占全世界进口量的 10.2%、9%、8.7%、7.1%、5.6%（图 12）。

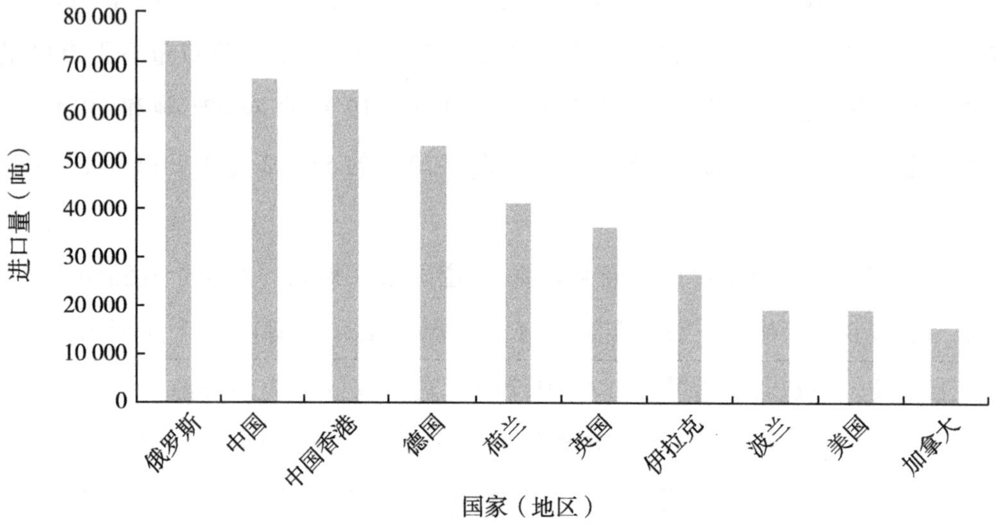


**图 12　2020 年世界李进口量前 10 位的国家和地区**

2011—2020 年世界李进出口贸易额的变化趋势如图 13 所示。结果表明，世界李进出口贸易额的变化趋势相似，进口额和出口额总体保持增长态势。2013 年是 2011—2020 年中进口额、出口额第一次高峰值，分别达到 100 905.7 万美元和 86 763.6 万美元，但 2014 年出现明显下降，之后逐步回升，2019 年世界李的进口额达到最高值（103 422.7 万美元），2020 年世界李的出口额达到最高值（92 799.4 万美元）。

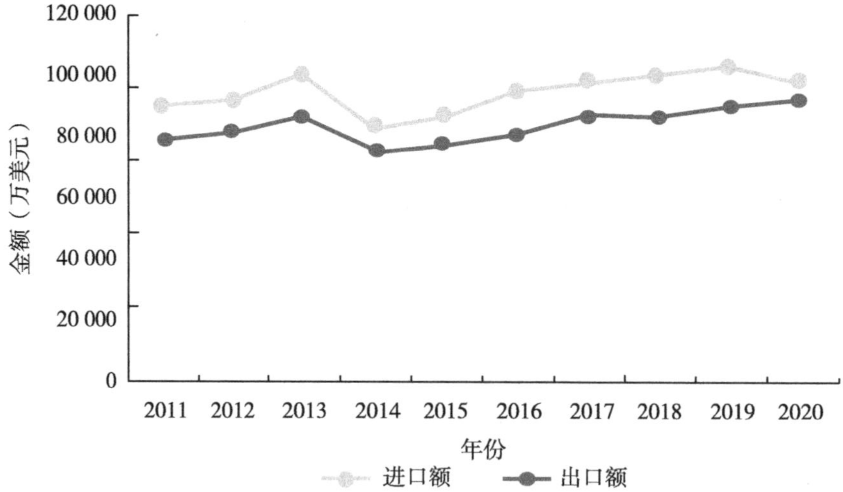


**图 13　2011—2020 年世界李进出口贸易额**

据FAO 2020年数据，进口贸易额前10位的国家或地区依次是中国、中国香港、德国、荷兰、俄罗斯、英国、美国、加拿大、埃及和波兰（图14）；其中中国、中国香港、德国、荷兰和俄罗斯是世界李进口贸易额最多的国家或地区，分别占世界进口总贸易额的15.7%、12.3%、8.1%、7.1%和6.2%。

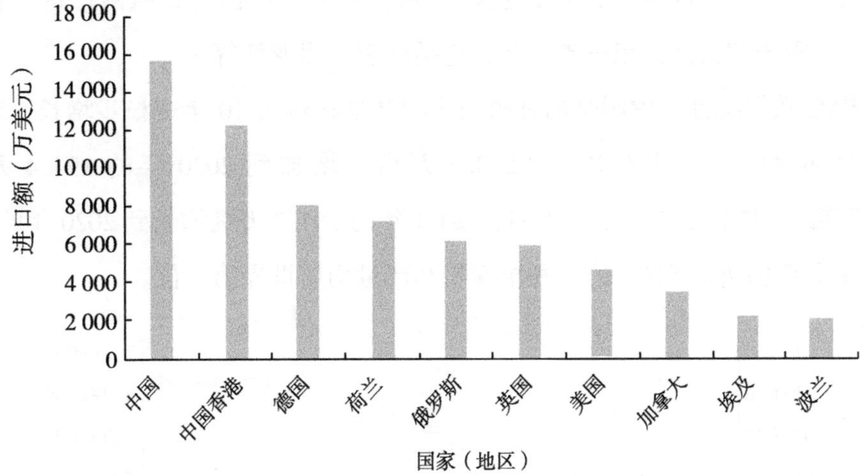


**图14 2020年世界李进口贸易额前10位国家和地区**

出口贸易额前10位的国家或地区依次是智利、西班牙、中国香港、中国、荷兰、南非、美国、意大利、土耳其和摩尔多瓦，其中智利、西班牙、中国香港、中国和荷兰是世界李出口贸易额最大的国家或地区（图15），分别占当年世界出口额的20.6%、13.2%、10.4%、10.2%和7.1%。

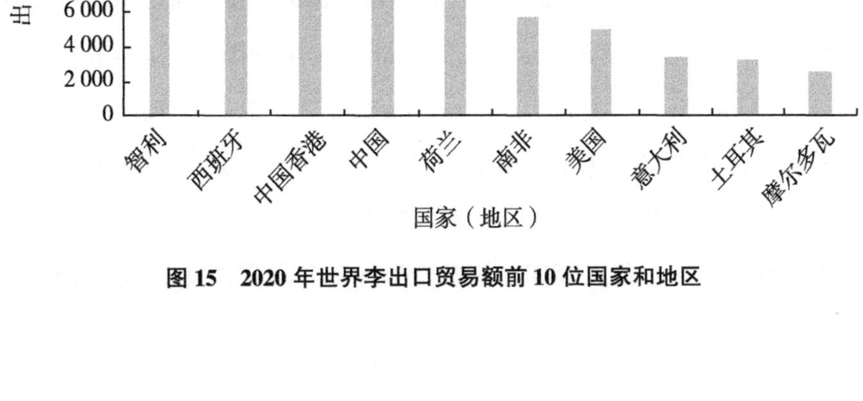


**图15 2020年世界李出口贸易额前10位国家和地区**

## （二）国内李产业概况

李适应性强，在我国栽培历史悠久，在我国34个省级行政区均有李的种植，分布极为广泛，主要分布于贵州、广东、广西、福建、四川、辽宁、吉林、陕西、甘肃、云南、湖南、湖北、江苏、浙江、江西和台湾等地。目前全国主要形成了三个主要的产区，即长江以南产区，包括广东、福建和广西等；西南产区，包括四川、贵州、重庆和云南；东三省产区，包括辽宁、黑龙江等。

据FAO数据统计，中国李的种植面积和产量在过去10年中稳步增长。栽培面积从2011年的172.9万公顷（2 593.5万亩）增加到2020年的194.4万公顷（2 916万亩），增长了12.4%。产量由2011年的584.3万吨增长到2020年的646.5万吨，增长了10.6%（图16），种植面积和产量均居世界第一位。

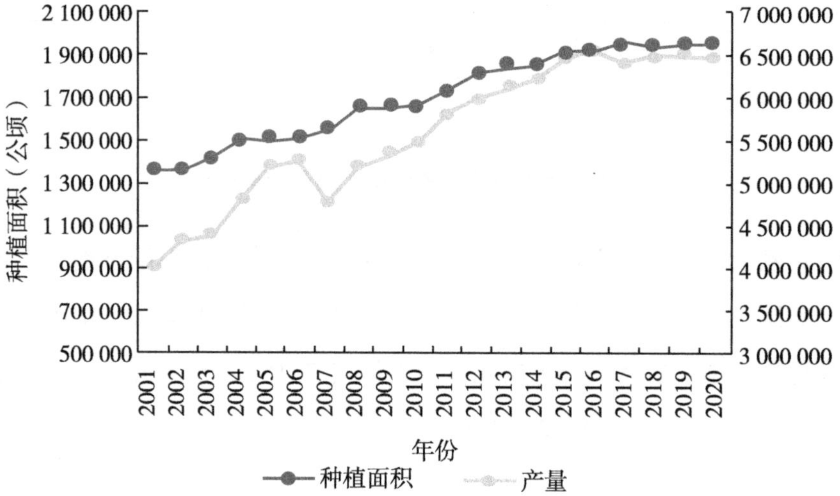


**图16 2001—2020年中国李产量和面积**

李原产于我国长江流域，是中国栽培历史最久的古老果树之一。中国现有李属植物资源8个种5个变种800余个品种和类型，包括中国李（*P. salicina* Lindl.）、杏李（*P. simonii* Carr）、乌苏里李（*P. ussuriensis* Kov. et Kost.）、欧洲李（*P. domestica* L.）、樱桃李（*P. cerasifera* Ehrhart.）、美洲李（*P. Americana* Marsh.）、加拿大李（*P. nigra* Ait）和黑刺李（*P. spinosa* L.）。其中中国李是世界上鲜食和栽培最广泛的种，从中选出了从化三华李、诸暨红心李、金塘李、永泰芙蓉李、沙子空心李、药江脆红李、渝北歪嘴李、龙滩珍珠李、江安大白李、凌云牛心李、茂县羌脆李、巴山脆李、屏山茵红李和六马蜂糖李等诸多品质优良的地方品种，李是我国拥有自主知识产权品种最多的果树之一。

改革开放以来，我国还引入了一些外来品种，生产中栽植较多的有从美国引入的黑宝石（布朗李）、安哥诺、黑琥珀；从日本引入的秋姬、大石早生、女神；从澳大利亚引入的澳李14。还有栽植相对较少的品种，如从意大利引入的美洲李莫尔特尼；从美国引入的欧洲李理查德早生、锡姆卡；从法国引入的红紫玉、晚紫玉；从波兰引入的紫玉丰；从新西兰引入的密斯李等。各地区生产中主要品种见表1。

**表1　中国各地区生产李主要品种**

| 区域 | 主栽品种 |
| --- | --- |
| 东北地区 | 龙园秋李、绥棱红、绥李3号、长李15号、安哥诺、黑宝石、秋姬 |
| 华北地区 | 玉皇李、晚红、女神、安哥诺、大石早生、黑琥珀、绥棱红、龙园秋李、美丽李 |
| 西北地区 | 绥李3号、黑宝石、澳李14、秋姬、安哥诺、女神、黑琥珀 |
| 江淮地区 | 早红李、黑宝石、大石早生、秋姬、密斯李、玫瑰李 |
| 江南地区 | 槜李、奈李、红心李、芙蓉李、三华李、黑宝石、龙滩珍珠李、鸡心李 |
| 西南地区 | 羌脆李、鸡血李、茵红李、金沙李、玫瑰李、朱砂李、金蜜李、蜂糖李、巴山脆李 |

## 二、四川省李产业发展现状

李是四川省核果类果树的主要树种，具有适应性强、经济效益高等特点，已发展成为具有地区特色的优势树种。目前四川省李栽培面积已经达到10万公顷（150万亩），投产面积约8万公顷（120万亩），产量近130万吨，产值近70亿元，是我国李主产省之一。

### （一）栽培范围

四川李产业以脆李为主，形成了独特的产业，在全省21个市（州）都有规模化种植，在助农增收、乡村振兴中发挥着重要作用，其中宜宾市、达州市、泸州市和阿坝州是省内李种植面积和产量较多的市（州）。

### （二）省内单位自主选育的优良品种

脆红李（川审果树2002018）：由乐山市中区脆红李技术协会、乐山市农村科技开发中心在乐山市中区剑峰乡团结村四组的中国李实生后代中经多年选育而成。树势中庸，树冠自然开心形。果实正圆形或近圆球形，果实较小，平均单果重15~

25 克，最大单果重 40 克。果皮紫红色，果肉黄色或偶带片状红色。缝合线正，缝沟浅，果点黄色，较密，大小均匀。果粉厚，灰白色，肉质脆，味甜，可溶性固形物 12.7%~13.27%，可溶性总糖 10%，总酸 0.56%，维生素 C 2.6 毫克/100 克，核小离核，可食率 96.8%，晚熟（8 月中旬）。有采前落果现象，耐贮运。

巨早李（川审果树 2007004）：由四川省农业科学院园艺研究所从乐山市夹江县董家园艺苑李园中发现的变异单株经过多年选育而成。该品种树势强健，树姿开张，半圆形。芽离生，叶片长椭圆披针形，3 月上旬开花，花大，白色，花粉量大，6 月上中旬成熟；平均单果重 110 克，最大单果重 200 克，果形圆、外观较整齐。果皮底色黄色，着色初期果面玫瑰色斑呈零星分布，后期果面全部转成玫瑰色，成熟时果面转变为紫红色，完全成熟时为紫黑色；果皮薄，果肉初期为乳白色，后逐渐转为浅黄色，充分成熟时为红色，离果面越近色泽越深；质地细嫩、多汁，有玫瑰香味，果实风味甜，微酸，品质佳；果核小，黄白色，平均核重 2.5 克；果实在室温下可贮藏 10 天以上，果实软化后易剥皮，汁液增多，风味更浓。

羌脆李（川审果 2010011）：由四川农业大学、茂县科技局、茂县农业局从茂县本地栽培的小青李经多年多点试验选育而成。该品种长势中庸，半开张，冠形紧凑，主干圆粗、深褐色，枝条褐色，成枝力较强，以短果枝和花束状结果枝为主。叶长椭圆形，渐尖，叶缘浅锯齿，叶绿色，叶柄长 1.5 厘米左右。自花结实，花序坐果率 92%左右，花朵坐果率 52%左右。果实扁圆形，果顶平、微凹，果柄短，柄长 0.5 厘米左右。平均单果重 35 克，果皮浅黄绿色、果肉淡黄白色，脆、硬、汁多、味甜中微带苦，回味清爽。可溶性固形物 12.4%~15.0%，可食率 97%以上，品质优。花期 3 月下旬，果实发育期 145 天左右，8 月中旬至 9 月上旬成熟。

茵红李（川审果树 2010012）：由宜宾县（现宜宾市）生产力促进中心、宜宾县农业局果树站从地方李资源中筛选优株，经多年试验选育而成。树势强健，树冠自然开心形，树姿开张。树皮较光滑，枝条粗壮，叶片细长较肥厚、深绿色、有光泽，倒阔披针形，有细锐锯齿。花较小，白色，每个花芽内有 2~3 朵花，先开花后发叶。幼树以春梢和秋梢结果为主，成年树以长果枝结果为主。果实近圆球形，果形指数 0.8，田间实测平均单果重 33.3 克。成熟时果皮底色青黄，阳面呈紫红色，全果着粉，缝合线较明显，果梗长 3.0 厘米左右。果皮较薄，果肉黄绿色，离核。可溶性固形物 11.6%，每 100 毫升果汁中含糖 8.07 克，酸 0.66 克，维生素 C

3.55 毫克。质地嫩脆化渣，风味甜浓，清香爽口，耐贮性较强。果实成熟期 7 月上中旬，果实发育期 135~155 天，比脆红李早 20 天。

巴山脆李（川审果 2011001）：由四川农业大学园艺学院、达州市茶果技术推广站利用当地青脆李实生变异，经近 20 年选育而成。该品种树势中庸，树姿半开张，幼树直立，结果后开张，枝条充实细长，分枝角度较小。主干灰褐色，表皮较粗糙，皮孔明显。枝条浅褐色，皮孔不明显。叶片长椭圆形，较薄，绿色，先端渐尖，基部窄楔形，有绿色腺体，边缘锯齿浅钝，较密。以短果枝和花束状果枝结果为主。花白色，花粉量较大。成熟期 8 月上中旬，果实圆形、平均单果重 38 克，果皮淡黄绿色，果面光滑，果粉灰白色。果点小而稀，平，白色。果梗较长，1.5 厘米左右。梗洼较广，中深。缝合线浅平，较明显。核小，离核，可食率 97.8%。果肉淡黄色、松脆，3~4 天变软，货架期 10 天左右。果实汁液中等，味甜，无涩味。可溶性固形物 14.0%左右，总糖 8.54%，总酸 0.3%~0.5%。

脆蜜李（川审果 2014004）：由四川农业大学和高县脆蜜李种植专业合作社利用来源于宜宾市高县流米寺本地李芽变枝，经多年多点联合选育而成。该品种叶片由母株的卵圆形变为披针形，果实为扁圆形，果皮黄绿色，果点、果粉中等，平均单果重 32 克，果柄长 1 厘米左右，果实中部的硬度为（5~7）$\times 10^5$帕，可溶性固形物 12.3%~15.2%，可滴定酸 0.62%~0.92%，含糖量 7.5%~10.7%，固酸比 13.37~24.5，维生素 C 含量 3.09~4.94 毫克/100 克，可食率 96%以上，亩产可达 1 170~1 845 千克。该品种具有抗落果性、丰产性强、离核、果形大、品质好、外观美、抗性强、丰产性好和肉质脆嫩等特点。

凤山早红脆（川认果 2020026）：由四川省农业科学院园艺研究所、夹江县妇幼之家水果专业合作社等单位选育。该品种树势强健，萌芽力、成枝力强，自花结实能力强，坐果率高。果实圆形、大小均匀，平均单果重 35~45 克。果皮薄、紫红色，果粉厚；果肉绿黄色、质脆，可溶性固形物含量 12.5%~14.5%，核小离核，可食率 95%左右。该品种在夹江县 2 月中旬萌芽，2 月下旬至 3 月上旬开花，果实发育期 95 天左右，早熟，丰产，优质，适应性广，抗逆性强，是一个与四川省现有李品种有明显区别的早熟李新品种。

羌脆大李（川认果 2020027）：由四川农业大学、茂县科学技术和农业畜牧局等单位选育。该品种是由羌脆李群体中变异单株经多年多点选育而成。树势较强，树姿开张，萌芽力较强，成枝力强。结果初期以长枝结果为主，盛果期以中长枝结果为主，自花结实能力强。在茂县花期3月下旬至4月上旬，果实成熟期8月中下旬，果实发育期140天左右，是一个与四川省已审（认）定的李品种有明显差异的特大型中晚熟新品种。经实测：平均单果重80克左右。果实圆形、果顶扁平、缝合线浅、两半对称，果柄较短。果皮浅黄绿色、有光泽，果粉中等。果肉淡黄白色、质地脆、化渣、多汁、味甜微酸、无涩味，可溶性固形物12.0%~14.0%。离核，种子小、宽扁圆形、平均重0.85克。可食率97.0%以上。该品种早结、丰产、果特大、优质、适应性和抗逆性强。

**（三）优质高效种植技术**

**1. 避雨栽培技术模式**

针对裂果率高、病害严重等问题，研发了避雨设施种植模式，包括钢架大棚、收缩式防雨布等避雨设施构建，设施内肥水一体化、花果管理、病虫害防治、整形修剪等配套技术，有效降低了裂果和病害发生。

**2. 高光效省力化整形修剪**

针对以往重冬季修剪、轻生长季修剪等问题，针对不同生态条件推广了自然开心形、杯状形、疏散分层形等高光效树形，强调了早春抹芽、新梢生长期疏枝和扭梢、秋季拉枝等生长季修剪技术，形成了生长季节修剪为主、冬季修剪为辅的高光效省力化整形修剪技术。

**3. 精准肥水**

针对以往果园不重视有机肥补充、不能按需定量补充大量元素和微量元素等问题，结合李树需肥规律，形成了定产、按需、精准施肥技术（表2）。

**表2 李精准肥水管理方案**

| 时期 | 产量（千克/株） | 施肥量（株施用量） |
| --- | --- | --- |
| 萌芽肥（花前10~15天） | 25 | 尿素0.3~0.4千克+硼砂0.05千克+水25~30千克 |
| | 50 | 尿素0.4~0.5千克+硼砂0.075千克+水35~40千克 |
| | 75 | 尿素0.7~0.8千克+硼砂0.1千克+水45~50千克 |
| | 100 | 尿素0.9~1.0千克+硼砂0.15千克+水60~70千克 |

（续表）

| 时期 | 产量（千克/株） | 施肥量（株施用量） |
|---|---|---|
| 壮果肥（花谢后 10~15 天） | 25 | 磷酸一铵 0.5~0.6 千克+尿素 0.1 千克+水 40~50 千克 |
| | 50 | 磷酸一铵 0.8~0.9 千克+尿素 0.2 千克+水 55~65 千克 |
| | 75 | 磷酸一铵 1.2~1.3 千克+尿素 0.2~0.3 千克+水 75~90 千克 |
| | 100 | 磷酸一铵 1.6~1.7 千克+尿素 0.3~0.4 千克+水 95~120 千克 |
| 采前肥（采果前 1 个月） | 25 | 硫酸钾 0.6~0.7 千克+水 30 千克 |
| | 50 | 硫酸钾 1.2~1.3 千克+水 40 千克 |
| | 75 | 硫酸钾 1.6~2.0 千克+水 55 千克 |
| | 100 | 硫酸钾 2.4~2.5 千克+水 70 千克 |
| 采后肥（采果后 10~15 天） | 25 | 复合肥 0.5 千克+水 30 千克 |
| | 50 | 复合肥 0.75 千克+水 40 千克 |
| | 75 | 复合肥 1.0 千克+水 55 千克 |
| | 100 | 复合肥 1.5 千克+水 70 千克 |
| 基肥（9 月下旬至 10 月上旬） | 25 | 有机肥 15~20 千克或干鸡粪 3.5~4.0 千克+过磷酸钙 1.0~1.2 千克+水 20~30 千克 |
| | 50 | 有机肥 20~25 千克或干鸡粪 5~6 千克+过磷酸钙 1.2~1.5 千克+水 25~35 千克 |
| | 75 | 有机肥 25~30 千克或干鸡粪 6.0~7.5 千克+过磷酸钙 1.6~2.0 千克+水 35~50 千克 |
| | 100 | 有机肥 30~35 千克或干鸡粪 7.5~8.0 千克+过磷酸钙 2.0~2.5 千克+水 50~70 千克 |

注：根据树体表现，每年施入基肥时补充硫酸亚铁 0.04 千克/株、硫酸镁 0.02 千克/株、硫酸锌 0.02 千克/株或硝酸钙 0.02 千克/株，注意微量元素不要混施。

**4. 精品花果管理**

针对花期低温或高温危害、坐果率低、疏果不到位、裂果严重等问题，研发推广了花期放蜂、生长调节剂+叶面肥提高花朵抗性、硼砂+白糖+磷酸二氢钾提高坐果率、根据品种花前复剪和两次疏果（花后 15 天前后和花后 50 天前后）、避雨设施和田间土壤管理防裂果等提升果品质量的技术。

**5. 病虫害综合防控**

针对四川地区李树常见的李红点病、细菌性穿孔病、褐腐病、流胶病、袋果病、花腐病等病害和蚜虫、桃蛀螟、红颈天牛、食心虫和桑白蚧等虫害，通过病虫害发生规律调查，确定了冬季休眠期、花前、花后、幼果期、果实膨大期和采收后等关键防治时期，形成了冬季石硫合剂清园+树干涂白等农业防治、灭虫灯+诱虫板+诱虫剂等物理防治、低毒低残留农药化学防治（表3）等为一体的主要病虫害绿色综合防控方案。

**表3　李主要病虫害防治**

| 防治对象 | 防治时期 | 推荐药剂及浓度 | 安全间隔期（天） |
|---|---|---|---|
| 蚜虫、食心虫、桃蛀螟、刺蛾、吸毒夜蛾、天牛 | 4—9月 | 0.5%苦参碱500~1 000倍液<br>3%啶虫脒2 000~2 500倍液<br>10%吡虫啉2 000~3 000倍液<br>0.3%印楝素1 000倍液<br>4%鱼藤酮乳油3 500倍液 | 7<br>28<br>21<br>14<br>7 |
| 桑白蚧 | 5—9月 | 0.5%苦参碱500~1 000倍液<br>25%噻嗪酮800~1 000倍液<br>40%杀扑磷乳油1 000~1 500倍液 | 7<br>40<br>30 |
|  | 休眠期 | 5波美度石硫合剂 | 25 |
| 红黄蜘蛛 | 5—9月 | 20%四螨嗪1 500~2 000倍液<br>1.8%阿维菌素3 000~5 000倍液<br>5%噻螨酮乳油2 000~3 000倍液<br>73%丙炔螨特2 500~3 000倍液<br>15%哒螨灵乳油1 500倍液 | 28<br>14<br>30<br>15<br>15 |
| 实蜂 | 4—8月 | 90%晶体敌百虫800~1 000倍液<br>25%灭幼脲1 500~2 000倍液 | 15<br>21 |
| 炭疽病<br>疮痂病<br>煤烟病<br>膏药病<br>红点病 | 3—10月 | 72%吡唑·代森联1 000~2 000倍液<br>10%苯醚甲环唑2 000~ 3 000倍液<br>70%甲基硫菌灵1 000倍液<br>80%代森锰锌500~800倍液<br>64%恶霜灵·代森联1 000倍液 | 30<br>10<br>30<br>20<br>20 |
| 细菌性穿孔病<br>流胶病<br>褐腐病 | 4—10月 | 2%春雷霉素500倍液<br>80%代森锰锌500~800倍液 | 7<br>20 |
| 根癌病 | 休眠期 | 刮除瘤，用硫酸铜或抗根癌菌剂（如K84）菌涂抹病部 |  |

## 三、当前四川省李产业发展存在的主要问题

### （一）一些区域缺乏合理种植规划

缺乏结合生态特点的种植区域规划。李虽然适应性强，宜种范围广，但有的地区将李种植在阴坡沟槽、冷烂田地、瘠薄地块、开荒地块等非适宜区、次适宜区或

自然灾害高发区；导致管理成本高，树体长势弱，果实品质差等问题，种植户的经济效益得不到保障。还有些地区不顾品种特性盲目引种，导致品种特性不能充分发挥，市场竞争力低。

**（二）种质资源保护问题突出**

四川等西南地区是我国主要的李原产地，很多地区原有多种本土优质种质资源，但长期以来由于生产建设占地、新品种扩种和管理不善等原因，不少优良种质资源到了濒临灭绝的边缘。更重要的是缺乏种质资源保护工作政策措施、专门的种质资源圃、用于资源收集保存和评价利用的科研经费等也制约了李种质资源的保护和相关研究、利用工作。

**（三）部分果园基础设施建设落后**

一些李产区春季多干旱，夏季地质灾害频发，秋季多阴雨，这些不利的生态条件对李产业的健康发展影响很大，很多果园抵御自然灾害的能力弱，依然靠天吃饭。另外，李多种植于丘陵、高半山地区和部分河坝地区，这些果园的农业基础设施薄弱，交通运输和灌溉条件较差，导致很多栽培管理技术落实不到位。

**（四）标准化管理水平参差不齐**

李种植大多以散户为主，缺乏统一规范的栽培管理过程，这就导致生产出来的果品品质差异大、均一性差。主要表现在以下方面。

一是整形修剪不完整。很多种植户只重视冬季修剪，对生长季节修剪没有认识或认识不足，造成果园郁闭、病害较多、品质不佳、冬季工作量大等不良影响。甚至还有个别果园没有进行整形修剪，树体处于自然生长状态，这样既不利于农事管理，也影响了产量和品质。

二是肥水投入不精准。没有根据李的生物学特性，进行科学施肥，随意性很强。施肥环节偏重复合肥，有机肥和微肥投入严重不足，而且不重视采果肥，导致果实品质差，树体黄化现象日趋严重。

三是病虫防治效率低。由于对李病虫害防控知识和体系缺乏系统了解，种植户容易被农资经销商误导，造成多用药、滥用药的现象，果农虽然投入增加，但防治效果却不理想，既影响了经济效益，又破坏了生态环境。另外就是缺乏对农业防治、物理防治和生物防治的认识，导致病虫害防治效率低。

四是花果管理不到位。大多数果农只重数量，不管质量，不能充分认识疏花疏果的重要性，生产中极易造成大小年、病虫害严重、果品质量差等一系列问题。

**（五）缺乏专业人才**

基层农技服务体系不够健全。有的产区设立了农技服务站，但没有配备专业的果树生产技术人员，基层技术服务人员数量不足。以“50后”“60后”为主力的果农受教育程度普遍较低，文化水平不高，领会和掌握新技术的能力较差，种植和管理方法不够科学。一家一户各自为阵，重数量，轻质量，早采等现象相当普遍，果园管理较粗放，果园标准化程度有待进一步提高。

**（六）新型经营主体带动不足**

农业企业、专业合作社、家庭农场等示范带头作用不明显。生产中没有统一规程、统一技术、统一价格等。李上市时间集中，价格竞争激烈，严重影响果农收入。缺乏专业的产销一体化组织。多数种植户直接面对经销商，没有谈判优势，也不利于李产业的整体发展。部分企业、专业合作社缺乏现代化的营销理念、手段和体系，宣传力度不够，未在产业营销中正常运作使用，没有发挥其真正的影响与效应。

**（七）深加工总体水平低**

李鲜果上市时间短，果实采收时间集中，产地地处山区、运输条件较差，鲜果销售压力大，特别是丰产年，李果往往被“贱卖”而造成“丰产不丰收”现象。目前李果主要以鲜食销售为主，少量在冷库中短期贮藏后销售，深加工总体水平较低，大量商品外观稍欠缺的李果没有得到应有的利用，导致产业总体效益提升不足，也制约了产业的健康持续发展。

**（八）一、三产业融合有待加强**

党的十九大报告首次提出实施乡村振兴战略，并作为决胜全面建成小康社会、开启全面建设社会主义现代化国家新征程的七大战略之一，也是贯彻新发展理念、建设现代化经济体系的六大内容之一。李树是我国传统栽培果树，集赏花、观树、品果为一体，可以有效促进一、三产业的融合与发展，是一种理想的发展乡村振兴农业的树种，下一步可结合各地旅游、文化等推动与李产业相结合的休闲、观光、采摘等项目，积极提升李产品品质和功能性旅游产品研发，实现产、供、销一条龙产业链，发挥农旅融合的综合经济效益。

## 四、四川省李产业发展趋势与对策建议

### （一）四川省李产业发展趋势研判

#### 1. 品种多样化

在人们生活水平不断提高的背景下，大众的健康意识也在不断觉醒，水果作为人们日常饮食的重要组成部分，摄取量将越来越大。同时人们对某种水果的需求也越来越多样化，包括熟期、颜色、质地、口感等。这些将促进种植者不断引进不同类型李品种，同时也会促进科研单位与育种企业重视对不同地方优质种质的评价筛选，使之成为新品种或优良亲本，从而为品种多样化提供保障。

#### 2. 轻简化、机械化和智能化栽培技术普及化

为了克服越来越严峻的“用工荒”和劳动力成本过高的问题，未来的果园管理中，果园管理机械化装备和技术的比例将逐步增加，旋耕、打药、施肥、除草、运输等实现机械化，最大限度地降低劳动力成本，李生产管理将朝向省力化、轻简化、机械化甚至智能化的方向发展。

#### 3. 产业销售渠道多样化

随着“互联网+”行动计划的铺开，互联网将不断颠覆传统果品产业的组织形式、商业规则、产业链条、竞争格局，延伸出很多新的商业模式、销售模式。如以“小程序、短视频、微商场”为代表的“空中销售”模式；拼多多、京东和天猫等在线大型电子商务平台销售模式。水果电商的发展虽然拓宽了李的销售范围，缩小了产销两端的价差，提高了流通效率，但也存在同质化竞争、低价营销、以次充好等现象。

#### 4. 产业链逐步完善

李等水果产业链较长，从前端农业种植到终端销售履约横跨了农业、物流、零售三大产业，涉及种业、种植、贮藏、加工和销售等环节。在种业方面，优良品种的不断推出和优质种苗的稳定供给是李产业可持续发展的基础。李目前多以鲜食消费为主，精深加工能力落后、相关产业基础薄弱，未来随着产能的增加，大力发展李加工业，以先进的加工科技挖掘李产品价值潜能，提高附加值，将是重要发展方向。

### （二）促进四川省李产业发展的对策建议

#### 1. 组织保障与制度机制

各级组织要坚持绿色发展的理念，站在乡村振兴战略新要求的高度上，深刻认识发展李产业对促进地方经济发展的重要意义，在省委省政府的领导下，按照职责分工，强化配合协作，形成工作合力；建立完善建设投入保障机制：整合用好涉农资金，充分发挥财政资金杠杆作用，撬动更多金融和社会资本投入李产业发展，解决产业发展中存在的突出问题；健全考核评价和督促检查机制：各乡镇李产区要制定出台本地李产业建设推进方案，明确目标任务、建设标准、政策措施、推进进度，目标任务纳入考核范畴，定期开展考评，调动发展李产业的积极性。

#### 2. 科学规划，合理布局，完善品种结构

充分调研四川各地区李产业发展现状，收集测定各个乡镇、不同海拔李产区的光照、温度、水分、气候、土壤等数据，综合评价各产区李果实品质，规划李种植的适宜区，制定李产业行业标准，合理布局，引导规范化和适度规模化发展。建立引种观察圃，为不同小气候区提供品种发展参考建议，引导做好品种布局，在低海拔地区种植早熟、加工型种类品种，在高纬度、高海拔温凉地区种植中、晚熟鲜食品种。加大科研开发力度，推进地方李种质资源的发掘和新品种的选育工作，建立优化合理的品种结构。扶持建立一批大型商业化育苗基地，按照国际大苗无病毒繁育技术，进行工厂化生产，解决更新和建园之需。

#### 3. 集成创新关键技术，加强新技术示范园建设

针对目前李生产存在的部分果园基础设施薄弱、标准化程度低的现状，通过构建统一栽培管理、统一植保防治、统一配方施肥、统一农资配送、统一分级包装、统一品牌营销、分户种植的“六统一分”标准化生产管理模式，建立高标准、高质量的李种植示范园，加速推进高效栽培技术的落地。

高起点建园：有机肥改土，沃土建园；完善规范果园道路建设；开展园地整治、培肥地力；完善规范园地排灌渠系、提灌设施建设；通过基础设施规范化建设，提高果园耕地质量，实现田网、水网、路网配套，灌、排、蓄功能齐全，增强抵御自然灾害的能力。

标准化栽培技术：根据李生长过程需肥规律和需肥量，结合不同果园土壤营养元素测定结果，开展精准配方施肥及水肥一体化示范，实现节本增效。大力推广自

然开心树形或疏散分层形等高光效树形，对过密的主枝进行疏剪，回缩过长的枝条，改善果园通风透光条件，使其形成紧凑的优质丰产的树形，便于田间管理操作，促使产量和品质大幅提升。不良天气时加强以花期放蜂、补硼、人工辅助授粉等措施为主的保花保果工作；根据品种大小及结果特性，加强疏花疏果工作，以保持合理的果间距和负载量，提高精品果比例。采取预防为主、综合防控的手段，加强绿色防控，科学用药。加强投入品管控，使用低毒低残留的化学农药。同时，农业农村部门建立病虫害预警机制，加强病虫害防控力度。

种养循环模式：在果园间种莴苣、白菜、辣椒、芹菜等蔬菜或牧草及豆科作物，以增加生物种类层次，增加肥力和抗逆性，互补增益，增加能效。推广“李—草（菜）—畜”种养结合的立体复合绿色循环生态园模式。探索建设适度生态畜优质果循环经济模式。

通过标准化栽培技术示范园建设，建立一个基地，浓缩成一个样板，成为一个看点和亮点，带动一方产业，辐射整个行业。

**4. 建立和完善产业体系，加大培训力度，提高果农种植技术水平**

建立县、乡（镇）、村、社四级联动与科研院所技术合作机制，通过种植、生产、销售、流通各个环节利益共同体的管理和控制，建立全产业链一站式专业化服务体系，通过线上线下的培训、服务、指导与反馈，把技术成果送到千家万户，让一个农户、一个产业有一人懂技能、通技术，实施技术培训和成果转化“最后一公里”户户通工程。

加强技术培训，让广大果农尽快掌握先进科学的栽培技术和管理手段。聘请农业院校、科研院所的相关专家，对农业企业和种植户进行专业培训；组织农业科技人员和种植大户到外地参观学习，掌握先进的栽培管理技术，切实提高广大果农素质，以适应水果产业结构调整及水果标准化栽培的需要。

加大对现有基层农技人才队伍的培养、培训，加大农业管理和技术队伍建设与农业职业经理人培养，力争用2~3年时间实现“一村、一业”有一技能人才和一职业经理人目标，提升乡土人才技能水平和对技术标准的执行力和监管力，并能示范辐射带动。完善各项政策，引进一批懂技术、善管理、留得住的人才，充实基层人才队伍。

**5. 全面提升采后贮藏、运输能力**

加大对李鲜果冷藏保鲜、运输与销售的冷链应用研发的支持力度。加强李果加工技术研究与应用的支持与发展，特别是对李果酱、果汁、果酒等高档食品饮品的开发，为李深加工产品推向国际市场搭建高起点。

大力发展冷链贮运，从生产到市场，整个贮运过程都应实现冷链化。制定优惠政策发展现有果农大户，用政府贴息办法，鼓励自建冷库。按照市场需求、产品标准、采后商品化处理要求严格管理，结合城市规划，设计配备功能完善的直销批发中心，减少流通环节、降低流通成本，保证果农和消费者利益。

建设加工园区，提高价值链。建成李粗加工和深加工产业园，对李精品果初选分级包装，并对等外果及因极端灾害造成的裂果进行果干、果脯、果醋、果糖、果酱等产品深加工，同时缓解鲜果市场销售压力，延长产业链、增加附加值、提高价值链。

**6. 培育新型经营主体**

政府加大对龙头企业的扶持，成立以维护果农自身利益为宗旨的专业合作组织，通过产前组织生产资料，产中进行技术交流、培训、生产合作，产后进行产品分级、包装，联系市场，进行商品营销，将果农团结在一起。同时财政支持新型农业经营主体发展，培优家庭农场和示范合作社。通过生产中的分工与合作，销售产品中的配合与促进，形成一个利益共同体，达到统一规程、统一技术、统一价格等，进一步促进农民专业合作社的规范发展和壮大，在水果产业化生产、销售、加工和服务的各个环节，发挥示范作用。

**7. 加强品牌打造与保护**

引导果农树立果品质量至上的观念，加强李种植和销售全过程的质量标准化管理工作，指导果农适时采摘、分级采摘，督促经营主体严格执行李采收规程，采收优果率达到80%以上。制定优惠政策，鼓励和帮助各级专业合作社、果农大户和企业进行绿色、有机食品标志认证，同时参与到品牌管理体系中，扩大品牌的内涵和外延。

对销售的李进行管理、标志、包装、技术标准、质量要求等“五个统一”，树立品牌形象和质量信誉，全力推进果品质量提升工程，以质量创品牌，以品牌促质量。

科学管理和有效使用各地李的证明商标和地理标志，建立完整的监管体系。充分利用已有品牌地理标志保护登记和著名商标的优势，进一步规范使用和做大做强李品牌共创、资源共享机制。坚决打响品牌保卫战，研究出台地理标志证明商标使用绿色食品体系等政策或标准，严格李质量安全监管制度，规范市场行为，打击不法商人对本地品牌的损坏和影响；加大农资市场的监管和整顿，避免对品质造成影响，维护品牌形象；规范商标的管理，对专业合作社、企业产前、产中、产后实施全程监管，建立完善追溯体系并形成长效机制。

构建一支专业的营销队伍，以市场为导向，强化质量，充分利用好国家级、省级平面媒体等主流媒体开设专题和专栏，通过电视广告、国内外博览会等途径，向海内外宣传推介四川李，扩大四川李知名度和市场影响力，努力将四川李打造成国际国内知名品牌。

加强特色水果信息网络建设，建立特色水果综合开发管理信息系统和电子商务平台，提供科学技术、特色水果产销信息、产区气象信息及特色水果进出口信息等服务，综合运用传统销售、文化营销、连锁经营、直销等模式，努力开拓各级市场。

**8. 加大科研投入，为产业发展提供持续动力**

设立发展基金，将新技术推广、新品种引进、栽培管理技术的革新和贮藏加工技术的研究作为重点进行支持，解决产业难点，增强果树的生产发展后劲。积极主动向农业农村部、科技部争取高新技术成果转化和基础建设项目资金，为产业的快速健康发展提供经济支撑。

## 参考文献

陈玉玲，苏衍修，黄振宇，等，2021. 我国杏李产业现状分析与发展建议［J］. 中国果树（3）：98-100.

刘硕，徐铭，张玉萍，等，2018. 我国李育种研究进展、存在问题和展望［J］. 果树学报，35（2）：231-245.

任士福，汪民，2014. 中国李杏种质资源［M］. 北京：中国林业出版社.

王刚，宣继萍，张计育，等，2016. 中国李产业发展、贸易与国际竞争力分析［J］. 中国农学通报，32（13）：191-199.

张露，2019. 吉林省李产业调查报告［D］. 长春：吉林农业大学.

# 四川猕猴桃产业发展报告

李明章　李峤虹　谢　玥　杜　奎
（四川省自然资源科学研究院，四川成都 610015）

**摘　要：**猕猴桃原产于我国，富含维生素C，是我国优势特色水果。我国猕猴桃种植从1978年的1公顷（15亩），发展至2019年的29万公顷（436万亩）、年产量300余万吨的产业规模，栽培面积占世界的70%，中国已经成为世界猕猴桃栽培面积和产量及消费的第一大国。四川猕猴桃种植从1980年开始，目前年种植面积5万公顷（75万亩）、年产量44万吨，是四川省乡村振兴的重要产业之一。四川省猕猴桃产业也面临盲目种植现象严重、推广优质抗溃疡病品种力度不够，存在产业安全隐患；标准化种植技术普及程度不高、产业链技术不完整，经济效益不高、缺乏与农民利益紧密连接的龙头企业；高端市场占有率低、品牌打造不足等问题。本研究提出科学规划，适地适种，避免盲目种植；大力推广优质抗溃疡病品种，解决产业安全隐患；大力推广猕猴桃生产标准化、机械化、智能化；产业相对统一，解决小、散、乱规模化标准生产的问题；培育属于农户的真正的龙头企业，建立农民+企业的利益链接机制；通过大型电商平台加强区域公用品牌的统一和推广，强化猕猴桃种质资源与育种创新研究，使猕猴桃种业“芯片”牢牢地掌握在中国人手中的产业发展建议。

**关键词：**猕猴桃；产业概况；问题研判；对策建议

猕猴桃原产于中国，从20世纪初开始驯化至今仅有100余年历史，是20世纪人工进行果树驯化栽培成功的四个树种之一。因其具有丰富的营养价值和良好的药用价值，越来越受到消费者青睐，现已成为国内外竞相发展的新兴特色水果之一，已成为四川省猕猴桃主产区农业发展、乡村振兴的支柱产业。

我国猕猴桃栽培面积及产量均位居世界之首，猕猴桃主产区主要集中在陕西、四川、贵州、湖南、江西和河南等地。四川省在20世纪80年代初期开始人工栽培，是国内人工栽培猕猴桃最早、应用效果最好的地区之一，种植面积和产量居全国第二位，拥有世界最大的红肉猕猴桃种植基地。猕猴桃产业是四川省的优势特色产业之一，近年来，四川将猕猴桃产业作为支撑脱贫攻坚和乡村振兴的优势特色产业之一，在《推进农业供给侧结构性改革加快四川农业创新绿色发展行动方案》（川办函〔2016〕174 号）和《川果产业振兴工作推进方案》（川农领〔2020〕12 号）等政策推动下，四川猕猴桃规模和单产都得到了较大提升，初步形成以龙门山区、成都平原、秦巴山区、川南丘陵区为核心的猕猴桃特色产业发展集群。但在产业快速发展的同时，也存在盲目扩张规模、标准化程度低、产业配套设施不完善、品种结构不合理、品牌与市场薄弱等一系列问题，面临利润空间挤压、出口疲软等挑战。因此，全面剖析四川省猕猴桃产业现状，聚焦重点区域、关键环节、不同品种分类施策，采取积极的政策引导，对准确把握四川省猕猴桃产业发展方向，促进猕猴桃产业持续健康发展具有重要意义。

## 一、国内外猕猴桃产业概况

### （一）世界猕猴桃产业现状

世界猕猴桃产业起步于 20 世纪初的新西兰，兴起于 20 世纪 70 年代。据联合国粮食及农业组织（FAO）统计，世界共有 20 多个国家生产猕猴桃，主要产地在亚欧大陆，少量分布于大洋洲和美洲，逐步形成了以中国、意大利、新西兰、智利、希腊等为主要生产国的猕猴桃产业布局。

据 FAO 数据，至 2019 年 12 月，世界猕猴桃总结果面积 26.67 余万公顷（400 余万亩），主要集中在中国、意大利、新西兰、伊朗和希腊等 10 个国家，10 个国家总收获面积占世界的 98.45%；其中，排在第一位至第五位的中国、意大利、新西兰、伊朗、希腊的总收获面积占世界的 91.38%，特别是中国的收获面积占 67.92%（图 1、图 2）。

据 FAO 数据统计，2019 年世界猕猴桃总产量 434.80 万吨，其中，中国 219.67 万吨、新西兰 55.82 万吨、意大利 52.45 万吨、伊朗 34.42 万吨、希腊 28.59 万吨、智利 17.72 万吨，这 6 个国家产量约占世界猕猴桃产量的 93.99%，其他国家的产量所占比率很小（图 3）。

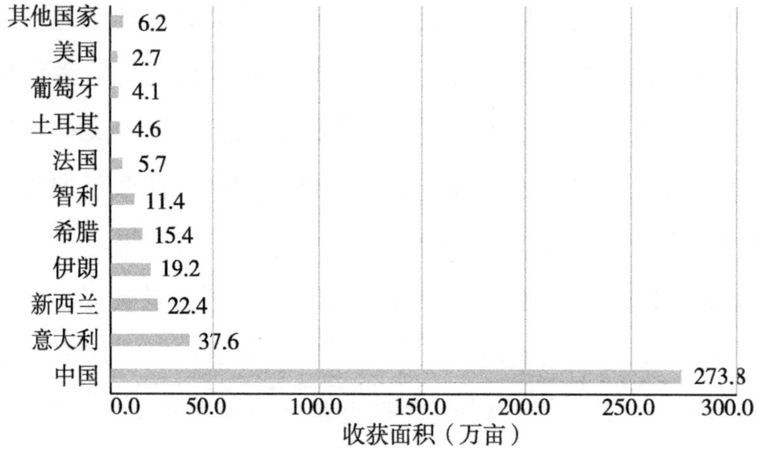


**图 1　2019 年各国猕猴桃收获面积**

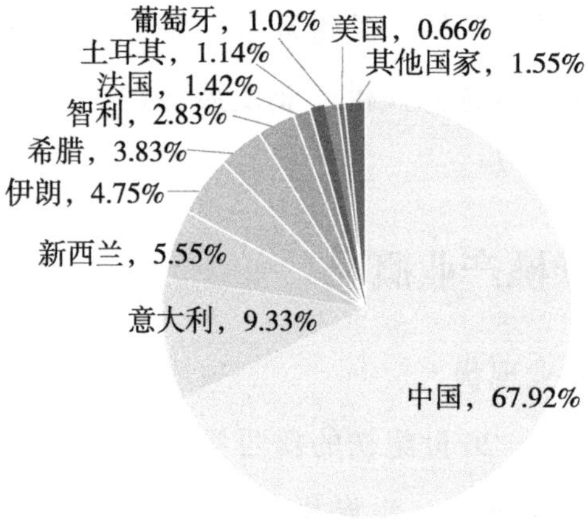


**图 2　2019 年各国猕猴桃收获面积占比**

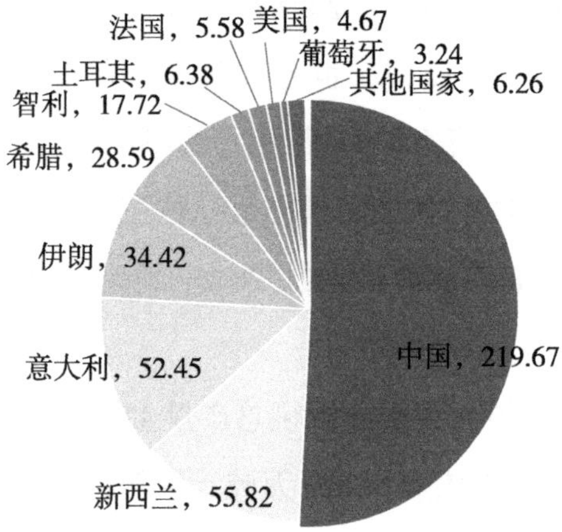


**图 3　2019 年各国猕猴桃产量（单位：万吨）**

2019 年世界猕猴桃平均单产为 16.2 吨/公顷（1.08 吨/亩），排在前 10 位的国家是新西兰、希腊、伊朗、美国、智利、以色列、意大利、土耳其、黑山和韩国，特别是新西兰远超其他国家，平均单产达 37.35 吨/公顷（2.49 吨/亩）。中国平均单产排第十七位，仅 12 吨/公顷（0.80 吨/亩），是世界平均单产的 74.35%、新西兰的 32.17%，还有很大的提升空间（图 4）。

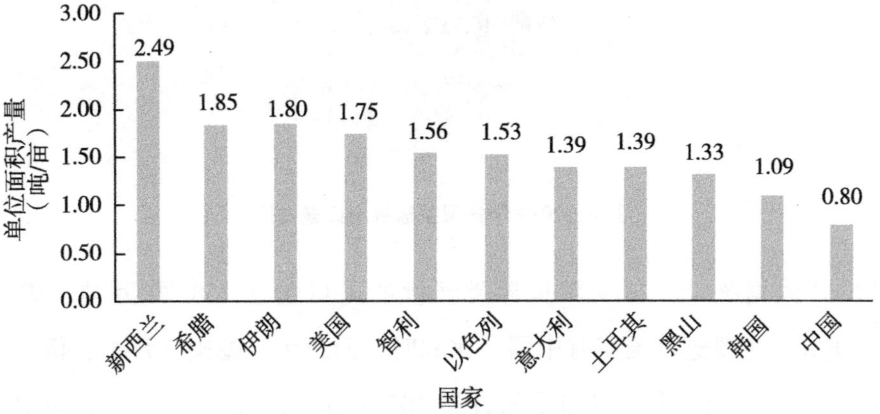


**图 4　2019 年各国猕猴桃单位面积产量**

据 FAO 数据统计，2019 年世界猕猴桃出口量达 151.11 万吨，主要是新西兰、意大利、希腊和智利 4 个出口大国，占总出口量的 82.84%。需要注意的是排在前 10 位的出口国家中比利时、荷兰不是生产国家，只有中间贸易环节。中国的总出口量仅 2.77 万吨，仅占世界出口量的 1.83%（图 5、图 6）。

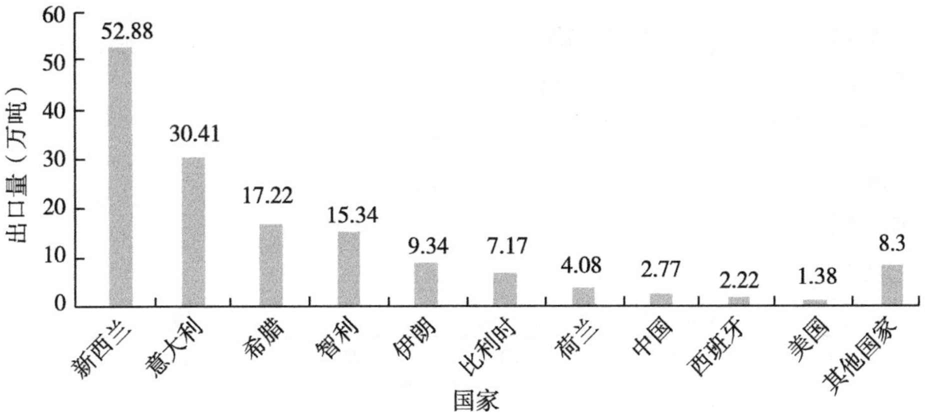


**图 5　2019 年各国猕猴桃出口量**

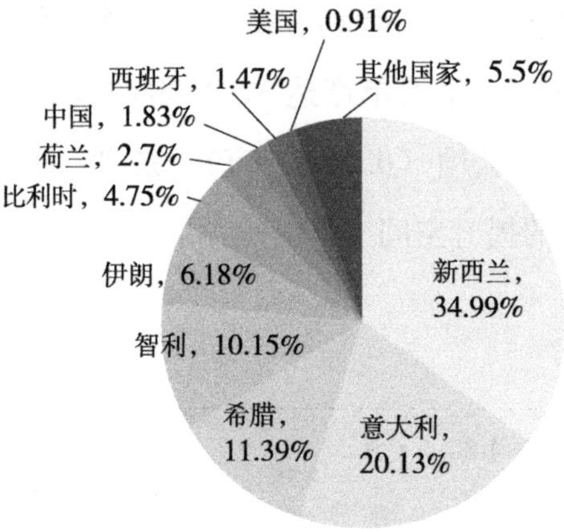


**图6　2019年各国猕猴桃出口量占比**

据FAO数据统计，2019年世界猕猴桃的进口量达158.20万吨、进口额达32.19亿美元，主要进口国家有中国、比利时、西班牙、德国、日本、俄罗斯、法国、美国、荷兰、意大利，进口量累计达105.7万吨，占66.42%，其中中国总进口量跃居世界第一，达19.32万吨，占进口量的12.21%；其次是比利时和西班牙，分别是15.44万吨和13.66万吨（图7、图8）。这10个国家的进口额累计达24.04亿美元，进口额排在前2位的是中国和日本，其次是比利时和德国。

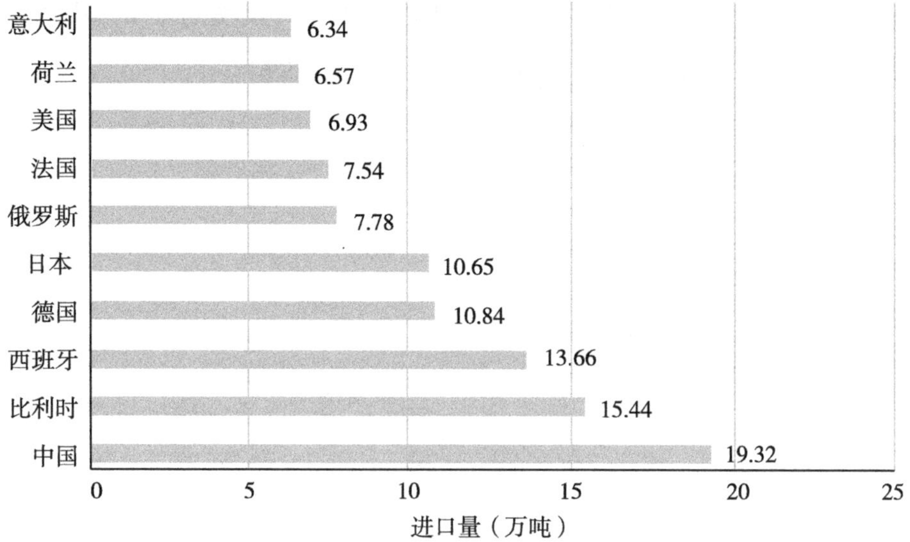


**图7　2019年各国猕猴桃进口量**

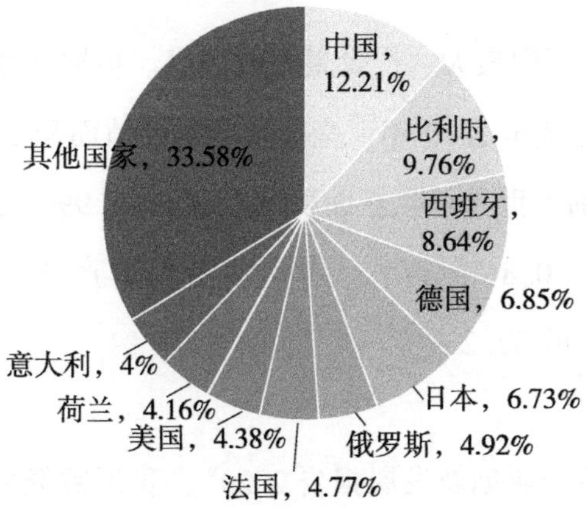


**图 8 2019 年各国猕猴桃进口量占比**

根据进口价格来看，日本的进口价格最高，为 3 859 美元/吨，其次是中国，为 3 106 美元/吨。而其他国家的进口价格集中在 1 247~2 359 美元/吨，荷兰、美国、法国和德国的进口价格都在 2 100 美元/吨以上；最低的是俄罗斯和意大利，分别为 1 247 美元/吨和 1 530 美元/吨（图 9）。

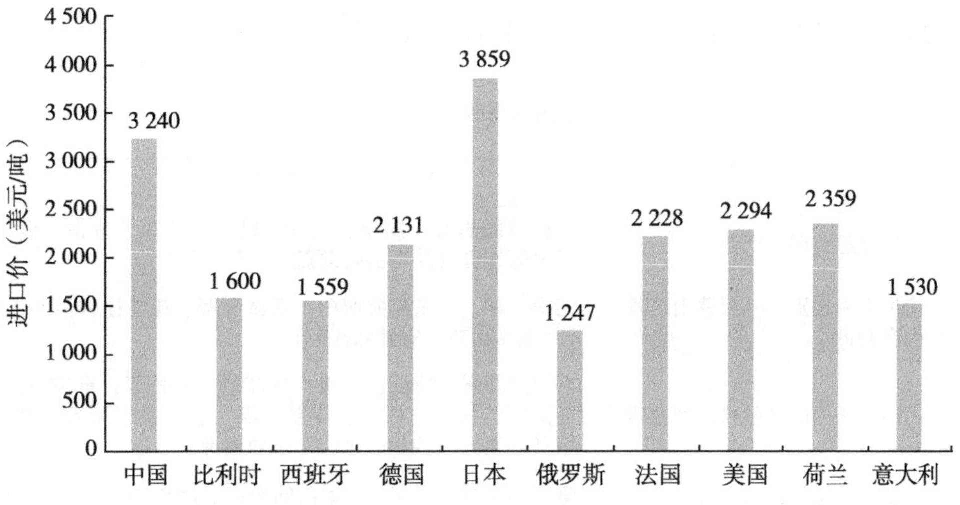


**图 9 2019 年各国猕猴桃进口价**

**（二）中国猕猴桃产业现状**

我国是猕猴桃的发源地，但直至 20 世纪 80 年代才开始形成小规模的生产栽培，90 年代初进入生产的发展时期。我国猕猴桃产业先后经历了起步、快速发展、缓慢增长、高速发展四个阶段。

**1. 产业规模**

我国是猕猴桃栽培面积最大、产量最高的国家。根据《中国猕猴桃产业创新发展报告2020》中数据，截至2019年，全国猕猴桃种植面积29万公顷（436万亩），产量300.55万吨，分别占世界总收获面积和产量的67.9%、50.5%。但是，我国平均单产仅12吨/公顷（0.8吨/亩），是世界平均单产16.2吨/公顷（1.08吨/亩）的74.1%、新西兰的32.2%。

**2. 生产区域**

根据《中国猕猴桃产业创新发展报告2020》，我国猕猴桃种质资源主要集中分布在横断山脉以东、秦岭以南。1978年起，经过40多年的发展，我国猕猴桃从南向北基本形成了以山系为界的七大猕猴桃产业带：秦岭北麓猕猴桃产业带、伏牛山—大别山—沂蒙山区猕猴桃产业带、巴山—龙门山区猕猴桃产业带、云贵高原猕猴桃产业带、武陵山猕猴桃产业带、南岭—武夷山猕猴桃产业带和东北软枣猕猴桃产业带。全国有21个省、自治区、直辖市种植猕猴桃。据统计，2019年按面积排名前6的是陕西、四川、贵州、湖南、江西和河南。这6个省份的种植面积占全国总面积的77.12%，产量占全国总产量的85.52%（表1）。

**表1　中国典型猕猴桃优势产区**

| 编号 | 产区 | 范围 |
|---|---|---|
| 1 | 秦岭北麓猕猴桃产业带 | 陕西省的眉县、周至、武功、岐山、扶风、临渭、商南、丹凤等地区（陕西秦岭北麓、丹江流域） |
| 2 | 伏牛山—大别山—沂蒙山区猕猴桃产业带 | 河南西峡、山东淄博博山、安徽金赛、江苏连云港等地区（河南、山东、安徽和江苏） |
| 3 | 巴山—龙门山区猕猴桃产业带 | 四川的苍溪、浦江、邛崃、都江堰、绵竹等，重庆市，陕西南部的城固、西乡、洋县、汉台、勉县、岚皋、汉阴、平利等地区（四川、重庆和陕西南部） |
| 4 | 云贵高原猕猴桃产业带 | 贵州的水城、修文等，云南的石屏、屏边等地区（贵州和云南） |
| 5 | 武陵山猕猴桃产业带 | 湖南的永顺、凤凰、湘西等，湖北的十堰、赤壁等（湖南和湖北） |
| 6 | 南岭—武夷山猕猴桃产业带 | 广西桂林、广东和平、福建建宁及江西的奉新、信丰、安远等地区（广西、广东、福建和江西） |
| 7 | 东北软枣猕猴桃产业带 | 东北的沈阳、丹东等地区 |

**3. 栽培品种**

20世纪80年代，从新西兰引进的海沃德栽培比重占我国猕猴桃总面积的80%~90%。随着猕猴桃育种技术的不断创新，我国先后选育出猕猴桃主栽品种近100个。中国目前商业化栽培的品种主要分为绿肉、黄肉和红肉类型，绿肉品种主要是徐香、海沃德、贵长、秦美、翠香、金魁、翠玉等，黄肉品种主要是金艳、金桃、金圆、金实、金梅等，红肉品种主要是红阳、红实、东红、脐红等。根据中国园艺学会猕猴桃分会2020年统计数据，中国的3个类型品种的种植面积，约40%为绿肉品种、30%为黄肉品种、30%为红肉品种。

红肉猕猴桃是我国的特色优势种类，在国内外具有广阔的市场，随着黄肉和绿肉品种的开发，产业发展走上快车道，逐步形成与强国“分一杯羹”的实力。我国的品种多而杂，部分品种在某些单一经济性状方面超过新西兰的品种，但是在品质、果形、贮藏性能、货架期等综合商品性能方面跟国外一流品种仍有较大差距。

**4. 消费市场需求**

根据《中国猕猴桃产业创新发展报告2020》，近年来，国内猕猴桃表观消费量逐年提升，由2014年的209万吨增至2018年的266万吨，位居水果表观消费量第六位。猕猴桃人均消费量不断上涨，2018年猕猴桃人均消费达到1.9千克/人，比20世纪90年代的0.08千克/人增长了22.75倍，比2014年的1.4千克/人增长了16.5倍。2018年国内猕猴桃人均消费量是国际人均消费量的3.2倍，接近发达国家消费水平。近年来，消费者对黄肉、红肉等多元化品种的需求量增加，绿肉猕猴桃销售额占比逐年下降。“佳沃”“悠然”“阳光味道”“十八洞村”“伊顿”“齐峰”等众多国内知名品牌受到消费者青睐。“周至猕猴桃”“眉县猕猴桃”“都江堰猕猴桃”等地理标志产品的影响力不断提升。网络销售逐渐成为主流趋势，消费者利用京东、淘宝、拼多多等知名电商平台，微信等微商平台，抖音、火山小视频等直播平台选购不同种类的猕猴桃。

**5. 加工**

根据郭耀辉等2020年报道，全国有低温冷库5 000多座，年贮藏能力超100万吨，占年产量的40%；随着冷藏库、冷链物流运输车等采后商品化处理基础设施逐步完善，以分选、包装、冷藏为主的鲜果初级加工水平不断提升，大幅提高了果品采后保鲜能力。随着猕猴桃加工产品研发力度不断加大，我国猕猴桃精深加工量逐年增加，由 2014 年的 4.3 万吨，增加到 2018 年的 11.7 万吨。开发出猕猴桃果酒、猕猴桃果脯、猕猴桃果糕、果籽饼干等系列精加工产品。

**6. 进出口**

我国也是世界猕猴桃进口大国，特别是高档猕猴桃产品主要依赖进口，进口量和进口额逐年上升。根据中国海关和 FAO 统计数据，2020 年我国进口猕猴桃总量为 11.7 万吨，价值 4.5 亿美元，出口总量 1.27 万吨，仅为进口总量的 10.86%；2021 年，我国共进口鲜食猕猴桃约 12.8 万吨，价值 5.5 亿美元，同比分别增长 22.2%和 9.6%。其中，由新西兰进口 11.7 万吨，价值 5.2 亿美元，同比分别增长 27.7%和 18.4%（图 10）。

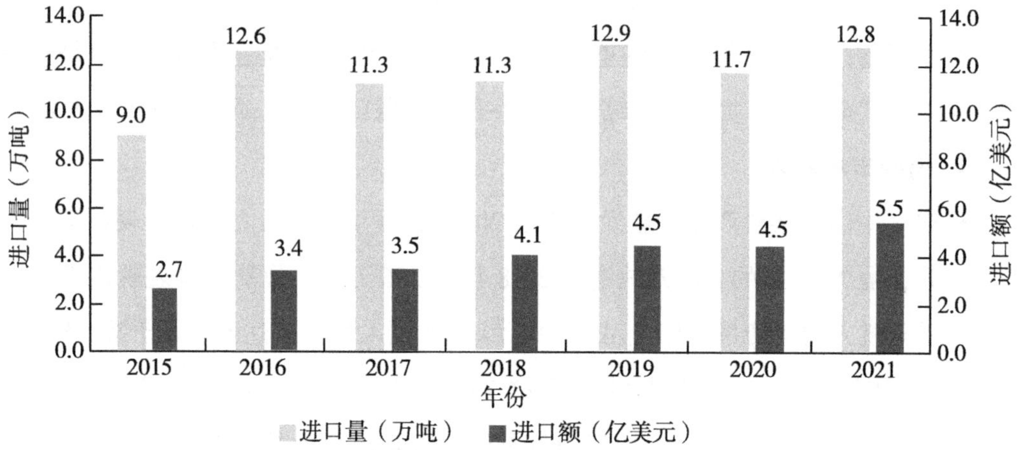


**图 10　2015—2021 年我国猕猴桃进口量和进口额**

根据中国海关数据，2020 年中国猕猴桃进口数量最多的是新西兰地区 9.9 万吨，占猕猴桃总进口数量的 84.6%；进口金额为 4.0 亿美元，占猕猴桃总进口金额的 89.9%；中国猕猴桃主要出口地区有俄罗斯、马来西亚、印度尼西亚等。其中，向俄罗斯猕猴桃出口数量最多，为 7 266.8 吨，占猕猴桃总出口数量的 57.3%；出口金额为 832.5 万美元，占猕猴桃总出口金额的 42%（图 11）。

**7. 市场价格**

根据郭耀辉等报道，随着猕猴桃种植面积快速扩张，产品总量和结构性过剩，主产区猕猴桃收购价格大幅下跌。2014 年，国内绿肉、黄肉、红肉猕猴桃田间收购价每千克分别为 5.4 元、8.6 元、12.9 元，到 2019 年，绿肉、黄肉、红肉猕猴桃田间收购价每千克分别下跌至 3.2 元、3.8 元、6.4 元，跌幅分别为 40.7%、55.6%、

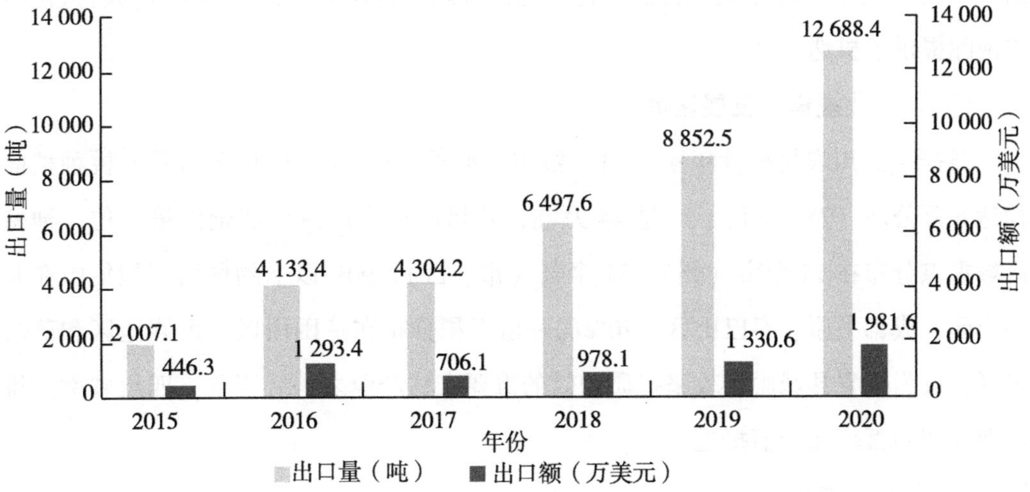


**图 11　2015—2020 年我国猕猴桃出口量和出口额**

50.6%。我国猕猴桃市场批发价也呈现波动下滑，2019 年 10 月，全国批发市场猕猴桃批发均价每千克 7.47 元，较 2018 年、2017 年同期分别下跌 8%和 12%。

**8. 成本收益**

根据郭耀辉等报道，随着我国人力成本增加，劳动力供应紧张，加之物流、包装成本上涨，猕猴桃生产成本持续上行，利润空间不断压缩。2019 年，绿肉、黄肉、红肉猕猴桃田间收购价较 2014 年分别下降 40.7%、55.6%、50.6%。在不考虑人工及地租成本前提下，猕猴桃种植利润为每公顷 5.25 万~6 万元（每亩 3 500~4 000 元），但完全核算成本情况下，猕猴桃种植已经出现亏损。

## 二、四川省猕猴桃产业发展现状

四川是我国猕猴桃原产地之一，也是人工栽培猕猴桃最早的省份，从 20 世纪 80 年代初开始至今已有 40 多年的历史。猕猴桃产业是四川省优势特色产业之一，对四川省脱贫攻坚、乡村振兴和农民增收起到很大作用。近年来，政府先后出台《推进农业供给侧结构性改革加快四川农业创新绿色发展行动方案》（川办函〔2016〕174 号）和《川果产业振兴工作推进方案》（川农领〔2020〕12 号），将猕猴桃纳入六大农业供给侧结构性改革试点产业之一，提出到 2022 年四川红心猕猴桃面积、产量、品牌影响力做到全球领先，比肩新西兰。在中华人民共和国科技部和新西兰商务部联合推动下，位于四川天府新区的“中国—新西兰猕猴桃‘一带一路'联合实验室"的建成运行，深化了猕猴桃国际合作交流，为四川红肉猕猴桃走向国际提供了机遇。

**（一）产业规模及发展区域**

根据《四川农村统计年鉴2021》数据，截至2020年，四川全省猕猴桃种植面积达5万公顷（75万亩）、产量44万吨，栽培面积和产量位居全国第二位。种植区域重点分布在14个市（州）、31个县（市、区），90%以上的种植面积集中在龙门山区、成都平原、秦巴山区，70%的种植面积分布在贫困山区、民族地区和革命老区，成为全省县域脱贫攻坚提质增效的重要支柱产业之一。当前，四川省猕猴桃产业加速向百亿元产值挺近。

**（二）品种结构**

四川选育的世界首个红肉猕猴桃红阳的应用推广，改写了全球以绿肉为主的猕猴桃市场的格局。根据《中国猕猴桃产业创新发展报告2020》统计，2019年四川省以红阳、红实、东红为代表的红心品种的种植面积达3.4万公顷（51万亩），占四川省猕猴桃总种植面积的68%以上，占全国红心猕猴桃总种植面积的90%以上。其他主要有绿肉猕猴桃品种海沃德、翠香，黄肉猕猴桃品种金艳、金实等。

**（三）研发创新能力**

四川建立了省级猕猴桃种质资源圃，面积20余公顷（300余亩），世界面积最大，收集保存猕猴桃种质资源2 000余份，创制核心育种材料100余份，为猕猴桃育种奠定了坚实的基础。在国际上率先开展红肉猕猴桃育种，培育出世界上第一个早熟、果肉细腻的新品种红阳，利用红阳作为骨干亲本培育出中熟、晚熟品种红什1号、红实2号，抗溃疡病红肉品种华红4号；并经控制性多代杂交培育出优质抗溃疡病黄肉品种金实1号、金实2号、金实4号、华金3号，形成了红肉黄肉、早中晚熟配套系列新品种，为调整四川省猕猴桃品种结构提供了核心技术。在欧盟、美国、新西兰等20余个国家（地区）申请和获得品种权25件，新品种、新技术在南美、欧盟和非洲等"一带一路"沿线国家示范上万亩，增强了猕猴桃国际竞争力。创新集成了猕猴桃全产业链技术体系，包括"一园三圃"良种快速繁育技术，快速成园、早结、液体授粉、高光效轻简等优质丰产栽培技术，以避雨大棚为核心的溃疡病绿色防控技术，适时采收、精准贮藏、即食催熟采后商品化处理技术及深加工技术等。建立了中国—新西兰猕猴桃"一带一路"联合实验室，以及猕猴桃育种与利用四川省重点实验室、四川省猕猴桃产业技术研究院、工程技术研究中心、产业技术创新联盟等创新平台。四川省自然资源科学研究院、四川省农业科学院、四川农业大学及四川大学等从事猕猴桃研发团队100余人。四川在猕猴桃科技创新方面处于国家先进水平，其中在红肉猕猴桃全产业链技术创新方面处于国际领先。

### （四）市场营销

四川省涉足猕猴桃产业农户达15万人以上、专业合作社逾300家、企业逾800家，其中华胜、佳沃、华朴、伊顿等逾30家企业年产值达1 000万元以上。形成了龙门山猕猴桃、苍溪红心猕猴桃、都江堰猕猴桃等14个区域品牌，品牌价值超过100亿元；打造了乡慕、桃李村、猕恋、沃林、欣妙、陶兰加、半亩庄园等商业品牌；获得猕猴桃国家地理标志保护产品14个。目前，90%猕猴桃以鲜果销售，与国外基本一致。

2020年，四川省共销售40余万吨猕猴桃，省内销售10余万吨，省外销售30余万吨，出口量接近2 000吨，主要销往上海、广东、北京、深圳、重庆、武汉、西安、昆明等大中城市和东南亚国家、欧盟国家等，平均售价20元/千克，最高售价30~40元/千克。电商微商模式销售量占到总量的20%，并以每年10%以上的速度递增，快速抢占市场。

## 三、四川省猕猴桃产业发展存在的主要问题

猕猴桃产业经过42年的发展，已成为四川省龙门山、秦巴山及盆周山区农民增收、农业增效和农村经济发展的重要支柱产业，将在乡村振兴中发挥重要作用。然而，在该产业的迅速发展过程中，主要存在以下问题。

### （一）盲目种植现象严重

受猕猴桃市场效益拉动的影响，近几年四川省猕猴桃栽培面积每年以$0.5\times10^4$公顷（$7.5\times10^4$亩）的规模递增，截至2020年全省涉足猕猴桃产业农户在15万人以上，散户、小户种植面积比重高达45%，除了甘孜藏族自治州、凉山彝族自治州没有发展猕猴桃产业外，其余各市州均有不同程度的猕猴桃基地，这与各级政府对猕猴桃产业的政策倾斜与大力支持密不可分。尽管四川适宜猕猴桃栽培的区域较广，但猕猴桃生长发育对环境要求相对较高，对早春晚霜冻害、夏季高温灼伤、秋季早霜冻害、冬季冻害等气候条件异常敏感，幼树受到的影响更大。从四川省猕猴

桃产业实际情况来看，往往只注重发展，缺乏顶层设计，忽视科学论证和合理规划，对海拔、地形、土壤、积温等生态适宜性考虑不足。

一是农户在非优良生态区盲目种植猕猴桃问题突出，在品种选择、建园选址、土壤改造等方面缺乏统一的技术指导，造成实生苗定植当年长势弱、后期嫁接成活率低、苗木上架慢、投产迟、产量低、品质差等问题。

二是平坝地区由于排水设施规划不科学，造成某些果园夏秋季涝害严重，导致猕猴桃树落叶、死苗，果实歉收。

三是山坡丘陵地区早春的季节性干旱严重，某些果园容易造成季节性旱灾。特别是在海拔 1 000 米以上区域栽培红阳猕猴桃，容易造成溃疡病、冻害等普遍发生，甚至毁园，给受灾果农造成极大经济损失。

四是缺乏与粮食作物等大农业的融合。由于栽培猕猴桃经济效益较高，农民种植意愿较高，但因缺乏猕猴桃产业与大农业融合的科学设计与规划，没有在发展猕猴桃产业时特别注意避免耕地“非粮化”，极少在猕猴桃果园中进行猕猴桃与粮食作物的“粮经套种”，这是以后猕猴桃产业发展时需要尽量防止的土地“非粮化”。大豆作为固氮植物可增强土壤肥力，可在猕猴桃两垄之间进行套种，大豆与猕猴桃的互作套种可运用群落的空间结构原理，充分利用光能、空间和时间资源，提高猕猴桃和农作物产量，有极好的发展潜力。因此，猕猴桃和大豆等粮食作物的“粮经套种”新模式亟待探索。

**（二）推广优质抗溃疡病品种力度不够，存在产业安全隐患**

目前，四川省猕猴桃产业从品种方面看，存在着诸多问题，包括主栽品种单一，结构不合理，同质化严重，成熟期集中；现有品种主要依靠常规育种技术培育而成，周期长，效率低，分子育种亟待发展；缺少加工专用品种；但最主要的问题是多抗品种缺乏，存在产业安全隐患。

四川主产区栽培面积约 70%的品种为红阳，该品种是四川省于 1995 年自主培育的红肉猕猴桃品种，也是世界上第一个红肉猕猴桃品种，因口感好，品质优良，深受消费者喜爱，因而经济效益极高，农民和企业栽培热情很高，成为四川省猕猴桃主栽品种。但是，红阳品种也存在果实较小、膨大剂使用多，抗性弱的缺点。尤其是近年来四川猕猴桃溃疡病发生面积不断增加，作为四川省主栽品种的红阳属于易感品种，严重制约了四川省猕猴桃产业可持续发展。近年来四川省利用红阳作为骨干亲本培育出中熟、晚熟品种红什 1 号、红实 2 号，抗性比红阳更强，特别是培育出了高抗溃疡病的红肉品种华红 4 号，经控制性多代杂交培育出优质抗溃疡病黄肉品种金实 1 号、金实 2 号、金实 4 号、华金 3 号，形成了红肉黄肉、早中晚熟配套系列新品种，但是这些品种在大面积推广应用中推广力度不够，应用的面积比较少，还没有达到优化猕猴桃品种结构的效果。

**（三）标准化种植技术普及程度不高，产业链技术不完整，经济效益不高**

四川猕猴桃产业标准化栽培水平较低，果品商品性较低。果园经营管理水平参差不齐，散户、小户种植面积比重高达 45%，尽管全省猕猴桃单产水平从 2006 年的 2 800 千克/公顷（186. 67 千克/亩）提升到 2020 年的 9 900 千克 /公顷（660 千克/亩），但仍低于全国平均水平，中低产园占比高达 64. 9%。四川猕猴桃产业在标准化栽培和商品化处理方面存在以下问题。

**1. 缺乏标准化技术规程建园**

四川省猕猴桃生产仍以农户分散种植为主，许多产区农户为了节约成本，减少投入，没有严格按照栽培规程进行操作，而是随意减少工序和设施投入，甚至存在农户在没有任何技术培训下随意建园的情况。农户对基地标准化建设资金投入能力有限，使得农村机耕道路通畅度较低，果品收获期运输成本大；某些果园水利设施配套不完善，灌溉用水率保证率较低，导致产品品质、产量参差不齐；此外劳动力外出务工，标准化生产技术普及度不高，缺少专业技术人员以及自身知识更新缓慢也成为产业标准化的制约因素。

**2. 膨大剂等使用不规范**

虽然学术界较多学者对植物生长调节剂持一定的保留意见，但猕猴桃生产上植物生长调节剂的使用仍非常普遍。四川省制定的地方标准中曾专门针对膨大剂使用进行了相关规定，但许多产区盲目追求产量，较多农户与企业生产者都过量地使用膨大剂，这在红阳猕猴桃上的表现更为突出，其结果是导致猕猴桃果实空心或中心柱硬化、果实耐贮性下降、畸形果增加、肉质粗糙等不良后果，极大地影响了四川省猕猴桃果实的品质和商品价值，也影响了出口创汇能力。

**3. 提前采摘严重影响品质**

国际惯例常常以猕猴桃果实可溶性固形物的含量是否达标来确定其是否成熟，在新西兰规定海沃德品种的出口成熟度指标为可溶性固形物达 6. 2%，内销的成熟指标为可溶性固形物达 6.5%~7.0%。四川省相关部门和企业为了规范产品品质也制定了相关采收技术标准，四川省根据自身实际情况提出海沃德品种鲜果成熟度指标为可溶性固性物达 6.2%、红阳品种可溶性固形物为 7.0%。但由于四川省猕猴桃目前仍然以散户栽培为主，管理起来比较困难，同时由于近年来四川省猕猴桃果品在鲜销市场上紧俏，生产者为了尽早占有市场，常在海沃德品种可溶性固形物含量为 5.5%左右、红阳品种可溶性固形物含量为 6.0%左右就大量采摘上市，极大地降低了果实后熟品质。

**4. 缺乏标准化栽培的专业技术指导**

猕猴桃标准化种植是以猕猴桃种植为对象的标准化活动，对猕猴桃生产的产前、产中、产后全过程，通过制定标准和实施标准，促进先进的农业科技成果和经验迅速推广，确保猕猴桃果品的质量和安全，促进产品流通，规范产品市场秩序，指导生产，引导消费，从而取得经济、社会和生态的最佳效益，达到提高猕猴桃产业竞争力的目的。因此，猕猴桃标准化栽培实施过程的科技含量极高，对技术指导的要求极高。由于农业是弱势产业，许多有知识的年轻人大多并不愿意投身农业，猕猴桃企业和专业合作社缺乏专门的技术管理人才；高校及科研院所的科技人员虽然有农业扶贫项目、“三区”人才项目等项目为支撑，可服务“三农”，对果农进行技术指导，但由于对普通科研工作者缺少提拔使用和职称晋升等奖励机制，无法调动其积极性，在项目执行时不能使其真正下沉到基层，相应技术指导服务也难以完全到位。因此，不少地方虽然在积极发展猕猴桃标准化栽培，但由于后续专业技术指导不足、管理不到位等原因，目前属于“期望很美好，发展不到位”的尴尬境地。

**5. 猕猴桃产业下游产业链条薄弱，设施配套不完善，采后处理与深加工程度低**

（1）猕猴桃仓储保鲜设施建设滞后

猕猴桃为多汁浆果，采摘后极易软化腐烂，冷藏保鲜能力不足，不仅极大地增加果品损耗，还影响猕猴桃市场供需平衡。目前，在四川省猕猴桃产业迅速发展的同时，四川省各级政府要求新规划园区都要配套相应的贮藏保鲜库，但是由于配套资金不足以及前期投入太少，很多主产区的企业或种植基地都缺乏配套的贮藏保鲜库以及采后商品化处理的车间，配套设施投入力度跟不上栽培面积的发展速度，这在未来几年必将成为影响四川猕猴桃产业持续健康发展的一个突出问题。

（2）缺乏相应的加工设施

猕猴桃的残次果率较高，据估算目前四川省种植的海沃德品种商品果合格率为60%~70%、红阳品种为40%~50%，即每年在猕猴桃主产区约产生2.2万吨残次果，未来还将随着栽培面积的增加而逐步增加。这些残次果在目前市场相对较好的情况下，绝大部分以相对较低的价格进入了鲜销市场，以满足中低层次消费者的需求，只有极少数被企业收购后用于猕猴桃果酒、果醋、冻干产品等生产加工。根据国际经验，残次果的最佳利用途径是精深加工，当前四川猕猴桃精深加工设施明显落后，随着猕猴桃产业的进一步发展，特别是各地新建园区大量投产后，残次果较低的深加工水平必将成为四川省猕猴桃产业发展的瓶颈之一。

（3）猕猴桃商品化处理率不高

四川猕猴桃加工能力有限，商品化处理率不高，现有产品销售仍以鲜销批发为主，经分选包装后产生的附加值流失到下一级市场。品牌与市场营销较弱，商品化处理及精深加工弱，全省深加工产值不到猕猴桃鲜销额的5%；加工原料主要是野生猕猴桃，商业化栽培的不足10%，且主要为残次果；深加工企业少且生产能力低，年加工产值千万元以上企业不足10家；规模化生产加工产品大多数是低附加值的果脯、果干、果酒等初级产品，且技术落后、竞争力较弱，缺乏高附加值的深加工产品。

**（四）组织模式缺乏龙头企业，培育与农民利益紧密联结的龙头企业**

四川猕猴桃产业以分散经营为主，组织化程度低，缺乏与农民利益紧密联结的龙头企业。

龙头企业负责产业化建设的组织、资金筹措、技术培训、种苗及生产资料的供应、产后处理、贮运和销售等产前、产中、产后服务。在猕猴桃产业中，培育与农民利益紧密连接的龙头企业意义重大，可在猕猴桃产业化的过程中始终确立农民是产业化经营的主体，龙头企业与农民结成风险共担、利益共享的共同体，签订按最低保护价收购的订单生产合同。借鉴新西兰佳沛公司让猕猴桃果农参股，二次利益分配的机制，在龙头企业按照协议向果农支付价款的同时，还以果农参股的多少，实施二次利润分配，以进一步密切龙头公司与果农的关系。

近年来，四川发展了一批猕猴桃重点品牌企业，包括四川中新农业科技有限公司、四川华胜农业股份有限公司、四川伊顿农业科技开发有限公司、苍溪县猕猴桃食品有限责任公司、四川毅力猕猴桃产业有限公司、苍溪县云岩猕猴桃专业合作联社等，“企业+农户”的产销模式也在很多产地实行。但是，这些企业规模较小，不能称其为龙头企业，且低端产品同质化恶性竞争仍然普遍存在。由于目前四川缺乏龙头企业，难以根据市场的需求确定生产方向并通过协议购销、合同保护价收购、股份合作等形式与农户结成稳定的协作和合理的利益关系，难以把农民与市场联结起来。现有种植主要以小农户为单位，缺乏龙头企业带动，不利于优良品种的推广使用和先进科技的推广，难以实行标准化生产。

尽管各主产区都建有猕猴桃专业合作社，但由于普遍采用的是散户经营模式，加上缺乏有效的经营监管机制，使得四川省猕猴桃绿色生产技术标准难以真正得到落实，生产的果实品质参差不齐；而且各猕猴桃企业和种植大户之间存在着激烈的市场竞争，缺乏统一的商标与品牌标识；大企业、有实力企业少，品牌多而小，缺乏统一的全省公共品牌、区域品牌、商业品牌和产品品牌；产品同质化现象严重，竞争力不强，特别是出口专用生产基地建设滞后。

**（五）高端市场占有率低**

尽管我国猕猴桃栽培面积和产量均居世界第一，但是猕猴桃出口量仅有几百吨，国际市场占有率极低。四川作为我国猕猴桃主要出口地区，也面临单位经济效益较差，商品价值和出口创汇能力低，特别是高端市场占有率低的局面。国产猕猴桃是新西兰猕猴桃售价的20%~30%。

**1. 产品国际贸易竞争力不强**

我国作为全球最大的猕猴桃产地，产量占全球总产量的50%以上，理应具有强大的国际市场竞争力。但实际上，2019年中国猕猴桃出口量为0.9万吨，进口量却高达12.3万吨；四川省猕猴桃出口量接近2 000吨，从新西兰进口量高达6.3万吨，四川省猕猴桃出口量仅占进口量的3.2%，巨大的贸易逆差表明包括四川省在内的中国猕猴桃在国际贸易中处于不利地位。

**2. 产品结构性过剩**

四川省猕猴桃高端优质果品比例较小，果品质量整齐度差，与新西兰、法国等80%以上的优质果率相差较远，因此造成产品结构性过剩和低端同质化竞争。

**3. 出口面临技术贸易壁垒**

在日益严格的猕猴桃出口标准下，绿色保护的措施和惩罚力度也更加严厉，我国猕猴桃出口屡遭国外绿色贸易壁垒挑战。猕猴桃作为四川省新兴的出口创汇产品，其农产品质量安全标准偏低，执行力度不严，监管时有疏漏，农业知识产权的保护不够，极易在国际技术性贸易壁垒的压制下处于弱势地位。

**4. 国内外竞争加剧**

首先，国内主产区的竞争加剧。由于猕猴桃产业的效益高，导致国内猕猴桃产区争先发展猕猴桃产业，除四川省外，陕西、湖北、河南、浙江、湖南等省份都将猕猴桃产业作为主要的特色水果产业来发展，发展势头迅猛。因此，未来我国猕猴桃的栽培面积和产量将继续大规模增加，竞争更加激烈。四川猕猴桃将面临国内其他主产区的竞争威胁。其次，随着我国劳动力成本的上升，我国生产的猕猴桃走出国门的价格优势在逐渐降低，在国际上的竞争力逐渐下降，生产成本更低的南美、东南亚国家猕猴桃冲击国内低端市场；而高品质的新西兰猕猴桃抢占高端市场，进一步挤占我国高端猕猴桃市场占有空间，使得猕猴桃生产面临巨大挑战，四川也将同时面临国际高低端市场的双重竞争威胁。

**5. 生产成本继续上行，利润空间压缩**

随着人力成本增加，劳动力供应紧张，加之物流、包装成本上涨，猕猴桃生产成本持续上行，利润空间不断压缩，市场竞争加剧，近年来猕猴桃销售价格大幅下降。而前期扩张的猕猴桃果园逐步进入丰产期，市场竞争进一步加剧，猕猴桃销售价格下行压力较大。例如，2016—2018 年陕西地区徐香猕猴桃生产成本分别为 506.7 元/公顷、518.7 元/公顷、586.7 元/公顷（33.78 元/亩、34.58 元/亩、38.11 元/亩），而收入分别为 720 元/公顷、586.7 元/公顷、448 元/公顷（48 元/亩、39.11 元/亩、29.87 元/亩），成本的上行和价格的下降不断挤压利润空间。据不完全统计，2019 年四川绿心、黄心、红心猕猴桃田间收购价分别为 3.2 元/千克、3.8 元/千克、6.4 元/千克，较 2014 年分别下降 40.7%、55.6%、50.6%。随着猕猴桃面积快速扩张，消费群体家庭小型化，猎奇消费热情减退，市场需求增长缓慢，无论是高端市场还是低端市场，猕猴桃利润空间将可能进一步压缩。

**（六）知识产权保护观念薄弱**

**1. 品种权保护不足**

近年，四川省选育出红阳、金实、红实等具有自主知识产权的猕猴桃优良品种，这些品种口感好，品质优良，深受消费者喜爱，推广应用经济效益高，农民和企业栽培热情很高，成为四川省猕猴桃主栽品种。但是未经品种权人许可的商业生产和销售猖獗，影响品种权益人及育种人的积极性，亟待政府加强这方面的监管、保护和维权力度。保护品种权才能保护创新，促进猕猴桃产业有序高质量高效益发展。

**2. 品牌知识产权保护不足**

随着我国实行原产地域产品保护制度后，四川猕猴桃主产区高度重视猕猴桃“三品一标”的品牌打造，各地争先申报国家地理标志、各种基地认证，取得了一定的成绩。从地理标志产品看，如“眉县猕猴桃”“都江堰猕猴桃”等的影响力不断提升；从商业品牌看，“佳沃”“伊顿”等众多省内猕猴桃品牌受到消费者青睐。但是，四川猕猴桃品牌虽然数量多，但建设能力滞后，产销市场混乱，知识产权保护不足，未经授权擅自使用和冒充猕猴桃地理标志产品和商业品牌事件屡有发生。例如，随着苍溪红心猕猴桃市场知名度不断提升，苍溪县政府制定了《苍溪县地理标志产品品牌保护机制》《关于保护苍溪红心猕猴桃品牌有关事项的通告》，出台了地理标志产品管理办法。但是，由于利润驱使，市场侵权假冒现象仍然频发，极大影响了苍溪红心猕猴桃的品牌声誉，造成苍溪红心猕猴桃市场价值贬损。

**（七）品牌打造不足**

猕猴桃产业品牌包括品种品牌、区域产业集群或区域公共品牌、商业品牌等。四川猕猴桃产业品牌数量过多，知名度低。经营模式制约品牌建设，品牌标准化不足，造成产品低端化竞争严重。

**1. 品牌数量过多，知名度低**

当前，四川省从事猕猴桃生产与销售的企业和专业合作组织有 30 余个，注册的猕猴桃商标有 10 多个，但品牌数量过多，特点不鲜明，影响力小，知名度低，特别是缺乏有国际影响力的大品牌，与新西兰的佳沛等知名品牌相比，名气很小。尽管目前四川已建成都江堰猕猴桃、龙门山脉猕猴桃、浦江猕猴桃、苍溪红心果等公共品牌，但是品牌管理十分松散，品牌的价值也没能得到充分发挥，品牌并未给果品带来很高的附加值，起到的宣传推广作用有限，没有把品牌优势转化为市场优势。

**2. 品牌标准化不足，产品低端化竞争严重**

四川猕猴桃产业各协会成员单位果园管理水平参差不齐，果品质量差异较大，品牌缺乏统一的产品标准，产品标准化不足。现在四川省猕猴桃鲜果销售主要采取果农自销、客商贩运、企业收购等方式，部分地区还通过专业合作组织统一销售，品牌拥有者与产品经营者分离，产品经营者缺乏对品牌的维护意识，同时缺乏品牌维护机制；在果实成熟季节，受买方因素和种植户小农意识的影响，企业与专业合作组织常常难以从农户手中收购到优质的猕猴桃果品，极不利于形成品牌和提高企业的市场竞争能力；如果部分企业压低价格，就引致其他企业也陷入恶性价格之争，引发产业利润空间不断被压缩。另外，四川省猕猴桃缺乏良好的选品制度和技术设备，高端优质果品比例较小；大部分缺乏“产学研”技术支撑，品牌的技术含量和影响力有限；缺乏产品销售层次的划分，低端化竞争严重。

## 四、四川省猕猴桃产业发展趋势与对策建议

### （一）四川省猕猴桃产业发展趋势研判

猕猴桃属于20世纪新兴的水果之一，富含维生素C，深受消费者喜爱，在世界水果市场占比0.2%，具有巨大的市场潜力。我国是世界猕猴桃进口大国，特别是高档猕猴桃产品主要依赖进口，进口量和进口额逐年上升，2021年，我国共进口鲜食猕猴桃约12.8万吨，价值5.5亿美元，同比分别增长22.2%和9.6%。其中，从新西兰进口11.7万吨，价值5.2亿美元，同比分别增长27.7%和18.4%，国内对高品质的猕猴桃需求数量巨大。

四川的猕猴桃野生资源主要分布在东经102°~110°12′、北纬26°03′~34°19′的广阔地域内，总面积约36万平方公里，其中盆地边缘的山地猕猴桃资源分布较集中，约60万公顷。猕猴桃对自然环境条件的适应力较强，在四川从气温11~40℃、日照1 000~2 600小时、降水量720~1 800毫米、空气相对湿度57%~87%、积温（≥10℃活动积温）3 000~5 600℃，海拔300~3 200米地区都有猕猴桃资源分布。适宜猕猴桃种植的区域达到6.67万公顷（100万亩）以上，猕猴桃种植仍有空间。

猕猴桃产业发展符合国家乡村振兴战略政策，随着四川省“5+1”现代产业体系和“10+3”现代农业体系建设的纵深推进，四川猕猴桃产业将逐步完成自身进化，向着更高质量方向发展。

## （二）促进四川省猕猴桃产业发展的对策建议

习近平总书记在参加十二届全国人大五次会议四川代表团审议时提出，四川农业大省这块金字招牌不能丢，要带头做好农业供给侧结构性改革这篇大文章，推进由农业大省向农业强省跨越。近年来，四川省政府先后出台《推进农业供给侧结构性改革加快四川农业创新绿色发展行动方案》（川办函〔2016〕174号）和《川果产业振兴工作推进方案》（川农领〔2020〕12号），将猕猴桃纳入六大农业供给侧结构性改革试点产业之一，突出了猕猴桃产业在四川省的经济发展中的重要地位。党的十九大明确提出要大力实施乡村振兴战略，推动产业兴旺发展。《中共中央 国务院关于实施乡村振兴战略的意见》提出要“深入推进农业绿色化、优质化、特色化、品牌化，调整优化农业生产力布局，推动农业由增产导向转向提质导向”。2021年2月21日中央一号文件《中共中央 国务院关于全面推进乡村振兴加快农业农村现代化的意见》公布，提出全面推进乡村振兴。要求打好种业翻身仗，加快实施农业生物育种重大科技项目，尽快实现重要农产品种源自主可控；开展种源“卡脖子”技术攻关。强化现代农业科技和物质装备支撑，构建现代乡村产业体系，推进农业绿色发展，推进现代农业经营体系建设。对标新西兰，四川猕猴桃产业应提高质量效益和竞争力，早日实现由大变强的跨越式发展。

### 1. 科学规划，适地适种，避免盲目种植

（1）猕猴桃生态区划

四川猕猴桃经济栽培起步早，但40余年发展历程中，由于缺乏系统的生态适宜性调查和对不同生态区猕猴桃园土壤、气候及果实品质的科学评价，一直无法准确界定猕猴桃最适经济栽培区，造成生产上选址无标准、盲目发展。近年，随着极端气候日益频繁，过去在不适宜区大规模建立的猕猴桃园凸显出系列严重问题（如风害、冻害、涝害以及溃疡病大面积暴发等），造成的经济损失惨重。

通过在四川省不同生态区开展多年的定点定位观测和栽培实践调研，结合猕猴桃生长发育特点及其对生态条件的要求，研究提出了四川猕猴桃生态区划指标体系，制定了《四川猕猴桃生态区划》，为四川省猕猴桃产业的合理布局，健康稳定发展提供了科学依据。

①区划方法及评价指标体系。项目组根据果树生态适应性理论于2011—2021年系统调查了四川猕猴桃野生资源集中分布区和现有优质栽培区的主要生态因子，

并将其与国际猕猴桃代表产区（新西兰蒂普基镇）进行比对，从众多生态因子中共筛选出与猕猴桃生长发育、产量品质形成最密切的3个一级指标（气候、土壤、地形）和12个二级指标作为生态区划的主要依据，并将各指标根据适宜度分为最适宜、适宜、次适宜和不适宜4个级别（表2）。

**表2　四川猕猴桃生态区划指标体系**

| 一级评价指标 | 二级评价指标 | 等级划分标准 | | | |
|---|---|---|---|---|---|
| | | 最适宜8 | 适宜4 | 次适宜2 | 不适宜1 |
| 1. 气候指标 | 1.1 年均温（℃） | 15~18 | 13~15<br>18~20 | 10~13<br>20~23 | <10<br>>23 |
| | 1.2 1月均温（℃） | 3~7 | −2~3 | −5~−2 | <−5 |
| | 1.3 7月均温（℃） | 23~25 | 20~23<br>25~27 | 17~20<br>27~29 | <17<br>>29 |
| | 1.4 ≥10℃活动积温 | 4 500~5 600 | 5 600~6 000 | 4 000~4 500 | <4 000<br>>6 000 |
| | 1.5 年降水量（毫米） | 1 200~1 400 | 800~1 200<br>1 400~1 700 | 600~800 | <600 |
| | 1.6 旱季（12月至翌年3月）降水量（毫米） | 180~220 | 150~180<br>220~250 | 130~150<br>250~270 | <130<br>>270 |
| | 1.7 年空气相对湿度（%） | 79~82 | 75~79<br>82~85 | 72~75 | <72 |
| | 1.8 年均日照时数（小时） | 1 200~2 000 | 1 100~1 200<br>2 000~2 200 | 1 000~1 100<br>2 200~2 500 | <1 000<br>>2 500 |
| 2. 土壤指标 | 2.1 pH值 | 5.5~6.5 | 6.5~7.5 | 4.5~5.5<br>7.5~8.0 | <4.5<br>>8.0 |
| | 2.2 土壤有机质含量（%） | >4 | 2~4 | 1<2 | <1 |
| 3. 地形指标 | 3.1 海拔高度（米） | 600~800 | 800~1 200 | 400~600<br>1 200~1 600 | <400<br>>1 600 |
| | 3.2 坡度（°） | <15 | 15~25 | 25~35 | >35 |

②区划结果。根据研究提出的猕猴桃生态区划指标体系，运用地理信息系统（ArcGIS），分别对气候因子、土壤因子、地形因子进行评价，在此基础上研究制定了四川省猕猴桃生态区划。

最适宜区：最适宜区总面积达到135 069.0平方公里，主要分布在川东丘陵地区和攀西地区东部，同时，成都平原西部的盆周山区也有一定数量的分布。由于局地水热条件的差异，零星分布的最适宜区还包括川东南部分地区，以及部分水热条件适宜的中山区河谷地带。由于其开发条件最优，未来应考虑区域土地利用现状和农业开发结构等情况，优先在此类区域中大规模发展猕猴桃产业。

适宜区：适宜区总面积达到68 182.4平方公里，主要沿部分山脉分布，包括龙门山区、川东平行岭谷地区（如广安、达州部分地区），以及四川盆地南缘向云贵高原的过渡地带。总体上，空间特点主要呈条带和镶嵌状分布。由于此类地区以山地和丘陵地带为主，粮食及主要经济作物的种植相对弱势，因此虽然它的种植适宜性等级不如最适宜区，但是其实际的开发潜力却甚为可观，未来是猕猴桃栽培的主要潜力区。

次适宜区：次适宜区总面积达到93 975.8平方公里，主要分布在川西高原的部分河谷地带，攀西地区以西地区，以及川陕交界的米仓山、大巴山（狭义）一带，另外呈镶嵌状零星分布于四川省的中东部地区。该适宜性级别属于种植条件的临界区，天然种植条件一般，连片程度较差，猕猴桃规模种植意义不大。

不适宜区：不适宜区总面积达到191 116.3平方公里，主要分布在川西高原的大部分地区，整体上呈明显的连片分布。不适宜区大多海拔较高，水热条件或者土壤条件不能满足猕猴桃种植的一般要求，不适合猕猴桃的种植。

经多地生产实践验证，本区划结果符合四川猕猴桃生产实际，具有较强的指导意义。

（2）猕猴桃品种生态适应区的规划

四川省猕猴桃品种主要分为红肉型、黄肉型、绿肉型和软枣猕猴桃四大类型。不同类型的品种对海拔高度、年平均气温都有一定的差异。一般来讲，红肉型品种抗性比较弱，黄肉型和绿肉型抗性比较强，软枣猕猴桃抗性最强。四川省红肉型猕猴桃品种一般要求海拔600米以下、年平均气温16.5℃以上；黄肉型猕猴桃品种一般要求海拔800米以下、年平均气温16℃以上；绿肉型猕猴桃品种一般要求海拔1 200米以下、年平均气温15℃以上；软枣猕猴桃类品种可以栽培到海拔1 600米以上，年平均温度10℃以上都可以种植，同类型不同品种商业发展前需要进行品种生态适应性试验研究，才能正确判断该品种是否适应该地区的生态条件。

**2. 大力推广优质抗溃疡病品种，解决产业安全隐患**

四川省猕猴桃产业70%的品种都是红阳，该品种抗性弱，溃疡病发生严重，猕猴桃产业存在安全隐患。应大力推广最新培育抗溃疡病比较强的红实、金实等红肉、黄肉、早中晚熟配套系列新品种，引进推广翠香、中猕2号、瑞玉等优质绿肉型品种，将红阳品种面积降到40%以下，形成红肉、黄肉和绿肉型品种栽培面积分别占50%、40%、10%合理的品种搭配。

**3. 大力推广猕猴桃标准化栽培技术，提高猕猴桃产业经济效益**

推广猕猴桃全产业链技术体系，包括“一园三圃”良种快速繁育技术；快速成园、早结、液体授粉、高光效轻简等优质丰产栽培技术；以避雨大棚为核心的溃疡病绿色防控技术；适时采收、精准贮藏、即食催熟采后商品化处理技术及深加工技术等。猕猴桃单位面积产量提高30%，商品果率提高30%，劳动力成本降低30%，每亩经济效益达到2万~3万元，提高30%。

**4. 开展猕猴桃智慧化果园关键技术研究与应用**

针对猕猴桃从传统劳动密集型果业向智慧果业的转型升级过程中存在数据协同获取能力薄弱、智能分析决策模型缺失、精准管理与服务能力弱等突出问题，面向果园种植、采后分级等关键环节，研发果园多源信息自动采集技术和数字化监测技术、数据和模型关联驱动的智能化诊断技术，研制无人化喷药和视觉分级分选装备，研发冷链智能监测与品质预测技术，构建数智果园和果品智慧供应链管控平台，提升果园的智能化水平和管理效率。

**5. 试行省域特色农业产业统一**

《科技广场》2016年第5期《新西兰猕猴桃产业管理经验及其对我国区域特色产业发展的启示》提出，要提高我国的产业集中度，鼓励在县级成立合作社联社机构，进一步在地市一级尝试建立合作社联社协会，进一步增强其市场主体地位。有条件的地方，可建立政府与所有合作社共同参与的统一对外管理机构。

《绿色科技》2017年11期《新西兰行业产业委员会对促进我国特色农业产业升级的启示》认为，“新西兰奇异果营销局”及佳沛公司就是一个行业产业委员会。行业产业委员会独立于政府，代表行业公众利益，整合产业组织，促进企业与企业、合作社与合作社兼并重组，形成一个大型产业联盟。新西兰GDP和面积都比较接近我国一个省的情况。因此借鉴新西兰的行业产业委员会经验，对于推进我国省域特色农业产业升级有着重要意义，建议选取一些特色农业产业试点组建行业产业委员会。

**6. 培育属于农户的真正的龙头企业**

《经济视角》2013 年第 5 期提出，应结合市场和政府的力量，进一步推进龙头企业间的兼并重组，建立与果农利益共享企业，即扶持属于农户的真正的龙头企业。

《新西兰猕猴桃产业的经验及其对我国的启示》也建议，应培育与农户利益联结机制紧密的龙头企业，由龙头企业根据市场的需求，确定生产方向，并通过协议购销、合同保护价收购、股份合作等形式，与农户结成稳定的协作和合理的利益关系，把农民与市场联结起来。龙头企业负责产业化建设的组织、资金筹措、技术培训、种苗及生产资料的供应、产后处理、贮运和销售等产前、产中、产后服务。在猕猴桃产业化的过程中要始终确立农民是产业化经营的主体，龙头企业与农民结成风险共担、利益共享的共同体，签订按最低保护价收购的订单生产合同。借鉴佳沛公司让猕猴桃果农参股，二次利益分配的机制，在龙头企业按照协议向果农支付价款的同时，还以果农参股的多少，实施二次利润分配，以进一步密切龙头企业与果农的关系。

**7. 通过大型电商平台加强区域公用品牌的统一推广**

《世界农业》2017 年 10 期《国外特色水果品牌营销经验与启示——以美国“新奇士”柑橘和新西兰“佳沛”奇异果为例》建议，在区域公用品牌建立的基础上，创造商业品牌。以商业品牌建设为核心，让地理标志保护和区域公用品牌为商业品牌做背书，让商业品牌为区域公用品牌做支撑。

四川省农业科学院农业信息与农村经济研究所《2020 年我国猕猴桃市场与产业调查分析报告》提出，可鼓励地方政府联合大型电商平台企业共同推进猕猴桃电子商务标准化进程，共同打造农产品区域公用品牌。按照“少数精英网商+多数种养能手”的要求，合理配置县域内网商和生产者资源，避免众多同质化恶性竞争。

**8. 强化猕猴桃种质资源与育种创新研究，使猕猴桃种业“芯片”牢牢地掌握在中国人手中**

第一，四川有基础，四川在猕猴桃种质资源收集保存育种方面的研究有 40 多年的历史，建立了省级猕猴桃种质资源圃，面积 20 余公顷（300 余亩），世界面积最大，收集保存猕猴桃种质资源 2 000 余份，创制核心育种材料 100 余份，为猕猴桃育种奠定了坚实的基础。第二，四川省培育出世界上第一个红肉猕猴桃品种红阳，该品种的培育对四川省及全国猕猴桃产业发展起到了关键作用。第三，种质资源及培育新品种是世界种业竞争的核心技术。有资源就能够培育出优良品种，有品种就能够保证产业安全。所以强化猕猴桃种质资源与育种创新研究是必要的，也是可行的。

## 参考文献

郭耀辉，刘强，何鹏，2020. 我国猕猴桃产业现状、问题及对策建议［J］. 贵州农业科学，48（7）：69-73.

郭耀辉，王永志，刘强，2020. 四川省猕猴桃产业可持续发展研究［J］. 产业经济（4）：58-60.

李明章，王林，2000. 西部大开发中的四川猕猴桃资源优势［J］. 资源开发与市场，16（6）：360-361.

徐蓉，黄昌学，唐合均，等，2018. 四川省猕猴桃生产现状及对策［J］. 现代农业科技（19）：2.

# 四川葡萄产业发展报告

吕秀兰　王　进　梁　东　黄　鸿　黄　艳

（四川农业大学，四川成都 611130）

**摘　要：**我国是世界最大的鲜食葡萄生产国和消费国，葡萄产业已成为农民增收的新增长点，更是部分贫困地区脱贫攻坚的重要支柱产业。四川作为葡萄种植大省之一，据农业农村厅业务统计，2021 年四川省葡萄种植面积近 53 万亩，产量 61.4 万吨，产值近 54.4 亿元，葡萄已走上稳面提质增效发展的快车道，成为四川省高效发展的水果产业。为进一步促进四川省葡萄产业健康可持续发展，本研究在归纳国内外葡萄产业概况基础上，剖析四川葡萄产业发展现状、存在的主要问题及发展趋势，进而提出合理的对策和建议，为葡萄产业发展相关决策提供科学依据。

**关键词：**四川省；葡萄；成就与问题；发展趋势；对策建议

葡萄（*Vitis vinifera* L.）是葡萄科（Vitaceae）葡萄属（*Vitis*）真葡萄亚属植物，多年生落叶木质藤本，古称蒲萄、蒲桃等，有欧洲种葡萄、美洲种葡萄和东亚种葡萄三个种群。欧洲葡萄只有一个种，即 *V. vinifera* L.，是主要的栽培种葡萄；美洲葡萄和东亚葡萄都有许多种，抗性均较强，但品质都有一些缺陷。葡萄原产于亚洲西部，世界栽培葡萄有 5 000~7 000 年历史，其中约 95%的葡萄种植区域分布在北半球，全球现有葡萄品种 8 000 余个，以欧洲葡萄和欧美杂交种葡萄（*V. vinifera*×*V. labrusca*）为主。中国栽培葡萄有 2 000 多年历史，大约有 800 个种，但比较优良的品种仅数十种。

葡萄风味优美，营养丰富。成熟浆果含水率 80%左右，含糖 10%~25%（其中葡萄糖 8%~13%、果糖 7%~12%、蔗糖 0.08%~0.2%），各种有机酸（0.5%~1.5%的酒石酸、苹果酸以及少量的柠檬酸、琥珀酸、没食子酸、草酸、水杨酸）、矿物质和微量元素、果胶、多种维生素及多种氨基酸等。每 100 克鲜葡萄浆果约含营养成分：蛋白质0.2克、碳水化合物10.0克、粗纤维1.6克、灰分0.2克、热量171.65千焦、钙4.0毫克、磷15.0毫克、铁0.6毫克、胡萝卜素0.04毫克、硫胺素0.04毫克、核黄素0.01毫克、烟酸0.1毫克、抗坏血酸4.0毫克。多吃葡萄、喝葡萄汁或适量饮用葡萄酒对维持人体健康均有益处，在医疗上能起到补肾、降压、开胃等作用，尤其在预防和治疗神经衰弱、胃痛腹胀、心血管疾病等方面有较显著的疗效。葡萄酒富含白藜芦醇、类黄酮、儿茶素及五羟黄酮等营养成分，具有软化血管、养颜护肤、抗衰抗辐射、增进食欲、消除疲劳、止血利尿等功效。

葡萄具有适应性强和早结丰产的特点，是中国的重要水果之一，根据中国葡萄种植区域的地形、地貌、自然气候条件和种植方式等可以将中国葡萄划分为七个主要栽培区，即环渤海湾地区（河北、山东等）、新疆地区、黄土高原地区（山西、陕西）、黄河中下游地区（河南等）、南方地区（江苏、浙江、安徽等）、以长白山为核心的吉林产区和西南地区（四川、云南等）。新疆、陕西、河北和山东等地区为历史优势种植区，四川等西南地区为新兴种植区。

## 一、国内外葡萄产业概况

### （一）世界葡萄生产基本情况

据联合国粮食及农业组织（FAO）统计，2020年世界葡萄种植总面积695.1万公顷，总产量7 803.4万吨；中国总面积76.8万公顷，产量1 484.3万吨。近40年来中国葡萄产量持续快速增长，2010年起成为世界第一产量大国。从近5年平均增长率来看，2021年我国葡萄产量将超过1 500万吨。西南四省葡萄栽培总面积为172.5万亩，产量179.7万吨，分别占全国的15.8%和12.7%。四川省鲜食葡萄面积2021年为50.0万亩，产量60.6万吨，产值近53.5亿元；酿酒葡萄面积2.35万亩，产量0.81万吨，产值0.9亿元。近20年世界葡萄产量、面积变化如图1、图2所示。世界葡萄面积2000—2003年开始处于上升阶段，但产量处于低位水平；2004—2012年面积处于缓慢下降阶段，但产量基本稳定；2012—2015年面积缓慢上升，产量显著上升；2015年至今面积基本稳定在1亿亩左右，产量稳定在7 500万吨左右。

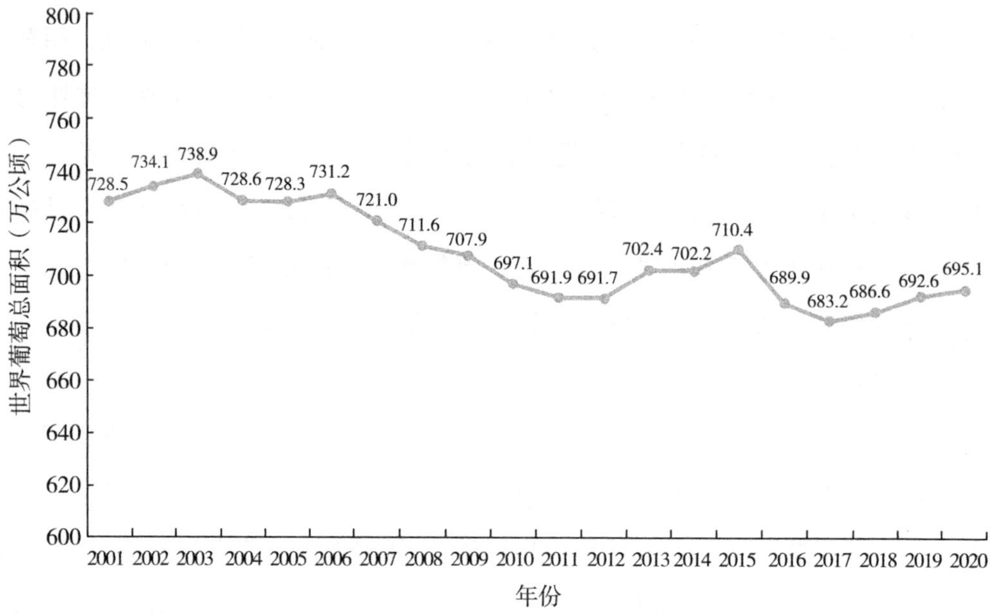


**图 1　近 20 年世界葡萄面积变化**

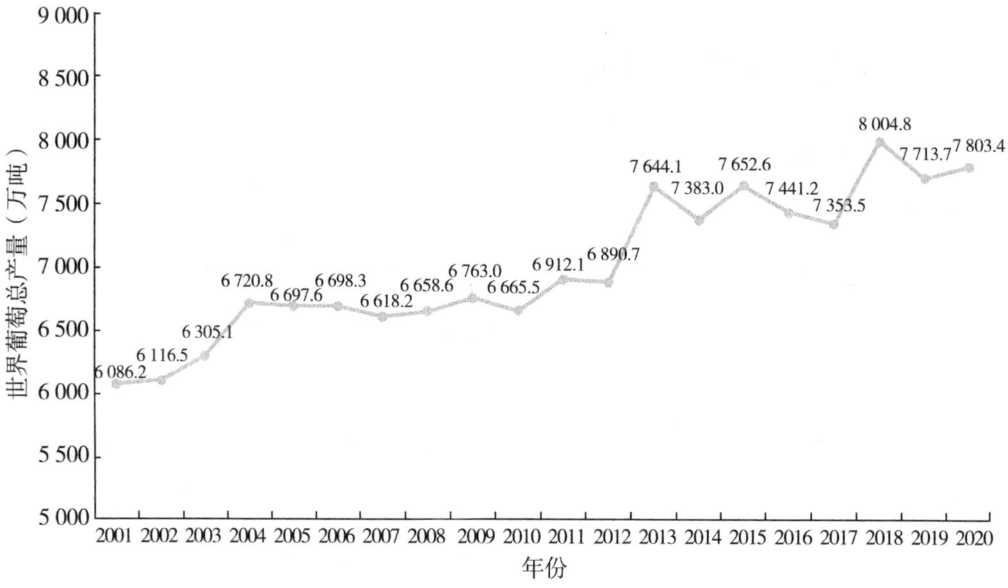


**图 2　近 20 年世界葡萄产量变化**

### （二）我国鲜食葡萄生产基本情况

据 FAO 统计，我国葡萄面积自 2001—2015 年迅速扩展到 80 万公顷（1 200 万亩）左右，产量升至 1 325 万吨左右，随后面积缓慢下降至 73 万公顷（1 100 万亩）左右，产量稳步上升至 1 400 万吨左右，中国葡萄产业已成为“小葡萄、大产业”。近 20 年中国葡萄面积、产量变化趋势如图 3、图 4 所示。

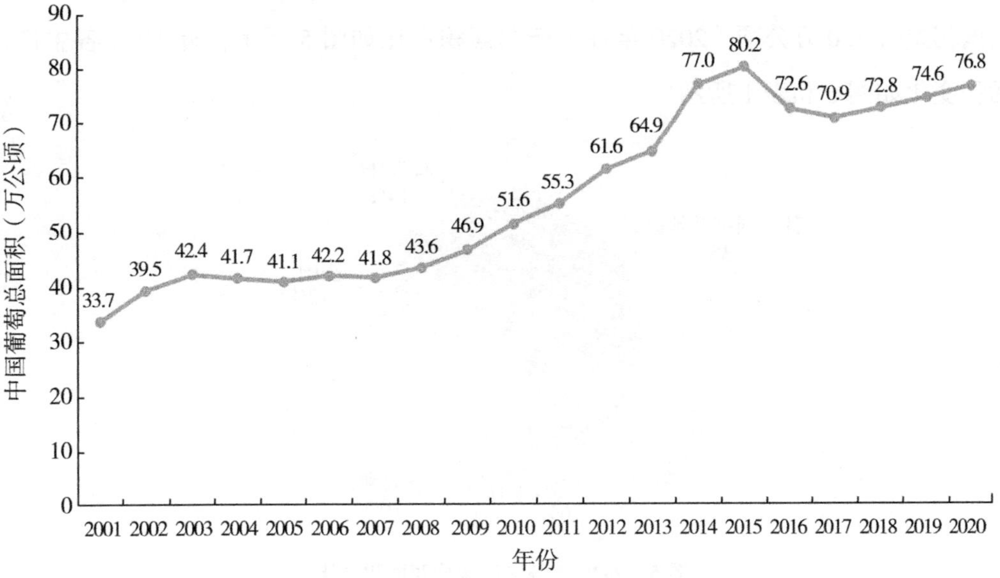


**图 3　近 20 年中国葡萄面积变化**

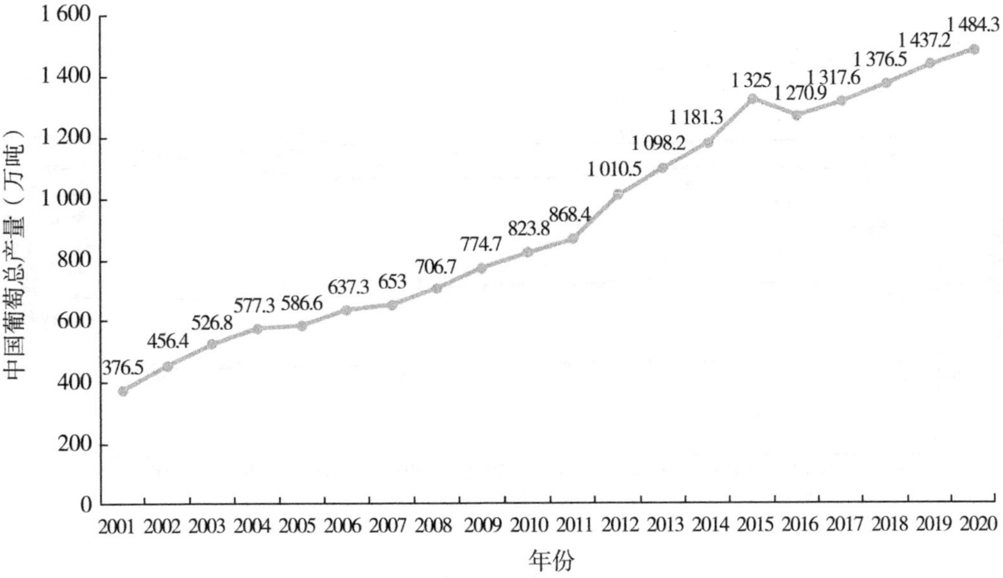


**图 4　近 20 年中国葡萄产量变化**

### （三）近 10 年世界葡萄主产国面积、产量变化趋势

据 FAO 统计，近 10 年我国葡萄面积整体呈增加趋势，而其他主产国基本稳定或略有下降，2016—2020 年我国葡萄面积逐渐稳定，排名世界第三，与第二主产国法国相差仅 1.0 万公顷。2020 年各主产国面积占比如图 5 所示，近 10 年各主产国面积变化如图 6 和表 1 所示。

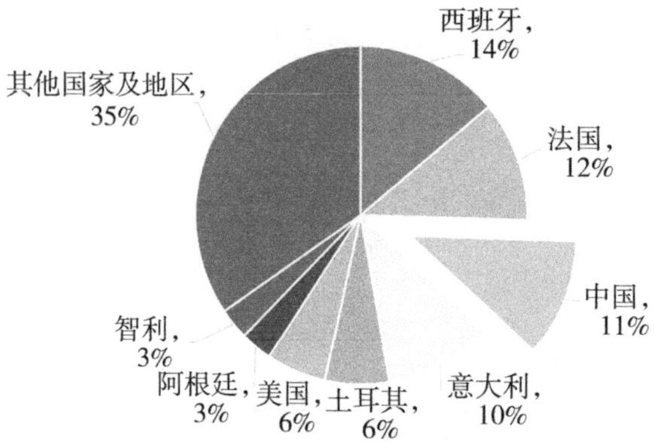


**图 5　2020 年各主产国葡萄面积占比**

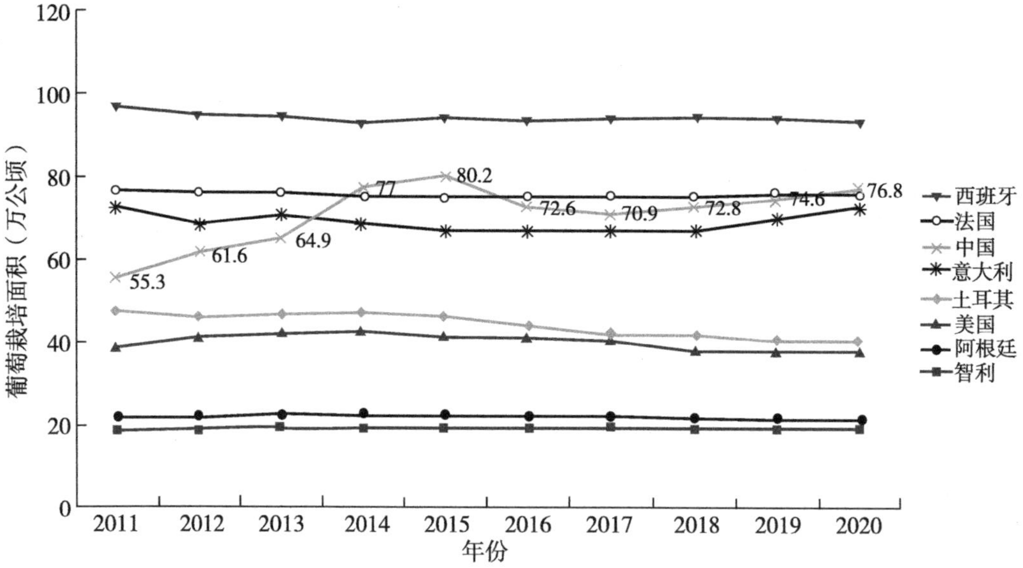


**图 6　近 10 年中国与世界其他主产国葡萄面积对比**

**表 1　近 10 年世界主产国葡萄面积**　　单位：万公顷

| 国家 | 2011 年 | 2012 年 | 2013 年 | 2014 年 | 2015 年 | 2016 年 | 2017 年 | 2018 年 | 2019 年 | 2020 年 | 2020 年/2019 年增长率 |
|---|---|---|---|---|---|---|---|---|---|---|---|
| 西班牙 | 96.3 | 94.7 | 94.4 | 93.1 | 94.1 | 93.5 | 93.8 | 94.0 | 93.7 | 93.1 | -0.6% |
| 法国 | 76.4 | 76.1 | 76.1 | 75.7 | 75.2 | 75.1 | 75.0 | 75.1 | 75.5 | 75.8 | 0.4% |
| 中国 | 55.3 | 61.6 | 64.9 | 77.0 | 80.2 | 72.6 | 70.9 | 72.8 | 74.6 | 76.8 | 2.9% |
| 意大利 | 72.5 | 68.7 | 70.2 | 68.2 | 67.3 | 66.8 | 67.0 | 67.6 | 69.8 | 71.8 | 2.9% |
| 土耳其 | 47.3 | 46.2 | 46.9 | 46.7 | 46.2 | 43.5 | 41.7 | 41.7 | 40.5 | 40.1 | -1.1% |
| 美国 | 38.9 | 41.2 | 42.2 | 41.9 | 41.4 | 40.9 | 40.4 | 37.9 | 37.8 | 37.6 | -0.4% |
| 阿根廷 | 21.8 | 22.1 | 22.4 | 22.6 | 22.5 | 22.4 | 22.1 | 21.8 | 21.5 | 21.5 | -0.2% |
| 智利 | 18.7 | 19.0 | 19.2 | 19.8 | 19.9 | 19.4 | 19.3 | 19.4 | 19.5 | 19.3 | -1.2% |
| 伊朗 | 20.9 | 21.0 | 27.3 | 20.1 | 20.2 | 15.6 | 14.2 | 15.6 | 15.5 | 15.9 | 2.3% |
| 印度 | 11.1 | 11.6 | 11.8 | 11.9 | 12.0 | 12.2 | 13.7 | 13.9 | 14.0 | 14.3 | 2.1% |
| 澳大利亚 | 16.7 | 14.8 | 14.6 | 13.8 | 14.8 | 13.6 | 13.7 | 13.6 | 13.4 | 13.3 | -0.8% |
| 南非 | 10.4 | 12.6 | 10.3 | 12.4 | 12.3 | 12.0 | 11.9 | 11.1 | 11.6 | 12.0 | 3.5% |
| 阿富汗 | 11.2 | 11.1 | 11.4 | 11.8 | 12.3 | 12.2 | 10.4 | 10.1 | 10.4 | 10.7 | 3.3% |
| 世界 | 691.9 | 691.7 | 702.4 | 702.2 | 710.4 | 689.9 | 683.2 | 686.6 | 692.6 | 691.2 | -0.2% |

数据来源：FAO 统计数据。

据 FAO 统计，2010 年起我国葡萄产量已稳居世界首位，2019 年产量达到第二主产国意大利的 1.8 倍，2020 年我国葡萄产量达到 1 484.3 万吨。其他主产国近 10 年产量则基本稳定或略有下降。2020 年各主产国产量占比如图 7 所示，近 10 年各国葡萄产量变化趋势如图 8 和表 2 所示。

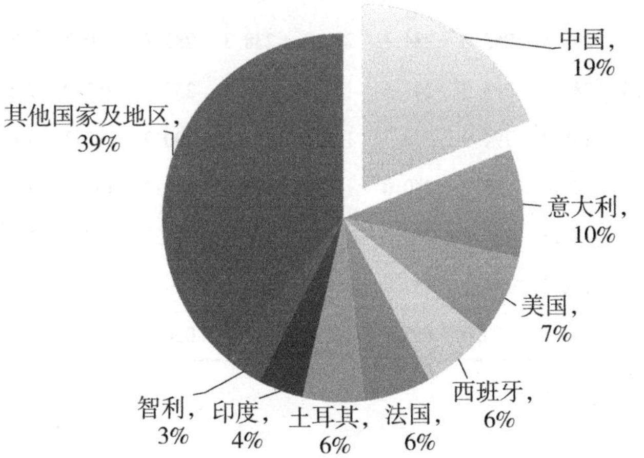


**图 7　2020 年各主产国产量占比**

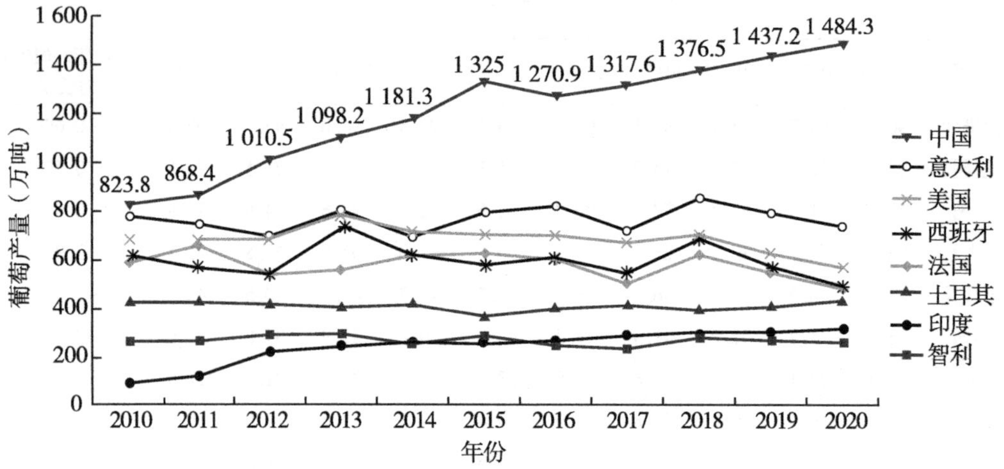


**图 8　近 10 年中国与世界其他主产国葡萄产量对比**

**表 2　近 10 年主产国葡萄产量**　　单位：万吨

| 国家 | 2011 年 | 2012 年 | 2013 年 | 2014 年 | 2015 年 | 2016 年 | 2017 年 | 2018 年 | 2019 年 | 2020 年 | 2020 年/2019 年增长率 |
|---|---|---|---|---|---|---|---|---|---|---|---|
| 中国 | 868.4 | 1 010.5 | 1 098.2 | 1 181.3 | 1 325.0 | 1 270.9 | 1 317.6 | 1 376.5 | 1 437.2 | 1 484.3 | 3.2% |
| 意大利 | 744.5 | 691.8 | 801.0 | 693.1 | 791.5 | 820.2 | 717.0 | 851.4 | 790.0 | 737.9 | -6.6% |
| 美国 | 675.6 | 683.2 | 783.1 | 715.2 | 696.5 | 698.3 | 669.9 | 689.1 | 623.3 | 572.2 | -8.2% |
| 西班牙 | 580.9 | 533.2 | 748.0 | 622.3 | 579.9 | 610.3 | 538.7 | 698.3 | 574.5 | 486.0 | -15.4% |
| 法国 | 664.1 | 538.5 | 554.1 | 620.5 | 625.8 | 602.8 | 501.1 | 626.8 | 549.0 | 477.1 | -13.1% |
| 土耳其 | 429.6 | 423.4 | 401.1 | 417.5 | 365.0 | 400.0 | 420.0 | 393.3 | 410.0 | 431.3 | 5.2% |
| 印度 | 123.5 | 222.1 | 248.3 | 258.5 | 260.2 | 259.0 | 292.2 | 292.0 | 304.1 | 315.0 | 3.6% |
| 智利 | 264.4 | 292.3 | 295.5 | 253.0 | 284.2 | 247.9 | 238.3 | 282.8 | 270.2 | 258.9 | -4.2% |
| 阿根廷 | 289.0 | 224.4 | 287.2 | 263.5 | 241.6 | 175.8 | 196.5 | 257.3 | 252.0 | 246.5 | -2.2% |
| 南非 | 168.0 | 184.1 | 198.0 | 194.9 | 200.7 | 196.6 | 203.3 | 190.2 | 199.3 | 207.7 | 4.2% |
| 伊朗 | 242.6 | 239.0 | 275.4 | 225.2 | 240.0 | 186.6 | 176.6 | 191.5 | 194.6 | 198.1 | 1.8% |
| 埃及 | 132.1 | 137.9 | 143.5 | 159.6 | 168.7 | 169.1 | 173.4 | 164.1 | 162.6 | 160.3 | -1.4% |
| 阿富汗 | 109.0 | 120.6 | 132.2 | 144.1 | 157.9 | 161.3 | 162.6 | 159.0 | 160.3 | 162.2 | 1.2% |
| 世界 | 6 912.1 | 6 890.7 | 7 644.1 | 7 383.0 | 7 652.6 | 7 441.2 | 7 353.5 | 8 004.8 | 7 713.7 | 7 803.4 | 1.2% |

数据来源：FAO 统计数据。

如图 9 所示，据国际葡萄与葡萄酒组织（OIV）统计，近 20 年世界鲜食葡萄产量排名前三的国家与中国葡萄产量变化趋势基本一致，2016 年之前迅速增加，

2017 年因自然灾害频发产量明显降低，2018 年之后呈上升趋势。从 2002 年起中国鲜食葡萄产量已稳居世界首位，占比逐年增加，2017—2019 年中国葡萄产量占世界总产量的 43%~50%，自 2017 年起几乎已占据世界鲜食葡萄的半壁江山。

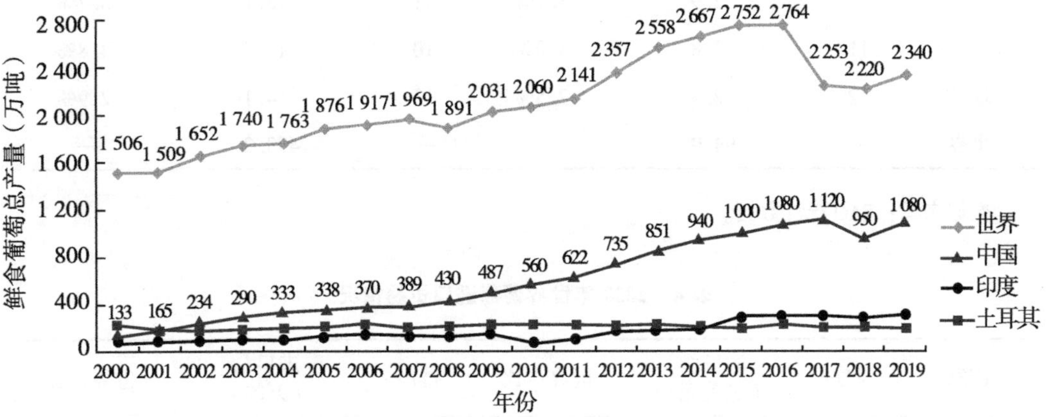


**图 9　近 20 年世界排名前 3 位国家鲜食葡萄产量变化**

### （四）葡萄及葡萄酒进出口情况

#### 1. 世界及中国葡萄进出口情况

2020 年世界主要国家鲜食葡萄出口情况和进口情况如表 3 和表 4 所示。据 FAO 统计，中国作为葡萄出口第一大国，2020 年出口额达到 15.9 亿美元，世界占比 16.8%；进口额达到 12.7 亿美元，世界占比 12.4%，由此可见葡萄产业发展对中国的重要性。

**表 3　2020 年世界葡萄出口贸易情况**

| 国家 | 排序 | 出口额（亿美元） | 世界占比 | 排序 | 出口量（万吨） | 世界占比 |
|---|---|---|---|---|---|---|
| 中国 | 1 | 15.9 | 16.8% | 1 | 63.3 | 12.8% |
| 智利 | 2 | 10.3 | 10.9% | 2 | 60.4 | 12.2% |
| 秘鲁 | 3 | 9.9 | 10.4% | 4 | 41.5 | 8.4% |
| 荷兰 | 4 | 9.6 | 10.1% | 5 | 35.9 | 7.3% |
| 意大利 | 5 | 8.3 | 8.7% | 3 | 45.5 | 9.2% |
| 美国 | 6 | 8.2 | 8.6% | 6 | 35.4 | 7.2% |
| 南非 | 7 | 5.2 | 5.5% | 7 | 32.5 | 6.6% |
| 西班牙 | 8 | 4.7 | 5.0% | 9 | 20.0 | 4.1% |

（续表）

| 国家 | 排序 | 出口额（亿美元） | 世界占比 | 排序 | 出口量（万吨） | 世界占比 |
|---|---|---|---|---|---|---|
| 澳大利亚 | 9 | 4.3 | 4.5% | 12 | 15.3 | 3.1% |
| 印度 | 10 | 2.9 | 3.1% | 11 | 18.1 | 3.7% |
| 墨西哥 | 11 | 2.8 | 3.0% | 10 | 18.7 | 3.8% |
| 埃及 | 12 | 2.4 | 2.5% | 13 | 14.1 | 2.9% |
| 世界 | — | 94.9 | — | — | 493.2 | — |

数据来源：FAO 统计数据。

**表 4　2020 年世界葡萄进口贸易情况**

| 国家 | 排序 | 进口额（亿美元） | 世界占比 | 排序 | 进口量（万吨） | 世界占比 |
|---|---|---|---|---|---|---|
| 美国 | 1 | 18.9 | 18.5% | 1 | 66.4 | 13.8% |
| 中国 | 2 | 12.7 | 12.4% | 2 | 52.2 | 10.9% |
| 荷兰 | 3 | 9.9 | 9.7% | 3 | 40.2 | 8.4% |
| 德国 | 4 | 8.0 | 7.8% | 4 | 34.6 | 7.2% |
| 英国 | 5 | 6.8 | 6.6% | 6 | 27.7 | 5.8% |
| 加拿大 | 6 | 4.5 | 4.4% | 7 | 18.6 | 3.9% |
| 俄罗斯 | 7 | 3.6 | 3.5% | 5 | 31.9 | 6.6% |
| 印度尼西亚 | 8 | 2.7 | 2.6% | 13 | 8.3 | 1.7% |
| 法国 | 9 | 2.2 | 2.2% | 9 | 13.1 | 2.7% |
| 波兰 | 10 | 2.0 | 2.0% | 10 | 12.5 | 2.6% |
| 墨西哥 | 11 | 2.0 | 2.0% | 11 | 9.6 | 2.0% |
| 韩国 | 12 | 1.8 | 1.8% | 19 | 5.7 | 1.2% |
| 世界 | — | 102.3 | — | — | 479.7 | — |

数据来源：FAO 统计数据。

近 10 年主要国家葡萄出口量和出口额对比如图 10、图 11 所示。据 FAO 统计，近 10 年中国葡萄出口量持续增加，2020 年达 63.3 万吨，居世界第一。中国葡萄出口额 2011—2015 年迅速增加，2015—2018 年基本稳定，之后迅速增加，2019 年起居世界第一，2020 年达 15.9 亿美元。近 10 年秘鲁葡萄出口量和出口额与中国趋势一致，但增加较缓慢，其他国家基本稳定。

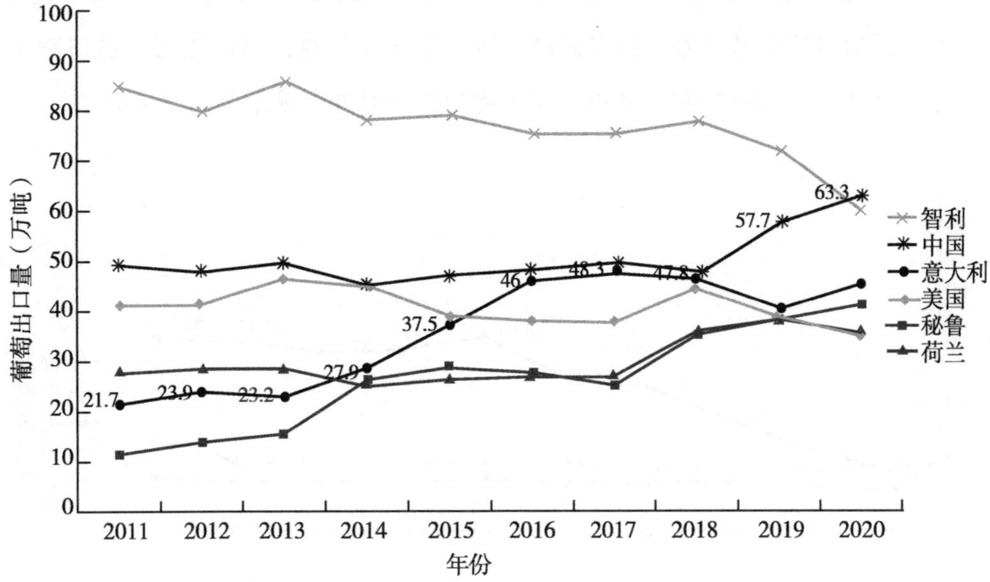


图 10　近 10 年主要国家葡萄出口量对比

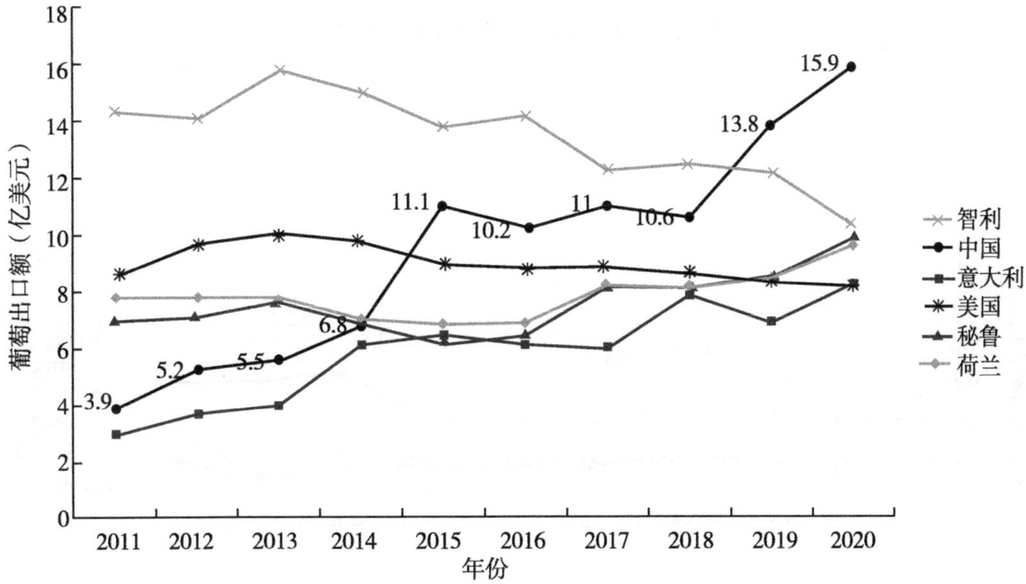


图 11　近 10 年主要国家葡萄出口额对比

近 10 年主要国家葡萄进口量和进口额对比如图 12、图 13 所示。据 FAO 统计，近 10 年，美国、荷兰、德国、英国、加拿大贸易持续逆差，智利、秘鲁、意大利贸易持续顺差，表明这 3 个国家在葡萄对外贸易上一直处于较为有利的地位。中国近10年葡萄进口量和进口额持续增加，位列世界第二，2018年之前均为贸易逆差，2019年起开始出现贸易顺差，出口量高于进口量5.6万吨，出口额高于进口额1.4亿美元，2020年贸易顺差翻倍增长，我国葡萄产业对外贸易地位彻底逆转。

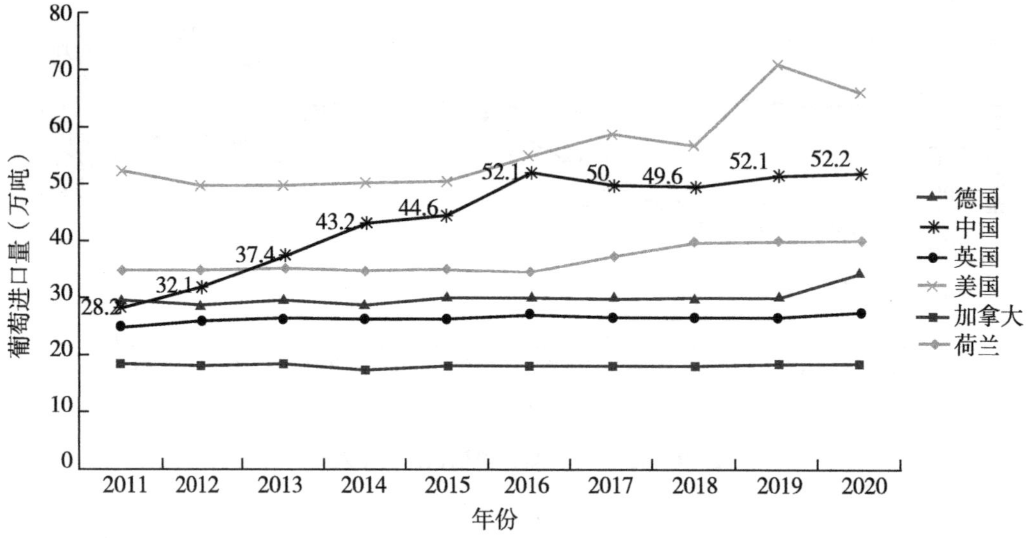


**图12　近10年主要国家葡萄进口量对比**

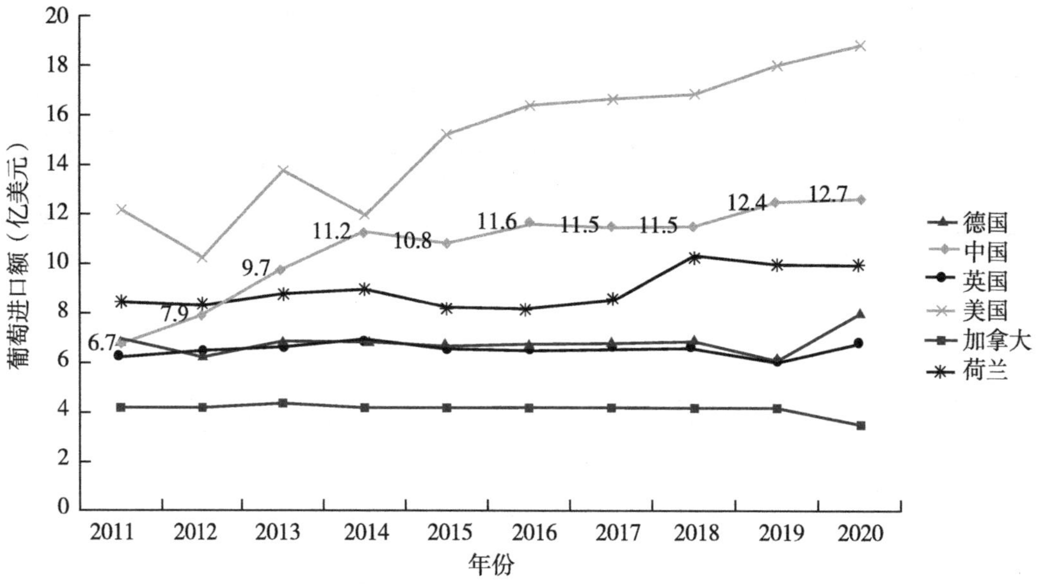


**图13　近10年主要国家葡萄进口额对比**

**2. 世界及中国葡萄酒进出口情况**

据 OIV 统计，近 20 年，世界葡萄酒生产量变幅较大，年生产量在 250 亿~295 亿升波动，2000—2008 年消费量迅速增加，之后基本稳定在 235 亿~245 亿升。近 20 年世界葡萄酒产量、葡萄酒消费量分别如图 14 和图 15 所示。

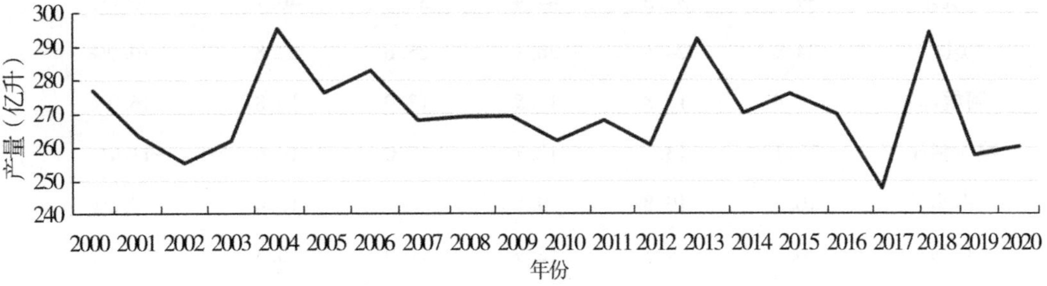


**图 14　近 20 年世界葡萄酒产量**

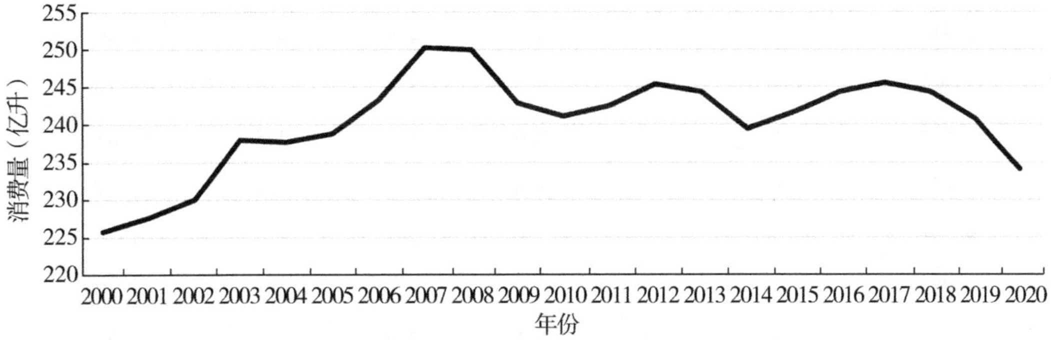


**图 15　近 20 年世界葡萄酒消费量**

近 5 年世界各国葡萄酒产量、消费量如表 5 和表 6 所示。近 5 年葡萄酒生产大国意大利、法国、西班牙产量稳中略有波动，其他国家变化幅度较小。与 2019 年相比，2020 年西班牙产量增幅最大，阿根廷和中国降幅最大。我国近 5 年葡萄酒产量持续降低，由 2015 年世界排名第五降至 2020 年排名第十。除此之外，近 5 年中国葡萄酒消费量下降，由世界排名第五降至第六，中国近一半的葡萄酒消费量依靠进口。

**表 5　近 5 年世界各国葡萄酒产量**　　单位：亿升

| 国家 | 2016 年 | 2017 年 | 2018 年 | 2019 年 | 2020 年 | 2020 年/2019 年增长率 |
|---|---|---|---|---|---|---|
| 意大利 | 50.9 | 42.5 | 54.8 | 47.5 | 49.1 | 3.4% |
| 法国 | 45.4 | 36.4 | 49.2 | 42.2 | 46.6 | 10.4% |
| 西班牙 | 39.7 | 32.5 | 44.9 | 33.7 | 40.7 | 20.8% |
| 美国 | 24.9 | 24.5 | 26.1 | 25.6 | 22.8 | -10.9% |
| 阿根廷 | 9.4 | 11.8 | 14.5 | 13.0 | 10.8 | -16.9% |
| 澳大利亚 | 13.1 | 13.7 | 12.7 | 12.0 | 10.6 | -11.7% |
| 南非 | 10.5 | 10.8 | 9.5 | 9.7 | 10.4 | 7.2% |
| 智利 | 10.1 | 9.5 | 12.9 | 11.9 | 10.3 | -13.4% |
| 德国 | 9.0 | 7.5 | 10.3 | 8.2 | 8.4 | 2.4% |
| 中国 | 13.2 | 11.6 | 9.3 | 7.8 | 6.6 | -15.4% |
| 葡萄牙 | 6.0 | 6.7 | 6.1 | 6.5 | 6.4 | -1.5% |
| 俄罗斯 | 5.2 | 4.5 | 4.3 | 4.6 | 4.4 | -4.3% |
| 罗马尼亚 | 3.3 | 4.3 | 5.1 | 3.8 | 3.6 | -5.3% |
| 新西兰 | 3.1 | 2.9 | 3.0 | 3.0 | 3.3 | 10.0% |
| 匈牙利 | 2.5 | 2.5 | 3.6 | 2.7 | 2.4 | -11.1% |
| 奥地利 | 2.0 | 2.5 | 2.8 | 2.5 | 2.4 | -4.0% |
| 希腊 | 2.5 | 2.6 | 2.2 | 2.4 | 2.3 | -4.2% |
| 巴西 | 1.3 | 3.6 | 3.1 | 2.0 | 1.9 | -5.0% |
| 格鲁吉亚 | 0.9 | 1.0 | 1.7 | 1.8 | 1.8 | 0 |
| 其他国家 | 16.8 | 16.5 | 18.1 | 16.6 | 15.4 | -7.2% |
| 世界总数 | 269.8 | 247.9 | 294.2 | 257.5 | 260.2 | 1.0% |

**表 6　近 5 年世界各国葡萄酒消费量**　　单位：亿升

| 国家 | 2016 年 | 2017 年 | 2018 年 | 2019 年 | 2020 年 | 2020 年/2019 年增长率 |
|---|---|---|---|---|---|---|
| 美国 | 31.3 | 31.5 | 32.4 | 33.0 | 33.0 | 0 |
| 法国 | 28.3 | 28.6 | 26.0 | 24.7 | 24.7 | 0 |
| 意大利 | 22.4 | 22.6 | 22.4 | 22.8 | 24.5 | 7.5% |

（续表）

| 国家 | 2016 年 | 2017 年 | 2018 年 | 2019 年 | 2020 年 | 2020 年/2019 年增长率 |
|---|---|---|---|---|---|---|
| 德国 | 20. 2 | 19. 7 | 20. 0 | 19. 8 | 19. 8 | 0 |
| 英国 | 12. 9 | 13. 1 | 12. 9 | 13. 0 | 13. 3 | 2. 3% |
| 中国 | 19. 2 | 19. 3 | 17. 6 | 15. 0 | 12. 4 | −17. 3% |
| 俄罗斯 | 10. 1 | 10. 4 | 9. 9 | 10. 0 | 10. 3 | 3. 0% |
| 西班牙 | 9. 9 | 10. 5 | 10. 9 | 10. 3 | 9. 6 | −6. 8% |
| 阿根廷 | 9. 4 | 8. 9 | 8. 4 | 8. 9 | 9. 4 | 5. 6% |
| 澳大利亚 | 5. 4 | 5. 9 | 6. 0 | 5. 9 | 5. 7 | −3. 4% |
| 葡萄牙 | 4. 7 | 5. 2 | 5. 1 | 4. 6 | 4. 6 | 0 |
| 加拿大 | 5. 0 | 5. 0 | 4. 9 | 4. 7 | 4. 4 | −6. 4% |
| 巴西 | 3. 1 | 3. 3 | 3. 3 | 3. 6 | 4. 3 | 19. 4% |
| 罗马尼亚 | 3. 8 | 4. 1 | 3. 9 | 3. 9 | 3. 8 | −2. 6% |
| 荷兰 | 3. 6 | 3. 7 | 3. 6 | 3. 5 | 3. 5 | 0 |
| 日本 | 3. 5 | 3. 5 | 3. 5 | 3. 5 | 3. 5 | 0 |
| 南非 | 4. 4 | 4. 5 | 4. 3 | 3. 9 | 3. 1 | −20. 5% |
| 瑞士 | 2. 7 | 2. 7 | 2. 6 | 2. 7 | 2. 6 | −3. 7% |
| 比利时 | 2. 8 | 2. 8 | 2. 7 | 2. 7 | 2. 6 | −3. 7% |
| 奥地利 | 2. 4 | 2. 4 | 2. 4 | 2. 3 | 2. 3 | 0 |
| 瑞典 | 2. 4 | 2. 3 | 2. 3 | 2. 3 | 2. 2 | −4. 3% |
| 捷克 | 2. 1 | 2. 2 | 2. 1 | 2. 1 | 2. 1 | 0 |
| 其他国家 | 34. 8 | 33. 1 | 37. 3 | 37. 7 | 32. 2 | −14. 6% |
| 世界总数 | 244. 4 | 245. 3 | 244. 5 | 238. 8 | 233. 9 | −2. 9% |

### （五）全国葡萄销售价格趋势

近年来，我国葡萄品种结构进一步优化，品种多样性更加丰富。鲜食品种中巨峰、红地球、玫瑰香等品种栽培面积占总面积的 70%以上；巨玫瑰、早黑宝、醉金香等品种及刺葡萄优良单系发展较快；夏黑、阳光玫瑰、火焰无核和克瑞森等无核品种因抗性强、口感好、品质优，所占比重逐步增加，尤其是阳光玫瑰面积快速增加，种植面积超过 100 万亩，接近总面积的 10%。随着种植面积迅速扩大，2021 年阳光玫瑰价格每千克下降50%以上，降到20~40元/千克，但仍然高于传统品种1~2倍。

国内葡萄价格两极分化明显，不同地区、品种、上市月份价格差异显著。如图16所示，据商务部统计，2017—2021年全国葡萄市场平均批发价维持在7~14元/千克，最低价出现在2017年10月，最高价出现在2019年5月，2020年之后最低价均在9元/千克以上，2019年和2021年最高价高出其他年份1.0元/千克。葡萄价格与上市时间密切相关，2021年4月葡萄价格为11~13元/千克，5月最高达14元/千克左右。随着葡萄进入盛果期（6—10月）价格一路下滑，至10月下旬跌至谷底，为9元/千克左右，12月受节日消费影响略有翘尾回升。从近5年葡萄价格变化趋势看，葡萄市场最高售价均出现在5月中下旬至6月上旬，此时南方早熟葡萄和北方温室促成葡萄尚未大量上市；最低售价出现在9月下旬至10月中旬，此时期是北方露地葡萄大面积成熟集中上市的时间。

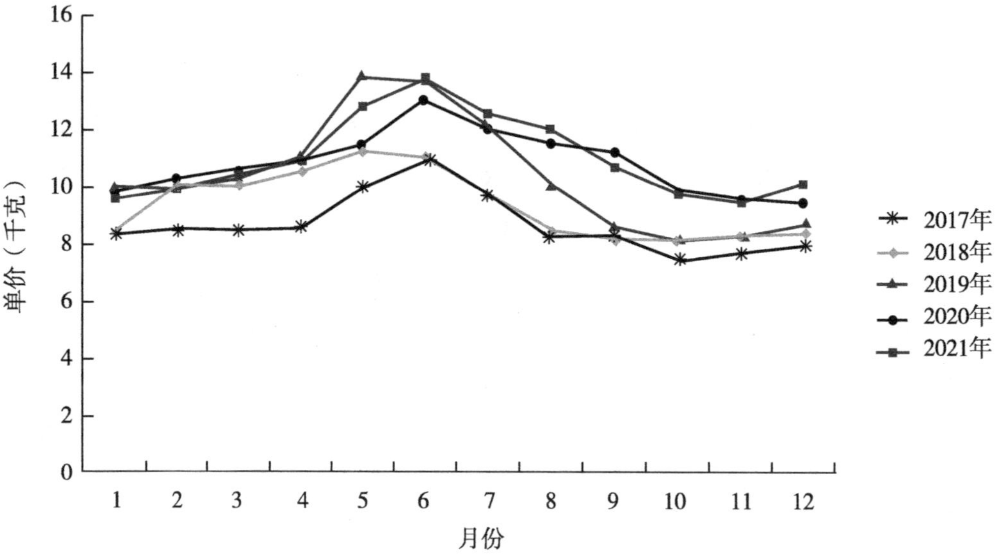


**图16　2017—2021年全国葡萄价格走势**

商务部统计数据表明，不同省（区、市）葡萄市场批发价格不一，各省（区、市）2021年7月葡萄市场批发价格行情如图17所示。2021年7月数据结果显示，北京的批发价格最高达到14元/千克，四川葡萄批发价格居于中上位置，价格在8.8元/千克左右。

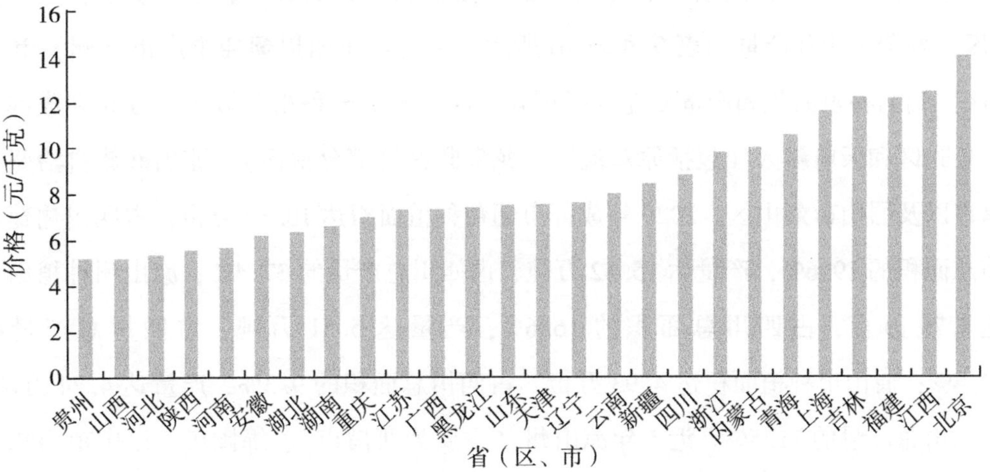


**图 17　各省（区、市）2021 年 7 月葡萄市场批发价格**

## 二、四川省葡萄产业发展现状

### （一）四川省葡萄面积、产量、产值与产业分布

近 10 年四川省葡萄种植面积、产量变化趋势如图 18 所示。2011 年四川省葡萄种植面积仅为 31.0 万亩，葡萄总产量约 24.3 万吨；2020 年则为 52.8 万亩，产量 41.2 万吨。近 10 年间，葡萄面积和产量均增加了 0.7 倍左右。

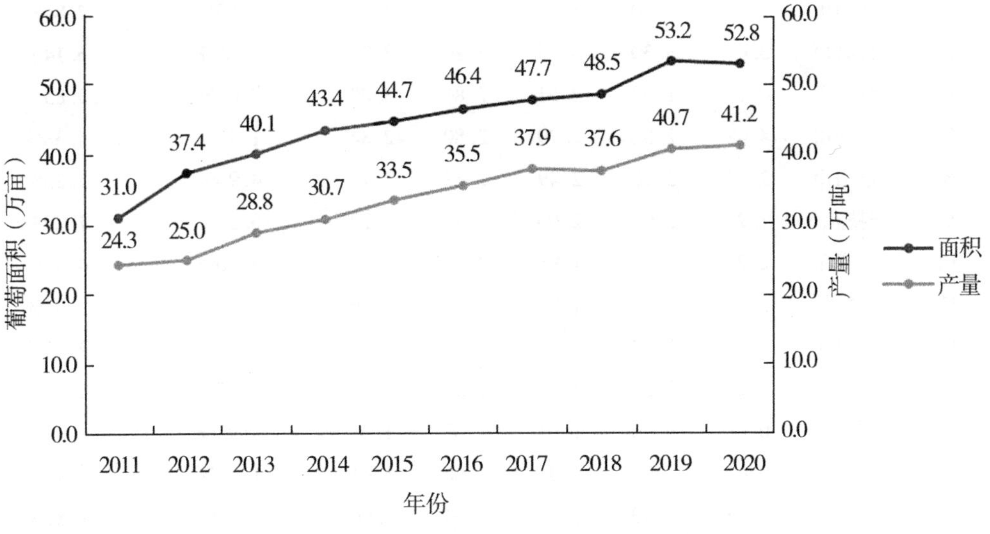


**图 18　近 10 年四川省葡萄栽培面积及产量变化趋势**

2016—2020年四川主产市（州）葡萄面积和产量如表7和表8所示，主产县（区）葡萄面积和产量如表9和表10所示。由近5年四川葡萄主产市（州）和县（区）葡萄种植面积和产量变化数据可知，四川省葡萄种植区域主要分布在成都市龙泉驿区和天府新区（包括原双流区、龙泉驿区等部分地区）、凉山彝族自治州西昌市以及眉山市彭山区。2020年成都市葡萄种植面积达10.35万亩，占四川葡萄种植总面积的19.6%，产量达15.42万吨，占四川总产量的37.4%；凉山州种植面积达8.75万亩，占四川总面积的16.6%，产量达5.51万吨，占四川总产量的13.4%；眉山市种植面积达4.93万亩，占四川总面积的9.3%，产量达4.74万吨，占四川总产量的11.5%。近5年凉山州（主要为西昌市）、绵阳市、巴中市面积有较大的增长，广安市、阿坝州略有下降，其余地区基本稳定；成都市、宜宾市、广安市、乐山市产量基本稳定，达州市略有下降，其余市（州）产量均有增长。其中凉山州（主要为西昌市）增长最快，5年间面积增加了3.8倍，产量增加了1.9倍。

**表7　2016—2020年四川主产市（州）葡萄面积**　　单位：万亩

| 序号 | 市（州） | 2016年 | 2017年 | 2018年 | 2019年 | 2020年 | 2020年/2019年增加量 | 2020年四川占比 |
|---|---|---|---|---|---|---|---|---|
| 1 | 成都市 | 10.25 | 10.40 | 10.87 | 10.50 | 10.35 | -1.43% | 19.60% |
| 2 | 凉山州 | 1.83 | 2.70 | 3.90 | 8.23 | 8.75 | 6.32% | 16.57% |
| 3 | 眉山市 | 5.85 | 4.80 | 4.79 | 4.85 | 4.93 | 1.65% | 9.34% |
| 4 | 绵阳市 | 2.43 | 2.80 | 3.35 | 3.85 | 4.14 | 7.53% | 7.84% |
| 5 | 宜宾市 | 3.08 | 3.30 | 3.13 | 3.20 | 3.24 | 1.25% | 6.14% |
| 6 | 巴中市 | 0.71 | 1.90 | 2.51 | 2.86 | 3.09 | 8.04% | 5.85% |
| 7 | 广安市 | 4.68 | 2.80 | 2.79 | 2.80 | 2.84 | 1.43% | 5.38% |
| 8 | 乐山市 | 2.22 | 2.10 | 2.49 | 2.63 | 2.76 | 4.94% | 5.23% |
| 9 | 攀枝花市 | 2.22 | 2.90 | 2.96 | 2.37 | 2.22 | -6.33% | 4.20% |
| 10 | 南充市 | 2.22 | 1.80 | 1.96 | 2.04 | 2.14 | 4.90% | 4.05% |
| 11 | 阿坝州 | 2.19 | 2.00 | 1.90 | 1.80 | 1.76 | -2.22% | 3.33% |
| 12 | 甘孜州 | 1.32 | 1.30 | 1.22 | 1.36 | 1.46 | 7.35% | 2.77% |
| 13 | 德阳市 | 1.25 | 1.20 | 1.26 | 1.33 | 1.44 | 8.27% | 2.73% |
| 14 | 泸州市 | 0.88 | 0.90 | 1.04 | 1.02 | 1.01 | -0.98% | 1.91% |
| 15 | 达州市 | 0.61 | 1.00 | 1.00 | 1.00 | 1.01 | 1.00% | 1.91% |
| 16 | 内江市 | 1.03 | 0.90 | 0.92 | 0.94 | 0.96 | 2.13% | 1.82% |
| 17 | 广元市 | 0.80 | 0.80 | 0.75 | 0.67 | 0.62 | -7.46% | 1.17% |

数据来源：四川统计局。

**表 8　2016—2020 年四川主产市（州）葡萄产量**　　单位：万吨

| 序号 | 市（州） | 2016 年 | 2017 年 | 2018 年 | 2019 年 | 2020 年 | 2020 年/2019 年增加量 | 2020 年四川占比 |
|---|---|---|---|---|---|---|---|---|
| 1 | 成都市 | 15.83 | 16.45 | 16.48 | 15.00 | 15.42 | 2.80% | 37.43% |
| 2 | 凉山州 | 1.92 | 3.15 | 3.22 | 6.99 | 5.51 | −21.17% | 13.37% |
| 3 | 眉山市 | 3.76 | 4.62 | 4.66 | 4.67 | 4.74 | 1.50% | 11.50% |
| 4 | 绵阳市 | 1.87 | 2.18 | 2.23 | 2.43 | 2.63 | 8.23% | 6.38% |
| 5 | 宜宾市 | 2.00 | 2.08 | 2.05 | 1.97 | 2.00 | 1.52% | 4.85% |
| 6 | 巴中市 | 1.30 | 1.79 | 1.81 | 1.66 | 1.57 | −5.42% | 3.81% |
| 7 | 广安市 | 1.50 | 1.26 | 1.25 | 1.41 | 1.53 | 8.51% | 3.71% |
| 8 | 乐山市 | 1.02 | 0.94 | 0.92 | 0.97 | 1.01 | 4.12% | 2.45% |
| 9 | 攀枝花市 | 0.80 | 0.81 | 0.80 | 0.92 | 1.01 | 9.78% | 2.45% |
| 10 | 南充市 | 0.42 | 0.72 | 0.77 | 0.84 | 0.91 | 8.33% | 2.21% |
| 11 | 阿坝州 | 0.46 | 0.44 | 0.42 | 0.59 | 0.71 | 20.34% | 1.72% |
| 12 | 甘孜州 | 0.23 | 0.46 | 0.50 | 0.54 | 0.58 | 7.41% | 1.41% |
| 13 | 德阳市 | 0.49 | 0.52 | 0.55 | 0.53 | 0.54 | 1.89% | 1.31% |
| 14 | 泸州市 | 0.35 | 0.53 | 0.51 | 0.49 | 0.48 | −2.04% | 1.17% |
| 15 | 达州市 | 0.59 | 0.39 | 0.37 | 0.40 | 0.43 | 7.50% | 1.04% |
| 16 | 内江市 | 0.13 | 0.27 | 0.29 | 0.33 | 0.36 | 9.09% | 0.87% |
| 17 | 广元市 | 0.26 | 0.25 | 0.24 | 0.28 | 0.31 | 10.71% | 0.75% |

数据来源：四川统计局。

**表 9　2016—2020 年四川主产县（区）葡萄面积**　　单位：万亩

| 序号 | 县（区） | 2016 年 | 2017 年 | 2018 年 | 2019 年 | 2020 年 | 2020 年/2019 年增加量 | 2020 年四川占比 |
|---|---|---|---|---|---|---|---|---|
| 1 | 西昌市 | 1.55 | 2.04 | 3.30 | 7.13 | 7.96 | 11.64% | 15.08% |
| 2 | 龙泉驿区 | 4.90 | 4.95 | 4.56 | 3.81 | 3.60 | −5.51% | 6.82% |
| 3 | 华蓥市 | 4.36 | 2.59 | 2.60 | 2.60 | 2.64 | 1.54% | 5.00% |
| 4 | 丹棱县 | 3.05 | 1.85 | 1.87 | 1.78 | 1.76 | −1.12% | 3.33% |
| 5 | 天府新区 | — | — | — | 1.66 | 1.68 | 1.20% | 3.18% |
| 6 | 仁和区 | 1.52 | 2.15 | 2.15 | 1.55 | 1.59 | 2.58% | 3.01% |
| 7 | 彭山区 | 1.37 | 1.40 | 1.37 | 1.54 | 1.70 | 10.39% | 3.22% |
| 8 | 恩阳区 | 0.15 | 0.89 | 1.24 | 1.51 | 1.77 | 17.22% | 3.35% |

（续表）

| 序号 | 县（区） | 2016年 | 2017年 | 2018年 | 2019年 | 2020年 | 2020年/2019年增加量 | 2020年四川占比 |
|---|---|---|---|---|---|---|---|---|
| 9 | 翠屏区 | 0.99 | 1.00 | 1.07 | 1.24 | 1.42 | 14.52% | 2.69% |
| 10 | 大邑县 | 0.75 | 0.83 | 0.89 | 1.00 | 1.08 | 8.00% | 2.05% |
| 11 | 得荣县 | 1.02 | 1.02 | 0.95 | 0.95 | 0.96 | 1.05% | 1.82% |
| 12 | 盐亭县 | 0.78 | 0.80 | 0.83 | 0.90 | 0.94 | 4.44% | 1.78% |
| 13 | 东坡区 | 0.88 | 0.87 | 0.85 | 0.83 | 0.82 | -1.20% | 1.55% |
| 14 | 峨眉山市 | 0.84 | 0.74 | 0.78 | 0.83 | 0.87 | 4.82% | 1.65% |
| 15 | 阆中市 | 0.99 | 0.79 | 0.80 | 0.81 | 0.82 | 1.23% | 1.55% |
| 16 | 小金县 | 0.90 | 0.78 | 0.87 | 0.81 | 0.82 | 1.23% | 1.55% |
| 17 | 双流区 | 2.33 | 2.41 | 2.30 | 0.79 | 0.84 | 6.33% | 1.59% |

数据来源：四川统计局。

**表10　2016—2020年四川主产县（区）葡萄产量**　　单位：万吨

| 序号 | 县（区） | 2016年 | 2017年 | 2018年 | 2019年 | 2020年 | 2020年/2019年增加量 | 2020年四川占比 |
|---|---|---|---|---|---|---|---|---|
| 1 | 龙泉驿区 | 8.54 | 8.32 | 7.20 | 5.95 | 5.62 | -5.55% | 13.64% |
| 2 | 西昌市 | 1.65 | 1.78 | 2.16 | 4.88 | 5.51 | 12.91% | 13.37% |
| 3 | 天府新区 | — | — | — | 2.46 | 2.54 | 3.25% | 6.17% |
| 4 | 丹棱县 | 1.53 | 1.76 | 1.74 | 1.73 | 1.72 | -0.58% | 4.17% |
| 5 | 大邑县 | 1.04 | 1.54 | 1.68 | 1.71 | 1.74 | 1.75% | 4.22% |
| 6 | 双流区 | 3.70 | 4.32 | 4.11 | 1.63 | 1.51 | -7.36% | 3.67% |
| 7 | 彭山区 | 1.35 | 1.48 | 1.46 | 1.50 | 1.56 | 4.00% | 3.79% |
| 8 | 五通桥区 | 0.89 | 1.15 | 1.13 | 1.26 | 1.40 | 11.11% | 3.40% |
| 9 | 冕宁县 | 0.06 | 0.36 | 0.37 | 1.21 | 1.51 | 24.79% | 3.67% |
| 10 | 米易县 | 0.87 | 1.09 | 1.07 | 1.16 | 1.22 | 5.17% | 2.96% |
| 11 | 翠屏区 | 0.74 | 0.76 | 0.79 | 0.90 | 0.97 | 7.78% | 2.35% |
| 12 | 仁寿县 | 0.22 | 0.84 | 0.81 | 0.81 | 0.81 | 0.00% | 1.97% |
| 13 | 德昌县 | 0.02 | 0.42 | 0.45 | 0.65 | 1.19 | 83.08% | 2.89% |
| 14 | 东坡区 | 0.57 | 0.58 | 0.59 | 0.58 | 0.57 | -1.72% | 1.38% |
| 15 | 金堂县 | 0.48 | 0.52 | 0.54 | 0.57 | 0.59 | 3.51% | 1.43% |
| 16 | 阆中市 | 0.60 | 0.52 | 0.53 | 0.54 | 0.55 | 1.85% | 1.33% |
| 17 | 峨眉山市 | 0.45 | 0.42 | 0.46 | 0.48 | 0.50 | 4.17% | 1.21% |

数据来源：四川统计局。

**（二）创新团队助推作用明显，典型示范辐射带动强**

2008 年起国家现代农业产业技术体系四川创新团队成立，2019 年起在四川水果创新团队首席专家兼葡萄岗位专家吕秀兰领衔下，葡萄产业创下了全程产业链技术最完善、最成熟，全国标准化种植最规范、区域集中度最高、葡萄质量最好、品牌全国最响亮与经济效益整体水平最佳的佳绩，种中国最好葡萄的标杆，成为四川省现代农业五星园区和农业农村部标准化示范样板。产品主要销往成都、重庆、广州、深圳、浙江等地，主要为园地批发与电商园地采摘，批发价达 12~28 元/千克，纯收入 1.5 万元/亩以上，社会、经济、生态效益显著。国际市场主要是西昌出口东南亚。主产区彭山、西昌葡萄均获地理标志产品保护，列为名特优产品，在全国质量评比中获金奖数量最多，涌现了一批批辐射带动强的典型案例。

**1. 典型案例**

四川葡萄 80%面积为设施栽培和限产栽培，建设成了全国设施栽培规模化、标准化、生产水平最高、产品质量最优、效益最高的科研生产基地，产品质量安全优质、产品竞争优势明显、市场接受程度最高，产品价格接近广州、浙江、上海水平，区域特色和效益显著，成为行业标杆，如典型代表区彭山葡萄和西昌葡萄，如图 19、图 20 所示。

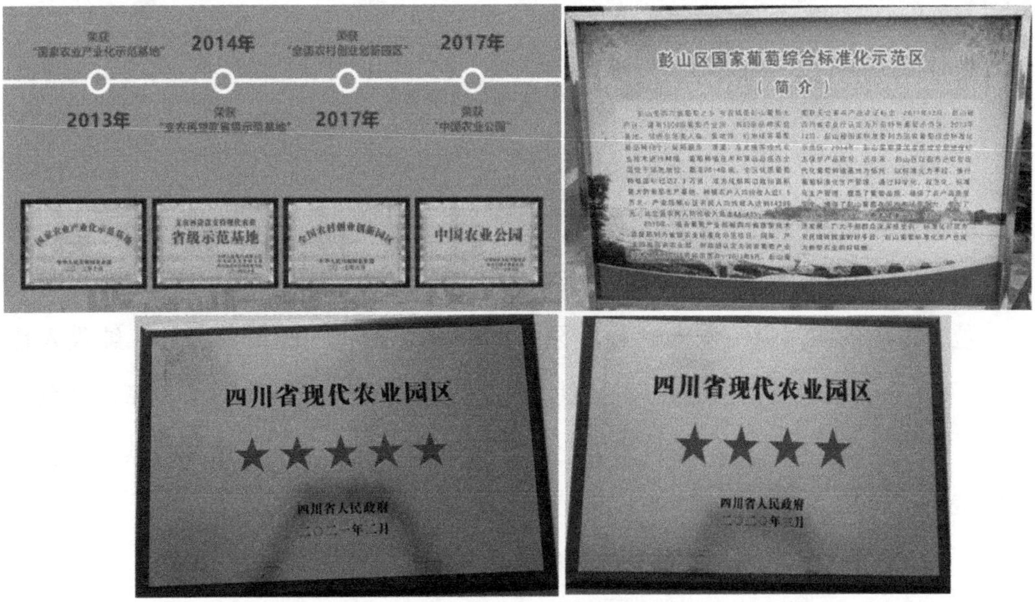


**图 19　典型代表区彭山葡萄获得荣誉**

除此之外，彭山公义镇获评农业农村部产业示范强镇，观音街道果园村获评全国特色产业亿元村。西昌还获评“全国晚熟葡萄之乡”，种植面积从5年前的1万余亩扩张到10万亩，其中80%为克瑞森葡萄，2021年产值达30亿元。

**图20　典型代表区葡萄**

**2. 典型效益**

彭山全区葡萄纯收入达2万~3万元/亩，西昌平均纯收入3万~5万元/亩，最高可达6万~7万元/亩。涌现的典型代表如下。

位于彭山的四川果怡农业科技有限公司规模化种植500亩葡萄，年纯收入达1 000万元左右；位于西昌的四川月城明珠农业有限责任公司种植1 000亩阳光玫瑰葡萄，年收益在6 000万~7 000万元；冕宁种植大户肖建华107亩葡萄基地，创下头年栽苗，第二年收入超800万元的纪录，2022年预计收入超过1 200万元。

**（三）多样化、个性化新品种大力推广应用**

目前四川已有葡萄栽培品种40余个，鲜食葡萄主栽品种有巨峰、夏黑、红地球、克瑞森、阳光玫瑰，除此之外，还少量种植了美人指、金手指、醉金香、比昂扣、维多利亚、玫瑰香等品种，其中无核品种如夏黑、早夏无核、克瑞森、紫甜无核等，香味品种如阳光玫瑰、长青玫瑰、玉波二号、圣诞玫瑰等，大粒型品种如浪漫红颜、妮娜女皇，酿酒品种如赤霞珠、美诺、西拉等已得到大面积推广应用。鲜食葡萄主要集中在成都市龙泉驿区和天府新区、眉山市彭山区、凉山州西昌市等地。2021 年四川各地区葡萄面积、产量、产值如表 11 所示。

**表 11　2021 年四川各地区鲜食葡萄和酿酒葡萄种植情况**

| 序号 | 市（州） | 鲜食葡萄 | | | | 酿酒葡萄 | | | |
|---|---|---|---|---|---|---|---|---|---|
| | | 总面积（万亩） | 投产面积（万亩） | 产量（万吨） | 产值（亿元） | 总面积（万亩） | 投产面积（万亩） | 产量（万吨） | 产值（亿元） |
| 1 | 成都市 | 3.33 | 3.22 | 4.68 | 4.81 | — | — | — | — |
| 2 | 自贡市 | 0.53 | 0.50 | 0.57 | 0.59 | — | — | — | — |
| 3 | 攀枝花市 | 2.01 | 1.00 | 1.76 | 1.55 | 0.03 | 0.03 | 0.04 | 0.24 |
| 4 | 泸州市 | 1.42 | 1.33 | 1.68 | 1.73 | — | — | — | — |
| 5 | 德阳市 | 1.88 | 1.56 | 2.02 | 1.19 | — | — | — | — |
| 6 | 绵阳市 | 3.02 | 2.87 | 6.07 | 4.32 | — | — | — | — |
| 7 | 广元市 | 0.56 | 0.54 | 0.80 | 1.11 | — | — | — | — |
| 8 | 遂宁市 | 0.94 | 0.94 | 1.27 | 0.59 | — | — | — | — |
| 9 | 内江市 | 1.18 | 1.08 | 2.34 | 1.93 | — | — | — | — |
| 10 | 乐山市 | 3.92 | 3.80 | 4.21 | 1.66 | — | — | — | — |
| 11 | 南充市 | 2.33 | 2.24 | 1.84 | 1.35 | 0.02 | 0.02 | 0.03 | 0.00 |
| 12 | 宜宾市 | 2.77 | 2.56 | 3.26 | 2.32 | 0.24 | 0.24 | 0.13 | 0.02 |
| 13 | 广安市 | 4.64 | 4.16 | 3.79 | 3.40 | — | — | — | — |
| 14 | 达州市 | 1.24 | 1.15 | 1.43 | 1.19 | 0.04 | 0.04 | 0.06 | 0.02 |
| 15 | 巴中市 | 2.19 | 2.09 | 3.35 | 2.78 | — | — | — | — |
| 16 | 雅安市 | 0.24 | 0.24 | 0.44 | 0.45 | — | — | — | — |
| 17 | 眉山市 | 5.80 | 5.46 | 8.51 | 9.89 | 0.02 | 0.02 | 0.04 | 0.08 |
| 18 | 资阳市 | 0.80 | 0.77 | 0.87 | 1.03 | — | — | — | — |
| 19 | 阿坝州 | 0.62 | 0.54 | 0.27 | 0.20 | 0.76 | 0.69 | 0.32 | 0.21 |
| 20 | 甘孜州 | 1.21 | 0.50 | 0.19 | 0.11 | 1.18 | 0.44 | 0.10 | 0.05 |
| 21 | 凉山州 | 9.43 | 4.61 | 11.21 | 11.33 | 0.06 | 0.06 | 0.09 | 0.08 |
| 合计 | | 50.05 | 41.16 | 60.57 | 53.53 | 2.35 | 1.54 | 0.81 | 0.69 |

由表 11 可知，四川省鲜食葡萄种植区域主要位于凉山州、眉山市，凉山州总面积达 9.43 万亩、产量达 11.21 万吨，统计产值 11.33 亿元，2021 年实际产值已突破 30 亿元；眉山市总面积达 5.80 万亩，产量达 8.51 万吨，产值 9.89 亿元。四川省酿酒葡萄种植区域主要位于甘孜州和阿坝州，2021 年甘孜州总面积达到 1.18 万亩、产量 0.09 万吨，产值约 0.05 亿元；阿坝州总面积达到 0.76 万亩、产量 0.32 万吨，产值 0.21 亿元，四川酿酒葡萄基地主要位于茂县、理县、得荣、乡城、丹巴、仁和等地。

**（四）完善的产业链技术支撑产业健康发展**

从品种特征特性研究及新品种培育到新技术推广应用，全产业链技术成熟完善。从土壤培肥健康管理、规范种植技术模式、避雨设施结构参数制定、精准配方肥水一体化、快速成苗成花结果、高光效整形与轻简化修剪、精准精细化花果管理、双早栽培、病虫害绿色防控、果园枝蔓废弃物+EM 菌+黄腐酸钾肥料化利用及葡萄精粗加工等各项技术成熟并不断完善，且对每一类每一个品种都有相应规范技术参数，对产业支撑和辐射带动保驾护航。

**1. 创建西南地区最大、收集资源最多的种质资源库**

20 余年来从国内外收集葡萄种质资源品种 229 种（6 800 余份），包括鲜食葡萄 199 种、酿酒葡萄 19 种和砧木 11 种，建成集种质资源保存与栽培技术示范于一体的西南地区最大、收集资源最多的种质资源库。系统研究了种质资源的 11 个植物学性状、15 个果实品质性状及资源的抗病性、抗虫性和抗逆性，建成了种质资源信息数据库。创建了四川省首个葡萄科技资源共享服务平台并成为首批葡萄种质资源保护单位。成为西南地区种质资源数量最多的资源库，为定向创制高抗、优良兼香型育种材料 312 个提供了物质基础。此外鉴选出克瑞森、阳光玫瑰等 20 个适宜弱光条件、熟期搭配合理、优质高抗的优良品种，推广面积占西南四省的 75% 以上。

**2. 首次编制了四川省葡萄生态区划**

系统分析四川 158 个气象观测站 40 年的数据，利用最大熵模型和 GIS 法将四川鲜食葡萄的适宜生长区精准划分为高适宜区、适宜区、低适宜区和不适宜区 4 类，分别占全省面积的 11.8%、23.6%、23.1%和 41.5%，并编制了生态区划，为适地适栽提供依据。

**3. 针对高温高湿弱光条件葡萄成花难和品质差的关键问题，首次揭示设施弱光下成花与品质形成及调控机理，为优质高效生产奠定理论基础**

第一，首次研究了西南地区葡萄成花调控机理，探明了ZRs/GAs、ABA/GAs和C/N动态平衡与成花关系密切，揭示果实第一次膨大期和成熟期是花芽分化关键时期，ZRs/GAs阈值为2.5和1.7、ABA/GAs阈值为22.4和20.0；C/N在果实第一次膨大期阈值为6.7，与成花显著正相关，并开发了弱光高湿条件下营养与化控协调成花的鉴定方法，为高温高湿弱光条件下花芽形成与调控奠定了理论基础。

第二，通过转录组和显微结构研究，揭示单氰胺可提高信号物质$H_2O_2$含量，促使淀粉含量下降，可溶性糖含量升高；IAA、ZT含量上升和ABA、GA含量下降，打破休眠并促进花器官发育，为解决萌芽不整齐、产期调控和灾后恢复技术奠定了理论基础。

第三，通过代谢组、转录组等方法，从紫黑色和黄绿色两种模式葡萄果实中检测出138种类黄酮，明确了弱光微环境类黄酮组分的时空差异；发现外源褪黑素既可上调夏黑葡萄着色相关基因表达，又能改善K、P等吸收，进而改善单果重、色泽和糖含量等品质；发现不同颜色果袋可影响阳光玫瑰果实糖、酸及表皮木质素的合成而调控果锈的发生；通过着色特异的美人指葡萄揭示了MYB基因启动子甲基化、MYB与UFTG的启动子互作调控着色机理。

**4. 针对露地葡萄不能实现“前促、中调、后控”及特质葡萄酿造技术落后等难题，首次创建了设施结构和功能统一的生产技术模式、技术参数及酿酒新工艺，为西南地区种植多样化高品质葡萄和开发强竞争力葡萄酒产品提供技术体系支撑**

第一，创建了设施结构与微环境和营养协同等“前促、中调、后控”技术参数，创新了避雨设施结构与绿色优质高效生产技术体系，实现了规模化优质高效生产。

第二，研发了宜机化高畦宽行稀植+双膜或三膜多功能避雨设施结构及绿色综防参数；创造性设计了高畦宽行（高0.3~0.4米，宽5.8~8.0米，栽植1~3行），亩栽27~150株，栽植密度降低55%以上；横档与压膜卡槽间隔0.4~0.5米独特覆膜设施结构，切断病原传播途径和地膜覆盖减少病原微生物传播，灾害性病害减少80%以上，绿色综防后化学防控次数减少70%以上，减药50%~60%，产品质量达

“NY/T 844 绿色食品 温带水果”标准，构建了空间结构和功能协调统一技术模式。

第三，创建了西南区葡萄微环境与营养精准协同“前促、中调、后控”技术参数。系统研究了西南地区微酸、微碱和中性三种主要土壤类型的物理、化学和微生物群落特性及大棚光、温、水微环境与葡萄 N、P、K、Ca、Mg、Zn、B、有机质等主要营养物质需求协同互作增效关系，研发出适宜的气象指标、土壤改良、镉污染生物修复位移和精准肥水管理指标参数。探明花穗分离期至花期日平均温度为 16~22℃，相对湿度 45%~65%，光照为 41 000~52 750 勒克斯；膨大期至成熟期日平均温度为 22~28℃，相对湿度 80%~95%，光照为 54 800~63 200 勒克斯。揭示土壤湿度 50%为灌溉下限阈值，90%为灌溉上限阈值；早熟葡萄限产 1 300~1 500 千克/亩全年施纯 N 13. 8~18. 5 千克、纯 P 10. 8~13. 1 千克、纯 K 26. 0~28. 6 千克，中熟葡萄限产 1 500~2 000 千克/亩全年施纯 N 17. 7~22. 3 千克、纯 P 15. 2~17. 5 千克、纯 K 28. 6~34. 9 千克；晚熟葡萄限产 2 500~3 000 千克/亩全年施纯 N 25. 3~29. 9 千克、纯 P 23. 5~25. 8 千克、纯 K 39. 0~49. 4 千克，同时，因地、因树配施 B、Mg、Ca、Zn 2~4 千克/亩。N、B 用于“前促”，N、P、Mg、Zn 用于“中调”，K、Ca 用于“后控”，实现了节肥 23%~29%、节水 35%~40%，果实固酸比 35∶1 以上，为保障葡萄多样化品种优质高效生产的微环境、动态营养调控与精准肥水一体化提供了技术支撑。

第四，创新了高光效整形修剪及枝蔓花果数字化参数。“H”形水平架和高“V”形架抬高主干和结果部位（0. 5~0. 7 米至 1. 2~1. 7 米）；一年生苗两次长枝（>1 米）摘心，二年生苗两次中枝（0. 8~1. 0 米）摘心，三年生以后一次短枝（0. 4~0. 5 米）摘心、一次中枝（0. 8~1. 0 米）摘心的“一长长、二中中、三短中”摘心和冬季四长枝曲枝省力修剪。单株留枝量 12~16 枝，留穗量为留枝量的 70%~80%，大果留 60~70 粒、中果留 70~80 粒、小果留 80~90 粒；TSS 达 17%以上，精品果率 95%以上。此外，冬剪枝条肥料化还田利用率达 90%以上。

**5. 利用设施促早和熟期调控技术优势，创新性地研发出“幼树早结”和“围棚早熟”双早技术模式**

“幼树早结”是以沃土建园（有机肥 5~10 吨/亩）、宽行高垄（6. 0~6. 5 米宽、30~40 厘米高）、厢面覆盖、“6 管滴灌+喷灌”肥水一体化、“6+6+3”三次摘心、

3~5 厘米花序整形等为核心技术，幼树定植 14 个月后进入丰产期，比传统方式提早 1~2 年丰产。针对我国 6—7 月葡萄市场空档期，通过小寒前后对避雨棚四周密闭升温及棚内温、湿、营养和促萌等调控为核心的“围棚早熟”模式，实现提早上市 20~30 天，单价提升 20%~30%，增效 1.2 万元/亩以上。

**6. 研发了酿酒新技术和新工艺，开发出具有国际竞争力的新产品**

筛选出兼具发酵和降酸功能的酿酒酵母 Lalvin EC1118 和 TIB，自主研发出干红葡萄酒发酵全自动程序化模块精准控温系统，优化了发酵初始 pH 值、糖度、酵母接种量等工艺参数，显著提高了葡萄酒质量，开发的新产品康定红 2616M 有机赤霞珠干红、康定红 2280M 有机赤霞珠+美乐干红和圣洁亚丁干红在国际大赛中获奖。

基于以上系列技术，构建了 40 个品种的宜机化、精准化、轻简化技术模式和技术参数 11 套，研究提出不同品种优质高效关键技术 50 项，形成省级主推技术 3 项，全程低碳、绿色、生态。

**7. 创建了多元化行之有效的成果推广转化模式**

针对农业成果落地难的实际难题，创建了“专家服务+四联动+五结合”的成果推广和“四融合”品牌增效新模式。专家团队以农业农村部农业重大技术协同推广计划、国家现代农业产业技术体系创新团队等科技成果转化平台为依托，在四川省彭山、西昌，云南省、重庆市，贵州省等地建立了 300 亩以上规模化、标准化核心示范基地 12 个；在西南四省建立了 20~50 亩小型科研成果辐射基地 54 个。创新了“专家服务+县、乡（镇）、村、社四级联动+理论与技术、技能与技巧、培训与指导、成果与成效、产量与产值五结合”成果推广和“品牌、品种、品质、地标四融合”品牌增效新模式，设施葡萄栽培技术覆盖率达 85%以上。团队年培训葡萄种植者 1 万人次以上，收入达 2.5 万~4.0 万元/亩，带动数万人依靠葡萄产业年增收 5 万~15 万元。产业带动脱贫致富事迹每年在《光明日报》《人民日报》等媒体报道 10 次以上。成果列入国家“十三五”科技创新成就展，获全国科技助力精准扶贫和全国脱贫攻坚先进个人等表彰。

## 三、当前四川省葡萄产业发展存在的主要问题

近年来，随着四川省葡萄种植巨大效益的诱惑，存在品种盲目跟风、过度追求

高产、设施结构搭建不够科学、用肥过度和生长调节剂滥用现象，出现葡萄质量参差不齐的风险。成果推广速度慢于产业发展需求，产业品牌、产品品牌和区域品牌有待进一步提升，全产业链主要问题如下。

**（一）良种苗木繁育体系不健全，品种盲目选择**

苗木依赖外地采购，苗木质量参差不齐，资本垄断下苗木价格越来越高，同时种苗带病毒风险不断增加，特别是阳光玫瑰葡萄苗带毒现象日益明显，十分有必要建立健全四川省自主苗木良繁体系。同时，各地存在对新品种特性不了解、盲目选择的现象，造成了巨大损失。如前两年盲目选择甜蜜蓝宝石，造成大量投入资金后种植出的产品市场不接受而损失惨重。因此，优新品种必须在科研院所对植物学特性、果实商品性及配套技术研发成熟后才能进行大面积推广应用。

**（二）盲目扩大规模和过度追求高产**

鲜食葡萄产业是一个高投入、高产出的行业，仅葡萄园钢架大棚的投资就非常巨大，建设成本一般能达到2.5万~3.0万元/亩，同时劳动力成本也在0.5万~0.7万元/亩，因此规模大的葡萄园前期投入多，资金压力及风险都比较大。

近年来，四川彭山和西昌葡萄种植效益高达3.0万~7.0万元/亩，特别是西昌近5年发展速度惊人，年均发展3万亩以上，有过度发展的趋势，其他非产业化发展区也有迅猛发展的苗头，一定要注意市场饱和度和优新品种技术风险。成都平原高温高湿寡日照及类似生态区限产1 500千克/亩；西昌亚热带季风气候及类似区限产2 500~3 500千克/亩。特别是西昌葡萄现在产量在3 500~5 000千克/亩，产量过高，农资耗费成本高，同时有利用率降低、土壤盐渍化加大和产品质量下降及效益降低的风险。

**（三）葡萄园选址和土地规划改造不合理，非主产区和新发展区土壤改良重视不够**

葡萄园应选在远离工矿区和氯离子危害的化工区，地势相对平坦，无大风危害，排灌系统畅通的地区进行规划建园，同时系统地开展土壤本底值测定分析，根据不同土壤类型制定出相应的土壤改良技术体系，为葡萄生长发育创造良好、健康、稳定的大环境。

**（四）钢架棚设计不合理，未根据区域小气候调节脊高、通风口**

未严格按照各地制定的棚架标准结构进行设施避雨棚搭建，未根据各地风力、地势、温湿度等调节脊高、通风口等，适宜的棚膜质量与架材等均缺乏标准，架设不牢固，造成业主亏损。

**（五）极端灾害频发，存在产品质量稳定性隐患**

极端灾害频发，花期低温、高低温交替等都不利于葡萄授粉受精和枝梢正常生长发育，给保花保果技术实施带来不确定性影响，导致花期过长或过短、落花落果严重、大小粒不整齐、“甜、酸、脆、嫩、香、鲜、熟”品质指标不稳定，果实串形不规整、僵粒、变软、着色不良、风味差，效益严重下降。

**（六）社会化服务组织建设有待加强**

葡萄产业是一个技术性极强、劳动密集性相对集中的风险性特色产业，只有不断提高专业化社会化服务组织建设，培养一大批懂技术、善于管理、会经营的专业化队伍，才能保障全产业链健康可持续发展，确保技术精准保障、农资精准及时投放应用。尤其是生长调节剂对葡萄生长发育平衡起着重要的作用，但也是一把双刃剑，目前普遍存在种植户随收购商盲目追求大粒高产，生长调节剂多次过量滥用，产品出现中空和风味失调现象，只有严格规程、精准使用才能保证产品和环境安全。

## 四、四川省葡萄产业发展趋势与对策建议

### （一）四川省葡萄产业发展趋势研判

#### 1. 个性化新品种需求日趋明显

随着生活水平的提高和年轻消费者对个性化产品的需求日趋明显，多用途、多功能、多花色的品种日益受到追捧，对大粒、自然香味、差异着色、无核、脆嫩等差异品种需求增加，早中晚熟搭配的差异品种将成为需求主流。科技工作者经不断努力，现已育成抗逆性强、无核、质脆、粒大，红色、紫黑色、绿色、黄色等多花色和玫瑰、草莓、桂花等多香味性状新品种。从2001年到2020年的20年间，我国已育成自主知识产权新品种170多个。目前四川的优良品种主要有：巨峰、夏黑、克瑞森、阳光玫瑰等，主栽品种为：早夏无核、阳光玫瑰、克瑞森、妮娜皇后、玉波二号、紫甜等。新兴品种效益最高，如2021年葡萄均价：妮娜皇后80元/千克，浪漫红颜140元/千克，红阳光150元/千克。四川主栽品种趋势见图21，新兴品种见图22。

巨峰　　红地球　　夏黑　　克瑞森　　阳光玫瑰

**图 21　四川主栽品种趋势**

妮娜皇后　　红阳光　　玉波二号　　浪漫红颜

**图 22　四川新兴品种**

夏黑（图 23）：欧美杂交种，三倍体品种。由日本山梨县果树试验场用巨峰×二倍体无核白杂交育成，1998 年引入我国。植株生长势强旺，芽眼萌发率 85%，成枝率 95%。果穗圆锥形或有歧肩，单穗重 500~650 克，果穗大小整齐，果粒着生紧密。果粒近圆形，自然粒重 3. 5 克左右，经膨大处理后可达 7. 5~10. 0 克，果皮紫黑色，果实容易着色且上色一致，成熟一致。果粉厚，果皮厚脆。果肉硬脆，无肉囊，果汁紫红色，可溶性固形物 18%~22%，无核，品质优良，抗病，丰产，耐贮运性良好，不易落果，适宜在设施中进行促成栽培。

**图 23　夏黑**

早夏无核（图 24）：夏黑极早熟芽变。4 月底始花，6 月上旬果实开始着色，6 月下旬浆果充分成熟，开花至果实成熟需 60 天，成熟期比夏黑早 15～20 天，比巨峰早 35 天，膨大处理后粒重 7.5～12.0 克，穗重 608～940 克。果粒着生紧密或极紧密，果穗大小整齐。果粒近圆形，紫黑色至蓝黑色，易着色，着色一致。果皮厚而脆，无涩味，果粉厚。果肉硬脆，味浓甜，可溶性固形物（TSS）含量 20%～22%，有浓郁的草莓香味。无种子，无小青粒。对霜霉病、黑痘病、炭疽病抗性与夏黑相当，对白腐病抗性强于夏黑。

**图 24　早夏无核**

阳光玫瑰（图 25）：别名夏音马斯卡特、耀眼玫瑰。欧美种，原产日本，安芸津 21 号×白南杂交育成。果穗圆锥形，穗形紧凑美观，平均单穗重 750 克左右；果粒长椭圆形，果皮黄绿色，果粒重 10～14 克，肉质硬脆，香甜浓郁，有玫瑰香味，TSS 20%左右，鲜食品质极优。不裂果，不脱粒，早结丰产，抗逆性较强，综合性状优良。

**图 25　阳光玫瑰**

红阳光（图 26）：欧美杂交种，原产日本，红罗莎里奥×阳光玫瑰杂交选育的红色大粒新品种，中晚熟。带有浓郁香气，花芽分化极好，当年嫁接即可成花，抗病，无病毒，综合性超过阳光玫瑰。果粒大，无须任何处理自然粒重 12~14 克，果穗重 600~1 000 克，无歧肩，长圆柱形，果肉硬脆拉力大，可溶性固形物达 19%~23%，果粒可用刀切片，经膨大处理粒重 20~25 克。欧亚种的品质，欧美种的抗性。该鲜果在日本超市售价是阳光玫瑰的 2 倍。

**图 26　红阳光**

克瑞森（图 27）：别名淑女红、绯红无核。欧亚种，原产美国，晚熟无核，亲本：皇帝×C33-199。1998 年通过品种登记，同年引入我国。果穗中等大，圆锥形，有岐肩，平均穗重 750 克，最大穗重 1 500 克。果粒亮红色，充分成熟时为紫红色，果粒椭圆形，果粉较厚，粒重 5~7 克；果肉浅黄色，半透明肉质，果肉较硬脆，果皮中等厚，果皮与果肉不易分离，味甜，TSS 19%左右，品质极佳。不裂果，不落粒，耐贮运。易丰产，但负载量过大或管理不善，易发生着色不良。

**图 27　克瑞森**

妮娜皇后（图 28）：日本最新培育的红色特大粒欧美杂交种，四倍体。平均单粒重 15 克，最大可达 17 克以上；平均单穗重 580 克，最大可达 1 200 克；味浓甜，TSS 可达 23%，市场售价高。该品种不易上色，完全成熟时为鲜红色，犹如红宝石。树势强、抗病，栽植后第二年即可大量结果。

**图 28　妮娜皇后**

玉波二号（图 29）：山东省江北葡萄研究所用紫地球作母本、达米娜作父本进行有性杂交育成的欧亚种中晚熟鲜食大粒葡萄新品种。籽粒圆润饱满，穗重粒大，单粒 14～20 克，色泽金黄，果肉硬，具有浓郁的玫瑰香，可溶性固形物高达 22.0%～25.3%，玫瑰香味浓郁，耐贮藏。产量控制在 2 000 千克/亩左右，单穗重量 0.5 千克以上，每千克售价 60 元。成果后在树上可挂 3 个月，自然存放可达一个月。

**图 29　玉波二号**

紫甜（图 30）：又名东方星，欧亚种，中国育成，亲本为牛奶×皇家秋天，中晚熟无核品种。果穗长圆锥形，紧密度中等，单穗重 500～800 克；果皮紫黑至蓝黑色，果粉较薄，果粒长椭圆形，无核，整齐度一致，平均单粒重 8 克左右；果皮厚度中等，较脆，与果肉不分离；果肉质地脆，颜色淡青色，淡牛奶香味，风味极甜，TSS 含量 20%左右，鲜食品质极佳。果实附着力较强，不落粒，耐贮运，可挂树 2 个月以上。早结丰产，抗病性和适应性强。

**图 30　紫甜**

紫脆（图 31）：欧亚种，中国育成，亲本为牛奶×皇家秋天，中晚熟无核品种。果穗中等大，整齐，平均穗重 500～800 克；果皮紫黑色，上色容易，果粒长椭圆形，整齐度一致，平均单粒重 7.5 克左右；果皮厚度中等，果肉脆，可溶性固形物含量 20%以上，风味品质极佳。采收期可延长至霜降，无落果和裂果现象，较耐贮运。早结丰产，抗病性和适应性较强。

**图 31　紫脆**

红地球（图 32）：又名晚红、红提。欧亚种，原产美国，亲本为 S45－48×C12－80，晚熟品种。果穗大，圆锥形，单穗重 800～1 000克，最大可达 2 500 克；

果粒圆形或卵圆形，平均粒重 10～12 克，最大可达 22 克；果皮中厚，果实暗紫红色，套袋果实为红色，光泽鲜艳；果肉硬脆，味甜，可切片，TSS 17%～19%，品质极佳；种子 1～4 粒。果刷粗长，耐拉力强，不脱粒，特耐贮运。可留树保鲜 1～2 个月。极丰产，抗病性较弱，抗虫、抗逆性中等。适宜棚架栽培。

图 32　红地球

美人指（图 33）：欧亚种，原产日本，亲本为龙尼坤×巴拉底 2 号，晚熟品种。树势极旺，主梢直立性很强。果穗中大，无副穗，一般穗重 600～800 克，最大 3 000 克；果粒大，细长形，平均粒重 10～12 克，最大 20 克。果实先端为鲜红色，基部颜色稍淡，恰如染了红指甲的美女手指，故此得名。果实皮肉不易剥离，皮薄而韧，不易裂果；果肉紧脆呈半透明状，TSS 16%～18%，含酸量极低，口感甜美爽脆，品质极佳；种子 1～3 粒。8 月下旬至 9 月上旬成熟，可留树保鲜 20 天左右，风味更佳。抗病性较弱，抗虫、抗逆性中等。

图 33　美人指

**2. 具有产业区域特征品牌的效益倍增**

日本果品产量低，品质高，口感好，安全，整齐度一致，成为奢侈品，日本浪漫红颜 1 串拍出 120 万日元（约 7.6 万元人民币），品牌效益显著。云南建水、宾川为代表的早熟葡萄，区域品牌效益突出，出现了 5 亩阳光玫瑰收益买“大奔”典型。四川彭山葡萄是“种中国最好葡萄”的发起者，整个区域标准化、规范化管理及技术水平全国最高，成为业内影响力标杆 10 余年，优质产品誉满全国各地及港澳地区，稳定高效将会在很长一段时间成为必然，四川彭山观音、公义等品牌实现葡萄种植者人均收入 3.1 万元以上。新兴产区西昌市为主的凉山地区凭借得天独厚的自然禀赋和高起点建设与吸取老产区经验教训，便捷地走向了品质优、产量高、成熟晚、效益高的区域品牌发展快车道，保持适度发展会成为综合效益最大化的亮眼明珠。如凉山州冕宁 107 亩阳光玫瑰，第 2 年收入超 800 万元。其余地区应根据当地人口、交通、经济与技术现状适度稳面更新发展，避免因盲目扩张和缺乏高新技术，造成高投入、低效益。

**3. 技术更新有利机械化、轻简化、精准化成为产业的必然趋势**

（1）力争全程进一步机械化

虽然葡萄产业也在整地、土壤改良、土壤有机肥施用、果园枝蔓粉碎利用中实现机械化，但在花果管理中难以实现，采果和修剪机械化有待进一步研发。

（2）轻简化、精准化技术有待进一步完善提升

一是避雨模式。由竹架避雨→竹架天膜+地膜双膜覆盖→钢架天膜+地膜双膜覆盖→部分全智能钢架避雨双膜或三膜覆盖发展，大棚设施零部件应按工厂化进行专业化生产，不断减少生产成本和减轻施工难度。产学研自主研发的智能化卷膜系统，配置温、湿度传感器，实现自动系统控制卷膜和关闭棚顶薄膜，有效保证葡萄生长的适宜环境；基地依靠传感器技术与信号传输技术等，配套智能化喷灌系统与自动监测系统、田间小气候监测仪，可有效调控田间生态条件和匹配生产技术，同时降低了劳动成本，生产效率提高 5 倍以上，葡萄一级果可达 99%。葡萄避雨设施参数如图 34 所示。

棚架结构主要参数变化：棚宽 2.5 米→5.6~6.2 米，棚高 2.8~3.0 米→3.2~3.6 米，压膜卡槽与横梁→40~50 厘米高，棚膜间雨水直接流入地面→棚膜间安置集水槽。如图 35 所示。

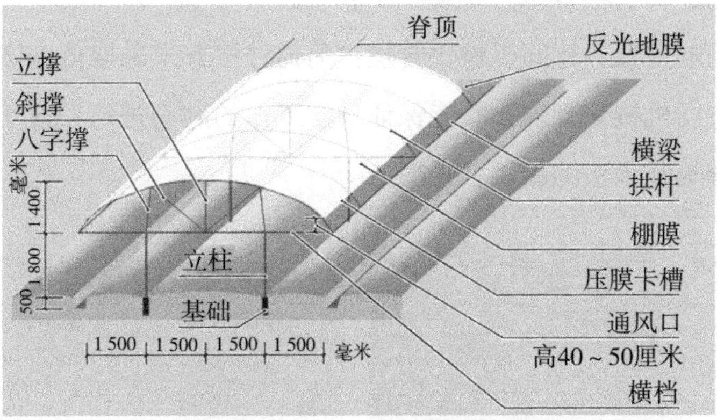


**图 34 葡萄大棚关键参数示意**

**图 35 葡萄避雨设施结构**

二是限产提质技术。寡日照地区将产量由 2 500～4 000 千克/亩限产为 1 250～1 500 千克/亩，亚热带季风气候区（如西昌）由 5 000～6 000 千克/亩限产为

2 500~3 500 千克/亩，实现限产提质。

低密宽行高畦种植，行间机械化管理：葡萄种植方式采取低密宽行高畦种植方式，并且采用行间机械化管理，既能保证日常工作的顺利进行，便于日常操作，提升效率，还能够提高果实的品质，见图 36。

**图 36　葡萄低密宽行高畦种植**

根域限制设施栽培：将葡萄树根系置于一个可控的范围内，通过控制根系生长来调节地上部和地下部、营养生长和生殖生长的关系，一改“根深叶茂”的传统理念，具有肥水高效利用、投产早、产量高、果实糖含量高、风味色泽好和成本低等极显著优点。主要用于休闲观光大道景观葡萄栽培，见图 37。

**图 37　葡萄根域限制设施栽培**

精准营养调控一体化：水肥一体化系统由水源工程、首部枢纽系统、输配水管网和灌水器等组成，根据葡萄生长季不同节点的养分需求，借助压力系统将可溶性肥料通过输水管网和灌水器定时、定量、均匀浸润葡萄根部生产区域，达到精准施肥、合理灌溉的管理目的，见图 38。

**图 38　葡萄精准营养调控一体化**

枝蔓花果数字化管理：集成创新了葡萄群体单株留枝量为 12~16 枝、留穗量为留枝量的 70%~80%、果粒数 60~90 粒的合理枝量和负载量的高光能利用和高品质形成调控技术体系。采用该技术体系，单穗重可达 620~840 克，TSS 17.4%~20.5%，果穗整齐、果粒着色均匀一致，果实耐贮运，市场竞争力强，平均售价比未使用该技术体系的高出 3~5 元/千克，节本增效达 3 500~4 000 元/亩，见图 39。

**图 39　葡萄枝蔓花果数字化管理**

智能化、机械化降温保湿和绿色防控：整个大棚按照精细化、标准化、智能化的模式，给大棚配置了雨水传感器和温度传感器，能够及时感知棚内温湿度，采取智能化、机械化降温，既能有效控制棚内温湿度，也便于管理，节省人工，同时保证果实品质，确保葡萄的甜度和口感。有利于积极打造现代化葡萄种植基地，为葡萄生长提供稳定舒适的环境，并且采用绿色防控技术有利于保证果品安全性，见图 40。

图 40　葡萄智能化、机械化降温保湿和绿色防控

省力化夏季与冬季修剪配合协调技术：合理的修剪能保证一定数量的芽眼，从而保证每年发出良好的新生枝蔓，以保证年产量、减少“大小年”等问题。该技术可以合理地分配结果的数量，调节生长和结果的关系，调节树体养分的供应，减少不必要的营养消耗；可以改善通风透光条件，促使果实充分着色，提升果实外貌、品质和等级。同时，合理修剪还可以减少病虫害的侵害，使果树更加良好地适应环境，从而增强果树的抗逆能力；可以减少施肥、打药、收获等果园管理的强度，从而降低生产成本。葡萄修剪方式采用夏季与冬季修剪配合技术，这样既省时又省力，效果也很好。主要的方式有：“一长长”“二中中”“三短中”、冬季修剪等，见图 41。

“一长长”

“二中中”

“三短中”

冬季曲枝修剪

**图 41　葡萄省力化夏季与冬季修剪配合协调技术**

**4. 果园废弃物资源化利用将进一步凸显其重要作用**

农膜进行资源化利用：农膜选用根据安全性、适用性和经济性的特点，选用农膜厚度 0.006~0.008 毫米、耐老化、低毒或无毒性、可降解，园地废旧农膜厂家及时进行回收处理；葡萄枝蔓、落叶禁止随意丢弃或焚烧，修剪废弃物进行肥料化处理后还田。经试验表明果园枝蔓肥料化利用连续 3~5 年后，土壤有机质可提高 1.5%~2.1%，孔隙度提高 40%以上，土壤容重下降 3.8%以上，土壤微生物群落显著增加，节肥 25%以上，节水 35%以上，且果园美化、景观化、生态化，实现低碳安全循环生产，见图 42。

**（二）促进四川省葡萄产业发展的对策建议**

根据四川省葡萄产业发展的现存问题及发展趋势，为进一步促进四川省葡萄产业优质高效发展，现提出如下建议。

**图 42　果园废弃物肥料化利用**

**1. 稳面积、制标准、示样板、提质量**

不盲目扩大种植面积，建立标准化的示范园，带动各市县规范化发展鲜食葡萄产业，带领当地农户走向高质量发展道路。四川省丘陵区大多属于鲜食葡萄的发展新区，技术及人才储备不足，亟须在各地建立一些示范园或示范基地，展示新品种、新技术与新模式，由此带动一方葡萄产业走上规范化发展道路。基于此，可以由当地农业农村局出面扶持一个至数个农户或业主建立标准化的示范园，政府给予一定的补助，技术上则可以依托专家团队进行指导帮扶。提质量可通过以下几点进行。

一是加强资源收集开发利用（杂交育种），强化自主知识产权品种选育，加强抗逆、抗病毒砧木研究利用。

二是健全良种苗木繁育体系，提高葡萄嫁接技术技能，克服四川省硬枝嫁接成活率低的问题，加大良种苗木圃支持和无病毒苗木研究与产业化支持。

三是大力推广“六统一分”（统一栽培管理、统一植保防治、统一配方施肥、统一农资配送、统一分级包装、统一品牌营销、分户种植）全程关键点质量控制标准化管理模式。

**2. 强保障、抓品牌**

一是加大园区配套基础设施建设，增强抵御极端自然灾害的能力，利用省级和国家农业园区建设契机做好各地的样板示范工程。

二是建立关键技术与对应供应商专业联盟。各地应建立避雨设施材料优质、工程质量优良、肥药安全放心的重质量、守信誉对应供应商专业联盟，充分保障技术落实的可靠性与安全性。

三是关键技术环节建立“专家团队+县级技术人员+乡镇技术能手（田秀才）+村土专家”四级联动技术推广联动机制，使技术全面落实，不留盲区。

四是加大冷链运输保鲜体系建设。应按100亩园区至少有50吨小型预冷库，500~1 000亩园区有200~300吨中型冷库进行建设。

五是加大品牌创建，开拓国内外市场。全方位加强园区品牌创建、营销和维护，强化“三品一标”（无公害农产品、绿色食品、有机农产品和农产品地理标志）认证及证后动态监管。壮大专业营销队伍，做好线上线下相结合的水果销售活动，发展自主经营对内对外贸易企业，加强与省内外、国际知名会展商合作，多渠道、全方位展示、推介，提高国内外知名度和市场竞争力。以品牌开拓市场，以市场助力品牌增值。

**3. 重人才、强培训、扩应用**

重人才，强发展，奋力开创新局面。人才作为第一资源，对于葡萄产业的发展也起着重要的作用，葡萄产业作为一个技术性极强、劳动密集性相对集中的风险性特色产业，建立专业的技术队伍，加强技术技能人才培养，让广大果农尽快掌握先进科学的栽培技术是当前葡萄产业发展的重要课题。应培养一大批懂技术、善管理、会经营的人才。为此，每年可通过指导联动、专家联动、在线联动、项目联动的形式，引进国内外和乡土专家，培训农业实用技术人才，培育技术能手，并对农业企业和种植户进行专业培训；同时，应组织农业科技人员和种植大户到外地参观学习，依托高等院校、科研院所和相关企业，加强实用人才联合培养，联合建立各类人才教育培训基地，从而确保全产业链健康持续发展。

由于葡萄产业发展较快，很多种植户都是从过去的稻农、菜农、烟农等转变而来，葡萄种植技术水平亟须进一步提升。应依托乡镇村委会、专业合作组织及农民夜校，邀请省、市（州）葡萄种植专家和本土专业技术人员，在葡萄主产乡镇，针对四川各地区葡萄种植特点，开展不同形式、不同季节的标准化生产技术培训和现场指导，及时快速为农户解决实际生产难题，让葡萄标准化生产逐步在全省范围内得到普及，不断提高劳动力整体素质和技能。同时，应加强葡萄种植全产业链相关技术的推广应用，整体上提高葡萄产业水平，促进葡萄产业优质高效发展。

# 四川枇杷产业发展报告

江国良　李　靖　孙淑霞　陈　栋　涂美艳　宋海岩
（四川省农业科学院园艺研究所，四川成都 610066）

**摘　要：**本研究介绍了枇杷产业国内外发展概况和四川省枇杷产业的现状，分析了当前四川省枇杷产业发展中存在的主要问题，研判了四川省枇杷产业发展趋势，提出了促进四川省枇杷产业发展的对策建议，主要内容包括控制规模、促进枇杷栽培区向优势特色区域转移、优化品种结构和熟期结构，建设高标准枇杷园、增强果品生产能力，提升枇杷产业生产装备支撑能力，构建新型农业经营体系，构建枇杷质量安全体系，加强枇杷产地基础设施建设，构建市场品牌体系，促进一、三产业深度融合，完善促进枇杷产业发展的保障机制。研究对充分发挥四川枇杷的优势和特色，提升四川枇杷在全球的影响力和市场竞争力具有参考价值。

**关键词：**四川省；枇杷；区域栽培；错季成熟；发展建议

普通枇杷原产四川，为蔷薇科枇杷属植物，是我国亚热带地区的珍稀特产水果。“枇杷一身都是宝”，枇杷果实外形美观，色泽艳丽，果肉柔软多汁，酸甜适度，味道鲜美，富含人体需要的多种营养成分，具有极高的营养价值和医疗保健功能。优良品种果实可食率一般在65%～75%，果汁含可溶性固形物8%～19%。含有多种维生素和氨基酸。除供鲜食外，枇杷果实可以用来加工制成糖水罐头、果酱、果酒、果汁、果膏、果露等。枇杷的花、叶、果、种子、根都是有名的中药材。枇杷花可治伤风感冒。枇杷叶中含有大量的维生素 $B_{17}$，能治肺热咳嗽、胃热呕吐等症。以枇杷叶为原料制成的中成药有枇杷露和川贝枇杷露、枇杷冲剂等。枇杷果肉有润燥、清肺、宁嗽、止咳、和胃、降逆的作用。枇杷果汁制成的中药制剂有枇杷膏。枇杷种子有治疝气、消水肿、利关节、治瘰疬等功效。枇杷种子含有20%左右的淀粉，可以用于酿酒和提取工业用淀粉。枇杷花开秋冬季，是当时主要的蜜源植物，枇杷蜜是优质上等蜜。枇杷树生长健旺，绿荫婆娑，生长快、成形早、四季常青，开花时节清香飘逸，果熟时节金果绿叶交相辉映，是城乡四旁绿化、美化、香化、果化，发展农村庭院经济的优良树种。枇杷木材红棕色、硬重、坚韧而细腻，是雕刻、制作高档家具的优质木材。

四川省从南到北，海拔从低到高，具有南亚热带、中亚热带、北亚热带、暖温带、温带、寒温带和亚寒带等多种气候类型。在川西高山峡谷地区，常在亚热带的基带上，依次出现暖温带、温带、寒温带、永冻带等山地气候垂直分带。枇杷适应性强，在四川的南亚热带、中亚热带、北亚热带、暖温带均有分布。目前，四川枇杷商业栽种面积约 4 万公顷（60 万亩），占全国的 30%以上，是全球重要产区。与国内外其他产区比较，四川是全球枇杷成熟上市期最长的产区，熟期的时序优势突出。四川盆地枇杷一般在 4—5 月成熟，安宁河流域枇杷在 1—3 月成熟，大渡河流域在 6 月下旬至 7 月中旬成熟，岷江上游海拔 1 200~1 700 米干暖河谷地带，6 月初开始成熟，随海拔增加枇杷成熟期推迟，有的地方果实可推迟到 7 月中下旬成熟。丰富多样的生态条件和特色栽培技术奠定了四川枇杷的市场竞争力和全球影响力。近年来，四川枇杷产业正逐步由传统主产区四川盆地向优势特色区域转移，枇杷产业正朝着区域化、特色化、优质化、高效化方向稳步发展，成为国内外具有较强影响力的优势产业，有力地助推了四川特色产业发展和乡村振兴。

## 一、枇杷产业国内外概况

枇杷主要分布于南北纬度 20°~35°的 30 多个国家。在中国、日本、西班牙、土耳其、意大利、希腊、以色列、巴基斯坦、马达加斯加岛、留尼旺岛、毛里求斯、美国的加利福尼亚和佛罗里达、巴西、委内瑞拉以及澳大利亚均有种植。国外枇杷栽培以西班牙产量最高，年产约 4 万吨，其次为巴基斯坦，年产约 3 万吨，土耳其和日本，年产 1 万~2 万吨，其他年产量在 1 000 吨以上的国家还有摩洛哥、意大利、以色列、希腊、巴西、葡萄牙、智力和埃及等。由于全球枇杷面积小，产量有限，在国际市场上，仅有西班牙少量的枇杷果实在欧洲市场销售。

枇杷在日本叫做“唐枇杷”，有人推测它是唐代传入日本的，有人认为是鉴真东渡给日本带去了枇杷，但文字记载的是日本江户时代从中国引种了枇杷。欧洲航海家把枇杷从日本带到了欧洲，先是种在英国的皇家植物园，因为英国冬季太冷不适宜种枇杷，又把枇杷引种到了气候比较温暖的西班牙等国。西班牙现在栽培的枇杷味酸，肉质较粗硬，优点是果实个头大，有的品种大如鸡蛋，大果可到150克以上，较耐贮运。

我国栽培枇杷历史悠久，早在2 000多年前，即在皇家园林中作为名果树栽培。西汉司马迁所作《上林赋》最早记载了我国枇杷栽培，《史记》《广志》《名医别录》《齐民要术》《本草纲目》和《授时通考》等古文献对枇杷的产地、树性、品种分类、繁殖方法、药用价值等做了详细的记载和说明，为我国枇杷的栽培发展奠定了基础。据记载，唐宋期间，我国枇杷主产区在四川、湖北、陕南和江浙地区。长期以来，由于枇杷的总产量并不高，不少人误以为枇杷仅在浙江杭州、江苏苏州、福建莆田、台湾、四川成都等少数地方栽培。但在现实中，枇杷在我国分布范围极广，长江南北20多个省、区、市均有枇杷栽培，主要分布于北纬33.5°以南，包括东南沿海产区（江苏省、浙江省和上海市等）、华南沿海产区（福建、台湾、广东、广西和海南等）、华中产区（安徽、湖北、湖南、江西及河南等）和西南产区（四川、重庆、贵州、云南及陕南、陇南、西藏局部地区），其中以西南产区和华南沿海产区栽培较多，约占我国枇杷总面积的70%。根据生态因子的不同，又可将枇杷分布区大致分为川滇南亚热带干热多日照生态区、南亚热带湿热多日照生态区、南温带半干暖多日照生态区、中亚热带湿热多日照及中亚热带湿热少日照生态区、北亚热带湿润多日照生态区五个不同类型的区域。

由于枇杷果实肉软多汁，不耐运输，传统生产和消费多以就近供应为主。但是随着市场经济的发展、品种的改良和运输、保鲜条件的改善，枇杷销售已进入大市场、大循环，基本实现了规模化生产和果品的全国市场配置。

在消费方式方面，长期以来我国枇杷均以鲜果消费为主，一般消费者喜欢味甜、微酸，汁液较多，肉质细嫩，种子小、种子少，可食率高，易剥皮的果实，由于白肉枇杷普遍比黄肉枇杷品质好，所以未来白肉枇杷会更受消费者喜爱。

枇杷加工产品主要是罐头、果汁、果酒、果醋等，但是占比仅5%以下。

## 二、四川省枇杷产业发展现状

枇杷是四川省特色水果，其生产规模居全国前列，栽培面积约4万公顷（60万亩），占全国的30%以上，是全球枇杷的重要产区。四川枇杷主要分布在川中龙泉山脉中段的天府新区、龙泉驿区、仁寿县、简阳市；川南的泸州市、自贡市、攀枝花市、西昌市；川西北阿坝藏族羌族自治州的汶川县、茂县、理县等；川西南大渡河中游石棉县、泸定县等地；川中地区的资中县、南部县等地。总的来看，四川枇杷生产的生态条件独特，在四川的南亚热带、亚热带、南温带地区均有商业栽培，形成了全球独具特色的、年周期中四季均有枇杷鲜果成熟上市的特色产区。

## 三、四川省枇杷产业发展存在的主要问题

### （一）优新品种推广慢、品种结构需要进一步优化

四川枇杷栽培品种目前仍以大五星为主，占总面积80%以上；在露地栽培条件下，一般集中在5月中下旬上市，恰恰错过五一假期，由于集中上市，鲜果销售压力较大。而且该品种自花结实能力弱，产量低、抗叶斑病能力弱。生产中亟须引进优新品种，优化品种结构，熟期结构，以延长枇杷上市期，延长果实应市期。

### （二）基础设施薄弱，病虫害和冻害多发

丘陵山地的枇杷园有效灌溉面积比例低，很多地方农田水利设施年久失修，抗灾减灾能力低。地势低洼的枇杷园枇杷根系发育差，叶斑病发生普遍、落叶严重，幼果在冬季易遭受冻害，花腐病和枇杷木虱为害逐年加重，产量不稳，种植效益较低，为害严重的年份可能导致有的果园严重减产或绝收。

### （三）栽培管理标准化水平低

部分果农为了追求早期产量，大多采用密植栽培，由于缺乏相应的配套技术，加之枇杷在一年中抽枝次数多、抽枝能力特别强，大多存在着枝叶过多与密植的矛盾，4~5年后树冠开始郁闭，枝序混乱，树冠内膛及下部早衰光秃严重，影响产量和质量。有的果园管理粗放，投产迟、单产低，一般定植后4~5年始果，盛产期每667平方米产量仅200~300千克。有的果农只追求高产，因此不疏果，造成单果重降低，品质降低。有的果农追求早上市，果实未成熟就提前采收，严重影响了果实品质。有的果园病虫为害严重、农药残留含量严重超标。此外，枇杷果实贮运技术落后，包装材料差，影响了枇杷在国内外市场的竞争力。部分枇杷园有机肥施用量不足，化肥施用量偏多，枇杷产量、品质和种植效益有下降趋势。

### （四）规模化果园管理方式尚需改善

枇杷生产属劳动力密集型产业，生产过程中的施肥、喷药、疏花疏果、套袋、

采收、修剪等环节都需要大量的人工，随着城镇化进程的不断加快，青壮年劳动力逐步转向二、三产业，农业劳动力逐年减少，只留下弱质劳动力从事果树生产，导致对新品种、新技术、农业机械等现代生产要素的接受和使用能力不足。管理中各个重要作业环节难以按时保质完成。适用于枇杷园除草、摘果、修剪等方面的机具基本没有，大规模生产难以实现机械化操作，劳动力成本趋高的问题还无法解决。“谁来种枇杷”“如何种枇杷”“谁来卖枇杷”的问题在今后将显得更加突出。近年来，枇杷生产成本不断快速上升，生产的微利性与增加农民收入矛盾更加突出。

新形势下，果树新建园向着规模化方向发展，土地逐步向种植能手集中，越来越多的企业及大种植户参与枇杷生产，出现越来越多的规模化果园，目前主要存在三种形式：一是企业或大种植户；二是农民专业合作社；三是一村一品、一乡一品。比较以上三种形式，以一村一品、一乡一品形式最好，农民专业合作社次之。企业或大种植户模式存在一些亟待解决的问题：一是企业或大种植户往往由其他行业转业而来，缺乏果树管理专业知识，在田间管理方面缺乏经验，偏听偏信，聘用的技术人员缺乏大规模管理经验。二是管理成本高，不注意节约劳动力用工。农民专业合作社目前正处于摸索发展阶段，多数专业合作社能够实现生产与管理的合作，缺乏产后销售的合作，专业合作社的发展还需要探索及示范引导。而一村一品、一乡一品效果最好，不但能发挥一家一户的积极性，而且乡镇或村重视地方名片的宣传及基础设施建设，既有各级政府的政策及财政支持，又有一家一户的积极配合，能够充分发挥生产效率，提高收益。

**（五）要素保障水平低**

枇杷生产周期长，回报期也长，加之受自然风险、市场风险的双重影响，投资风险大，地方政策投资力度较小，外资、工商资本和民间资本投入枇杷产业的积极性不高，资金问题是长期制约枇杷产业发展的重要因素，集聚资金的政策措施还有待加强。

**（六）营销理念落后，缺乏知名品牌**

果农以鲜果销售为主，大多数种植者等客登门收购，在销售中没有定价权。在销售过程中，不重视产品内部品质以及外部包装的协调，丧失视觉方面的优势与吸引力。在销售市场上没有统一的品牌，缺乏知名品牌，产品市场竞争力不强。

**（七）产业业态低，链条不长**

四川省枇杷产业链目前集中在种植端，即产业链前端，对土地资源依赖性强，技术含量不高，生产者众多但生产效率低下，采后商品化处理、贮藏与加工产业落后。随着产业规模的逐步扩大，规模化果园的逐年增加，果品销售问题日趋严重，作为鲜果市场的后盾，采后商品化处理、贮藏与加工产业仍需大力发展。当前，枇杷鲜果贮藏保鲜技术没有大的进展，冷藏后往往出现病果率高和品质下降问题。全省枇杷用于加工很少，少部分还停留在初级加工上，加工水平和质量还较低，且在中下游环节生产规模较小。从事枇杷加工的企业规模小，条件差，致使产品精深加工不发达，产品附加价值不高，需要适当发展枇杷采后加工，延长产业链，缓解市场压力，提高枇杷的附加值。

### （八）枇杷文化开发有待提高

四川省多数枇杷产区虽然休闲旅游资源丰富，但多数资源未有效开发利用，发展基础薄弱，休闲农业旅游现在还停留在初级阶段，产品开发单一，尚未形成趣味浓、参与多的休闲农业旅游项目，无法给游客提供多样化、多元化的体验性产品。枇杷文化资源的产业开发尚未形成明确的思路，以采果为主，缺乏创意，游客缺乏参与性，娱乐性的体验内容少，枇杷文化主题体现不够，缺乏与当地民俗和农业文化的有机结合，乡土气息不浓。

## 四、四川省枇杷产业发展趋势与对策建议

### （一）四川省枇杷产业发展趋势研判

发达国家果树生产以良种化、区域化、专业化、集约化、机械化为主要特点。四川枇杷今后的发展趋势大体表现为以下几方面。

#### 1. 发展方式加快升级

当前，农业生产要素集聚步伐加快，农村土地流转面积不断扩大，适度规模经营不断推进，以龙头企业、家庭农场、农民合作社、种养大户为代表的新型经营主体逐渐成长，农业市场化、区域化经营的优势和趋势日益明显，农业发展方式正在逐渐转变升级。今后，存量枇杷园的流转和改良会加快，品种新、品质高、有品牌的枇杷会加快出现，果园智能化、机械化的进程会加速进行。

#### 2. 发展动力更加强劲

随着农业农村等各领域改革的持续推进和全面深化，尤其是土地确权流转制度的改革，将有力破解现代农业发展中遇到的各类深层次矛盾和问题，不断释放改革

红利，增强发展活力。随着农村金融改革不断深入，农业融资渠道逐步拓宽，工商社会资本投资现代农业势头强劲，为现代农业发展提供更多的资本动力。新型职业农民逐渐成为建设现代农业的主导力量，有利于新理念、新知识、新技术在农业生产中应用。新一轮科技革命和产业革命蓄势待发，新技术、新业态不断涌现。“互联网+”催生新的生产方式、商业模式和增长空间。农村各项改革不断深化、全面依法治国深入推进，将进一步盘活农村资产资源，激发发展潜力和活力，在保障粮食安全的基础上，从科技创新、加工提升、产品功能等多方面着手增加绿色优质农产品供给，发展高效生态农业，带动农业产业提质增效，以农文旅融合为手段，“以农带旅、以旅促农”，提升产业综合效益，将进一步厚植农业发展优势，推动农业转型升级。

**3. 市场竞争更加有力**

目前，枇杷栽培面积逐渐下降，从国内市场来看，枇杷消费在水果消费中的比例在稳步下降，但消费者对枇杷的需求一直存在，优质枇杷的发展还有较大的市场空间，而且，随着城乡居民消费结构变化和消费水平提高，多层次、多样化、个性化农产品和服务消费潜力巨大，优质、营养、保健功能好的枇杷鲜果和加工品将有更大的发展空间。欧洲国家生产的枇杷以酸甜味为主，而我国及东南亚国家人们消费习惯以甜味为主，为我国鲜枇杷出口东南亚国家创造了商机。目前四川枇杷鲜果国内销售已经覆盖全国多数省会城市并已有少量出口。随着四川省加快融入“一带一路”，为四川枇杷参与国际竞争，扩大产品的出口、实施“走出去”发展战略提供了新的发展机遇。

全国不同的产区枇杷上市时间不同，不易产生季节性相对过剩。四川省一年中大部分时间有枇杷鲜果成熟上市，是全球枇杷成熟上市期最长的产区，枇杷熟期的时序优势明显，在全球的影响力强，在国内外市场上有较强的竞争优势。

**4. 科技支撑增强**

四川省农业科学院、四川农业大学长期开展枇杷新品种的选育和标准化栽培技术的研究与推广，近年已成功选育出了一批丰产性好、适应性强、成熟适期、硬度大、糖度高、耐贮藏、推广潜力大的换代品种；研发了起垄建园、高光效树形培养，调节花期修剪、肥水一体化、病虫害绿色防控等技术，并逐渐为人们所认识和采用。

**5. 一、三产业深度融合发展**

枇杷产业的存在是以消费鲜果为前提的，随着人们生活水平、文化水平的不断提高，消费观念也在发生着改变，最重要的改变是对优质果品需求、周年供应需求、采摘需求、观赏栽培需求越来越多。观光果园是在城市化条件下，现代果树生产与休闲娱乐融为一体的新型果园。它既突出了果树的新、奇、特，又展示了现代果园的韵律美和自然美，无论在形式上还是在意义上，都远远超过了一般的果园和公园。观光果园已成为一项深受人们青睐的新兴生态旅游产业。由于枇杷果实类型多样、树体多姿、周年常绿，集观花、赏叶、食果于一身，因此，成为观光果园的佼佼者。

四川枇杷产区大多拥有较好的自然旅游资源禀赋，清新的山水自然环境、美丽的田园风光、整洁舒适的乡村居住环境，随着产业环境和乡村旅游条件的进一步优化，一、三产业融合发展的空间和产生的效益将会进一步扩大。

**6. 枇杷综合开发进一步加强**

以果实、花、叶片等为原料，加工果酒、果汁、果酱、枇杷露、枇杷膏、枇杷花茶等加工品，果实废渣的综合利用和修剪产生的废弃枝条综合利用均会得到加强。

**（二）促进四川省枇杷产业发展的对策建议**

为实现四川枇杷产业高质量发展，提高国际竞争力，实现产业升级，保障果品有效供给，推动果业绿色高质量发展，更好地满足人民日益增长的对美好生活的需要，推动乡村振兴和区域果业发展，加快农业农村现代化，建议加强以下工作。

**1. 调减规模、促进枇杷向优势区域转移、优化品种结构和熟期结构**

我国果树面积2019年为1 000万公顷（1.5亿亩），产量9 599.2万吨，人均产量72.7千克。果品产能已过剩，正常年份卖果难现象时有发生。果品消费有较强的可代替性，消费者一般要求果品新鲜、优质、多元化、长周期供应。枇杷是珍稀特色水果，大面积发展不利于发挥其特色和优势，不宜做大，要强调做强，做出特色。四川盆地是四川枇杷的传统主产区，面积大，近年来受冻害、日灼、干旱以及病虫害的影响，种植效益大不如前，部分处于多年收入低下状态，要下决心大力调减四川盆地低洼水稻田上建的枇杷园，尤其要淘汰多年失管、病虫害为害严重、连年冻害严重的枇杷园。在国家严格控制基本农田非粮化的背景下，枇杷发展要坚持

“上山下滩，不与粮棉争地”的原则，在丘陵和山地非基本农田上新建枇杷园。

近年来，四川省农业科学院园艺研究所的科技人员系统研究了四川安宁河流域、大渡河中游、岷江上游枇杷花果生长发育特性及其与生态条件的关系，结果表明，安宁河流域德昌、西昌、米易等地的枇杷在高温、干旱共同作用下，容易成花。6—7月开放的早花，大多败育，易发生干花，落花严重，坐果率低。少量的坐果在9—10月成熟，果小，味淡，商品价值低；8—9月开的花，果实在12月至翌年2月中下旬成熟，果实较大，品质较好；10—11月开的花，果实在翌年的3月至4月上旬成熟，果大，商品价值高。该区域枇杷花和幼果遭受冻害的概率极小，幼果在冬季不停长，无须设施条件即可实现反季节特早熟和早熟枇杷生产，枇杷产业发展前景好，生产的果实成熟早、品质优、商品价值高，极具市场竞争力，是发展枇杷的最佳区域。

大渡河流域石棉县、汉源县、峨边县等地，沿河低海拔、光热条件较好的地段是栽培枇杷的起源地。枇杷花期为8月上旬至9月中旬，花和幼果发生冻害较少，果实成熟期一般集中在5—6月，比四川盆地产区晚，品质好，是枇杷栽培优势区，具有较好的发展潜力。

岷江上游汶川县、茂县等地低海拔河谷地带枇杷的物候期要比四川盆地晚20~30天，以夏梢为结果母枝，成熟期在6月上中旬。枇杷果面光洁，色泽好，品质优，可溶性固形物可以达到15%以上。随着海拔的上升，枇杷年生长量逐渐减少，一般只抽1~2次梢，以春梢为结果母枝，开花期从9月至翌年2月上中旬。一般以花蕾或开放的花朵越冬，由于花蕾耐低温冻害的能力强，所以一般年份都有一定数量的花蕾能安全度过低温冻害期而正常结果，果实成熟期也随海拔的升高而推迟，一般成熟期在6月下旬至7月中旬。由于果实发育期长，昼夜温差大，糖分积累高，品质特优，可溶性固形物可以达到17%以上，是成熟期最晚的优质产区。

在掌握不同区域的生态特点和枇杷花果生长发育规律的基础上，四川省农业科学院园艺研究所专家提出四川不同生态区域枇杷发展建议：加快四川枇杷从传统产区四川盆地向优势特色区转移，大面积减少四川盆地枇杷面积，在安宁河流域建立极早熟、早熟枇杷生产基地，在大渡河中游建立晚熟枇杷生产基地，在岷江上游建立晚熟、极晚熟枇杷生产基地，构建四川枇杷周年生产体系，提高四川枇杷的国际影响力和市场竞争力，详见表1。

**表 1　不同区域花果发育特性及区域特色、潜力和发展策略**

| 栽培区域 | 花果生长发育特性 | 优势、潜力和发展策略 |
|---|---|---|
| 安宁河流域 | 冕宁、西昌、德昌等地 7—11 月开花。7—8 月的早花坐果难，少量果实 12 月成熟，果小、商品性差；9—11 月开花形成的果实成熟期为 12 月至翌年 4 月，幼果无滞长期<br>米易、盐边等地 5—11 月开花。5—8 月易形成早花，坐果难，少量果实 10—11 月成熟，果小、味淡、商品性差；9—11 月开花形成的果实，成熟期为 12 月至翌年 3 月，幼果无滞长期 | 冬季果实无冻害，无滞长期，早熟，品质优，鲜果应市期长，市场竞争力强，种植效益高，是国内少有的早熟、特早熟优势特色栽培区，具有较好的发展潜力 |
| 大渡河流域（康定、泸定、石棉、汉源、峨边等） | 9—12 月开花，花果发生冻害较少、果实生长期长，熟期 5—7 月，品质好 | 栽培枇杷的发源地，果实生育期长，果大、质优、味浓，稳产丰产，种植效益高，是四川枇杷的中晚熟优势产区，发展潜力大 |
| 岷江上游（汶川、茂县、理县、黑水县等） | 花期为 9 月至翌年 2 月，幼果易发生冻害，成熟期在 6 月下旬至 7 月中旬 | 花期长、果实发育期长，果实晚熟、极晚熟，风味浓郁，品质特优，是四川枇杷的晚熟优质产区，利用花期长、花不易受冻的特点，选择有利地形适度发展 |

目前，四川枇杷主栽品种大五星栽培面积占全省枇杷栽培总面积的 80%以上，品种单一。大五星枇杷自花授粉坐果率低，产量低、抗叶斑病能力弱，果实含糖量低，风味偏淡，果实耐贮藏运输性能较差，果实品质和产量下降趋势明显，严重制约了四川枇杷产业的发展。因此，培育优良枇杷新品种，对优化四川枇杷品种种植结构、解决果实口感淡、品质差等生产难题具有重要意义。

四川省农业科学院园艺研究所针对四川枇杷产业发展需要，采用杂交育种、实生选种、分子标记辅助育种等手段，培育出西蜀系列枇杷新品种，其中高糖、肉质细嫩化渣的白肉枇杷新品种 3 个；浓甜、抗叶斑病、抗日灼的黄肉枇杷新品种 2 个。西蜀系列枇杷各品种主要性状如下。

西蜀 1 号：品种树势中庸，树冠直立。自花结实能力强，坐果率高，丰产性好。适应性强，对日灼、裂果、叶斑病具有较强抗性。在成都市 11 月中旬至 12 月中下旬开花，果实 5 月中旬成熟。一年生嫁接苗定植后第 3 年成花株率和坐果株率达 30%~40%，第 4 年成花株率和坐果株率达 100%，盛产期平均单株产量 21.0~

23.5 千克。果实近圆形，单果重 40~50 克。果顶平广，果点小，果面茸毛短、密生，萼片平展、萼孔半开张。果实整齐度好，抗裂果，抗日灼，易剥皮。果皮淡黄色，果肉黄白色，果肉细嫩化渣，汁液多，风味浓甜，可溶性固形物含量 17.6%，品质佳。种子数 2~5 粒，可食率 71.2%。

西蜀 2 号：树势中庸偏强，树冠开张。自花结实能力强，坐果率高，丰产性好。适应性强，对日灼、叶斑病具有较强抗性，不裂果。在成都市 11 月中旬至 12 月中下旬开花，果实 5 月中下旬成熟（比大五星成熟期早 5~7 天左右）。一年生嫁接苗定植后第 3 年成花株率和坐果株率达 30%~40%，第 4 年成花株率和坐果株率达 100%，进入盛产期平均单株产量 21~23 千克。果实扁圆形，单果重 40~55 克。果顶平广，果点小，果面茸毛短、稀疏，萼片平展、萼孔开张。果实整齐度好，易剥皮。果皮黄色，果肉黄色，果肉细嫩化渣，汁液多，风味纯甜，可溶性固形物含量 15.0%~18.0%，品质佳。种子数 2~5 粒，可食率 71.6%。

西蜀 3 号：树势中庸，树冠开张。自花结实能力强，坐果率高，丰产性好。适应性强，对叶斑病具有较强抗性。在成都市 11 月中旬至 12 月中下旬开花，果实 5 月中下旬成熟。一年生嫁接苗定植后第 3 年成花株率和坐果株率达 30%~40%，第 4 年成花株率和坐果株率达 100%，盛产期单株产量 21.5~22.6 千克。果实近圆形，平均单果重 34.1 克。果顶平广，果点小，果面茸毛短、稀疏，萼片平展、萼孔开张。果实整齐度好，抗裂果，抗日灼，易剥皮。果皮淡黄色，果肉乳白色，果肉细嫩化渣，汁液多，有香味，酸甜适度，可溶性固形物含量 15.0%~19.2%，品质佳。种子数 3~5 粒，可食率 70.2%。

西蜀 4 号：树势中庸，树冠直立。自花结实能力强，坐果率高，丰产性好。适应性强，对叶斑病具有较强抗性，不裂果。在成都市 11 月上中旬至 12 月中旬开花，果实 5 月上中旬成熟（比大五星成熟期早 10 天左右）。一年生嫁接苗定植后第 3 年成花株率和坐果株率达 40%，第 4 年成花株率和坐果株率达 100%，盛产期平均单株产量 21~24 千克。果实扁圆形，单果重 40~65 克。果顶平广，果点小，果面茸毛短、稀疏，萼片平展、萼孔开张。果实整齐度好，易剥皮。果皮橙黄色，果肉橙黄色，果肉细嫩化渣，汁液多，风味浓甜，可溶性固形物含量 15.0%~19.0%，品质上乘。种子数 2~5 粒，可食率 71.4%。

西蜀 5 号：树势中庸，树冠直立。自花结实能力强，坐果率高，丰产性好。适应性强，对裂果、叶斑病具有较强抗性。在成都市 11 月中旬至 12 月中下旬开花，果实 5 月中旬成熟。一年生嫁接苗定植后第 3 年成花株率和坐果株率达 30%~40%，第 4 年成花株率和坐果株率达 100%，盛产期平均单株产量 21.0~22.3 千克。果实近圆形，平均单果重 34.4 克。果顶平广，果点小，果面茸毛短、密生，萼片平展、萼孔半开张。果实整齐度好，抗裂果，易剥皮。果皮淡黄色，果肉黄白色，果肉细嫩化渣，汁液多，风味浓甜，可溶性固形物含量 15.0%~20.0%，品质佳。种子数 2~4 粒，可食率 72.7%。

西蜀系列枇杷新品种与大五星相比较具有以下优点。

西蜀系列枇杷新品种抗性较强，品质优良，果实的可溶性固形物含量比大五星高 3~5 个百分点，肉质细嫩化渣、汁液多，风味甜。西蜀系列枇杷新品种果实成熟期比大五星早 5~20 天，鲜果市场售价高，亩产值显著高于老品种大五星。

西蜀系列枇杷新品种适宜性好、产量高、品质佳、成熟期配套，有利于改变大五星品种比例过大，成熟期过于集中的局面，详见表 2。

**表 2　西蜀系列枇杷新品种与大五星的主要经济性状比较**

| 指标 | 品种 | | | | | |
|---|---|---|---|---|---|---|
| | 西蜀 1 号 | 西蜀 3 号 | 西蜀 5 号 | 西蜀 2 号 | 西蜀 4 号 | 大五星 |
| 果实大小（克） | 44.6 | 34.1 | 34.4 | 47.3 | 53.8 | 56.4 |
| 果肉颜色 | 黄白色 | 乳白色 | 黄白色 | 黄色 | 橙黄色 | 黄色 |
| TSS（%） | 17.6 | 16.43 | 17.4 | 15.6 | 15.7 | 12.58 |
| 总糖含量（%） | 11.04 | 10.16 | 10.21 | 9.44 | 9.71 | 8.36 |
| 总酸含量（%） | 0.53 | 0.58 | 0.54 | 0.43 | 0.61 | 0.39 |
| VC 含量（毫克/100 克） | 3.84 | 3.93 | 3.88 | 4.49 | 5.21 | 7.14 |
| 种子数（个） | 3.21 | 3.28 | 2.84 | 3.45 | 3.58 | 3.61 |
| 可食率（%） | 71.2 | 70.2 | 72.7 | 71.6 | 71.5 | 72.2 |
| 成熟期 | 5 月中旬 | 5 月中旬 | 5 月中旬 | 5 月中旬 | 5 月上旬 | 5 月中下旬 |
| 抗性 | 较强 | 较强 | 较强 | 较强 | 较强 | 弱 |

### 2. 建设高标准枇杷园，增强果品生产能力

以建设现代化枇杷园为带动，整合资金，开展枇杷园土壤改良、灌溉排水设施、田间道路建设等，实现土壤肥沃、水利设施配套、田间道路畅通，打造一批高

标准枇杷园。完善枇杷产区交通体系。完善覆盖镇、乡、村水泥路，配套建设园区运输道路、作业便道，有条件的枇杷园配套建成轨道、索道运输设施。加强现有沟渠维修维护，注重山坪塘、堰塘、蓄水池建设，保证水渠畅通，水源充足。强化枇杷园输水管网配套建设，因地制宜配套建设水桩、滴喷灌系统、肥水药一体化系统。通过成片、成块、规范整治，改良培肥土壤，建设标准化枇杷园，为实现枇杷园机械化操作和省力化栽培提供先决条件。

强化污染治理、循环利用和生态保护，深入推进农业投入品减量化、生产清洁化、废弃物资源化、产业模式生态化发展，从源头上减少农业面源污染，提高保护果园土壤质量。

现代枇杷产业发展的关键是要提高机械化水平，果园排灌与机耕道设施是机械化的保障。要针对目前枇杷园有效排灌设施不健全，机耕道不完善的现状，加快果园排灌与机耕道设施建设，在充分利用雨水基础上，高效利用灌溉水。

**3. 提升枇杷产业生产装备支撑能力**

以实现枇杷关键生产环节机械化为重点，坚持大、中、小、微农机具并举，推广先进、环保、节能、安全、实用农机具，促进农机农艺有机结合，推进农业机械化全程全面发展。健全农作物全程机械化生产体系，加快推进品种、栽培、装备集成配套。加大对智能、高端、安全农机装备的支持力度，突出优机优补、奖优罚劣。推动绿色环保农机应用。加强机耕道、提灌站等配套设施建设，发展农机服务新模式。

今后要继续实施农机化推进工程，以企业为主体，积极引进推广适应果园操作的农业农机具。积极支持果园作业机械购置，充分利用国家农机具购置补贴政策，多渠道筹集资金，购置先进适用、低耗高效、安全可靠的果园作业机械，重点支持耕地、喷药、割草等中小型组合式农机具，促进作业机械和动力机械配套。

**4. 构建新型农业经营体系**

围绕现代枇杷产业发展需要，发展多种形式适度规模经营，引导和规范土地经营权有序流转，发展各类新型农业经营主体，创新农业生产经营体制。逐步建立起以家庭承包经营为基础，以专业大户、家庭农场为骨干，以专业合作社和龙头企业为纽带，以各类社会化服务组织为保障的新型农业经营体系，促进枇杷产业生产经营的集约化、专业化、组织化和社会化。

（1）加快新型主体培育，推进适度规模经营

培养新型职业农民。鼓励具有一定经营规模、一定技能，并立志从事农业的农民申请职业农民认定，并作为产业培育和项目扶持的依据。拓宽培养渠道，开展多形式、经常性的职业教育培训，完善农民职业培训体系和绿色证书制度，健全农民技能持证上岗制度。加大政策扶持力度，扩大阳光工程和农村实用人才培训规模，广泛开展专业大户、家庭农场经营者和合作社带头人等培训。

大力发展枇杷产业家庭农场和专业大户。按照“生产有规模、产品有标牌、经营有场地、设施有配套、管理有制度”的要求，建立专业大户、家庭农场的认定标准。建立家庭农场注册登记制度。加大扶持力度，对认定的专业大户和家庭农场，新增农业补贴重点向其倾斜。实行以奖代补，对达到一定规模的专业大户、家庭农场予以奖励。鼓励和支持承包土地向专业大户、家庭农场流转。加强对专业大户、家庭农场的指导和服务，提高其经营管理水平和市场竞争力。

扶持规范枇杷专业合作社。加大扶持力度，鼓励农民兴办专业合作和股份合作等多元化、多类型合作社，扩大农村土地整理、农业综合开发、农田水利建设、农技推广等涉农项目由合作社承担的规模。深入推进示范社建设行动，促进合作社规范化建设。建立示范社评定机制，分级发布示范社名录，把示范社作为政策扶持重点。创新适合合作社生产经营特点的保险产品和服务，建立农民专业合作社人才库和培训基地，着力打造合作社领军人才队伍和辅导员队伍。

培育壮大枇杷企业。健全利益联结机制，促进龙头企业做大做强。深入创建农业产业化示范基地，促进龙头企业发展。推动龙头企业与农户、合作社建立紧密型利益联结机制，采取保底收购、股份分红、利润返还等方式，实现龙头企业与农民及合作社共舞共进共赢。

（2）提升生产经营组织化程度

扶持组建枇杷产业联盟，发挥对产业发展的引领和导向作用。创新利益联结机制，丰富订单农业内涵，引导龙头企业与农民、合作社建立紧密合作关系，加强龙头企业对生产的带动作用。支持龙头企业向订单农户统一提供良种、技术和社会化服务。倡导龙头企业发展利益兜底、利润返还、收益分成、一体化经营等模式。鼓励龙头企业创办或领办各类专业合作组织，支持合作社兴办龙头企业，或合作社、农户利用土地承包经营权、产品、技术、资金等要素入股龙头企业。强化财政资金

引导作用，对订单履约率高的合作社、生产基地予以奖励，对违约农户不予补贴。加强农产品收购合同的管理与监督，设立仲裁机构，规范合同文本，强调违约责任。

（3）增强科学种果能力

加强对职业果农的培养。重点培育一批枇杷生产专业化服务企业或组织，不断提高枇杷产业社会化服务水平。支持和鼓励枇杷生产新型经营主体或社会化服务组织主动对接小农户，推动发展合作制、股份制、订单农业等多种利益联结方式，推进资源变资产、资金变股金、农民变股东，农民分享二、三产业增值收益有保障。从市场准入、税费减免、资金支持、人才引进等方面加大扶持力度，推进枇杷产业社会化服务主体多元化、形式多样化、运作市场化，使农民享受到低成本、便利化、全方位的社会化服务。鼓励和支持经营性农业服务组织参与枇杷技术服务、农机作业、统防统治、产品营销等服务。积极探索“专业化服务公司+合作社+专业大户”“村集体经济组织+专业化服务队+农户”等多种服务模式。

根据现实生产情况，要大力推进枇杷生产托管。农业生产托管是农户等经营主体在不流转土地经营权的条件下，将农业生产中的耕、种、防、收等全部或部分作业环节委托给有能力的农业生产性服务组织完成的农业经营方式，是社会化服务直接服务农业和农户最现实最简洁的方式，是实现农户与现代农业发展有机衔接的重要经营模式，是实现服务规模经营的有效方式，是不改变土地承包关系前提下，解决“谁来种地、怎样种地”问题的有效途径。开展农业生产托管，各类农业服务组织把一家一户小生产融入农业现代化大生产之中，引领小农户走向现代农业。可以通过打破一家一户承包地的界限，实行集中连片作业，既增加了耕地面积，又有利于机械作业；可以规避土地租金风险问题；可以批量购买各种农资、集中使用农业机械，明显降低生产成本；解放了大批从事田间耕作的劳动力，促进了农民转移就业。

**5. 构建枇杷产业科技支撑体系**

围绕枇杷产业核心技术“卡点”和制约产业发展的“痛点”，构建枇杷产业科技支撑体系。

一是持续开展枇杷种质资源收集与保存、精准鉴定与优异种质创制、功能基因挖掘与分子标记开发、全基因组选择、转基因和基因编辑等科技创新，建立枇杷高效育种技术体系，培育高产优质、节本增效、高抗广适的突破性或重大枇杷新品种，满足消费者对果品多样化和优质化的不断需求，满足生产者对绿色、低成本的管理需求，满足加工企业对品种专用化的需求，满足经销商对新品种一致性、周年均衡供应的多样化需求，保障食物安全与果品有效供给。

二是示范推广高产、稳产、优质、高效、抗逆、专用以及适宜机械化作业的枇杷新品种；推广应用绿色增产增效标准化高产高效栽培模式；推进枇杷生产主要作业机械化，促进农机农艺深度融合；研发自动化、机械化、智能化有机肥高效施用技术；示范高效缓（控）释肥等新型肥料、可降解地膜；推广喷灌滴灌、水肥一体化、深耕深松技术；研究推广果实产量与品质协同提升、果树病虫害绿色防控、鲜果周年生产等关键技术；推广果粮间套、种养结合养分循环利用技术；研究推广物流配套技术，减损保质保鲜贮藏技术；研究推广枇杷精深加工技术，实现节本、安全、优质、高效、周年生产的目标。

三是立足四川不同区域枇杷产业的差异和优势区域发展布局，针对不同区域枇杷发展的重大科学问题，依据全产业链科技需求，围绕枇杷新品种引进选育、现代栽培、土肥管理、植保技术、贮藏运输等领域，各产区应加强与四川省农业科学院、四川农业大学等科研院所合作，大力开展优新品种引选示范、高接换种、水肥高效利用、枇杷生产机械化、优质生产、病虫害综合防控、贮藏运输、信息化关键技术研究与推广应用。推行研发—生产—销售一体化模式，要特别重视产—学—研—用的战略合作，以充分发挥其创新和综合竞争能力，加快农业科技成果转化应用，带动产业升级，有效带动区域产业经济的发展，推动国家乡村振兴战略的实施。

**6. 强化科技人才队伍建设**

通过整合、新建、重组、合作等形式，健全和完善农业技术推广机构，强化科技推广单位硬件建设，增添更新设备仪器，满足农业科技推广的需求。加强对下属乡镇的技术指导业务，增加科技人才引进措施或人才交流等途径培养地方人才。与高校和科研单位联合培养农业专业人才，为科技人员创造良好的办公、生活条件，提高从业人员待遇，稳定人才队伍，为果业发展奠定人才支撑。

**7. 加速现有科技成果推广应用**

“十四五”期间，为促进四川枇杷高质量发展，建议大力推广四川省农业科学院园艺研究所研发的以下枇杷栽培技术。

（1）四川枇杷不同区域不同熟期高效栽培关键技术

①安宁河流域以“修剪控春梢、肥水促夏梢”等调控结果母枝9—11月开花为核心的早熟丰产栽培技术。安宁河流域枇杷早花易大量形成，9—11月适期开放的花量不足，生产中要大力推广调节枇杷花芽分化进程的综合技术，其核心是在2—3月严格控制枇杷的肥水供应，施肥主要以磷、钾肥为主，以叶面喷施为宜。避免施用氮肥，控制水分供应。通过肥水控制和抹芽减少早春梢的抽发量，达到控发春梢的目的。采完果后，及时调整树体结构，疏除密生枝、下垂枝、病虫枝、干枯枝及无空间可利用的徒长枝。在4月中旬适时重施采果肥，施肥量占全年总施肥量的50%~60%，以有机复合肥、腐熟的农家肥为主，适当配合施用速效氮、磷、钾肥，以补充损耗，恢复树势，促进采果后重剪、摘心处理后腋芽的萌发抽枝。6—7月出现干旱时，及时灌水保湿，或树盘环状沟施高效保水剂，或用地膜、稻草、秸秆覆盖树盘等方式防止因高温干旱导致枝梢生长减缓或停滞致使早花的产生。采用该技术可以突破传统方法调控开花期的局限性，可使枇杷开花期推迟2~3个月，能从根本上解决该区域枇杷夏季早花多，秋季花量不足的问题。

②大渡河中游以“幼树快速成形、控梢促花、肥水调节”等早结丰产为核心的中晚熟栽培技术。大渡河流域土地瘠薄，幼树成形缓慢，进入结果期迟。海拔高差大、花期不整齐，连续结果能力差。要推广聚表土起垄+垄面覆盖+水肥一体化技术，促进幼树早发枝、多发枝，促进幼树快速成型。当枇杷幼树的营养生长达到有30~40个分枝，全树有300~400片叶子以上时，在花芽分化的6—8月控施速效性氮肥，增施磷钾肥，开沟排水或采用树盘地膜覆盖，降低土壤湿度，对层间的辅养枝采用拉枝、扭枝等促花处理，配合肥水管理，促进花芽分化，实现早结丰产优质高效的目标。

③岷江上游以“微域适生环境建园，促春梢控夏梢”为主的适地适栽晚熟栽培技术。岷江上游海拔较高地带枇杷成花难，有的年份冻害严重，导致大幅度减产，要选择向阳背风、热量条件好、冬季冷空气不易沉积，冻害较轻的微域适生环境建园。冬季适当剪去部分结果枝上的花穗，重点短截衰弱的花枝、晚花枝、树冠外围密生侧枝及细弱枝等，通过短截刺激老熟腋芽抽生健壮春梢。冬剪后及时重施有机肥和灌水，促进腋芽萌发抽生春梢结果母枝。5月下旬至6月中旬对直立旺枝进行

拉枝处理，对半木质化、生长过旺的侧生枝则采取扭梢处理。控制氮肥施用，少量增施磷、钾肥，停止灌水，地膜覆盖保墒。对旺树旺枝采用环割或环扎、断根+地膜覆盖等措施，以抑制营养生长，促进其进入花芽分化。采用以上技术可有效地减轻冻害，促进花芽分化，稳产丰产效果显著。

④四川盆地“品种优化、设施防冻、延迟成花、病虫害绿色防控”等防冻稳产栽培技术。四川盆地枇杷产区品种较单一、病虫害严重、冻害发生频率高，适宜推广适宜性好、产量高、品质佳、成熟期配套的西蜀系列枇杷品种，改变大五星品种比例过大，成熟期过于集中的局面，以促进品种优化升级。选择在无冻害或冻害轻的区域，或小地形建园或采用简易大棚进行设施栽培以克服冻害的影响。根据品种、树龄、树势、立地条件的差异，在 4 月上旬至下旬对春梢进行短截处理，让剪口附近重新抽发新梢，在 7 月上中旬，采用喷施磷钾含量高的叶面肥，配合扭枝处理或配合喷施多效唑促进花芽分化，把开花期推迟到 11—12 月，延缓枇杷花果发育进程，在冻害天气出现时枇杷正值开花期或坐果期，由于花和幼小果实受冻害较轻，有利于防冻保果。针对枇杷花果期病虫害严重的问题，采用农业防治、物理防治、生物防治、化学防治相结合的绿色防控技术，增强保花保果作用。

（2）四川枇杷周年生产技术

利用不同区域、不同海拔布局、品种搭配、延迟结果母枝抽发时间、设施栽培等措施可以延长四川枇杷鲜果供应期，提升四川枇杷在全球的影响力和市场竞争力。

①利用不同区域布局延长果实供应期。安宁河流域生态条件特殊，属于天然的无须设施条件的反季节特早熟枇杷生产地区，生产的果实品质优、商品价值高，极具市场竞争力，是我国枇杷生产的优势区域，利用这个“天然温室”扩大生产规模，实现枇杷在 1—3 月成熟上市，把热量条件好的安宁河流域下游产区枇杷鲜果供应期进一步提早到 12 月。四川盆地枇杷传统栽培区，面积大，是目前的主产区，果实成熟期 4—5 月。大渡河流域是栽培枇杷的起源地，花和幼果发生冻害较少，果实成熟期比四川盆地产区晚，一般 5—6 月成熟，是枇杷栽培优势区，产品质量高。岷江上游汶川县枇杷成熟期随海拔的升高而推迟，一般成熟期在 6 月下旬至 7 月中旬，是最晚的优质产区。

②利用垂直气候差异调节枇杷产期。在四川岷江上游汶川县和茂县海拔

1 000~1 800 米干暖河谷地带，随海拔增加枇杷成熟期推迟，有的地方果实可推迟到 7 月中下旬成熟。通过在不同海拔高度布局生产基地可以延长枇杷果实供应期 1 个月以上。

③利用品种搭配延长成熟期。发展品种以早钟 6 号、大五星、龙泉 1 号、解放钟等为主，在同一地区同一地带通过早、中、晚熟品种搭配可延长枇杷供应期 1 个月左右。

④利用枇杷花芽特性推迟开花期和成熟期。枇杷花芽分化属于夏秋连续分化型，由结果母枝顶芽分化形成花芽，适期短截春梢，延迟夏梢抽发和停长期，在夏梢停止营养生长、开始花芽分化初期加强有机肥和磷、钾、钙的施用量，保持土壤适度干燥，适时促进花芽分化，可以延迟开花期和成熟期。

（3）枇杷防寒技术

枇杷不耐寒，幼果在-3℃以下就会受冻。花果受冻是产量不稳的首要问题。防寒技术已成为枇杷增产的关键技术。枇杷的抗寒能力与品种、树势、树龄有关，成年树抗寒力强，老年树抗寒力弱，花比幼果抗寒。

防寒的基本措施是选用抗寒品种，提高栽培管理水平，培育健壮树势，以增强抗寒能力；营造防护林，改善小气候。生产上采用的防寒措施主要有以下几种。

①预防早花。枇杷受冻程度与花及幼果发育状态有关。通常以未开的花蕾最耐寒，其次是花瓣未脱落开放的花，再次为花瓣脱落、花萼尚未合拢前的花，最不耐寒的是幼果。所以开花早的品种，或秋末初冬气温高，开花早、花期短、幼果发育快的年份，遭受冻害的概率高。

预防早花对枇杷丰产具有重要作用。采果后 6 月中下旬进行短截修剪和施肥，使夏梢抽发较晚，花期也相应推迟，能避免幼果受冻。若强壮树抽发夏梢旺盛，不能进行摘顶（因顶芽分化花芽），可以采用 0.2%~0.3%硫酸钾或 0.2%磷酸二氢钾喷布树冠，或喷布 500~700 毫克/升多效唑，使其停止生长，积累养分分化花芽，并相应推迟抽发结果枝和开花。

高温干旱能促进枇杷提早开花。在高温干旱期，应及时灌水，地面覆盖，叶面多次喷施 0.2%磷酸二氢钾或 0.3%~0.4%尿素等。

秋梢停长现蕾时，挖开根系周围泥土，深 10~15 厘米，截断部分细根，并晾根半个月左右，然后株施 0.25 千克尿素后覆土。晾根前期可抑制地上部和地下部生长，后期可促发新根，健壮树势，提高树体自身的抗寒能力。可以延迟开花期半个月，以减轻花器和幼果的早霜冻害。

②地膜覆盖、根外追肥。初冬久晴要灌水防冻，也可以在秋末冬初雨后浅中耕即覆盖地膜，以增加土温，保持土壤中稳定的水分，使树体不致发生干冻。花期用0.2%~0.3%的尿素或磷酸二氢钾进行2~3次的根外追肥，可以补充树体氮磷钾的不足。提高细胞液浓度，降低冰点，增强抗寒能力。喷布0.2%的硼砂可以促进花粉发芽，提高着果率。

③培土、树干涂白、靠枝束叶。秋末初冬对根际培土，每株培土200~800千克，耙平覆在树冠下，可以提高土温，保护根系，增强抗寒能力。主干和主枝涂白有缩小温差、增强抗寒力的作用，一般在12月前结合消灭越冬病虫在主干和主枝上涂白。靠枝束叶是将每一花穗下部叶片向上把花穗裹束，并将大枝间相互捆拢，可以减轻花穗及幼果冻害，也可以在盛花后将整个花穗套袋，但一定要在盛花后花瓣已脱落再套袋，因很多品种要异花授粉，蕾期就套袋无法授粉。套袋可以提高袋内温度，减轻冻害。

④摇雪。大雪后，应立即将树上的积雪摇下，以免融化结成冻块，冻坏花器和幼果。

⑤塑料大棚防寒。可以就地取材，用竹木制成大棚骨架或以镀锌管作支架，搭建塑料大棚，塑料薄膜的覆盖时期一般从12月中旬开始。由于开花期棚内湿度高，导致灰霉病暴发，而且传粉昆虫减少，降低了坐果率，所以在灰霉病严重的地区，宜在盛花期后覆盖薄膜，4月上旬把薄膜揭去。实践证明，大棚栽培是枇杷防寒的有效手段。棚内比棚外温度提高3~5℃，能减轻冻害，提高产量，而且大棚枇杷能提早成熟约10天，售价高。

⑥微喷灌防冻害。有条件的枇杷园在树下安装微喷灌装置，在有可能发生冻害的寒冷时节，打开微喷灌，防止花和幼果结冰，可有效预防冻害。

⑦受冻后的管理。枇杷幼果受冻，主要表现是胚珠冻死变褐色，幼果不能发育，开始肉眼还不易识别，待气候转暖，仔细观察幼果上的茸毛和果皮色泽就可以识别。茸毛萎蔫，果皮褐色是受冻的表现。强低温霜雪天气后，检查枇杷园的冻害发生情况，如受冻果比例较低，不会对产量造成较大影响，以加强防冻保果综合措施为主。如受冻果比例较高，要采取补救措施，经作者试验，对种子或胚

珠受冻、果肉未受冻的幼果，用 200 毫克/升赤霉素+20 毫克/升比效隆浸受冻果，可挽回部分损失。受冻害的果实经药剂处理后，可促使受害幼果继续发育并形成少核或无核果实，果形指数变大，对减少轻度冻害造成的损失具有一定作用。未经植物生长调节剂浸果处理的幼果，在胚珠冻死后，幼果仍会轻微膨大，甚至成熟，但果形极小，无商品价值，白白浪费了养分，所以要及时摘去受冻幼果，减少养分消耗。

受冻后追施速效肥料，也可采用根外追肥，以增强树势。对园地进行浅中耕松土，如因雨雪地面有积水或地下水位高，要开沟排水，促进根系健壮。

（4）病虫害绿色防控技术

枇杷病虫害防控要加强农业防治、重点采用物理和生物防治、合理科学使用化学防治。

①农业防治。高标准建园，建园采用“聚土起垄”与“坡改梯+聚土起堆的栽培模式”；通过合理的水肥管理、合理修剪、合理负载等栽培措施，增强树势，提高树体抗逆能力，营造不利于病虫害发生蔓延的园内小气候。剪除病虫枝、清除病僵果和枯枝落叶、刮除树干裂皮并集中烧毁或深埋。

②物理防治。利用害虫的趋光、趋化性等特性，每年 3—11 月在果园内悬挂频振式杀虫灯或太阳能杀虫灯，按照平坝区 3.33~4 公顷悬挂 1 盏，山区 1.33~2 公顷悬挂 1 盏，重点诱杀蛾类、天牛等成虫，降低虫口基数。每年 3—11 月在果园内挂性诱剂，每 667 平方米 3~5 个，既可诱杀害虫的雄虫，又可精准确定害虫的关键防治时期。利用害虫的趋色性，在虫害发生早期（3 月底或 4 月初）虫口基数较小时，每亩悬挂黄板 20~30 张（黄板规格 20 厘米×25 厘米），诱杀蚜虫等小型害虫。利用害虫沿树干下爬的越冬习性，在树干离地面 50 厘米处绑扎诱虫药带，诱集螨类、介壳虫、卷叶蛾等，开春前后销毁。

③生物防治。使用选择性强的农药保护天敌，采取助育和人工饲放天敌控制害虫，利用昆虫性外激素诱杀或干扰成虫交配。

④化学防治。在病虫防治关键时期，科学使用安全、高效、低残留的环保型化学农药，科学安全合理用药。年周期中，参照“枇杷病虫害周年管理历”进行管理，见表 3。

**表 3　枇杷病虫害周年管理历**

| 防治对象 | 防治时期 | 化学防治时期 | 化学防治药剂及浓度 | 安全间隔期（天） |
|---|---|---|---|---|
| 叶斑病类 | 2—10 月 | 病叶率达15%以上施药防治 | 62.25%腈菌唑·锰锌可湿性粉剂500~800倍液 | 7 |
| | | | 10%苯醚甲环唑水分散粒剂 2 000~3 000倍液 | 7 |
| | | | 25%咪鲜胺乳油 500~800 倍液 | 7 |
| | | | 70%甲基硫菌灵可湿性粉剂 1 000 倍液 | 7 |
| 炭疽病 | 果实成熟期、高温多雨期 | | 10%苯醚甲环唑水分散粒剂 2 000~3 000倍液 | 7 |
| | | | 45%咪鲜胺乳油 1 500 倍液 | 7 |
| | | | 80%代森锰锌可湿性粉剂 600 倍液 | 10 |
| 胡麻叶斑病 | 春秋季阴雨连绵期 | | 62.25%腈菌唑·锰锌可湿性粉剂 500~800倍液 | 7 |
| | | | 50%双胍辛烷苯基磺酸盐可湿性粉剂 1 500倍液 | 10 |
| | | | 2%春雷霉素可湿性粉剂 500 倍液 | 21 |
| 枝干腐烂病 | 温暖多雨季节 | | 25%咪鲜胺乳油 500~800 倍液 | 7 |
| | | | 80%代森锰锌可湿性粉剂 500~800 倍液 | 10 |
| | | | 石硫合剂 3~5 波美度刷枝干 | 7 |
| 花腐病 | 开花期 | 发现病花时施药防治 | 10%苯醚甲环唑水分散粒剂 2 000~3 000倍液 | 7 |
| | | | 80%代森锰锌可湿性粉剂 500~800 倍液 | 10 |
| | | | 70%甲基硫菌灵可湿性粉剂 1 000 倍液 | 5 |
| 污叶病 | 梅雨季节 | | 10%苯醚甲环唑水分散粒剂 2 000~3 000倍液 | 7 |
| | | | 80%代森锰锌可湿性粉剂 500~800 倍液 | 10 |
| | | | 70%甲基硫菌灵可湿性粉剂 1 000 倍液 | 5 |
| 梨小食心虫/桃蛀螟 | 春秋季/10 月至翌年 3 月 | 成虫高峰期后8~10 天施药防治 | 0.5%甲氨基阿维菌素苯甲酸盐乳油 2 500~3 000 倍液 | 3 |
| | | | 2.5%高效氯氰菊酯乳油 2 000~3 000 倍液 | 7 |
| | | | 1.8%阿维菌素乳油 3 000 倍液 | 7 |
| 蚜虫 | 5—10 月 | 蚜梢率达到15%以上施药防治 | 50%吡蚜酮悬浮剂 2 000~2 500 倍液 | 7 |
| | | | 30%噻虫嗪悬浮剂 3 500~4 000 倍液 | 14 |
| 枇杷若甲螨 | 5—10 月 | | 1.8%阿维菌素乳油 1 000~2 000 倍液 | 14 |
| | | | 22.4%螺虫乙酯悬浮剂 2 000 倍液 | 20 |

（续表）

| 防治对象 | 防治时期 | 化学防治时期 | 化学防治药剂及浓度 | 安全间隔期（天） |
|---|---|---|---|---|
| 木虱 | 花果生长发育期 | 虫梢率达10%以上施药防治 | 10%联苯菊酯悬浮剂 4 000~5 000 倍液 | 7 |
| | | | 10%吡虫啉可湿性粉剂 2 000 倍液 | 5 |
| | | | 22.4%螺虫乙酯悬浮剂 3 000 倍液 | 20 |
| 红、黄蜘蛛 | 3—10 月 | 百叶螨量达200 头时施药防治 | 15%哒螨灵乳油 2 000~3 000 倍液 | 5 |
| | | | 45%联苯肼酯悬浮剂 2 000 倍液 | 5 |

**8. 构建枇杷质量安全体系**

强化污染治理、循环利用和生态保护，深入推进农业投入品减量化、生产清洁化、废弃物资源化、产业模式生态化发展，从源头上减少农业面源污染。完善质量标准制度、严格投入品监管、健全监管制度机制、强化体系能力，建立农产品质量追溯制度，实现从田间到市场全过程质量管理，真正做到“源头严防、过程严管、后果严惩”，确保枇杷优质、安全、放心。

（1）枇杷质量控制标准制定

大力推进标准化建设，从品种、种植、采收、加工各个环节全面推行标准化建设。规范实施全程追溯。在国家标准、行业标准的基础上，制定涵盖土壤管理、灌溉、病虫害综合防治、采收、农民培训、环境保护、杀虫剂、果品安全检验、检测和审查等一系列环节的枇杷生产综合管理制度。

切实加强枇杷产地管理，加强畜禽粪污资源化利用，实施秸秆覆盖综合利用和农膜、农药包装物回收行动，加强可降解农膜应用推广，防治产地污染，保护和改善产地环境质量，保障枇杷果品安全。

加快配套制定保障农产品质量安全的生产技术规范和操作规程。制定符合四川不同地区生产实际的操作手册。加快完善“三品一标”技术规范和标准体系，严格产地认定和产品认证管理，加大认证后监管力度，提升“三品一标”品牌社会公信力。

（2）投入品规范化管理

深入实施专项整治，严厉打击投入品生产、流通、销售等环节违法违规行为，严防违禁投入品流入枇杷生产环节。抓好投入品的使用管理，大力推行投入品安全使用制度和枇杷生产记录制度。持续推进化肥农药减量增效。深入开展测土配方施肥，持续优化肥料投入品结构，增加有机肥使用，推广肥料高效施用技术。积极稳妥推进高毒高风险农药淘汰，加快推广低毒低残留农药和高效大中型植保机械，因地制宜集成应用病虫害绿色防控技术。

（3）建立追溯机制

建立基地种植、产品加工、包装贮藏等生产档案，建立记录生产、加工、销售的信息采集系统，建立产品相关信息终端查询系统，建立健全枇杷生产基地农产品质量安全追溯信息平台和数据库，构建农产品质量可追溯系统，逐步实现面向销售终端和消费者的实时追溯。

**9. 加强枇杷产地基础设施建设**

（1）完善园区交通运输体系

推进基地公路建设，统筹规划和建设农村公路穿村路段，兼顾村内主干道功能。因地制宜推进乡镇通三级及以上公路、自然村通硬化路，加强村组连通和村内道路建设。推进老旧公路改造和窄路基路面加宽改造，强化农村公路与国省干线公路、城市道路、村内道路衔接。

（2）建设基地物流体系

完善县、乡、村三级物流配送体系，构建农村物流骨干网络，补齐物流基地、分拨中心、配送站点和冷链仓储等基础设施短板，加大对公用型、共配型场站设施的政策支持力度。改造提升农村寄递物流基础设施，推进乡镇运输服务站建设，改造提升农贸市场等传统流通网点。打造农村物流服务品牌，创新农村物流运营服务模式，探索推进乡村智慧物流发展。

（3）加快数字乡村建设

建设枇杷基地信息网络，加强设备、仪器的配置，保障信息服务承载能力。加大枇杷产业信息系统从业人员培训教育力度，提高工作人员的业务素质，增强对信息获取、分析、研判能力。促进各信息资料的并网和共享利用，增进信息在枇杷发展全程的资源优化配置作用。即时、快捷地指导生产、服务市场。推广新型电子政务，免费为农民提供产品信息，开展农产品网上推介、展销和交易，使四川枇杷产业搭上信息化的快车。

尤其是要利用信息技术，推进枇杷基地监管信息化建设，加强对基地土壤质量、肥料肥效、农资等内容的监测，为科学决策管理提供支持能力。实时反映枇杷生产、加工、流通、价格信息，为政府、企业、专家、农民提供快速便捷的系统服务。

开发枇杷专业电子商务平台，通过示范试点提供生产、流通、交易、竞价、网上超市等服务。鼓励企业、商家、内容服务提供商和金融服务机构相互协作，建设移动枇杷产业电子商务服务平台。建设枇杷产品旗舰店，拉高销售商、合作社在电商平台的销售量。

建立枇杷等农产品质量安全监测信息管理平台，实现监测数据即时采集、加密上传、智能分析、质量安全状况分类查询、直观表达、风险分析和监测预警等功能，为政府加强有效监管，公众及时了解产品质量安全权威信息、维护自身合法权益提供信息保障。

**10. 构建市场品牌体系**

加强枇杷等农产品市场体系建设，发展现代流通方式，用优化的市场流通机制保证优质农产品的流通，有效提高农产品竞争力和农民收入。加快建立健全农产品流通体系，搞活、拓宽流通渠道，努力提高农民进入市场的组织化程度。通过推行品牌的标准化，整合四川枇杷品牌。创建融合四川特色文化底蕴、标识鲜明、有四川特色、知名度高的品牌，不断提高影响力和市场占有率。

（1）完善市场体系

搭建多层多级销售市场网络，完善农产品产地市场，健全四川枇杷等农产品批发市场体系。

（2）创新营销手段

丰富农产品营销手段，拓宽销售渠道，提高产品价值和产业效益。推进枇杷基地、合作社与大中城市消费市场开展直挂、直批、直送、直销服务。培育农业职业经纪人、产销专业协会等，指导合作社开展网络营销，搭建信息平台。加强与专业电子商务网站联合，大力发展电子商务等现代流通方式和新型物流业态。

（3）提升品牌实力

培育区域公用品牌。根据特定自然生态环境、历史人文因素，明确生产地域范围，强化品种品质管理，保护地理标志农产品。打造质量水平高、具有较强国际竞争力，地域特色突出、功能属性独特的区域公用品牌。规范品牌授权管理，加大品牌营销推介，提高区域公用品牌影响力和带动力。

培育企业品牌。引导农业产业化龙头企业、农民合作社、家庭农场等新型经营主体将经营理念、企业文化和价值观念等注入品牌。实施农产品质量安全追溯管理，加强责任主体逆向溯源、产品流向正向追踪，推动部省农产品质量安全追溯平台对接、信息共享。

支持和奖励申报推介驰名商标、名牌产品、原产地标记、农产品地理标志。加快农耕文化建设，推动农产品品牌和四川枇杷产地文化的深度融合，提升品牌价值和效应。

重点加大四川枇杷产品品牌宣传力度，组织开展宣传推介活动，宣传产品信息。开展反季节优质枇杷品牌农产品宣传推介活动。组织基地内企业参加省内外农产品展销会。开展招商引资活动等，促进文化、品牌、农业的深度融合，稳定销售渠道，打造品牌，占领市场。

**11. 促进一、三产业深度融合**

枇杷园的基本生产功能是为满足消费者不断提高的消费需求。利用枇杷常绿、树冠高大的特性创建生态观光基地，为市民提供优质果品的同时，提供优质生态产品，可以推动枇杷产业与旅游、文化、教育等产业深度融合。增加以体验、参与、享受、感受、接受“枇杷文化”为内涵的休闲场所，开展健康休闲活动，加快多功能新型枇杷产业的发展。目前，我国枇杷观光产业的主要模式如下。

（1）枇杷采果节

与大部分果树不同，枇杷秋冬季开花，春夏成熟，承四时雨露，为“果中独备四时气者”，其果肉柔软多汁，酸甜适度，味道鲜美。在枇杷成熟期，到枇杷观光园采摘鲜果，融入自然，放松身心，尽享田园乐趣，在品尝美味的同时感受劳作带来的快乐，成为许多城市人亲近大自然、缓解压力的新方式。枇杷在城里的各大农贸市场甚至街边都能买到，但空气清新的环境，在都市内是用金钱也买不到的，这也是枇杷节能吸收众多游客的主要原因。

（2）枇杷科普园

以高科技为重要特征，在郊区建立小型枇杷科普园，既可以为城市提供部分时鲜枇杷果实，又可以获得一部分观光收入，兼顾了农业生产与科普教育功能。在科普园内建立枇杷知识走廊，针对枇杷品种开展科普宣传，展示传统的和现代的栽培技术，展示不同的枇杷加工产品，展示别具一格的果园机械，有的是现代的，有的是已被淘汰的，人们可以借此了解枇杷发展历史和农机具知识。让来这里的游客在欣赏山水风景之余，品尝亲手采摘的枇杷果实，参观和享用由枇杷花、叶、果实加工生产的枇杷饮料、枇杷花茶、枇杷膏、枇杷糕点、枇杷口服液等产品。体验清新宁静的农村生活，学到丰富的农业科学知识，享受农业观光之乐。建立旅游科普园时应遵循知识性原则、科技性原则、趣味性原则，例如可以通过在枇杷园中设立枇杷科普馆和枇杷博览区等科普教育中心，向游人介绍枇杷历史、现状，普及枇杷知识。

（3）枇杷休闲度假园

简单的形式是枇杷果农利用空闲房屋，开农家乐，让城里人来住宿，吃农家饭，干地里农活，休闲放松。较高级的形式是通过规划设计，利用枇杷园的设备、空间、生产场所、产品，自然环境及农村人文资源，利用枇杷果园吸引游客前去度假，开展农业体验、领略自然生态、垂钓、品尝野味，以及住宿、度假、游乐等各种观光、休闲旅游活动。城里人周末或假日，自己驾车，带上小孩，到枇杷园小住几天，大人可以放松一下身心，孩子们则可了解都市里无法见识的农村生活。也可以在枇杷果实快熟的时候，在报刊上登广告，招揽游客到果园摘枇杷，吸引人们到枇杷园度假。

（4）枇杷主题公园

以枇杷为主要植物材料，突出其独特的功能定位，按照园林设计的理念，以生态、休闲为原则，建设具有观光休闲、科普学习、体验感悟等功能，集科普、休闲、文化、体验于一体的观光枇杷园。

开发枇杷休闲产业关键在于构建生产活动与休闲活动相辅相成的协调格局。为此，应注意以下几个问题。

①以生态种植、科研教育、旅游观光、特色餐饮、枇杷采摘体验为目的，立足生态原则，结合国内种植示范园的发展趋势与优秀范例来进行规划设计。在园区整体布局上，立足地形、地貌等自然资源条件，在对其加以保护利用的同时，结合规划车行道、游步道，合理划分枇杷种植园各功能区。

②枇杷生产功能与观光功能可在同一果园内得到表达，达到生产性与观赏性两相契合，实现效益互补。

③枇杷管理年周期的安排和休闲活动的计划协调有序。

④有条件的地方政府尤其是区（县）、乡（镇）两级政府应该把发展农业休闲作为改善农村产业结构、提高农民生活水平、改变农村面貌的大事来抓，统筹规划指导，给予政策及资金扶持，为枇杷旅游的发展创造良好的环境氛围。

⑤积极鼓励农民建立农业旅游行业协会，规范农业旅游的经营与管理。开展农业旅游须到各级政府旅游部门进行登记注册，并在通过考核后发放许可证书。

⑥充分表现和突出该地区农村自然景观和枇杷产业特色，使游客到枇杷休闲园有新的意境、新的感受、新的享受。

⑦提高可参与性，一是让游客动手修枝摘果；二要提高枇杷休闲的科技含量；三要丰富休闲产品的内容，尽可能多地综合粮、果、蔬、畜、渔、草、花等农业资源要素，以丰富的产品组合吸引游客，延长其停留时间，提高其消费水平。

⑧改善枇杷休闲产业的服务设施，加强从业人员的技能培训，提高服务意识，摒弃某些不良的农村生活习惯。加大道路、住宿、餐厅、通信、厕所等基础设施建设，改善传统农村脏、乱、差的局面。并在此基础上突出购、娱、游等要素的农味。

**12. 完善促进枇杷产业发展的保障机制**

（1）坚持项目带动

枇杷建设项目都要按产业发展、基础设施等分类建设好项目库，为招商引资和争项目、争资金奠定基础，推动项目跟着规划走、资金和要素跟着项目走。抓好已确定的园区重点项目，协调解决好项目建设中存在的土地审批困难、资金短缺等问题，督促已落实的重点项目抓紧建设，正在建设的重点项目加快进度，已建成的重点项目尽快投产达效。

（2）瞄准龙头企业招引优质项目

以枇杷基地建设为平台，认真梳理、包装、推出一批项目，加强对外宣传和推介，引进工商企业投资枇杷基地建设，推动基地特色产业与现代加工业、物流业、生态观光业的有机结合。

（3）深化农村产权制度改革

稳步推进农村承包地“三权分置”改革。有序开展第二轮土地承包到期后再延长30年试点，保持农村土地承包关系稳定并长久不变。丰富集体所有权、农户承包权、土地经营权的有效实现形式，发展多种形式适度规模经营。加强农村土地承包合同管理，完善农村土地承包信息数据库和应用平台，建立健全农村土地承包经营权登记与承包合同管理的信息共享机制。探索建立土地经营权流转合同网签制度，健全土地经营权流转服务体系。

（4）全政府投入保障机制、金融保险服务体系

建立“三农”财政投入稳定增长机制，完善涉农资金统筹整合长效机制。健全农村金融服务体系。扩大农村资产抵押担保融资范围，提高农业信贷担保规模，引导金融机构将新增可贷资金优先支持县域发展。稳妥有序推进农产品收入保险，健全农业再保险制度。发挥“保险+期货”在服务乡村产业发展中的作用。

在财政、金融、用地、科技、人才等方面出台有力措施，支持培育新型农业经营主体，完善社会化服务体系，使新型农业经营主体成为引领未来现代果业发展的主导力量。构建多元化的社会化服务体系。支持专业化经营性服务组织为农户提供果园托管、统防统治、农资供应、市场信息等专业化、规模化服务，加快发展农业生产性服务业，形成覆盖全程、综合配套、便捷高效的社会化服务体系。

# 四川樱桃产业发展报告

李洪雯[1,2] 王 东[1,2] 刘 佳[1,2] 陈丽娟[1,2] 张国薇[1,2]

（1. 国家现代农业桃产业技术体系樱桃成都综合试验站，四川成都 610066；

2. 四川省农业科学院园艺研究所，四川成都 610066）

**摘 要**：樱桃是四川优势特色水果，是川果的重要组成部分。本研究分析了四川省樱桃发展现状，剖析了樱桃产业发展中存在的主要问题，并针对四川樱桃产业现状与存在问题，提出了对策及建议。

**关键词**：四川省；樱桃；产业；发展

樱桃成熟期早，素有“春果第一枝”的美誉，其果实外观漂亮，味道甘美、营养丰富，富含碳水化合物、蛋白质，以及钾、钙、磷、铁等矿物质和多种维生素。其中，铁含量居于水果首位。另外，由于樱桃果实生长发育期短，果期基本不用农药，是名副其实的绿色产品，樱桃果实也非常适宜休闲、体验与采摘。因此，樱桃深受广大消费者喜爱。樱桃是四川优势特色水果，是四川现代农业“10+3”产业（川果）的重要组成部分，已成为四川省一些地方的支柱产业。由于四川立地环境差异大、气候类型多样，四川樱桃成熟期普遍较国内其他主产区早。近年来，一些地方不因地制宜，盲目发展樱桃产业，出现品种不适宜、技术不到位、基地不规范、产品不安全、品牌不突出、营销不畅通等现象，造成有特色无优势、丰产不丰收。针对四川樱桃产业现状与存在问题，提出相应对策与建议，以加快四川樱桃产业高质量可持续发展，促进农民增收、产业增效、助力乡村产业振兴和“农旅”融合。

## 一、国内外樱桃产业概况

樱桃属蔷薇科李亚科李属植物。世界上作为栽培的樱桃有 4 种，即原产于中国的中国樱桃（俗称“小樱桃”）、原产于东欧—西亚的欧洲甜樱桃（俗称“大樱桃”“车厘子”）与欧洲酸樱桃，以及原产于中国的毛樱桃。在生产上起重要作用的是中国樱桃、欧洲甜樱桃和欧洲酸樱桃。其中，中国樱桃和甜樱桃主要用于鲜食，酸樱桃主要用于樱桃果汁、果酱、果酒等加工产品及樱桃砧木。

中国樱桃（小樱桃）起源于我国，广泛分布于我国西南、华东、华中、华北及新疆等地区。迄今已有 3 000 多年的栽培历史，是我国古老的栽培果树之一。中国樱桃地方品种或优系较多，如贵州玛瑙红、浙江诸暨大果短柄、安徽太和大鹰紫甘樱桃和金红樱桃、南京垂丝樱桃和东塘樱桃、山东泰山樱桃、莱阳短把大果和莱阳矮樱桃、枣庄大窝楼叶樱桃、崂山短把红樱桃、诸城黄樱桃、郑州糙樱桃、陕西镇巴大黄樱桃、重庆乌皮樱桃、米易短柄樱桃、汉源黑樱桃（襄星）等。中国樱桃除鲜食外，其果实还可以加工制作成樱桃酱、樱桃汁、樱桃罐头和果脯等，也是糕点、菜肴较好的配料。中国樱桃一般花期在 3—4 月、果期在 5—6 月。而四川地区由于其立地条件和生态环境多样，中国樱桃花期一般在 2 月中下旬至 3 月中下旬，果实成熟期在 4 月上旬至 5 月中下旬。

甜樱桃（大樱桃、车厘子）、酸樱桃起源于里海和黑海沿岸周边的西亚—东欧广大地区。欧洲甜樱桃种植有 2 000 多年的历史，但直到 100 年前仍仅限于庭院栽培。随着航海业的蓬勃发展和文化交流的日益频繁，欧洲甜樱桃被陆续传播到世界各地，栽培范围不断扩大，目前已形成六大特色栽培区，即：东欧栽培区、西欧栽培区、西亚栽培区、东亚栽培区、北美栽培区和大洋洲栽培区，涵盖土耳其、伊朗、德国、意大利、法国、西班牙、波兰、罗马西亚、保加利亚、奥地利、乌克兰、俄罗斯、黎巴嫩、叙利亚、中国、日本、韩国、吉尔吉斯斯坦、塔吉克斯坦、美国、加拿大、澳大利亚、新西兰等多个国家和地区。据统计，世界上 98%的欧洲甜樱桃集中栽培在北半球，其中，欧洲 81%、北美洲 13%、亚洲 4%；南半球仅秘鲁、智利、阿根廷、新西兰、澳大利亚和南非等国家（地区）有栽培。据 FAO 数据显示（未包括中国）：2020 年全球樱桃种植面积约 45. 1 万公顷、产量 268. 7 万吨。2019 年全球樱桃种植面积最大地区为欧盟 28 国，种植面积为 122 636 公顷；其次是土耳其，樱桃种植面积为 83 447 公顷；再次是智利，樱桃种植面积为 38 392 公顷。2019 年全球樱桃产量最多地区为土耳其，樱桃产量为 664 224 吨；其次是欧盟 28 国地区，樱桃产量为 578 055 吨；再次是美国，樱桃产量为 321 420 吨。

甜樱桃在中国栽培始于 19 世纪 70 年代，是由当时的传教士和侨民等带进来的。据《满洲之果树》1915 年记载，1871 年美国传教士 J. L. Nevius 带来了首批 10 个品种的甜樱桃苗木、酸樱桃和杂种樱桃苗木品种种植于山东烟台东南山。此后通过不同的途径从俄罗斯、德国、法国等国家引入那翁等品种种植于山东青岛、辽宁大连、山东威海等地。20 世纪 70 年代，大连市农业科学研究院在国内首先开展甜樱桃育种研究，1963 年利用中晚熟优良品种那翁与风味品质好的黄玉进行杂交育种，成功培育出中国首个甜樱桃自育品种，并于 1973 年定名为红灯。我国甜樱桃经济栽培始于 20 世纪 80 年代，大面积推广始于 20 世纪 90 年代，并陆续从国外引进大量品种。我国甜樱桃主要分布在环渤海湾地区（山东、辽宁、河北、北京、天津)、陇海路沿线（陕西、甘肃、河南、陕西、江苏、安徽)、西南高海拔冷凉地区（四川、云南、贵州、重庆、西藏)，以及分散地区（新疆南疆露地和辽宁北部、吉林、宁夏等保护地)。

樱桃已经成为我国一种重要的经济果树，全国出现了很多专业性的樱桃村、樱桃乡（镇)、樱桃县（市)。据中国园艺学会樱桃分会初步统计，目前全国甜樱桃种植面积 21.3 万公顷，结果面积 16.6 万公顷，产量 140 万吨；中国樱桃约 7.3 万公顷，产量估计 50 万吨。我国樱桃种植面积、产量均居世界第一。但是每年仍从国外大量进口（主要是甜樱桃鲜果)。

据中国海关数据显示：近几年我国鲜樱桃进口量逐年增加，几乎无出口。其中，2018 年中国进口鲜樱桃 18.6 万吨，进口金额 13.1 亿美元；2019 年中国进口鲜樱桃 19 万吨，进口金额 14 亿美元；2020 年中国进口鲜樱桃 21.0 万吨，进口金额 16.3 亿美元；2021 年中国鲜樱桃进口 31.4 万吨，进口金额 19.8 亿美元。2021 年进口的 31.4 万吨鲜樱桃中，有 30 万吨来自智利。总部位于智利首都圣地亚哥的鲜果出口咨询公司 iQonsulting 公司发布的 2021—2022 年智利樱桃国际市场年报显示，本出口季智利樱桃出口总量为 35.6 万吨，其中 88%的樱桃出口到中国市场。另外，2020 年中国樱桃罐头进口数量为 66 吨，同比下降 75.9%，进口金额为 21 万美元，同比下降 76.7%；中国樱桃罐头出口数量为 1 678.7 吨，同比下降 30.5%，出口金额为 337.3 万美元，同比下降 38.1%。2020 年中国樱桃罐头出口数量最多的地区为俄罗斯，出口数量为 775.9 吨；其次是日本，樱桃罐头出口数量为 614.2 吨；再次是韩国，樱桃罐头出口数量为 132.7 吨。2020 年中国樱桃罐头进口数量最多的地区为土耳其，进口数量为 37.9 吨；其次是法国，樱桃罐头进口数量为 15.5 吨；再次是保加利亚，樱桃罐头进口数量为7.0吨。受全球疫情影响，樱桃罐头贸易金额下降。

尽管我国樱桃产业种植面积和产量均居世界首位，但仍存在较多问题（尤其是甜樱桃），主要表现在以下几个方面。

**（一）在次适宜区发展甜樱桃，导致甜樱桃品质相对较差**

由于甜樱桃原产于欧洲里海、黑海沿岸及亚洲西部，当地生态气候较为冷凉，气候类型多为地中海气候和温带海洋性气候，非常适宜甜樱桃的生长。而我国大部分地区湿热指数偏高，气候类型多为温带季风气候，有些地区冬季太寒冷、夏季高温高湿不利于甜樱桃的生长发育，却仍种植甜樱桃，导致与优质甜樱桃适宜的生长环境存在巨大差异，所以国内许多地区种植出的甜樱桃品质与国外产品相比，总显得略逊一筹。

**（二）我国樱桃产业在品种选择和生产管理模式上存在一定问题**

针对中国樱桃，许多地方品种过于单一，加之中国樱桃成熟期短、不耐贮运，容易导致成熟后销售不畅。

针对甜樱桃，国内推广种植的品种有十几种，但是缺少大单品。由于品种种类太多，所以甜樱桃的质量标准不容易固定，导致品牌建设难以打破瓶颈。长期以来，国产甜樱桃产地分散、品牌和品种鱼龙混杂，一直处于无序竞争状态，没有形成良好的口碑。

同时，樱桃属于精细化管理的果树，不能进行粗放式管理，规模种植在生产管理上会导致成本增加，加之大面积种植樱桃的成功案例较少。因此，我国在樱桃的生产管理上还需要进一步改进，采取一些新的方法来解决问题。

**（三）国内樱桃在运输冷藏保鲜方面存在明显短板**

在运输方面，国外樱桃进出口多采用冷藏集装箱、专用保鲜袋等技术，很好地解决了冷链运输问题，即使不远万里运到中国，仍然保证了果实新鲜。

一直以来，我国农产品电商受限于出村进城所需的仓储保鲜冷链物流短板，坏果烂果是难以逾越的障碍，尤其是“娇贵”的时令水果樱桃、草莓等。数据显示，国内农产品冷链物流体系建设相对滞后，流通环节损失率达到20%~30%，远高于发达国家5%左右的水平。

因此，在上市时间上，进口的南半球车厘子就占据了绝对优势，在每年元旦至春节车厘子市场需求最旺盛的时候，国产车厘子几乎无法实现上市，只能眼睁睁看着进口车厘子完全独占国内市场。

另外，对于农产品来说，由于履约成本较高，导致流通成本占比居高不下。农业农村部门的报告数据显示，我国农产品流通成本一般占总成本的40%，其中鲜活产品及果蔬产品要占60%以上，而发达国家物流成本一般控制在10%左右。

**（四）中国樱桃产业规模化、标准化和品牌化建设难以落实**

虽然我国樱桃产业规模全球第一，又是樱桃的主要产区，但仍然面临品牌和规模化的问题，其中，深层次的原因还是由于行业处于小而散的状态，缺乏大企业、大品牌，进而在现代化种植、标准化构建、品牌化运作等方面均难以落实。

事实上，国家一直在尝试推动水果和农产品行业整合。2018年《农业农村部关于加快推进品牌强农的意见》曾提出“三个品牌”策略，即先构建一个区域品牌，区域品牌下再构建一个企业品牌，企业品牌下再构建一个产品品牌。这样层层递进，最终达到水果等农产品品牌化的目的。为贯彻落实中央一号文件精神，加快农业品牌打造，充分发挥农业品牌对全面推进乡村振兴、加快农业农村现代化发展的重要作用，2022年6月农业农村部决定启动实施《农业品牌精品培育计划（2022—2025年）》。

## 二、四川省樱桃产业发展现状

**（一）四川樱桃产业种植区域与规模**

四川樱桃产业主要包括可食用的中国樱桃和甜樱桃两类。中国樱桃除川西高原高海拔冬季寒冷地区外，全省各地市州均有分布或种植。甜樱桃主要种植分布在五个区域。①沿岷江河谷区的阿坝州汶川、理县、茂县、九寨沟县等；②沿大渡河河谷区—攀西高海拔区的雅安汉源，甘孜州泸定县、康定市、丹巴县，阿坝州金川、小金，凉山州普格、越西、盐源、木里、冕宁、昭觉，攀枝花米易等县市；③沿秦巴山区广元市朝天区、剑阁县、青川县、旺苍县，巴中南江，达州宣汉、万源等区县；④沿乌蒙山区的叙永、古蔺等县市的高海拔山区；⑤新兴发展的成都周边低海拔区与盆周山区。由于樱桃产业非常适合休闲、体验、采摘，能促进当地“农旅”融合，显著促进当地农民增收致富和产业增效，加之近几年精准脱贫（产业扶贫）与乡村振兴（产业振兴）的政策引领，四川樱桃产业迎来较快发展。

据统计，目前四川樱桃种植面积达 2.33 万公顷、产量 17 万吨。其中，甜樱桃主要集中在川西较高海拔的山区及河谷区，种植面积 1 万公顷、产量 5 万吨；中国樱桃在四川省种植面积近 1.3 万公顷、产量近 12 万吨。四川樱桃种植面积与产量均居我国西南地区首位。

**（二）四川樱桃产业栽培品种**

四川樱桃产业尽管从“十一五”期间就持续开展樱桃育种攻关研究，但是杂交育种工作进展缓慢，选育的中国樱桃品种多为地方优系，而选育的甜樱桃品种均来自国内外引种，无知识产权。

中国樱桃：主要为一些地方优系，品种（系）较单一。如米易黄草樱桃、东部新区贾家脆皮樱桃、蒲江红花樱桃、泸定红樱桃、汉源黑樱桃。近几年四川樱桃产区从省外引进推广一些不同成熟期的优质中国樱桃品种。如贵州玛瑙红、重庆乌皮、浙江诸暨大果等樱桃品种。通过不同熟期品种搭配与示范推广，在一定程度上逐渐解决了品种过于单一，成熟期过于集中的难题。

甜樱桃：四川甜樱桃产业始于 20 世纪 90 年代引种试栽，2002 年左右开始进入快速规模发展期，主要在阿坝州汶川、理县、茂县、金川、小金、九寨沟，凉山州越西县，以及汉源县等地示范种植，栽培品种较多，引进的甜樱桃品种有红灯、佳红、红蜜、巨红、宾库、拉宾斯、早大果、雷尼尔等十余个品种。砧木除应用四川山樱桃外，还应用中国农业科学院郑州果树研究所推广的 ZY－1（CAB－11E）。2006 年开始，四川省农业科学院又开始在全省甜樱桃主产区（汶川、九寨沟、汉源、越西、泸定、米易等地）引种示范黑珍珠、美早、艳阳、新星、先锋、早大果、莫利等优新品种，并建立试验示范基地；2012 年四川省农业科学院开始在甘孜州康定等地通过整村推进建立甜樱桃标准化生产示范基地，并引进示范推广明珠、布鲁克斯、早红珠、晚红珠、早露、大黄（13-33）等优新品种；2016 年四川省农业科学院开始在成都平原建立低海拔区甜樱桃示范基地，试验示范并推广自花结实率高和自然结实率高的品种，如桑提娜、丽塔、早星、伊萨贝拉、格莱斯星、大星、新星、雷尼尔、甜心等品种。同时在四川甜樱桃高海拔主产区引进示范福晨、福星、齐早、俄罗斯 8 号、雷吉拉、科迪亚、丽珠、蜜露等品种。

目前，四川甜樱桃生产上的主栽品种仍为红灯，占总种植面积的 60%～70%，新发展的地区红灯品种应用极少，已开始推广应用其他一些优新品种，同时一些老产区也在逐渐更换优新品种。

**（三）四川樱桃果实成熟期**

由于四川立地环境差异较大，生态气候多样，四川主产区的中国樱桃同比贵州、江浙等地早熟5~7天。四川攀西地区的中国樱桃一般在3月下旬至4月上旬开始成熟，成都周边与盆周地区的中国樱桃一般在4月中下旬开始成熟，川西高海拔河谷地区的中国樱桃一般在4月下旬至5月上旬开始成熟。

四川甜樱桃果实成熟期同比国内主产区（山东烟台、辽宁大连等地）提早成熟15~30天。成都平原低海拔区的甜樱桃在4月中下旬开始成熟；攀西高海拔地区（米易、越西等地）的甜樱桃一般在4月下旬至5月上旬成熟；汉源、汶川、理县等地低海拔区的甜樱桃一般在5月上中旬开始成熟；汉源、汶川、理县、茂县、九寨沟县、康定、泸定等县市高海拔地区的甜樱桃一般在5月中下旬至6月中旬左右成熟。

由于四川樱桃（中国樱桃、甜樱桃）普遍较国内其他主产区早熟，而且樱桃成熟期正值春夏之交的水果淡季，所以四川樱桃市场价格普遍较高，一般鲜果亩产值可达1万~2万元以上。如果结合体验、采摘的“农旅”融合，樱桃效益更高。

**（四）四川樱桃质量安全管控**

四川省各级行政主管部门与四川省农业科学院等科研院所大专院校一直秉持四川樱桃产业绿色、生态、高效的高质量可持续发展理念，不断强化樱桃果品的质量安全建设，积极推动樱桃品质提升。强化基地建设，开展樱桃绿色综合防控，加强基地基础设施建设，强化基地示范带动作用，并大力开展标准化种植管理实用技术培训，提高果农的种植管理技术水平。强化品质认证，在樱桃主产区（如汶川、汉源）积极开展“三品一标”认证。强化樱桃果品质量安全责任意识，制定地方樱桃生产技术规程，相关单位或部门配置樱桃质量与农残检测仪器，把好质量关。构建樱桃果品溯源，以专业合作社、企业为依托，加强樱桃质量安全溯源体系建设；充分利用物联网信息技术，开展樱桃园环境检测，不断强化樱桃产品质量安全监管。

**（五）四川樱桃采后处理**

四川樱桃采后仓储、预冷和保鲜设施不健全，樱桃预冷库、分选线设施基本为零，采后保鲜技术较落后。一般采后经人工稍加分选残次果、畸形果、病虫果后，就分装、打包，然后进入当地市场销售或者“线上”物流销售。

### （六）四川樱桃交易方式与市场营销

四川樱桃的消费市场主要在省内，满足本省广大消费群众，部分通过物流销往省外。近年来，四川樱桃产业逐渐形成了“线上+线下”相互补充、相互促进的交易方式。一是通过当地农特产品交易市场，集中销售；二是通过商超、品牌直营、专营店等营销网点直销；三是通过“京东”“天猫”“拼多多”等公共电商平台，开展樱桃线上交易。尤其是近年来受新冠肺炎疫情的影响，通过“线上”交易与物流快递已成为甜樱桃的一个主要销售途径。例如，2021 年雅安市汉源县山里红种植养殖专业合作社通过“线上+线下”模式共销售甜樱桃 400 吨（“线上”销售占到 1/2 左右），销售额达 1 200 万元；2021 年四川汉源瑞希种植农民专业合作社通过“线上+线下”模式共销售甜樱桃 115 吨（“线上”销售占到 1/3），销售额达 690 万元；2021 年阿坝州汶川县新睿大樱桃种植专业合作社通过“线上+线下”模式共销售甜樱桃 15 吨（“线上”销售占到 1/2 左右），销售额达 75 万元。

### （七）四川樱桃品牌建设

由于四川樱桃种植范围较广而分散，部分区域自然形成了地方品牌（如米易黄草樱桃、冕宁后山樱桃、蒲江光明樱桃、崇州道明樱桃、贾家樱桃、威远镇西樱桃），但很少上升至区域公共品牌。有的地方政府较重视营销理念与宣传，加大品牌定位与品牌推广力度，强化品牌价值，提升品牌核心竞争力，以实现资源经济向品牌经济的转型升级，形成了较好的区域公共品牌。如“汶川甜樱桃”“汉源樱桃”“越西甜樱桃”入选了“2021 年度中国最受市场欢迎的樱桃区域公用品牌 20 强”榜单；“汉源樱桃”“越西甜樱桃”同时入选“2022 年度受市场欢迎的樱桃区域公用品牌 20 强”榜单，助推了当地樱桃产业的高质量可持续发展。

## 三、四川省樱桃产业发展存在的主要问题

### （一）品种混乱，搭配不合理，优新品种占比较少

#### 1. 一品多名、同物异名

如来自贵州毕节的中国樱桃品种玛瑙红，因其外观、品质、耐贮运性优于其他多数中国樱桃品种，目前已成为四川省中国樱桃主栽品种之一。一些地方却将其改名为“红妃”“水晶”“蜀妃”，在品种上以误导种植者，在果品宣传上误导消费

者。另外，在甜樱桃品种方面，引种栽培的所谓岱红与红灯、萨米豆与萨米脱，经有关科研单位鉴定几乎无差异。

**2. 品种单一现象明显**

尤其是一些中国樱桃产区（如米易黄草、德昌角半沟、冕宁后山、东部新区贾家、蒲江光明），尽管已开始引种试种一些优新品种（优系），但新品种规模小，主要种植品种还是当地多年前栽种的一些地方品种，导致品种单一现象明显，成熟期过于集中，加之中国樱桃不耐贮运，销售困难。

四川省甜樱桃主产区的汉源、汶川、理县、茂县、九寨沟县、越西县等地，甜樱桃主栽品种是2002年前后发展的红灯，不管当地小气候差异、海拔高差，几乎都选用红灯品种，导致该品种在高海拔成熟期与一些中晚熟品种的熟期相当，而且该品种生长势旺、早结性差、易裂果，市场竞争优势逐渐下降。

**3. 品种区域布局不尽合理**

一些地区不针对当地气候条件、立地环境和交通等区位优势，盲目发展自认为的优良品种，导致花而不实，甚至开花困难，无经济产量。如汉源低海拔区、越西和汶川、理县、茂县的岷江干热河谷区种植需要授粉的甜樱桃品种（红灯），往往在花期会遇到干热风或者干冷风，导致授粉极度困难，自然坐果产量极低。再如，攀西地区本来冬季气温偏高，若选择海拔相对较低、光照充足的阳坡，往往会导致樱桃冬季低温休眠不足，开花困难。2020年春攀枝花米易黄草和仁和阿喇、德昌角半沟、西昌樟木、冕宁复兴等地的中国樱桃因上一年暖冬气候导致开花出现困难，无经济产量。

**（二）生产管理粗放，病虫害发生较普遍，商品果产量不高**

**1. 种苗质量差，甜樱桃不注重授粉品种搭配**

多数种植者为追求价格便宜的种苗，忽略苗木质量与优良砧木，导致种苗抗逆性差，成活率低，生长势弱、结果晚，甚至早衰。一些地区甜樱桃种植区不注重授粉品种搭配，引进带有根癌病的种苗，导致甜樱桃生长势弱，多年不开花，开花不结果、结果易裂果现象和死树现象。

**2. 重栽轻管，不注重高光效整形修剪，肥水管理不当**

生产上普遍存在“重栽轻管”。尤其是低海拔区的中国樱桃和甜樱桃不注重幼树高光效树形整形，不注重结果树夏季修剪和不同物候期肥水管理、裂果防控等关键技术。往往导致树形紊乱、早果性差、裂果严重、商品果率低。尤其是甜樱桃，与省外主产区或者世界先进国家的甜樱桃相比，四川甜樱桃不仅平均亩产偏低，品质上也参差不齐。

**3. 病虫害发生规律不了解，盲目施用农药**

对樱桃常见病虫害种类或者病虫害发生规律不了解，不注重冬季清园，有的甚至将虫害作为病害防治（如将瘿瘤蚜当作缩叶病）。而有的病虫害（如褐腐病、果蝇）一旦发现症状再防治，甚至将多种杀虫剂、杀菌剂混用，其实已经过了最佳防控时机。一方面施药成本高，另一方面防治效果根本不理想，同时还容易造成果实农残超标，对树体生长与果实产量、品质均有较大影响。

**（三）低海拔区盲目采用高海拔区的甜樱桃品种**

近几年，随着国外车厘子红遍整个中国，实现“车厘子自由”是广大民众的期盼。由于国内北方甜樱桃主产区和省内高海拔区甜樱桃产业的效益较好，国内南方一些低海拔地区开始盲目发展甜樱桃，打算实现本地“车厘子自由”。成都周边及省内其他低海拔地区一些果农就盲目引种北方产区或者四川省高海拔区的甜樱桃品种（如红灯、美早、萨米脱、拉宾斯）。由于这些品种不适宜低海拔区的气候条件，导致开花坐果能力差，几乎无产量。

**（四）植物生长调节剂在一些地区甜樱桃上过度使用**

四川省一些甜樱桃主产区的果农为盲目追求所谓的高产早熟效益，以及低海拔区果农盲目引进不适宜本地气候条件的甜樱桃品种后为保障有结果产量，均存在滥用植物生长调节剂（如多效唑、PBO、赤霉酸、氯吡脲、萘乙酸、6-BA）的现象，其后果就是导致甜樱桃树势极度衰弱，枝条节间变短，叶片皱缩，大量无胚果实产生，成熟果实上的花瓣和萼片不易脱落，果实变形，果实品质下降、口感风味变差、耐贮性大大降低，严重影响到消费者信心和产业可持续发展。

**（五）自然灾害频发，防灾减灾应急处理较难**

自然灾害频发，涉及范围较广，预警防控较难，应急处理不到位。如 2019 年的暖冬气候导致 2020 年攀西地区的中国樱桃开花困难；2016 年、2019 年、2022 年汉源县不同乡镇的甜樱桃幼果期遭遇冰雹危害；2015 年、2018 年、2020 年、2022 年米易等地中国樱桃转色成熟期遭遇冰雹危害；2021 年川西高海拔区（汶川、理县、康定等地）甜樱桃花期遭遇降雪冰凌冻害；2022 年米易高海拔区中国樱桃与康定甜樱桃花期遭遇降雪冰凌冻害；2022 年成都周边低海拔区甜樱桃花期遇到持续一周以上超过 30℃高温，导致甜樱桃授粉坐果困难。

**（六）果实质量标准不统一，缺乏采后商品化处理设施与技术**

四川樱桃产业绝大多数为个体种植户，尽管有专业合作社，但凝聚力不够，无法实施统一的种植技术标准，同时普遍缺乏预冷设施、商品分选设备与保鲜贮运设备，往往导致同一品种果实质量标准不一致。

## 四、四川省樱桃产业发展趋势与对策建议

**（一）四川省樱桃产业发展趋势研判**

樱桃是四川优势特色时令水果，是四川现代农业产业“10+3”（川果）的重要组成部分，也非常适宜休闲、体验、采摘，对助力乡村产业振兴，促进农民增收、产业增效和促进当地“农旅”融合具有重要作用。尤其是近几年四川省农业科学院利用国家樱桃成都综合试验站平台，通过国内外樱桃优新品种及其配套关键技术研发，初步集成了适宜成都平原能自然开花、自然坐果、自然成熟，且具有较高经济产量的低海拔区甜樱桃早结优质丰产技术体系，为下一步四川省低海拔区甜樱桃产业发展奠定了坚实基础。另外，四川省川西高海拔区光照资源丰富，采用北方设施栽培，也可生产优质的甜樱桃，而且可生产成熟期在 8 月上旬左右的极晚熟甜樱桃，这将使四川省甜樱桃上市时间由 2 个月延长至 4 个月。

树立优势区域发展优势产业的理念。结合区域布局、“农旅”融合与产业链延伸，四川樱桃还有良好的发展空间，预计四川樱桃产业可发展到 3.7 万~4.0 万公顷（中国樱桃 2 万公顷左右、甜樱桃 1.7 万~2 万公顷）。

**（二）促进四川省樱桃产业发展的对策建议**

**1. 产学研联合，推动产业升级**

以樱桃规模化、产业化、数字化种植运营为主导，整合各方优势资源，汇聚各方力量，强力推动产业升级。

以国家西南特色园艺作物（樱桃）种质资源圃、四川樱桃种质资源圃为基础，继续开展樱桃育种研究，培育适合四川不同生态环境且具有自主知识产权的优新品种，建立樱桃无病毒种苗良繁中心；与农业农村部樱桃综合试验站、中国园艺学会樱桃分会合作打造数字樱桃示范园区，实现对樱桃种植的水、肥、病虫害防控等数字化

控制；依托腾讯大数据等合作搭建网络销售平台，创建从无病毒种苗良繁、现代化种植、智能分拣、冷链物流到销售终端的全产业链。通过龙头企业带动，合作社联合簇拥发展，仓储物流企业、电商企业等产业配套协作，实现全产业链的闭环。

**2. 科学选址与定位，加强标准化生产示范基地建设，完善产业链**

（1）科学选址

在充分了解当地自然气候条件、农业设施等条件基础上，做好科学选址、规划和设计。同时充分了解当地交通、周边市场以及人文情况等，结合乡村产业振兴，有的放矢地将基地建设与旅游业有机地结合起来，打造“农旅”融合，开拓鲜果采摘等体验活动，扩大销量。

（2）科学定位

建立标准化生产示范基地，将集成新品种、新技术、新模式，配套采后商品化处理或深加工。

品种选择方面，基于现有可选优新品种，充分考虑人们日益增长的消费需求，优先考虑品种的经济性状。中国樱桃由于成熟期较短、不耐贮运，可重点在交通便利的城市近郊或者景区、景点周边，发展多园区、小规模、多品种，丰富消费者采摘体验；甜樱桃相对耐贮运，高海拔区以规模化、标准化产业园为主，品种相对少、熟期集中、产量大，选择果实较大、硬肉、质优的品种，除满足消费者采摘外，主要远销周边及外地市场，部分产品可开展深加工；低海拔区主要针对采摘体验，选择适宜当地气候条件的自花结实率高或自然结实率高的以早熟品种为主的早中晚熟品种。

另外，根据当地地理条件、市场情况，综合考虑早、中、晚熟品种比例的搭配以及种植规模，借助大数据等数字农业的手段，根据销售端的反馈来调整生产，避免因产能过剩而导致种植户大面积毁园行为。

（3）科学补链

积极引入相关的农业龙头企业，带动各类新型经营主体，借助其资金、技术、人才等资源，补足产业链上下游中育种能力较弱、采后处理不善等短板问题。

在果实采收的过程中，积极研发相关农机设备，辅助采收及预包装。借助科研力量，建设分选生产线，辅助农产品分级，面对不同消费市场提供不同品质产品，实现鲜果销售效益最大化。

根据农产品的生产特点，有针对性地研发贮藏、运输、加工等配套技术，减少生产损耗。同时积极发展樱桃加工，提高农产品的附加值，提高产业效益。

（4）强化品牌建设

认真贯彻落实省委、省政府“擦亮四川农业大省金字招牌”的决策部署，做大做强川果（樱桃）产业，坚持以“同一区域、同一产业、同一品牌”为导向，以区域公用品牌为引领，整合“多而散、小而弱”的农业品牌资源，建成“公用品牌+行业品牌+企业品牌”的品牌体系，助推四川省樱桃产业高质量可持续发展。同时，针对不同种消费群体开展不同质量与个性包装。

**3. 加强配套栽培管理关键技术集成与应用，提高果实产量与品质**

针对不同地区生态气候与光照条件，开展相应的高光效树形整形。如低海拔区，为防止夏秋季树体生长过旺易导致内膛光照条件差，从而引起内膛枝芽生长势弱，甚至枯死，同时荫蔽的树体易造成早期落叶病发生。因此，中国樱桃可采用3~5主枝开心形整形；低海拔区的甜樱桃可利用半矮化砧木采用开心形或者KGB等树形；高海拔区的甜樱桃可采用纺锤形、改良疏层形、KGB等树形。同时为方便采摘，中国樱桃树体高度控制在2米以内，甜樱桃树体高度不超过2.5米。另外，在病虫害防控方面，要注重冬季清园与萌芽前或者花芽露白时化学防控褐腐病、灰霉病、蚧壳虫、食蜂等病虫害；6—8月雨热季加强褐斑穿孔病、细菌性穿孔病和叶斑病等引起的早期落叶病防控；每次新梢萌发时，尤其是甜樱桃秋梢萌发时，重点防控梨小食心虫；樱桃果实硬核至转色前一周利用含有樱桃果酒、果汁的糖醋液物理防控果蝇，同时保持土壤湿度均匀并搭建避雨设施防控果实裂果；加强相应物候期的肥水管理，幼树“一梢两肥”，结果树追施富含腐植酸的花前萌芽肥、壮果肥、采后肥和基肥，提高果实产量与品质；强化夏季（尤其采果后）修剪，弱化冬季修剪。

积极推广良种良法，制定种植标准，健全农药残留监管检测体系，杜绝滥用植物生长调节剂。由于过度使用植物生长调节剂对树体和果实品质、耐贮性造成极大影响，将严重影响樱桃产业高质量可持续发展。因此，可通过选用适宜的优良砧木，结合人工拉枝、吊枝、撑枝、疏枝、回缩、摘心等整形修剪技术控制树体生长势；针对甜樱桃，根据该品种特性配置适宜的授粉树或选用自花结实率高的优新品种，从根本上解决其开花、授粉和坐果低的技术难题。

积极关注当地气象资料与天气预报，提前制定冬季休眠期（暖冬）与花果期（持续高温、冰雹、低温冻害、涝害）的极端天气应急处理方案。

**4. 加强农村实用技术人才培养，注入产业发展内生动力**

“科技是第一生产力”。针对目前基层农技人员缺乏和种植户科技文化素质偏低，需要进一步加强基层农技人员和农村实用技术人才培养与知识技能更新培训，发挥其内生动力，带动帮扶周边果农，促进樱桃产业高质量可持续发展。

# 四川草莓产业发展报告

罗　娅　汤浩茹　陈　清　林源秀　张云婷
（四川农业大学园艺学院，四川成都 611130）

**摘　要：** 草莓是四川重要的浆果类果树，因四川独特的生态地理优势，目前已经形成冬草莓和夏秋草莓生产各具特色的草莓优势集中产区。由于其生长周期短、见效快、经济价值高，草莓产业在乡村振兴、精准扶贫中发挥着重要的作用。本研究基于近10年中国草莓和四川省草莓生产调研数据，并与其他主产区进行比较，总结了四川草莓产业取得的成效、特点，分析当前四川草莓产业发展中存在的主要问题，进一步提出了草莓产业今后一段时间发展的对策建议。

**关键词：** 草莓；产业发展；育种；栽培技术；品牌打造

草莓色泽艳丽，富含多种维生素、矿质元素以及鞣花酸、类黄酮等抗氧化物质，素有“浆果皇后”的美誉。流行病学研究认为，草莓的摄入在提高人体机体免疫力、抗衰老、防止癌症发生、促进肠胃吸收等方面有很好的功效。因风味独特，营养丰富，消费者对草莓的需求表现出强劲的增长势头，市场潜力巨大。中国草莓表观需求量由2014年的248.5万吨增加至2020年的344.3万吨，年复合增长率为5.6%。小草莓成为大产业，中国已成为世界第一大草莓生产国，同时也是第一草莓消费大国。在众多果蔬中，草莓也以其生长周期短、见效快、经济价值高，在四川地区广泛种植，并且形成了成都双流区、凉山州（西昌、德昌）两大草莓生产区。同时，草莓的观光采摘也成为四川现代化都市农业的一大亮点，草莓产业在乡村振兴、精准扶贫中将发挥越来越重要的作用。

## 一、国内外草莓产业概况

### （一）国际草莓生产现状

草莓在世界范围内广泛栽培，2009—2020年，其种植面积有小幅增加，从

2009年的32.16万公顷（482.4万亩）增长至2020年的38.47万公顷（577.05万亩），然而产量却有较大幅度的增长，从2009年的652.29万吨增长至2020年的886.14万吨。随着设施条件和栽培技术的进步，世界草莓的单位面积产量也有了一定提高，从20.29吨/公顷增长至23.03吨/公顷。

据联合国粮食及农业组织（FAO）最新统计，2020年世界草莓种植总面积为38.47万公顷（577.05万亩），其中，中国草莓种植面积最大，为12.72万公顷（190.8万亩），占世界草莓种植总面积的33.1%；其次为波兰（3.32万公顷）、俄罗斯（3.24万公顷）、土耳其（1.80万公顷）、美国（1.74万公顷）、埃及（1.53万公顷）、墨西哥（1.29万公顷）、德国（1.29万公顷）、白俄罗斯（0.92万公顷）、乌克兰（0.81万公顷）、西班牙（0.74万公顷）等（图1）。在世界各大洲中，亚洲草莓种植面积最大（16.4万公顷），占世界草莓种植总面积的42.6%；其次为欧洲（15.2万公顷），占39.5%；其余各洲面积较小，如：北美洲2.0万公顷、非洲2.0万公顷、南美洲1.2万公顷、大洋洲0.3万公顷，这4个洲草莓种植面积总和不足世界的20%。

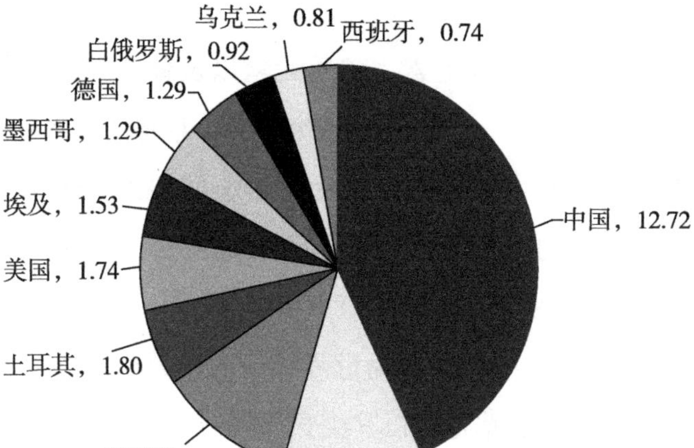


**图1　2020年世界草莓种植面积（单位：万公顷）**

2020年世界草莓年产量886.14万吨，中国草莓产量自1994年以来一直位居世界首位。2020年中国草莓总产量为333.67万吨，占世界草莓总产量的37.7%，其次为美国（105.6万吨）、埃及（59.7万吨）、墨西哥（55.8万吨）、土耳其（54.7万吨）、西班牙（27.3万吨）、巴西（21.9万吨）、俄罗斯（21.8万吨）、波兰

（16.7 万吨）、摩洛哥（16.7 万吨）等（图 2）。目前世界各国草莓单产最高的国家为美国（60.7 吨/公顷），其次为荷兰（51.0 吨/公顷）、摩洛哥（50.9 吨/公顷）、希腊（49.0 吨/公顷）及以色列（46.4 吨/公顷），中国草莓单产为 26.2 吨/公顷，高于世界平均水平 18.8 吨/公顷，但与前几位差距较大。

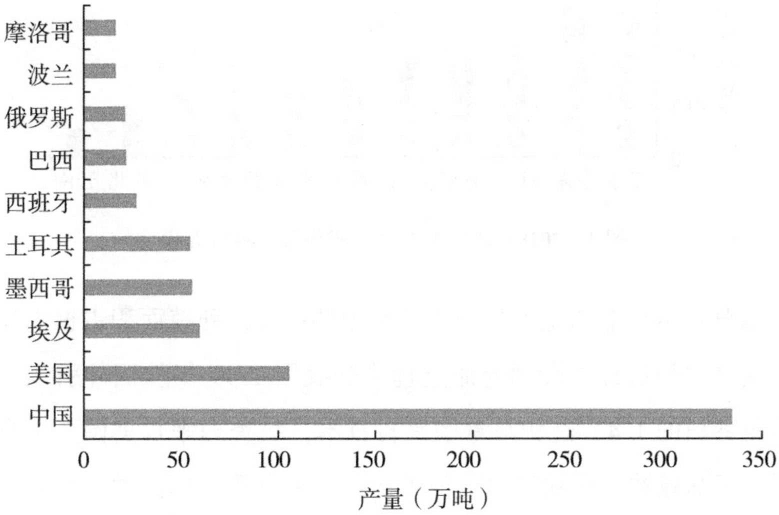


**图 2　世界草莓年产量前十位主产国产量比较（2020 年）**

### （二）中国草莓生产现状

中国草莓产业在近 10 余年间发展十分迅速，草莓种植面积从 2011 年的 7.81 万公顷迅速增长至 2020 年的 13.16 万公顷，冷凉地区四季草莓面积达 0.5 万公顷。草莓年产量也由 2011 年的 200.9 万吨增长至 2020 年的 344.9 万吨，单位面积产量从 25.72 吨/公顷增长至 26.21 吨/公顷。据国家统计局统计，截至 2020 年全国各地均有草莓种植，江苏、山东和辽宁各省种植面积分别是 2.018 万公顷、1.438 万公顷和 1.069 万公顷，四川栽培面积居全国第七位（图 3）。2020 年，中国草莓总产值超过 1 000 亿元。

我国草莓市场以国内需求为主，出口规模较小，但近年来，中国草莓出口数量及金额不断增加。根据中国海关数据：2014 年中国草莓出口数量仅为 1 291.5 吨，出口金额为 322.2 万美元；2020 年出口数量达 5 815.6 吨，出口金额为 1 531.0 万美元。出口品种以哈尼、达赛莱克特、全明星、甜查理等为主，山东、辽宁、河北等省为主要出口地，出口产品主要包括速冻草莓、单冻草莓、加糖速冻草莓等，销往日本、欧洲和美国。目前从土地面积、劳动力成本等方面看，中国草莓出口仍有较大潜力。

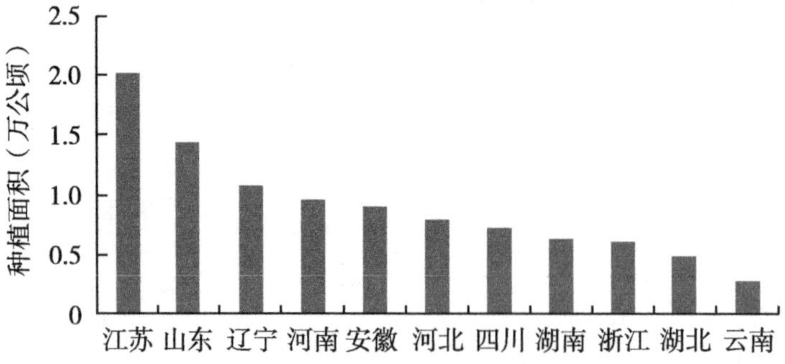


**图 3　2018—2019 年中国各省份草莓种植面积**

目前我国草莓生产上的主力品种仍然是国外品种，种植面积占据前三的品种分别是红颜、甜查理和章姬。红颜与甜查理均是我国 1999 年从国外引入，红颜几乎占了我国草莓种植的 1/4。红颜与章姬来自日本，甜查理来自美国。来自日韩的品种，草莓果实风味较浓，香甜可口，但不抗病；来自欧美的品种，其共同特点是个大、产量高、抗病，但味道偏酸，味淡。总体来说，我国草莓主力品种比较单一，还缺乏综合性状更优良，花色品种更多样的草莓品种。

## 二、四川省草莓产业发展现状

### （一）种植规模稳定，栽培技术稳步提升

四川省草莓栽培开始于 20 世纪 80 年代，规模化种植始于双流区。自 80 年代以来，四川草莓种植快速发展，至今逐渐趋于稳定，种植面积近 5 年基本稳定在 10 万余亩，年产量在 2018 年即超 13. 29 万吨（国家统计局）。随着消费市场需求的不断增长和草莓经济效益的不断提高，四川草莓种植范围由点发展到面，除了相对集中的种植地——成都双流区外，在攀枝花、西昌、达州、广元等地均有种植(图 4)。

目前对四川草莓影响最大的病害有根腐病、白粉病、灰霉病、黄萎病和炭疽病等。炭疽病、黄萎病和根腐病的发生近年来有上升的趋势，尤其是在草莓连作地，严重影响了草莓种植收益的增加。生产上常用药剂有：吡唑醚菌酯、代森锰锌、咪鲜胺、恶霉灵等，广谱性杀菌剂苯醚甲环唑和苯甲丙环唑等亦有应用。在物理防控

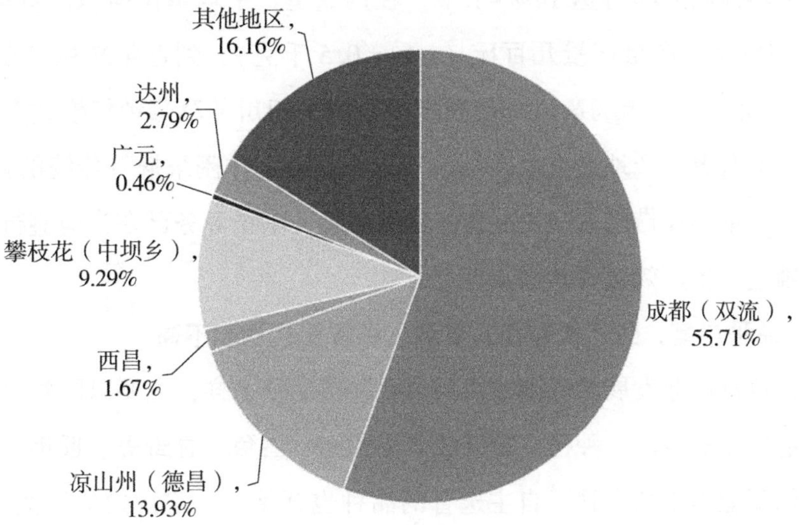


**图 4 近 5 年四川草莓种植分布概况**

上，轮作或利用太阳能高温闷棚进行土壤消毒也是四川地区预防土传病害的常用技术措施。

四川草莓面临的主要虫害有蚜虫、叶螨、蓟马和斜纹夜蛾等。为害草莓的害螨有红蜘蛛（二斑叶螨、朱砂叶螨、神泽氏叶螨等）、跗线螨。利用有益螨类控制有害螨类是当今国际上控制害螨的最佳途径。目前我国生物防治上常用的捕食螨有胡瓜钝绥螨、巴氏钝绥螨、加州钝绥螨、智利小植绥螨、斯氏钝绥螨（按我国目前市场销售额排列）。四川地区利用捕食螨进行红蜘蛛生物防治的还并不普遍，更多采用的还是化学防治的方法。

随着各级农业技术推广部门对草莓种植先进技术的示范和推广，四川草莓生产过程中的现代栽培技术逐渐在各地运用与推广，包括基质育苗，脱毒苗的使用，土壤消毒，二氧化碳施肥，高垄地膜覆盖栽培，滴灌水肥一体化，黄板诱杀防虫，蜜蜂授粉，疏花疏果，生物防治，及时采收，以及草莓套种，水旱轮作等。各地政府通过产学研相结合的方式积极建立草莓标准化栽培示范基地，并通过合作社、企业向农户及周边地域进行辐射，从而带动其实现草莓标准化栽培，为实现脱贫攻坚和助力乡村振兴作出了不容忽视的贡献。

**（二）生产效益显著提升**

优良的品种加上日趋完善的栽培管理技术，四川生产的冬草莓色泽艳丽、果香浓郁，且可溶性固形物可达 10%～15%。在产量上，平均单位面积产量从 20 世纪 80 年代最初露地生产亩产量几百斤（1 斤 = 0.5 千克），到近年来稳定在 1 500 千克/亩左右。此外，在市场竞争日趋激烈的今天，四川冬草莓销售模式多样化，除了种植户—消费者、产地—批发市场、产地—超市、休闲采摘等传统的销售模式，双流、西昌冬草莓凭借已做强的品牌，合约交易、电子商务已在当地盛行，产业化经营快速推进，生产效益不断提高。

**（三）品种丰富，生产机械化、信息化和智能化程度不高**

品种是草莓产业发展的基础。四川草莓种植品种多样，主要以国外引进的红颜为主，为适应采摘需求，种植户零星栽培有章姬、雪兔、香野等。近年来我国草莓自主育种创新能力不断增强，自主选育的品种也开始有一定规模的种植，如宁玉、晶瑶以及京藏香等。四川草莓种植以冬草莓为主，但丰富的气候类型为四川夏秋草莓的发展奠定了坚实的基础。四川夏秋草莓栽培处于起始发展阶段，种植面积约为 1 500 亩，集中分布于甘孜、阿坝及凉山州等高海拔地区。主要种植品种为从美国引进的蒙特瑞和丹莓 2 号。夏秋草莓种植业的兴起，使四川草莓鲜果供应期进一步延长。

四川草莓种植主要以设施栽培为主，绝大部分是塑料大棚，只有极少量的玻璃温室大棚。由于受大棚规格的影响以及草莓栽植中幼苗弓背需朝向垄外等特殊要求，耕整、定植和植保等过程仍依赖人工，微耕机、手扶式拖拉机和电动背负式喷雾器使用频率较高。由于草莓果实成熟期不一致，且鲜食对草莓果实外观、色泽要求较高，目前暂无在收获时应用机械化的实例。虽然四川草莓尤其是以双流地区为代表的冬草莓享誉国内外，但整体经营规模偏小，除少量连片的种植基地外，种植主体仍以家庭散户为主，规模化种植较少。大量散户分布零散、小规模种植，且主要面向近郊观光农业和鲜食市场，而购买相关设备需要投入较多的资金，这也影响了农户的积极性。因此，四川草莓生产的机械化、信息化和智能化程度很低。

**（四）休闲功能深化拓展**

近年来，各地在现代农业园区、休闲观光农园、家庭农场中积极发展设施草莓生产，通过举办各种类型的草莓文化节，开展科普宣传、营销推介，弘扬草莓文化，设施草莓生产与休闲观光相结合，拓展了设施草莓的采摘、体验、科普、观光的休闲功能，满足了广大市民的参与、体验需求，通过采摘体验，亲近大自然，释放了工作紧张的压力，增进了亲情和友情，促进了草莓消费，提高了草莓生产的附加值，实现了设施草莓+休闲观光的效益倍增，带动了设施草莓产业的发展。

## 三、四川省草莓产业发展存在的主要问题

由于重视程度低，四川省草莓产业栽培面积变化不大且略有下降趋势，总产、单产以及栽培模式并没有突破性进展，在全国范围内四川“中国冬草莓之乡”的品牌影响力正在弱化。

**（一）政府重视程度低，政策支持体系不健全**

四川草莓生产种植长期不受地方政府重视，在园艺植物生产政策制定方面多年来缺少项目支持，几乎没有一个市、区或县将其作为主导产业进行发展，片面强调柑橘、葡萄、梨、苹果等主要果树的生产，导致四川省草莓产业的发展停滞不前，零星种植且管理粗放，产量不高，商品率低。此外，四川省农业政策倾向于规模化发展的企业与基地，对农户小规模发展支持政策少之又少，财政扶持力度也非常有限，在农户自主投资能力有限的情况下，四川省草莓生产过程存在因农户为节约种植成本而影响产业健康发展的风险。

**（二）基础设施落后，生产管理水平整体不高**

四川草莓生产区大部分种植户均采用简易大棚进行草莓种植，简单的设施条件不能有效满足草莓在冬季生长的光温条件，导致产量不能有效提升，若遇到雨雪冰冻等自然灾害，草莓种植者损失则更为严重。

在生产上，省内成规模的草莓经营主体少，多以个体经营为主，难以进行规范化管理。栽培过程中，农户能接触到的技术资源很少，生产过程缺乏科学性，标准化程度偏低；同时，草莓生产过程中的投入品来源复杂，质量参差不齐，导致食品安全性隐患突出；产品以田间采摘和大中批发为主，本土消费居多，外销以及出口量不足，绿色食品、有机食品等果品安全认证少，品牌效应带来的红利没有实现。

**（三）种苗质量差，脱毒种苗推广难**

草莓种植成功的关键与种苗质量密切相关，优质种苗供不应求成为限制产业升级的首要问题。国外包括日本、美国在草莓生产中都强制要求使用脱毒种苗。草莓脱毒苗由于成本过高导致使用率较低，四川大部分地区仍采用自繁自育的传统育苗方式，多年使用导致种苗质量下降，品种退化和品质下降严重，每年农户定植后种

苗大批死亡的现象屡见不鲜。其中东北和江浙地区发生的红叶病和空心病在四川开始出现苗头。目前四川尚无政府或农业农村部门、科研院所支持下的专业化脱毒苗圃生产基地，亟须建立以草莓脱毒—检测—繁育为核心的三级育苗体系。

**（四）主栽品种单一，新品种选育工作落后**

四川草莓生产历史悠久，但使用品种多为20世纪从日本或美国引进的冬、春草莓品种。近年来虽然从欧洲以及国内其他单位引进了部分新品种开展试验，但应用效果不佳或应用面积仍较小。以红颜为代表的古老品种仍然因为综合品质好，市场受欢迎而大面积栽培。然而伴随着红颜病虫害发生严重，农药使用带来的食品安全隐患突出。目前四季性草莓品种，种子繁殖型草莓品种尚属空白。现有的技术基础和资金投入仅提供了常规的引种性状表型观测，在基因编辑、分子设计育种以及智慧草莓等新兴技术研发和应用方面存在明显短板，育种工作落后。省内自主选育的仅有蜀香品种，已经严重落后于江苏、云南和北京等省市（表1）。

**表1　中国选育的草莓新品种**

| 选育单位 | 选育品种 |
| --- | --- |
| 北京市农林科学院林业果树研究所 | 星都1号、星都2号、天香、燕香、书香、冬香、红袖添香、京御香、京泉香、京醇香、京怡香、京留香、京承香、京藏香、京桃香、粉红公主、中英红、夏红、京滇红、静红 |
| 沈阳农业大学 | 沈农101、长虹1号、长虹2号、明旭、秀丽、粉佳人、俏佳人、艳丽、硕丽、永丽、粉公主、红玫瑰 |
| 江苏省农业科学院园艺研究所 | 硕丰、硕蜜、硕露、硕香、雪蜜、紫金1号、宁丰、宁玉、宁露、紫金红、紫金久香、紫金玉香、紫金久红 |
| 河北省农林科学院石家庄果树研究所 | 石莓1号、石莓2号、石莓3号、石莓4号、石莓5号、石莓6号、石莓7号、石莓8号、石莓9号、石莓10号、红星、冬星 |
| 杭州市农业科学院 | 红玉、粉玉 |
| 吉林省农业科学院果树研究所 | 公四莓1号、四季公主2号、3公主、4公主 |
| 山西省农业科学院果树研究所 | 香玉、美珠、长丰、红露、晋硕 |
| 上海市农业科学院园艺研究所 | 申旭1号、申旭2号、久香、申阳 |
| 浙江省农业科学院园艺研究所 | 越秀、越珠、越心、越丰、越丽 |
| 湖北省农业科学院经济作物研究所 | 晶瑶、晶玉 |
| 山东农业大学 | 妙香3号、妙香7号 |
| 安徽省农业科学院园艺研究所 | 九天沉香、九天红韵、皖香、皖欣 |
| 云南省农业科学院园艺研究所 | 韩韵、玉香、云香 |

（续表）

| 选育单位 | 选育品种 |
|---|---|
| 贵州省园艺研究所 | 黔莓1号、黔莓2号 |
| 四川省农业科学院 | 蜀香 |

**（五）采后商品化处理与加工研发滞后**

草莓因其果实含水量高、果实质地柔软多汁、缺乏坚硬的外壳保护，从而致使其不易保存和运输，在常温下仅可保存2~3天。此外，草莓成熟过程中软化迅速，成熟期较为集中，收获期短，如不能及时销售，则会发生腐烂而造成巨大经济损失。尤其是春季时，随环境温度的回升草莓果实采后品质下降的问题非常突出。目前四川草莓深加工产业链处于起始阶段，鲜有以草莓深加工为主的企业，大部分以鲜果的形式直接进入市场销售。近年，随着四川凉山、阿坝州等高海拔地区夏秋草莓的种植范围增加，少数草莓深加工企业也有相应的发展，如采取冷藏保鲜、速冻技术延长鲜果保存时间，或将草莓做成草莓酒、草莓果脯果干、草莓醋等产品。但受到多种因素影响，草莓鲜果加工能力整体较弱，加工制品多以初级产品为主。

## 四、四川省草莓产业发展对策建议

根据四川省草莓的生产现状和存在的主要问题，建议以市场需求为导向，充分利用四川省不同生态气候区的优势，合理布局优势产区和特色产区，做好种苗源头、产中标准化、产后品牌商品化的产业链分工，突出优势和特色；加大资源发掘利用和现代育种攻关投入，尤其是在远缘杂交育种、生物技术育种以及基因编辑和分子设计育种上，把好种业芯片核心关；强化质量意识，提升栽培管理标准，推进省工集约栽培，示范智慧果园管理；开发特色和品牌资源，分级高中端产品，健全销售网络，拓宽国内国外销售渠道，提升生产效益。尽快实现品种国产化、苗木无毒化、果品安全化、销售品牌化、供应周年化和生产机械化。

**（一）加大政策支持和科研投入，为草莓产业发展提供有效支撑**

加大对草莓产业技术体系的资助力度，启动草莓品种改良技术攻关，集中全省草莓育种、栽培、技术和推广方面的优秀人才，扩大草莓产业体系队伍，积极开展新品种的选育、引种和配套栽培技术研究，提高四川草莓在国内外的竞争力。

### （二）强化创新，扶持育种

西南的云贵川是野生草莓的分布中心之一。四川各地广泛分布有黄毛草莓、五叶草莓、西南草莓等野生草莓资源，并伴随着生境条件的多样性表现出丰富的变异。这些资源在抗旱能力、抗病虫能力上表现突出，特色果香和果味等优良特性明显，蕴含宝贵的基因资源。然而，这些材料的应用，从基础研究到育种利用都严重滞后。建议从种质资源收集、保存、评价以及创新利用等方面，对野生种质资源和栽培品种进行农艺性状、抗病虫害、抗逆能力以及特色品质鉴定，开展重要性状的基因定位工作；重点支持杂交育种、生物技术育种和突变选种等育种工作，在杂交群体中开展分子标记辅助选择、基因组辅助设计育种等研究，提升育种效率。

### （三）加强配套栽培技术研发

结合四川省复杂的地理生态气候条件，配套早熟、晚熟以及夏秋草莓栽培特点进行技术研发。鼓励新基地上山上坡；增加高山苗、脱毒苗应用率；完善土肥水智能管理，示范推广省工省力化栽培，降低生产成本；落实生产规程，以合作社和龙头企业为试点，规范病虫害防控，推进绿色食品以及良好农业规范认证工作；政府主导支持，企业承办，推进草莓文化艺术节发展，融合“农旅”，打造草莓品牌，联合贸易和商业协会等丰富销售手段，拓宽国内、国际销售渠道。

#### 1. 苗木无毒化

加强三级育苗体系的构建（一级：新品种原原种脱毒与繁育体系建立；二级：原种标准化繁育示范基地建设；三级：新品种区域试验示范与成果转化示范基地建设），推行育苗企业认证制度，进行冷凉地区适地育苗、规范化育苗、热处理脱毒，减少组培过程中的继代次数以及培养基激素用量，防止草莓变异。同时政府层面也要加强种苗检疫，预防省内种苗南北东西大调运过程中引发的传染病害。

#### 2. 果品安全生产化

加强病虫害防治、绿色防控和贮藏保鲜的配套技术研究，以合作社和龙头企业为试点，对草莓生产全过程进行农药残留安全风险评估，根据风险评估结果制定出针对草莓的《病虫害防治用药建议》。同时将《病虫害防治用药建议》逐一发放到四川省所有草莓生产主体和种植户，从源头上阻止和防范“乱用药”，消除四川草莓果品安全生产的风险隐患。

**3. 生产轻简化、信息化和智能化**

针对四川草莓设施栽培的实际情况、栽培管理的要求以及主要用于鲜食的特点，应立足于强化“农艺—草莓特性—作业原理”基础研究，进而通过智能化技术手段的赋能，促进四川草莓生产的机械化、信息化和智能化发展。首先，提高农机农艺的融合度，针对草莓生长的不同特点，如草莓种植密度较高、草莓秧苗的弓背朝向需固定在一侧、果实成熟期不一致等特点引进适应草莓生长需求的农机具，而这些农机具需具有小型低成本、一机多能、绿色电动化和轻简智能化装备等特点。其次，对设施大棚进行宜机化修建和改造，从而满足农机等装备作业条件的空间结构、内部通道和出入口等。另外发展不同的栽培模式，如高架栽培、离地无土栽培等。同时，对草莓品质全程进行动态溯源，可在设施中应用环境智能化监控系统对草莓移栽成活率、物候期、产量、果实品质等进行监测。最后，对草莓运输、销售直至消费端信息的获取、反馈、分析处理和决策实行信息化管理。此外，草莓种植的规模化是推动草莓生产机械化、信息化和智能化的引擎，政府可以鼓励土地流转，提高龙头企业、草莓种植大户和专业合作社在草莓生产中的比重，扩大单户草莓种植规模，加快草莓标准园的建设，同时对一些草莓生产装备进行补贴，引导草莓生产的机械化、信息化和智能化发展。

**（四）重视品牌打造与销售**

草莓产品销售品牌化，可以实现溢价，提高种植者的经济效益。目前四川省草莓进行品牌打造的种植户屈指可数，大部分是通过批发和网络销售，全年均价在7.5 元/千克左右。日本和韩国草莓产业非常重视品牌打造和销售，如日本的一个草莓品牌“轻井泽贵夫人”，它所售的桃熏草莓品种果实整齐一致，香味浓郁，价格可达 50 元/个。韩国已实现品种国产化，草莓主要销往东南亚。辽宁省东港市通过互联网、电商、大数据实现了品牌化销售，效益明显提高。四川省的西昌、汉源等地，光照充足、昼夜温差大，自然资源突出，生产的草莓品质较好。因此，加强产品品牌建设、培育龙头企业、加大品牌宣传力度，把四川产的草莓打入国内市场甚至国际市场，还需要政府、企业、种植者和育种者共同努力。

**参考文献**

崔思远，肖体琼，陈永生，等，2016. 江苏省设施草莓机械化生产现状与制约因素分析［J］. 中国蔬菜（9）：5-7.

李星月，许前贵，朱从桦，等，2018. 四川温室草莓生产现状及病虫害绿色防控技术［J］. 四川农业科技（3）：27-28.

刘继展，吴硕，2021. 草莓全程生产机械化技术与装备研究进展［J］. 农业机械学报（5）：1-16.

王鸣谦，薛莉，赵珺，等，2021. 世界草莓生产及贸易现状［J］. 中国果树（2）：104-108.

徐学农，吕佳乐，王恩东，2013. 捕食螨在中国的研究与应用［J］. 中国植保导刊（10）：20-30.

袁敏，崔永亮，郑晓琴，等，2017. 四川省草莓产业发展的 SWOT 分析［J］. 北方园艺（5）：174-180.

张艳璇，季洁，2012. 温度对加州新小绥螨以截形叶螨为猎物的发育及繁殖的影响［J］. 环境昆虫学报（2）：190-195.

张运涛，雷家军，赵密珍，等，2019. 新中国果树科学研究 70 年——草莓［J］. 果树学报（10）：1441-1452.

周霓，2022. 成都地区草莓栽培的温室结构及智能化温光装置研究［D］. 雅安：四川农业大学.

# 四川蓝莓产业发展报告

李　靖[1]　王　迅[2]　孙淑霞[1]　张小艾[2]　尹宗艳[2]　卢　文[2]　赵梓茗[2]
（1. 四川省农业科学院园艺研究所，四川成都 610066；
2. 四川农业大学，四川成都 611130）

**摘　要**：蓝莓是四川现代果业和休闲观光农业的重要优势特色水果，对助推四川省实施乡村振兴战略、推进农村产业振兴具有重要作用。本研究阐述了四川蓝莓发展现状，剖析了蓝莓产业发展中存在的主要问题，提出了今后发展趋势及相应的对策建议，以推进四川蓝莓产业持续健康发展。

**关键词**：蓝莓；现状；问题；对策

蓝莓产业是全球第二大浆果产业，系杜鹃花科（Ericaceae）越橘属植物。蓝莓果肉细腻，风味独特，营养丰富，果实中含有花青苷、熊果甙、黄酮类等多种具有抗氧化生理活性成分的物质，其抗氧化活性在40多种水果和蔬菜中最高，具有促进视红素再合成、抗炎症、提高免疫力、抗心血管疾病、抗衰老、抗癌等多种生理保健功能，联合国粮食及农业组织将蓝莓列为“人类五大健康食品之一”，世界卫生组织将蓝莓列为“最佳营养价值水果”，极大地提升了世界蓝莓及相关加工产品的消费能力，推动了蓝莓种植业的发展。截至2020年年底，中国蓝莓栽培面积和产量均居世界第一，已超过传统的蓝莓种植大国——美国；四川蓝莓产业虽起步较晚但发展迅速，已有80多个县市发展蓝莓产业，为全国第四大蓝莓种植产区，种植面积0.67万公顷，占全国总面积的10.04%，总产量5万吨，居全国第二，占全国产量的14.40%。近年来，蓝莓产业已成为四川发展现代果业和休闲观光农业的重要优势特色产业，对助推四川省实施乡村振兴战略、推进农村产业振兴具有重要作用。

# 一、国内外蓝莓产业概况

## （一）世界蓝莓生产概况

### 1. 世界蓝莓种植面积

到2020年，全球五大洲蓝莓栽培的国家和地区由2016年的58个增加到71个，形成了北美洲、墨西哥/中美洲、南美洲、西欧/中欧、东欧、南欧/北非、非洲、中东、太平洋、亚洲和中亚/印度次大陆11个产区（表1）。全球栽培总面积达到了20.57万公顷，比2016年的13.26万公顷增加了55.11%。以前占据全球栽培面积50%以上的北美洲由于世界其他产区栽培面积的快速增加，在全球的占比持续下降，从2016年的38.40%下降到2020年的25.56%。新兴的亚洲产区栽培面积从2016年的2.56万公顷上升到2020年的6.46万公顷，在全球中的占比由2016年的12.46%快速提升到2020年的31.38%。南美洲栽培面积由2016年的2.31万公顷增加到2020年的3.54万公顷，在全球的占比一直稳定在17%以上。东欧产区是欧洲发展最快的地区，栽培面积由2016年的0.68万公顷增加到2020年的2.27万公顷，增加了2.34倍。其他产区尽管栽培面积都有不同幅度的增加，但种植规模和全球中的占比较低。

**表1　世界高丛蓝莓栽培面积**

| 蓝莓产区 | 栽培面积（万公顷） | | | | |
|---|---|---|---|---|---|
| | 2016年 | 2017年 | 2018年 | 2019年 | 2020年 |
| 北美洲 | 5.91 | 6.12 | 6.33 | 6.21 | 5.26 |
| 墨西哥/中美洲 | 0.40 | 0.48 | 0.55 | 0.67 | 0.74 |
| 南美洲 | 2.31 | 2.51 | 2.70 | 3.03 | 3.54 |
| 西欧/中欧 | 0.46 | 0.50 | 0.53 | 0.58 | 0.59 |
| 东欧 | 0.68 | 0.96 | 1.26 | 1.75 | 2.27 |
| 南欧/北非 | 0.57 | 0.70 | 0.83 | 0.88 | 0.94 |
| 中东 | 0.03 | 0.04 | 0.04 | 0.04 | 0.05 |
| 非洲 | 0.10 | 0.16 | 0.23 | 0.31 | 0.40 |
| 太平洋 | 0.21 | 0.22 | 0.23 | 0.25 | 0.28 |
| 中亚/印度次大陆 | 0.01 | 0.02 | 0.0 | 0.04 | 0.04 |
| 亚洲 | 2.56 | 3.96 | 5.37 | 5.91 | 6.46 |
| 全球总计 | 13.26 | 15.66 | 18.08 | 19.66 | 20.57 |

### 2. 世界蓝莓产量

近年来，全球蓝莓总产量快速增加，由 2016 年的 71.25 万吨增加到 2020 年的 138.77 万吨，增加了近一倍（表 2）。在全球各大产区中，南美洲产量近年来快速增加，总产量由 2016 年的 16.21 万吨增加到 2020 年的 38.70 万吨，全球占比 27.88%，首次超越北美洲成为全球第一位，北美洲蓝莓总产量从 2016 年的 34.83 万吨到 2020 年的 36.45 万吨，产量仅仅增加 0.46%，全球占比 26.26%；亚洲产区蓝莓总产量是全球产量增加最快的产区，从 2016 年的 3.69 万吨增加到 2020 年的 30.22 万吨，全球占比也由 5.18%提高到 21.78%，位列全球第三位。2020 年其他产区蓝莓总产量和全球占比依次为：南欧/北非（12.93 万吨，占比 9.32%），墨西哥/中美洲（6.33 万吨，占比 4.56%），东欧（5.97 万吨，占比 4.30%），西欧/中欧（3.15 万吨，占比 3.98%），太平洋（2.53 万吨，占比 1.82%），非洲（2.01 万吨，占比 1.45%），中亚/印度次大陆（0.26 万吨，占比 0.19%）和中东（0.23 万吨，占比 0.16%）。

从全球蓝莓果实利用分析，鲜果依然是全球蓝莓生产的主要产品形式，近年来蓝莓鲜果的比例基本稳定，2018 年为 70.55%，2020 年为 69.32%。但是，不同产区和国家差异较大，亚洲仅为 48.57%，北美洲为 50.55%，南美洲为 82.83%，西欧/中欧为 86.12%，其他各产区均为 90%以上，墨西哥/中美洲则高达 98.41%。

**表 2　世界高从蓝莓产量**　　　　单位：万吨

| 蓝莓产区 | 2016 年 | 2018 年 | | | 2019 年 | | | 2020 年 | | |
|---|---|---|---|---|---|---|---|---|---|---|
| | 总产量 | 鲜果 | 加工 | 总产量 | 鲜果 | 加工 | 总产量 | 鲜果 | 加工 | 总产量 |
| 北美洲 | 34.83 | 17.14 | 15.01 | 32.14 | 20.76 | 18.76 | 39.52 | 18.41 | 18.04 | 36.45 |
| 墨西哥/中美洲 | 1.73 | 4.81 | 0.07 | 4.88 | 5.92 | 0.05 | 5.97 | 6.26 | 0.07 | 6.33 |
| 南美洲 | 16.21 | 23.56 | 5.36 | 28.92 | 28.20 | 5.56 | 33.76 | 32.05 | 6.64 | 38.69 |
| 西欧/中欧 | 2.27 | 2.57 | 0.38 | 2.95 | 3.28 | 0.36 | 3.64 | 2.71 | 0.44 | 3.15 |
| 东欧 | 3.9 | 4.07 | 0.15 | 4.22 | 4.96 | 0.29 | 5.25 | 5.52 | 0.45 | 5.97 |
| 南欧/北非 | 5.51 | 8.17 | 0.36 | 8.53 | 12.35 | 0.79 | 13.14 | 11.71 | 1.22 | 12.93 |
| 中东 | 0.078 | 0.14 | 0.02 | 0.16 | 0.17 | 0.02 | 0.19 | 0.21 | 0.02 | 0.23 |
| 非洲 | 0.60 | 1.05 | 0.17 | 1.22 | 1.49 | 0.10 | 1.59 | 1.96 | 0.05 | 2.01 |
| 太平洋 | 2.42 | 1.73 | 0.10 | 1.83 | 2.04 | 0.05 | 2.09 | 2.46 | 0.07 | 2.53 |
| 中亚/印度次大陆 | 0.00 | 0.03 | 0.00 | 0.03 | 0.10 | 0.01 | 0.11 | 0.24 | 0.02 | 0.26 |

（续表）

| 蓝莓产区 | 2016年 | 2018年 | | | 2019年 | | | 2020年 | | |
|---|---|---|---|---|---|---|---|---|---|---|
| | 总产量 | 鲜果 | 加工 | 总产量 | 鲜果 | 加工 | 总产量 | 鲜果 | 加工 | 总产量 |
| 亚洲 | 3.69 | 8.01 | 8.38 | 16.39 | 11.58 | 10.84 | 22.42 | 14.67 | 15.55 | 30.22 |
| 全球总计 | 71.25 | 71.25 | 29.99 | 101.24 | 90.85 | 36.83 | 127.68 | 96.20 | 42.57 | 138.77 |

**3. 世界蓝莓进出口情况**

2016—2019年，世界各地区蓝莓进口量持续增长。北美洲、西欧/中欧、东欧、亚洲和中东是全球蓝莓进口的主要地区，进口量从2016年的11.16万吨、12.23万吨、1.54万吨、1.76万吨和0.17万吨分别增加到2019年的17.19万吨、22.52万吨、3.31万吨、3.69万吨和0.25万吨（表3）。从历年进口量来看，北美和西欧一直是全球蓝莓进口量最大的2个地区，2019年分别占全球进口总量的36.59%和47.95%。

**表3　世界蓝莓进出口情况**

| 蓝莓产区 | 进口量（万吨） | | | | 出口量（万吨） | | | |
|---|---|---|---|---|---|---|---|---|
| | 2016年 | 2017年 | 2018年 | 2019年 | 2016年 | 2017年 | 2018年 | 2019年 |
| 北美洲 | 11.16 | 10.11 | 14.20 | 17.19 | — | — | — | — |
| 墨西哥/中美洲 | — | — | — | — | 0.80 | 1.37 | 1.89 | 2.84 |
| 南美洲 | — | — | — | — | 15.76 | 14.60 | 20.18 | 24.97 |
| 西欧/中欧 | 12.23 | 14.65 | 16.51 | 22.52 | 2.81 | 3.13 | 3.48 | 4.46 |
| 东欧 | 1.54 | 1.74 | 2.31 | 3.31 | 1.90 | 2.06 | 2.41 | 2.86 |
| 南欧/北非 | — | — | — | — | 5.52 | 7.80 | 8.39 | 11.43 |
| 中东 | 0.17 | 0.15 | 0.39 | 0.25 | — | — | — | — |
| 非洲 | — | — | — | — | 0.44 | 0.62 | 0.83 | 1.31 |
| 太平洋 | — | — | — | — | 0.24 | 0.19 | 0.14 | 0.20 |
| 中亚/印度次大陆 | 0.01 | 0.01 | 0.02 | 0.02 | — | — | — | — |
| 亚洲 | 1.76 | 2.17 | 2.53 | 3.69 | — | — | — | — |

## （二）中国蓝莓生产概况

中国蓝莓商业化栽培始于2000年，发展至今仅20年的时间，历经了研究阶段（1983—1998年）、规模化种植试验示范阶段（1999—2005年）和快速发展阶段

（2006年以后），范围遍布全国，从南到北、从东到西的27个省、自治区、直辖市。

**1. 蓝莓栽培面积和产量**

2010—2020年，中国蓝莓种植面积和产量总体呈上升趋势（图1）。中国蓝莓种植面积从2010年的0.67万公顷增加到2020年的6.64万公顷，种植面积增加了8.9倍。同期中国蓝莓产量由0.51万吨增至34.72万吨，增加了34.21万吨，增幅达67.1倍。截至2020年，中国蓝莓栽培面积和产量均居世界第一，已超过传统的种植大国美国（2020年，栽培面积4.12万公顷，产量28.27万吨）。

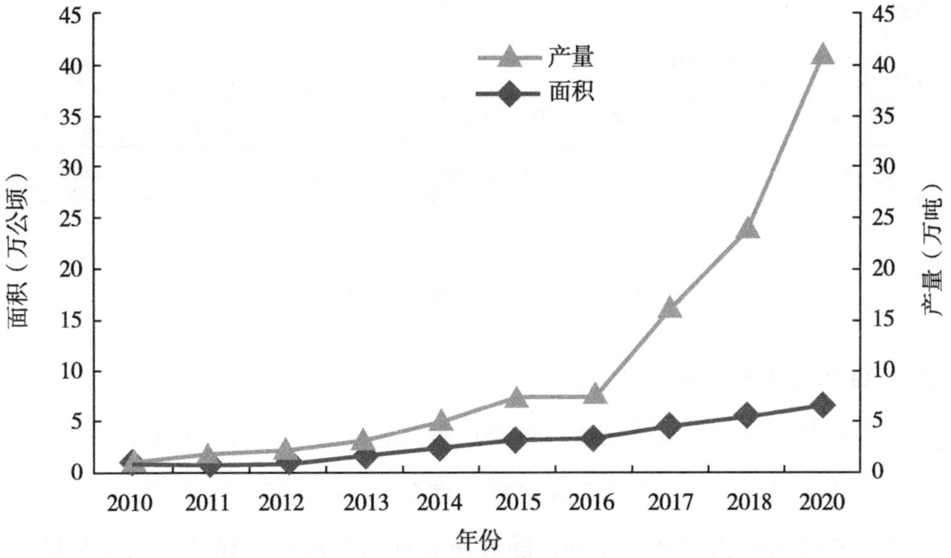


**图1 2010—2020年中国蓝莓种植面积、产量变化**

截至2020年年底，我国蓝莓栽培面积超过4 000公顷以上的省份有7个，依次为贵州（15 000公顷）、辽宁（7 800公顷）、山东（7 333公顷）、四川（6 667公顷）、安徽（6 667公顷）、云南（5 000公顷）、吉林（4 000公顷）；总产量超过1万吨以上的省份有9个，依次为贵州（8.5万吨）、四川（5.0万吨）、安徽（4.0万吨）、辽宁（3.5万吨）、山东（3.3万吨）、云南（3.0万吨）、吉林（1.5万吨）、湖北（1.1万吨）、江苏（1.0万吨）。由于各产区蓝莓的栽培品种与生产目的不同，鲜果比例差异较大。

贵州省以兔眼品种为主，鲜果比例只有30%；四川省和安徽省近几年以加工为目标的蓝美1号快速发展，鲜果比例为60%；而山东、辽宁和云南几乎全部为鲜果产出。2020 年中国各省、自治区、直辖市的蓝莓栽培面积见图 2。

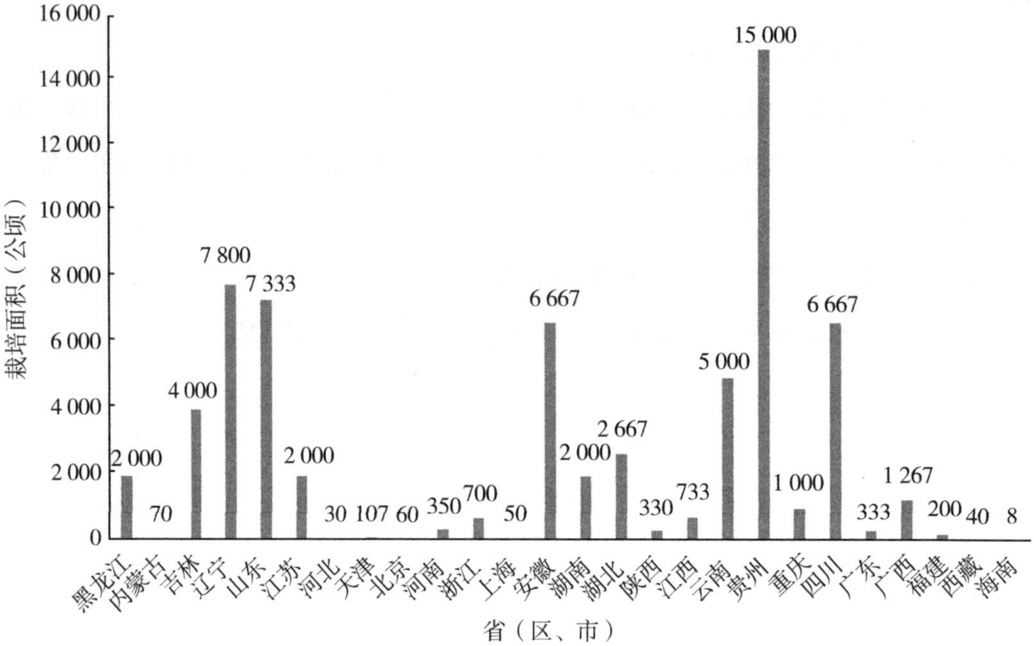


**图 2　2020 年中国蓝莓栽培面积**

**2. 蓝莓品种结构及其变化**

全国蓝莓栽培品种呈现出南方产区多品种化，北方产区优化稳定的状态。近 10 年来，全球蓝莓育种南高丛育种异常活跃，而北高丛育种滞后。据统计，新培育的蓝莓品种中超过 85%为南高丛品种，随着新品种的引进和种植者对新品种的追求，南方产区呈现出多品种种植的生产状态。

南方产区栽培蓝莓品种涵盖了南高丛、兔眼和北高 3 个品种群。南高丛品种主要有：奥尼尔、薄雾、莱克西、绿宝石、珠宝、明星、卡米尔、苏西兰、蓝雨、蓝美 1 号、天后、法新、云雀、盛世、追雪、布里吉塔、奥扎克兰，以及国外企业种植的 L 系列和 OZ 系列。兔眼品种有：灿烂、沃农、顶峰、泰坦、巴尔德温、园蓝、乌达德、粉蓝。利用高海拔地区北方气候特征种植的北高丛品种有：瑞卡、蓝金、蓝丰、北陆。

北方地区蓝莓品种经过十几年的优化，逐渐稳定成熟。辽东半岛和胶东半岛露地生产的品种为瑞卡、北陆、都克、醉婆、蓝丰、莱克西、利伯蒂。长白山产区为瑞卡、蓝金、都克、北陆、醉婆。北方设施栽培的主要品种有都克、蓝丰、莱克西、奥尼尔、绿宝石、薄雾、H5。

**3. 产品与市场**

（1）中国蓝莓鲜果进口量

2014—2019 年，世界上共有 9 个国家向中国出口蓝莓鲜果（表 4），我国蓝莓总进口量从 2014 年的 5 168 吨增加到 2020 年的 22 045 吨，6 年间增加了 3.27 倍，其中以智利和秘鲁为主要进口来源国家。秘鲁由于其特殊的气候条件，9—12 月的果实成熟期填补了全球蓝莓鲜果的空白期，形成了独特的产品优势。从我国进口数据分析，2016 年从秘鲁进口只有 1 吨，2017 年骤然增加到 4 998 吨，2019 年达到 11 919 吨。从秘鲁进口蓝莓鲜果数量剧增的主要原因是 9—12 月为我国本土蓝莓鲜果的空窗期，智利蓝莓鲜果供应时间为 12 月中旬到翌年 3 月，而秘鲁是当前我国 9—12 月蓝莓市场的唯一供应国。从国外进口鲜果的快速增长预示着中国蓝莓鲜果的市场潜力。

**表 4　2014—2019 年中国蓝莓鲜果进口量**

| 进口国家 | 进口量（吨） | | | | | |
|---|---|---|---|---|---|---|
| | 2014 年 | 2015 年 | 2016 年 | 2017 年 | 2018 年 | 2019 年 |
| 智利 | 3 661 | 6 081 | 7 472 | 6 288 | 9 657 | 10 049 |
| 朝鲜 | 1 503 | 373 | 1 198 | 775 | 0 | 0 |
| 加拿大 | 0 | 3 | 67 | 155 | 55 | 70 |
| 秘鲁 | 0 | 0 | 1 | 4 998 | 5 657 | 11 919 |
| 韩国 | 2 | 2 | 0 | 0 | 0 | 0 |
| 美国 | 2 | 0 | 0 | 0 | 0 | 0 |
| 阿根廷 | 0 | 0 | 0 | 0 | 2 | 6 |
| 墨西哥 | 0 | 0 | 0 | 1 | 1 | 1 |
| 乌克兰 | 0 | 0 | 0 | 0 | 0 | 1 |
| 总计 | 5 168 | 6 459 | 8 738 | 12 217 | 15 372 | 22 045 |

（2）中国蓝莓消费利用与价格

蓝莓鲜果供应已成为当前中国蓝莓的主流种植目标，2020 年全国蓝莓约 60% 作为鲜果销售，有些产区如辽宁丹东、庄河和山东 90%作为鲜果销售。目前中国蓝莓鲜果的销售方式是多种形态并存，主要有大型种植企业组建销售队伍、水果经销商采购销售、具有地方优势的小商贩采购销售、采摘观光园自采销售、经销商协议销售等。其中经销商与种植户之间以“互惠互利、风险共担”为诚信原则进行协议销售的模式所占比例虽然很小，但对于未来市场的有效维护和产业顺利发展具有指导意义。协议销售在鲜果高价期比市场价格低约15%，而在市场鲜果价格较低时高约15%，这种模式值得推荐。休闲观光采摘的方式逐渐成为都市休闲的特色项目之一，深受都市居民的青睐。

随着我国蓝莓市场的扩大和产量的增加，蓝莓鲜果的价格也在实现理性的回归。2011年以前，由于产量少，市场消费量少，蓝莓鲜果主要供应高端市场，导致价格偏高。2011—2020年蓝莓鲜果价格从4月至9月总体呈下降趋势，4月至7月鲜果价格持续下降，8月至9月有所回升，但整体价格趋势平缓。

## 二、四川省蓝莓产业发展现状

### （一）蓝莓栽培面积和产量

四川蓝莓进行商业化栽培起步较晚，于2007年在成都平原开始商业化种植蓝莓，经过十多年发展，产业总体呈现新老园区共存、大小业主兼有、露地栽培和设施栽培并行的多样化产业格局。在城市周边，老园区小业主较多，在巴中、达州、绵阳、凉山等地的农业大县，新园区大业主近年发展较多。老园区以露地栽培模式为主，而新建园区很多采用设施栽培模式。近年来，蓝莓产业已成为四川发展现代果业和休闲观光农业的重要优势特色产业。

2007—2020年，四川蓝莓种植面积和产量总体呈上升趋势（图3），其中2007—2011年四川蓝莓处于规模化种植试验示范阶段，发展缓慢；2011年以后进

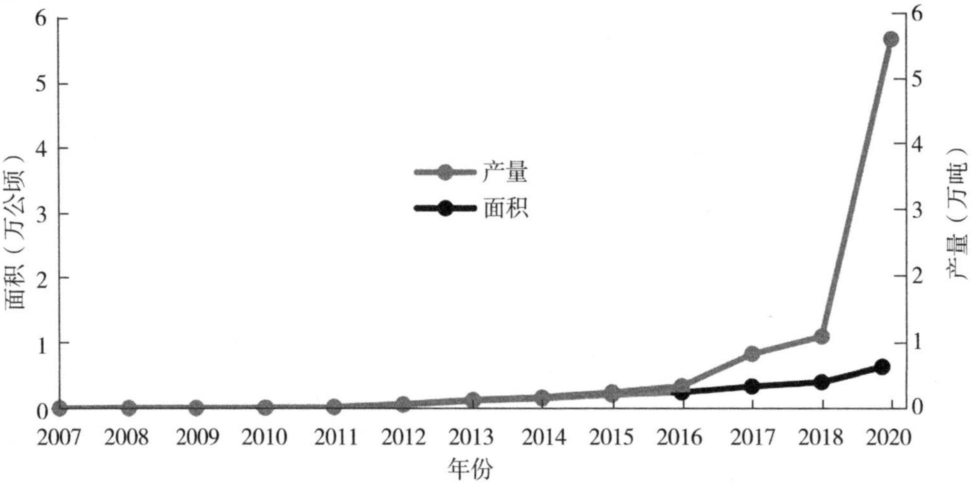


**图3　2007—2020年四川蓝莓种植面积、产量变化**

入了快速发展阶段，种植面积由 2011 年的 0.015 万公顷增加到 2020 年的 0.667 万公顷，增长约 45 倍；产量由 2011 年的 10 吨增加到 2020 年的 5 万余吨，增加约 5 000 余倍。2020 年年底，四川省有 80 多个县市发展蓝莓产业，为全国第四大蓝莓种植产区，种植面积 0.667 万公顷，占全国总面积的 10.04%；总产量 5 万余吨，居全国第二，占全国产量的 14.40%。

**（二）生态产区和品种多样化**

四川省地处中国西南部，跨越我国青藏高原、云贵高原、横断山脉、秦巴山地四大地貌区，面积辽阔，东西部地貌差异显著，境内地表起伏大，地形复杂，从而形成了中国气候带最多的省区之一，东部盆地属湿润温暖的东南季风气候，川西北部分地区是长冬无夏的高原气候，川西南为冬干夏湿的西南季风气候。四川省从南到北，从低到高，分布着南亚热带、中亚热带、北亚热带、温暖带、温带、寒温带和亚寒带，且都有相当大的酸性土面积，适宜蓝莓生长。

四川蓝莓在发展过程中逐步形成了多生态区域，即：南亚热带干热多日照生态产区，包括攀枝花市、西昌市、会理市、德昌县、米易县等，该区域适宜发展极早熟、早熟蓝莓，实现国内蓝莓空档期 1—5 月鲜果上市；温带和亚热带湿润、半湿润气候的川中丘陵区，适宜发展早中熟蓝莓，鲜果 4—7 月上市；暖湿亚热带太平洋东南季风气候区，主要指成都平原，适宜发展大果型的鲜食蓝莓品种进行观光采摘，鲜果 5—8 月上市；南温带半干暖多日照生态区，主要指甘孜州和阿坝州藏区，该区域海拔高，光照丰富，草甸土丰富，适宜发展晚熟蓝莓，鲜果 6—9 月上市。

立足四川发展蓝莓得天独厚的生态优势，蓝莓品种逐步多样化，适宜不同生态类型、熟期的蓝莓生长。早熟种植代表品种有：云雀、绿宝石、天后、奥尼尔、薄雾、法新等；中熟种植代表品种有：莱克西、卡拉、瑞卡、都克、布里吉塔、蓝金、蓝美 1 号等；晚熟种植代表品种有：灿烂、巴尔德温、园蓝、粉蓝、乌达德等。

**（三）蓝莓产业经营主体**

据统计，截至 2021 年年底，四川现有蓝莓种植企业、合作社、家庭农场、种植大户等经营主体 88 家。经营主体中成都老农王农业开发有限公司是四川省首批进入蓝莓产业的企业，发展的是以观光采摘为目标的休闲农业；联想佳沃集团在成都建立了蓝莓种苗繁育基地；陕西海升果业发展股份有限公司利用政府的扶贫政策，在四川巴中平昌、会东建立了上千亩的蓝莓生产基地；川浙两省供销社联合浙江蓝美集团股份有限公司开启了川浙蓝莓产业扶贫项目，建立了以加工为目标的蓝莓产业基地；以会东超越蓝莓为代表，在四川省创新了蓝莓基质栽培模式。2011 年以来，四川蓝莓产业在龙头企业、专业合作社、家庭农场、种植大户等经营主体的共同助推下快速发展。成都市大邑县安仁蓝莓获得“国家地理标志产品”，达州市通川区蓝莓现代农业园区获“2021 年度四川省三星级现代农业园区”称号，凉山州会东县姜州镇蓝莓现代农业园区获“会东县现代农业园区”称号。

**（四）蓝莓加工业现状**

据统计，四川蓝莓加工产品品牌约有 28 个，主要涉及饼干和面包等烘焙类面食产品、果汁和原浆等液体饮料、酒、果酱、果干、果粉、固体饮料、糖果、面膜九类加工产品，其中饼干和面包等烘焙类面食产品、果汁和原浆等液体饮料占比大，分别为 28.57%、25.00%，果干、果粉、固体饮料、糖果、面膜等产品占比小，仅为 3.57%（图 4）。目前四川蓝莓企业本身几乎不具备独立生产蓝莓产品的条件，蓝莓加工产品都是由企业提供原料请加工厂进行代加工生产。

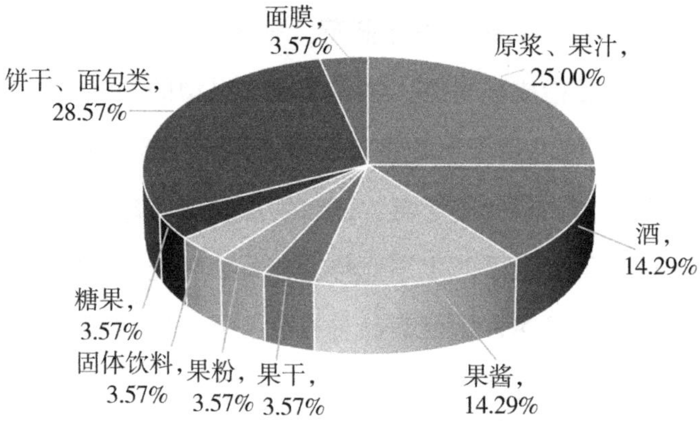


**图 4　四川蓝莓加工产品种类及占比**

**（五）品牌与市场**

四川大型商超出售的蓝莓品牌主要是联想佳沃和美国卓莓（Driscoll's）的怡颗莓，四川蓝莓经营主体虽注册了商标，但并没有形成特有的品牌。

四川省蓝莓的鲜果比率为 60%，鲜果销售主要是通过观光采摘、水果经销商、微商、社区团购、直播带货等模式进行销售。近年来蓝莓的鲜果市场价格相对平稳，3 月初至 5 月中旬处于较高的价位阶段，5 月下旬以后处于较低的价位阶段，7 月底到 8 月中旬蓝莓价格开始回升。

## 三、四川省蓝莓产业发展存在的主要问题

### （一）产业优势不突出，缺乏科学规划

#### 1. 产业优势不突出

四川蓝莓与云南、贵州、重庆共同铸造了西南地区蓝莓主产区，产区内依据各省市气候特征、蓝莓产业发展历程，又各具特色。贵州省蓝莓种植产业发展较早，也是国内蓝莓种植面积最大的省份。贵州蓝莓主要以加工性品种兔眼蓝莓为主，种植模式大多数为露地栽培，种植地区主要在丘陵、坡地。在产业链方面，贵州省内培育出以茅台集团为引领的蓝莓加工企业若干。云南省蓝莓种植产业是四省市的后起之秀，该地区日照充足、紫外线强、昼夜温差大，产出的蓝莓果实品质极佳。云南蓝莓产区起步虽然较晚，但起点较高，尤其近 5 年，随着国内外大型知名企业的进驻，如佳沃鑫荣懋、江苏沃田、贵州金百瑞、美国 Driscoll's、英国戴维森等企业，云南蓝莓种植水平跨越性提升，整体呈现集约化、规模化、标准化生产格局。重庆市蓝莓产业体量相对较小。四川省蓝莓产业发展相对较晚，近 10 年来，种植面积不断扩展、种植水平不断提升、相关企业不断引进，有力推动了四川省蓝莓产业的快速发展。但相对于西南地区的云南和贵州，四川蓝莓存在特色不明显、优势不突出等问题，具体表现为：一是种植面积相对较小，且鲜食、加工品种混杂，难以通过支撑大型加工企业来进一步推动产业发展；二是主产区集中在成都平原和川中丘陵产区，果实熟期集中在中晚期，无市场价格优势。

#### 2. 区位布局缺乏科学规划

蓝莓种植企业在基地选址、品种选择上缺乏科学规划。如在城市周边应该发展采摘型园区，却大量种植加工型兔眼蓝莓品种；而在高山、高原交通欠发达地区，种植耐贮性差的鲜食品种。为迎合市场，在中性土壤和黏重土壤的地区种植蓝莓，由于土壤不适宜蓝莓生长，必须通过大量施用硫黄和草炭土进行改土，既造成资源消耗和环境问题，又难以彻底解决土壤不适宜的问题；而在一些人迹罕至的偏远山区，也存在大面积开荒进行种植的情况，导致劳动力不足、管理水平低下、病虫害严重。

### （二）栽培技术落后，标准化水平低

#### 1. 盲目引种、苗木质量良莠不齐

四川省地貌东西差异大，地形复杂多样，由山地、丘陵、平原和高原构成，是中国气候带最多的省区之一。在这种复杂多样的气候条件之下，不同品种的蓝莓，自然要选择合适的种植区域。如兔眼和南高丛蓝莓适宜种植在丘陵、平原地区，部分北高丛和半高丛类型适宜于川西高原地区。但种植过程中一些品种未经引种试验，盲目跟风种植，导致生产中产量低、口感差，造成了较大损失。

苗木市场混乱、质量参差不齐。苗木繁育商家多，苗木质量参差不齐，部分苗木供应商为谋取利润，未搞清楚品种特性的情况下，就大量繁殖苗木，以次充好、以小充大，导致苗木种植以后，适应性差，苗木成活率低以及果实品质差、产量低。

#### 2. 土壤改良不到位

蓝莓根系较浅，根纤细，没有根毛，为喜酸性植物，土壤 pH 值应保持在 4.0~5.5，同时要求土壤有机质含量高、疏松、透气排水性好。在建设蓝莓园时，许多种植户、企业不对土壤进行科学改良就在黏重的土壤上种植蓝莓，导致蓝莓植株根系呼吸不畅、营养不良、生长缓慢，并逐步僵化死亡，最后导致了难以挽回的经济损失。也有一部分人对土壤改良不够重视，没有严格按照标准进行土壤改良，往往也达不到理想的结果。

#### 3. 水肥管理不合理

蓝莓是寡肥植物，不喜钙肥，喜氨态氮。施肥能明显提高生长量和产量，但过量施肥或施肥不当，容易影响植株生长，进而影响产量，甚至烧死植株。目前，蓝莓专用化学肥料少，使得有些蓝莓园未能正确选择肥料，造成土壤板结、硬化，以致果小、产量低。蓝莓栽培中常规的施肥方式为地面撒施、沟施或穴施，这些施肥方式是劳动强度大、费时费工的田间工作。地面撒施的肥料利用率低，容易诱导蓝莓根系上浮，降低蓝莓抗旱能力。沟施或穴施劳动强度大，费工费时，且容易伤害蓝莓根系。所以，在施肥方式上也有待改良。

#### 4. 忽视修剪技术的重要性

蓝莓植株的修剪工作对于以后的生长发育也是至关重要的。蓝莓企业往往重量不重质，不重视修剪技术，将蓝莓挂果数量作为蓝莓品质评判标准，甚至急于求

成，第一年的时候就希望看到产量，造成生长期枝条密挤，影响来年产量和植株后期的长势。

**5. 病虫害防控技术有待提高**

由于蓝莓栽培时间短，对产区病虫害的发生种类以及发生时间不明，未抓住防治关键期，导致果实成熟期病虫害严重。部分园区不顾生态环境，滥用农药防治病虫害，导致残留的农药对土地、水源和人体健康产生消极影响，不利于蓝莓产业的长足发展。

**（三）科研基础和投入较低**

**1. 野生资源利用不足**

四川野生越橘属植物资源种类繁多，遗传多样性丰富，在长期生存竞争和自然选择条件下积累了大量优质基因，是蓝莓品种改良的重要育种材料。但目前四川对野生资源的研究工作大多只停留在资源考察、收集和保存方面，还未广泛开展人工驯化和良种繁育等工作。

**2. 知识产权成果缺乏**

虽然四川蓝莓知识产权正在快速发展，四川省农业科学院园艺研究所经过多年选育，选育出“川蓝系列”6个蓝莓新品种，但仍然存在数量少、覆盖面小的问题。专利运营在四川尚处于初级阶段，行政管理制度在专利相关问题上有待加强。四川现有的蓝莓专利知识产权大部分申请人为科研院所，蓝莓企业在专利运营市场中所处的主体意识还不强，对专利运营的研究过少。

**3. 科研启动较晚，科研产业对接滞后**

长期以来，蓝莓科研与产业衔接滞后，一些关键的技术，如种质资源收集与品种选育、健康种苗繁育技术、病虫害防治技术、蓝莓采收加工技术等主要依靠基层种植户、种植企业在生产过程中自发积累总结，但由于缺乏理论的引导和系统的试验，这些经验总结缺乏严谨和规范。科研部门总体上与生产一线的种植户、合作社、种植企业的对接及互动仍然远远不够，生产一线急需科研部门的技术指导，科研部门也需要主动服务产业，共同推进蓝莓产业的健康发展。

**（四）加工环节发展薄弱**

**1. 精深加工产品少，产品附加值不高**

近年来，部分企业与科研院所合作开发了一些果汁、果干、果酱、果酒、乳制品等产品，使得蓝莓产品附加值得到了提高，但是仍然多以初级产品为主。充分利用蓝莓特有的营养功能特性，具有显著抗氧化效果产品的开发和生产依然处于空白状态。四川蓝莓企业加工能力不足，大多数企业生产设备落后，蓝莓精深产品的加工以代加工方为主，加工方式粗放，精深加工少，产品附加值不高。

**2. 技术研发力度弱，专业人才缺乏**

蓝莓加工业专业技术人才紧缺，大部分加工过程依靠经验判断，缺乏科学有效的生产指导，忽视技术成本投入，引进的加工技术在实施过程中对技术掌握不到位，造成蓝莓加工产品品质、产量大幅降低，经济损失严重。

### （五）品牌发展严重滞后

品牌缺失是困扰四川蓝莓发展的重大问题。目前四川省整个蓝莓市场，各个企业或种植户仅注册了自己的商标，并没有形成特有的品牌。而创建和培育企业自主品牌是企业赢得市场占有率和增加市场竞争力的重要标志，蓝莓生产企业应根据自身的生产特点注册各自的企业品牌，有效发挥品牌核心价值，保持品牌优势。四川商超出售的蓝莓品牌主要是联想佳沃、美国卓莓（Driscoll's）的怡颗莓，只有少部分本地蓝莓销售。

## 四、四川省蓝莓产业发展趋势与对策建议

### （一）四川省蓝莓产业发展趋势

**1. 基质栽培将成为主要栽培模式**

蓝莓根系分布浅，主根不发达，对土壤尤其是 pH 值要求严格。土施硫黄能降低土壤 pH 值，但也给土壤带来硫污染，一旦该土壤不再种植蓝莓，土壤原生态就很难快速恢复。另外，随着蓝莓采摘活动的发展，盆栽蓝莓逐渐有了市场需求。近年来，以轻基质容器栽培为代表的蓝莓栽培开始在四川兴起。四川蓝宝宝农业有限公司在都江堰市天马镇建立了以塑料盆、陶瓷盆等为容器的基质栽培蓝莓 6 万余盆，蓝莓可随时移植到想要放置的地方。天府新区雨瑞家庭农场与四川省农业科学院园艺研究所合作建立了 50 亩控根容器蓝莓栽培示范区。

**2. 避雨栽培将成为四川蓝莓的主要生产模式**

蓝莓为小浆果，在成都平原及川中丘陵地区栽培蓝莓，果实在盛夏梅雨季节成熟，连阴雨严重影响果实品质，常因采摘不便限制果实采收，即便采收果实也极易

腐烂变质，造成严重的经济损失。避雨栽培对提高果实品质，确保丰产、丰收具有重要意义。

**3. 培育自主知识产权优良鲜食品种，是未来产业发展的关键**

面对跨国企业的竞争，加大具有自主知识产权蓝莓品种的培育力度是解决“卡脖子”技术的唯一途径。根据四川不同生态产区的自然条件，选育出替代传统老品种的鲜食优良品种，特别是培育具有自主知识产权的优良品种，实现老品种的更新换代和蓝莓生产的良种化是保障四川省未来蓝莓产业健康发展的关键。

**4. 产业融合发展将成为重要方向**

蓝莓是一个集食用性、观赏性、趣味性于一体的特色果树，非常适宜旅游观光和自采经营。近年来，四川蓝莓经营主体均通过举办蓝莓节分享观光采果乐趣，通过卖门票和现场采摘销售带动消费，取得了良好的经济效益和社会效益。部分企业还在蓝莓成熟期间举办摄影、绘画等活动。以蓝莓种植为核心，推行一、二、三产业深度融合是今后蓝莓产业发展的重要方向。

**（二）促进四川省蓝莓产业发展的对策建议**

**1. 因地制宜、优化布局，形成特色**

利用四川的自然资源优势，遵循高起点规划、高标准实施、高质量建设、高效益产出的原则，因地制宜、优化布局，重点规划建设好攀西极早熟、早熟蓝莓产业带，川东丘陵减投经济型蓝莓产业带，成都平原观光休闲蓝莓产业带，川西北高原区晚熟、极晚熟蓝莓产业带，增强四川蓝莓的熟期时序优势，将蓝莓产业发展成有四川特色的果树产业。

攀西地区位于四川省西南部，包括攀枝花市、西昌市、会理市、德昌县、米易县等位于攀西大裂谷的安宁河平原，属于干热河谷气候，光热资源、水资源丰富。该地区年平均气温20℃以上，大于10℃积温6 000~8 300℃，是我国26°N以北唯一具有南亚热带气候类型的地区，根据该地区的气候特征，规划发展极早熟、早熟蓝莓，培育早熟、高产、高抗优质品种，打造高标准、特早熟蓝莓产业带，利用露地栽培与设施栽培相结合，实现1—5月鲜果上市，错季生产，具有明显的价格优势。

利用丘陵地区天然酸性土壤，打造减投型蓝莓产业带。利用川东丘陵部分地区天然酸性土壤条件，结合川渝交通枢纽优势，打造减投经济型蓝莓产区。在天然酸性土壤上种植蓝莓，直接进行露地种植，不必另外购入草炭等基质，可大幅度降低蓝莓种植成本。结合川东所在的川渝交通枢纽优势，打造减投经济型蓝莓产业带，以蓝莓鲜果生产为主，果实4—7月成熟。

成都是闻名的“休闲之都”，依托成都休闲文化，发展标准化都市休闲蓝莓产业。蓝莓是一个集食用性、观赏性、趣味性于一体的特色果树，非常适宜旅游观光和自采经营，是适宜于都市休闲农业的产业之一。开发、应用新型基质，利用蓝莓小型灌木果树的特性，创新发展盆栽蓝莓、景观蓝莓等都市农业的栽培模式，完善都市农业蓝莓建设，如避雨设施、防晒设施、补光设施等配套设施，果实5—8月成熟，提升观光、采摘体验感。

川西高原区主要指甘孜州和阿坝州藏区，该区域海拔高，光照丰富，草甸土丰富，利用该区域优势，打造川西北高原区晚熟、极晚熟蓝莓产业带，果实6—9月错峰上市，体现价格优势。

**2. 加强配套栽培技术研发与示范推广**

（1）做好品种引选工作、规范苗木质量

相关职能部门应大力宣传引进推广新品种的重要性和必要性，努力争取财政支持，引导企业或科研院所做好新品种引选工作。新品种引进筛选是一项技术性强、科技含量高的工作，只有品质优、产量高、抗性强、适应性广的品种才具有广阔的推广前景。做好品种引选工作，首先要根据市场需求确定引种目标，其次是加强企业与科研院所的交流与合作，广泛收集品种信息，摸清种源，最后要对引进的新品种安排区域试验，筛选出适应当地种植，经济效益好的优良品种。

职能部门应制定出台蓝莓苗木质量标准，监督苗木繁育企业根据苗木质量标准培育苗木，确保苗木质量。

（2）加强绿色高效栽培技术研发

建立科学有效的蓝莓配套栽培技术体系，是四川蓝莓产业发展的重要环节。加强蓝莓绿色高效栽培配套生产技术研究，需在以下几个关键环节下功夫。

建园时改土培肥。蓝莓是须根系，根细、根浅，需要疏松、偏酸、有机质含量高的土壤，三者缺一不可。土壤有机质含量以7%~10%为宜，最少不低于5%，如果土壤有机质含量过低，需要在土壤中添加有机物进行调节，比如通过添加草炭、松针、秸秆、烂树皮或有机肥来改善土壤。除了有机质含量，蓝莓对土壤pH值也极为敏感，pH 值过高或过低都不利于蓝莓生长，过高时会引起蓝莓生长受阻，叶片失绿，结果不良；过低时会引起植物重金属中毒。因此，在土壤 pH 值不适合蓝莓生长的地方建园，需做好改土培肥，确保蓝莓正常生长。

科学水肥管理。蓝莓所需的最佳土壤湿度是土壤田间持水量的 50%～60%，生产中可采用浇灌、漫灌、喷灌、滴灌等方式进行水分管理，雨季注意排水。蓝莓根系分布较浅，没有根毛，根细，施肥不当极易引起根系与树体的伤害。与其他果树相比，蓝莓为寡营养植物，喜欢铵态氮，对氯敏感，极易引起过量中毒，选择肥料种类时不要选用含氯的肥料。施肥是补充土壤养分的主要措施，适时适量施肥，蓝莓树势生长健壮，腋芽饱满，能提高产量和早期丰产，若施肥不当，容易造成停滞不长，甚至烂根导致蓝莓枯萎死亡。生产中做好萌芽肥、壮果肥，采果后施基肥这三个关键时期的科学用肥，是保证蓝莓丰产优质的关键性技术措施。

重视修剪。整形修剪技术是蓝莓管理中的重要环节，它对延长蓝莓树寿命，提高果品产量和质量起着关键的作用。修剪原则：维持壮枝、壮芽和壮树结果，达到最好品质而不是最高产量，防止过量结果；修剪时应防止过重，以保证一定产量；修剪程度应以果实的用途来确定，如果是加工用果，果实大小均可，修剪宜轻，以提高产量；如果是以鲜食用果，修剪宜重，以提高果实品质。幼树修剪：幼树期是构建树体营养面积时期，栽培管理的重点是促进根系发育、扩大树冠、增加枝量，因此幼树定植后修剪以去花芽为主，定植后第二年、第三年应以扩大树冠为主。成年树修剪主要是控制树高，改善光照条件，修剪以疏枝为主，疏除过密枝、斜生枝、细弱枝、病虫枝以及根系产生的分蘖，老枝回缩更新。生长势较开张树疏枝时去弱枝留强枝，直立品种去中心干、开天窗，并留中庸枝。大的结果枝最佳的结果年龄为 5～6 年，超过此年限要回缩更新。弱小枝可采用抹花芽方法修剪，使其转壮。

病虫害绿色防控。系统研究病虫害的发生种类及发生规律，按照病虫害发生特点，坚持“预防为主，综合防治”，以农业防治为基础，综合利用物理、生物、化学等防治措施。充分采用生物防治，合理科学使用化学防治技术，有效控制病虫为害。农业防治：通过合理的水、肥、修剪等栽培措施，增强树势，提高树体抗逆能力，营造不利于病虫害发生蔓延的园内小气候。采取及时清除病虫枝、僵果、枯枝落叶并集中烧毁或深埋等方法。物理防治：根据害虫特性，在园内放置黄板、糖醋液、性诱剂、诱虫灯等物理方法杀灭害虫。生物防治：采用以虫治虫、以菌治虫、以菌治菌等方法防治病虫害。化学防治：使用对环境友好、高效、低毒、低残留的农药。提倡使用生物源农药，轮换使用不同作用机理的农药。每种农药在同一生长周期只能用一次，不得随意提高农药使用浓度，严格执行农药安全间隔期。

（3）加强栽培技术培训与交流

可通过在标准化蓝莓示范基地举办现场会、办培训班等形式，向种植户、企业管理人员宣传和讲授科学先进的栽种、合理修剪、配方施肥、病虫害预测预报与综合防治、果实采摘及采后商品化处理等技术，不断提升四川蓝莓种植水平。

**3. 加大科研投入，科学引领产业**

（1）种质资源发掘与利用

品种资源、特异资源和野生资源是植物起源、分类、生理生化、杂交育种等基础研究的物质基础，也为生物技术的发展提供基本材料。种质资源发掘与利用工作是一项持之以恒的工作，虽短期不会有明显的科研成果，但无论科技手段如何创新，各项基础研究工作都要依赖于丰富的种质资源。应充分利用四川省乃至国内外特有的资源，以收集、评价为基础，通过现代技术手段发掘和创制特异种质，为育种工作奠定基础。

（2）培育自主知识产权优良品种

品种选育是一项需要长期开展的工作。工作中应根据各单位的人员、经费、材料和工作基础，以市场需要为导向制定短期、中期和长期的育种目标。并围绕育种目标开展杂交育种、细胞融合、花药培养、基因工程等育种工作，培育出适合四川气候条件的自主知识产权优良品种。

（3）加快人才机制建设，培养专业人才，增加科技推广力度

蓝莓产业的健康发展，离不开人才，加快人才机制建设，才能更好地促进产业发展。

建立合理的人才流动机制。打破传统固化的人才引入模式，建立人才输入输出的双向流通机制，充分发挥人才的主观能动性。

建立以培训为主的人才积累机制。各级政府要本着产业长远可持续发展的理念，在短期内打破蓝莓产业发展的技术瓶颈，开展多种形式的培训，如邀请专家进行讲座的短期培训、定向的长期培训、参与合作课题的中长期培训等。

构建科学的人才评价机制。目前，四川省农业政策中很少涉及蓝莓产业，在未来的工作中，要建立以业绩为核心，以能力、知识、品德等为构成要素的人才评价指标体系，要依照蓝莓产业的行业特征，制定出高中低层、各种职能岗位的人才评价体系，提升从业人员素质。

专业技术人才是保证蓝莓产业健康、快速、有序发展的重要保障。企业可采取与农业高等院校和科研院所进行合作交流，定期输送专业技术人员外出学习等办法，加强人才培养和人才引进工作。并依托科研院所，对制约产业发展的关键性技术问题进行联合攻关，同时，科研院所应加强对蓝莓种植技术规程的研究，并及时将最新、最好的科研成果通过开展技术讲座、经验交流会、技术培训班等进行推广，帮助企业解决技术难题。

(4) 提升自主知识产权创新水平

在政策资金方面，增加对关键技术领域中知识产权运用和专利运营的资金支持和产业化资金投入。在一些市场竞争十分激烈的领域如移动互联网、通信、人工智能、区块链等，应该出台更多政策来充分调动市场资源，发挥市场对资源的配置作用，来进行合理的专利投资。再者从战略措施中给予更多的引导和支持，扶持市场主体所设立的专业化专利运营机构或基金，鼓励龙头企业联合利益相关企业实施专利收购，促进产业中的核心专利积累，大力推动专利运营局面的开展。与此同时，要加强专利运营中政府投资基金的作用、政策性、商业性、资金的投入和撤出方式，以及企业运行和政策监管机制等问题的研究和论证。

在行业组织和专业化知识产权服务机构方面，在市场配置资源起决定作用的大前提下，必须加强其自身能力和实力的提高，承担起为企业提供服务支撑和服务平台的作用。在政府政策的扶持和推动下，要加强知识产权运用融合到基础公共服务平台建设中，增加创新技术的研发，规范化实施标准，推动品牌建设和成果的转化利用，培育一些服务于专利运营的支撑点和生长点，并且形成多种创新元素相互协作、综合利用的局面。为提升技术创新价值、产业核心竞争力和企业的市场参与能力，知识产权的综合运用，专利的合理运营必须要与产业中的创新体系和市场中的竞争机制相结合。

企业需要在政府政策的支持下，在相关服务机构的支持指导下，进一步改善专利运营观念，大力发展专利研发能力，更多元化地实现专利作为产品的价值，并积极进行高价值专利筛选与培育，从而推动专利运营在市场竞争中发挥重要作用。

**4. 完善加工体系建设，延长产业链条**

（1）长远规划，扩大原料基地面积

首先，加快蓝莓种植业发展，扩大蓝莓栽培面积，增加蓝莓加工品原料量。其次，要有效保护野生资源，在充分利用现有资源基础上可以借鉴美国经验，积极探索野生资源的扩繁、扩建项目，利用人工技术使其大幅度增产。最后，本着利益最大化原则，生产企业可以调整结构，在盛果期增加用于加工的鲜果比例（美国的栽培果中43%用于加工、45%用于鲜销，12%用于自采等），这种做法不仅有利于提高鲜果的稀有性，也可以获得更多的增值空间。四川蓝莓生产企业也可以重新定位，尤其是观光休闲欠发达的产地，将鲜果销售为主的生产模式向加工蓝莓生产模式转变，建设深加工专用原料基地，解决蓝莓加工业的“原料荒”问题。

（2）引入和研制工艺，不断开发新产品

四川加工设备和工艺多是在引入基础上开发研制的，种类多集中于常规加工，对一些新科技项目还在探索中，如色素提取，果粉胶囊等保健品、化妆品的研制等。尤其是新兴的固体果蔬粉加工品，利用超微粉碎技术、微胶囊技术，鲜果可以经过低温干制粉碎后制成蓝莓果粉，极易被人体吸收，营养成分更高，且便于贮藏运输，被广泛地应用于婴幼儿食品、糖果制品、烘焙类制品等。这些产品多适宜经济收入高、对新产品接受能力较强的群体，比一般的深加工品增值空间要大，企业可以抓住机遇，紧跟国内外果蔬加工发展的新趋势，填补市场空白。

（3）加强质量监管，提高产品品质

目前四川并没有涉及蓝莓加工产品的行业标准，相关部门要尽快制定与国际接轨的蓝莓加工制品质量标准，安全作业卫生标准和监管措施。这是蓝莓加工业以产业化为前提，实施现代化经营的关键所在，也是四川蓝莓加工品打开市场的通行证。

蓝莓加工品的产品说明中应明确标注果品含量，杜绝不含蓝莓成分的假劣产品进入市场，规范蓝莓初加工生产的管理，改善初加工产品生产和流通的卫生状况，改进初加工工艺，剔除初加工产品的杂质。

利用高科技检测系统对产品进行分析，制定涉及生产重要环节的各种具体的参数比例，如原料、生产人员、设备、生产过程、包装、质量控制等，并定期进行抽查，加强监管力度，有效提高整个蓝莓加工业的产品品质，提高企业的国际竞争力。

（4）创造良好的消费环境

四川政府和行业协会可以为企业提供平台，加强企业间的交流与合作，包括生产企业、加工企业和销售企业的和谐发展。建立企业联盟，在协商共赢的基础上，整合资源，规范市场，确保食品安全，加强行业自律，共谋发展。推进地区间、企业间、消费者间的互动，使产业信息流循环畅通，通过为消费者提供质优的蓝莓产品，不仅可以转变消费习惯和消费行为，为蓝莓产品创造良好的消费环境，提升消费者对蓝莓行业的满意度，还能够为企业赢得信誉，促进蓝莓加工业健康有序发展。

**5. 强化品牌意识，发挥龙头企业带动作用**

随着消费水平的提高与品牌意识的不断加强，消费者的品牌认可度日益提高，品牌已经成为做出购买决策的重要影响因素。蓝莓企业应该树立品牌意识、品牌观念，结合自身实力，合理地制定品牌发展规划，不断加强品牌建设，扩大宣传力度。同一蓝莓生产区域应该进行资源整合，共同打造蓝莓地域公共品牌，通过网络公众号、新闻媒体等扩大对外宣传，组织开展蓝莓采摘节、展销等活动，提升品牌的知名度，增强产品的市场竞争力。

政府部门发挥引导带动作用，放宽优惠政策，鼓励企业扩大规模，争取资金和项目支持。以龙头企业为主体，通过农业龙头企业的带动和示范引领，扩大农户生产经营规模，提高农民组织化程度，形成一批专业大户、家庭农场和农民合作社。同时，农业龙头企业可以凭借较高的管理效率和较强的市场营销能力，带动其他主体共同发展，将产业链各主体打造成为风险共担、利益共享的共同体，促进各类主体融合共生。农业龙头企业依托农产品加工环节，可以向上游延伸、向下游拓展，在纵向环节的融合中发挥引领带动作用，延伸产业链、提升价值链。

**参考文献**

李靖，孙淑霞，陈栋，等，2013. 四川蓝莓生产现状与发展建议［J］. 四川农业科技（9）：7-8.

李亚东，盖禹含，王芳，等，2022. 2021 年全球蓝莓产业数据报告［J］. 吉林农业大学学报，43（1）：1-8.

李亚东，裴嘉博，陈丽，等，2021. 2020 中国蓝莓产业年度报告［J］. 吉林农业大学学报，43（1）：1-8.

李亚东，裴嘉博，孙海悦，2018. 全球蓝莓产业发展现状及展望［J］. 吉林农业大学学报，40（4）：421-432.

阳翠，董顺文，陈昌琳，等，2022. 四川省蓝莓产业发展现状分析与对策建议［J］. 中国果树（1）：99-102，108.

# 四川芒果产业发展报告

罗照西[1]　吴健华[1]　李进红[1]　李贵利[1]　王　成[1]　刘　伟[2]

（1. 四川省农业科学院攀西分院，四川攀枝花 617061；

2. 四川省农业科学院园艺研究所，四川成都 610066）

**摘　要：** 芒果是世界上重要的大宗热带水果，芒果产业发展正受到世界各国的重视，我国已发展成为种植面积和产量均居世界第二的芒果生产大国。四川是我国芒果产业发展的后起之秀，目前种植面积和产量均居全国第四位。了解世界和我国热区芒果产业的发展概况，分析四川芒果产业发展存在的问题和优劣势，提出四川芒果产业发展趋势与对策建议，对促进四川芒果产业进一步做大做强具有重要意义。

**关键词：** 四川省；芒果；产业；发展

芒果是世界上重要的大宗热带水果，素有“热带果王”之美誉，与香蕉、菠萝并称为三大热带水果，目前全世界有 103 个国家和地区种植和生产芒果。我国热区各省（自治区）均有芒果种植，截至 2020 年，我国芒果种植面积 34. 34 万公顷（515. 05 万亩），产量 331. 18 万吨。四川省芒果产业起源于 20 世纪 60 年代，从早期的试验试种，到规模种植，再到高速发展，科技攻关始终贯穿了发展全过程，实现了“从无到有、从小到大、从弱到强”的跨越式发展，已发展芒果种植面积 5. 33 万公顷（80 万亩），产量 38. 55 万吨，是全国“纬度最北、海拔最高、成熟最晚、优质高效”的晚熟芒果主产区，也是攀西地区种植面积最大的水果支柱产业，为攀西地区农业高质量发展、助力脱贫攻坚作出了重大贡献。芒果也是四川省面积最大、产量最多、产值最高的热带特色水果，在川果产业中具有重要地位。

## 一、国内外芒果产业概况

芒果（*Mangifera india* L.）是一种重要的热带、亚热带水果，属漆树科芒果属，常绿大乔木，果实含有丰富的膳食纤维、蛋白质、植物多糖、维生素、矿物质、黄酮类化合物及没食子酸等营养成分，集热带水果精华于一身，有“热带果王”的美誉。芒果原产于亚洲南部印度、马来群岛一带，现已广泛种植于全球热带区域，是世界热带重要的商业栽培果树。目前，全世界有 103 个国家和地区栽培芒果，其中以亚洲芒果的栽培面积最大。印度芒果栽培历史最久，距今已有 4 000 多年的历史，印度也是世界上芒果种植面积最大，产量最多的国家。在我国，引入芒果栽培已有 1 300 余年的历史，我国芒果现主要分布在海南、广西、云南、四川、广东、台湾、福建、贵州和西藏的局部地区。

### （一）世界芒果发展概况

#### 1. 世界芒果生产概况

目前，芒果广泛分布于南纬 30°至北纬 30°间，冬季最冷月均温 11℃以上，绝对最低温-3.7℃以上的热带、亚热带地区，北至我国西藏南部和日本南部岛屿，南至南部非洲。全世界芒果商业种植区域跨越亚洲、非洲、美洲、大洋洲的热带、亚热带地区 100 多个国家和地区。据 FAO 统计数据，2011—2020 年全球芒果（含山竹和番石榴，下同）的收获面积总计 5 343.9 5 万公顷。其中 2014 年为 556.41 万公顷，达到历史上最高，2015 年和 2016 年略有下降，从 2017 年开始至 2020 年总体缓慢增长，2020 年面积为 552.29 万公顷，仅次于 2014 年，比 2019 年增加了 0.48 万公顷（图 1）。

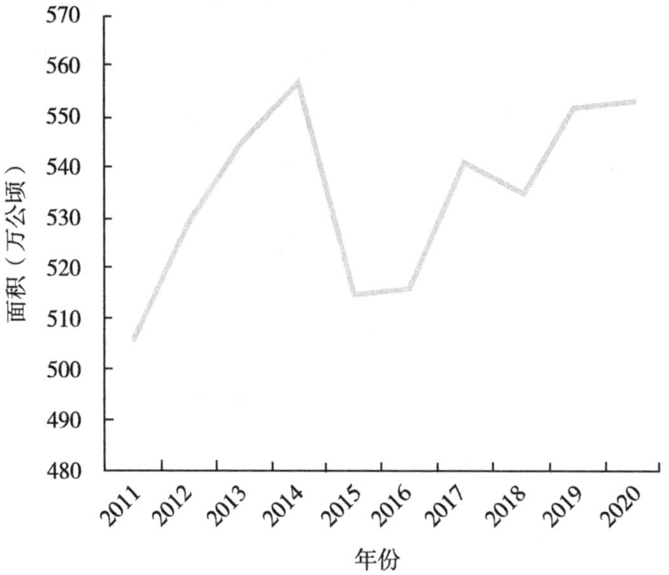


**图 1　2011—2020 年世界芒果（山竹、番石榴）收获面积变化趋势**

数据来源：FAO。

芒果是典型的热带水果，果实生长成熟在高温季节，因此芒果在不同国家和地区成熟时间有差异，随着世界交通、物流的日益发达以及国际贸易的发展，芒果在全球范围内已实现周年生产和供应（表 1）。

**表 1　芒果主产国的成熟时间的年度分布**

| 国家 | 1 月 | 2 月 | 3 月 | 4 月 | 5 月 | 6 月 | 7 月 | 8 月 | 9 月 | 10 月 | 11 月 | 12 月 |
|---|---|---|---|---|---|---|---|---|---|---|---|---|
| 印度 | | √ | √ | √ | √ | √ | √ | √ | √ | | | |
| 中国 | | | √ | √ | √ | √ | √ | √ | √ | | | |
| 墨西哥 | | | √ | √ | √ | √ | √ | √ | √ | | | |
| 泰国 | | | √ | √ | √ | √ | √ | √ | √ | √ | √ | |
| 巴基斯坦 | | | | | √ | √ | √ | √ | √ | | | |
| 巴西 | √ | √ | √ | | | | | | | √ | √ | √ |
| 菲律宾 | √ | √ | √ | √ | √ | √ | √ | √ | | | √ | √ |
| 南非 | √ | √ | √ | | | | | | | | √ | √ |
| 美国 | | | | | | √ | √ | √ | √ | | | |
| 澳大利亚 | √ | √ | | | | | | | | | √ | √ |
| 以色列 | | | | | | | √ | √ | √ | √ | √ | √ |
| 马来西亚 | | | | √ | √ | √ | √ | √ | | | | |
| 印度尼西亚 | √ | | | | | | | √ | √ | √ | √ | √ |
| 埃及 | | | | | | | √ | √ | √ | √ | √ | √ |
| 马达加斯加 | √ | √ | | | | | | | | √ | √ | √ |
| 肯尼亚 | √ | √ | √ | √ | √ | √ | √ | | √ | √ | √ | √ |
| 牙买加 | | | | | √ | √ | | | | | | |
| 危地马拉 | | | √ | √ | √ | √ | √ | | | | | |
| 智利 | √ | | | | | | | | | | √ | √ |
| 秘鲁 | √ | √ | √ | | | | | | | | | √ |
| 委内瑞拉 | | | | √ | √ | √ | √ | | | | | |
| 圣卢西亚 | | | | | | √ | √ | √ | √ | | | |

数据来源：Courtesy Trade & Transport Tacilitation Project，UNCTAD 等。

近年来，世界芒果产量和单产水平增长缓慢。据 FAO 统计数据，2011—2020 年全球芒果、山竹和番石榴总产量 48 259. 62 万吨。其中 2019 年为历史最高值，达到 5 502. 61 万吨；2020 年 5 483. 11 万吨，产量略有下降，比 2019 年下降了 0. 35%（图 2）。

芒果生产国分布于亚洲、中南美洲、非洲和大洋洲。亚洲发展芒果产业历史最

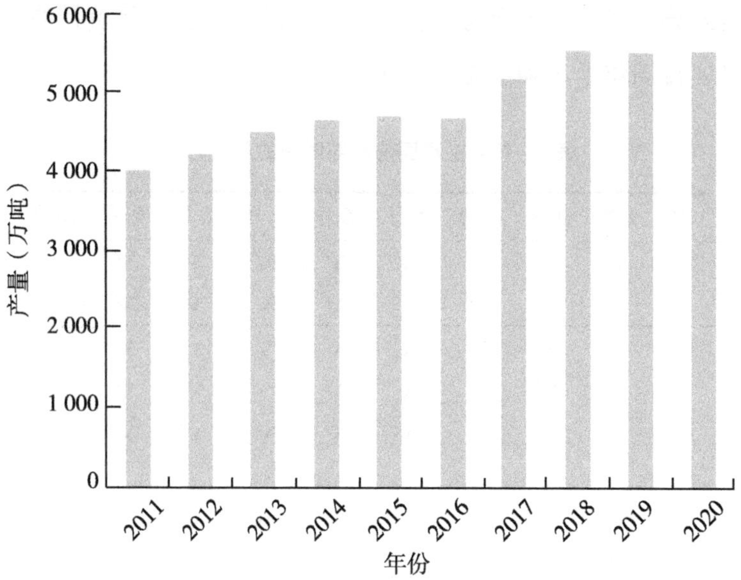


**图 2　2011—2020 年世界芒果收获产量**

数据来源：FAO。

悠久，栽培面积最大，产量最高，总产量接近全世界产量的 80%；其次是美洲，产量约占全世界的 15%。印度是世界上最大的芒果主产国和消费国，其芒果产量占世界总产量的 40%以上。第二为中国，第三为泰国，其次是印度尼西亚、墨西哥、巴基斯坦、巴西、埃及和孟加拉国等。

2020 年世界芒果平均单产 9.93 吨/公顷，其中印度 9.60 吨/公顷，印度尼西亚 13.12 吨/公顷，墨西哥 11.12 吨/公顷、中国 13.56 吨/公顷、巴基斯坦 10.94 吨/公顷、菲律宾 8.49 吨/公顷、埃及 10.88 吨/公顷。

**2. 世界芒果贸易概况**

芒果的生产总量居世界五大水果之列，但其国际贸易量却很少，世界芒果的贸易总量不足总产量的 5%。芒果主产国基本以产地内销为主，近 10 年来，国际贸易量逐渐增大，以鲜果贸易为主，世界芒果贸易市场主要有南北美市场、亚洲市场和欧洲市场。南北美市场的主要出口国家为墨西哥、海地、巴西等，进口国家主要为美国、加拿大；亚洲市场的主要出口国家为印度、巴基斯坦、泰国，进口国家主要为中东国家、马来西亚、新加坡和中国等；欧洲市场的主要出口国家为南美国家以及印度、南非、澳大利亚等，进口国家主要为荷兰、德国、法国等。

2020年世界鲜芒果出口总量231.90万吨，出口量排名第一是墨西哥42.16万吨，其次为泰国、巴西、秘鲁、荷兰、印度、巴基斯坦、越南、西班牙、厄瓜多尔（图3）。

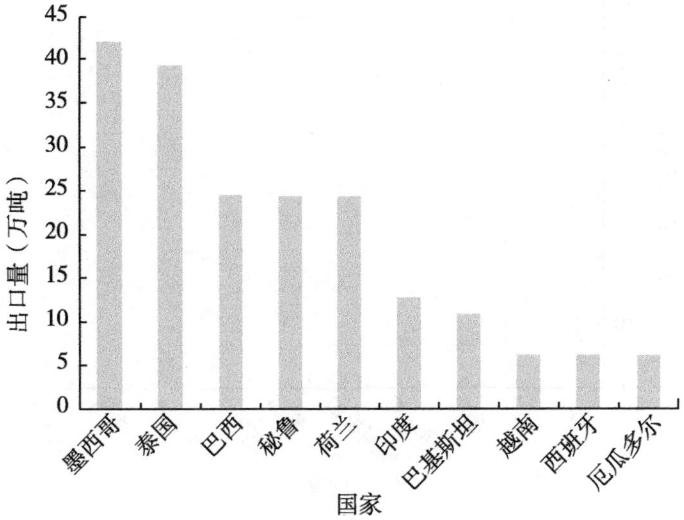


**图3　2020年世界鲜芒果出口量前十位国家**

数据来源：FAO。

2020年世界鲜芒果出口总额为319 583.5万美元。出口额世界第一位为泰国57 038.8万美元，其次为荷兰、墨西哥、秘鲁、巴西、越南、印度、西班牙、巴基斯坦、比利时（图4）。

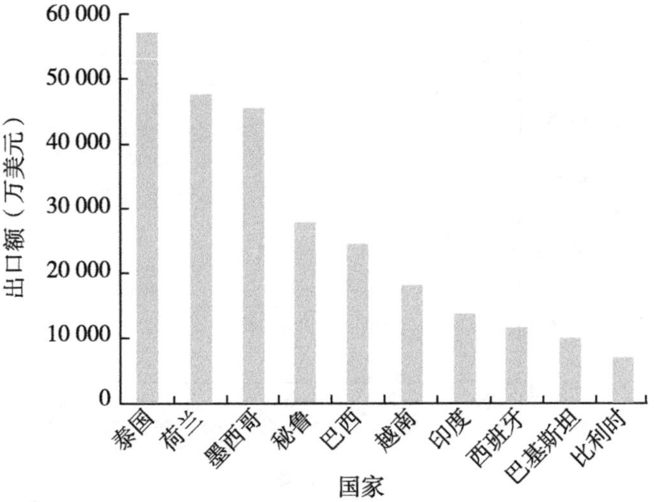


**图4　2020年世界鲜芒果出口额前十位国家**

数据来源：FAO。

2020年世界鲜芒果进口量排名第一是美国54.92万吨，其次是荷兰、德国、阿联酋、沙特阿拉伯、英国、西班牙、马来西亚、法国、比利时（图5）。

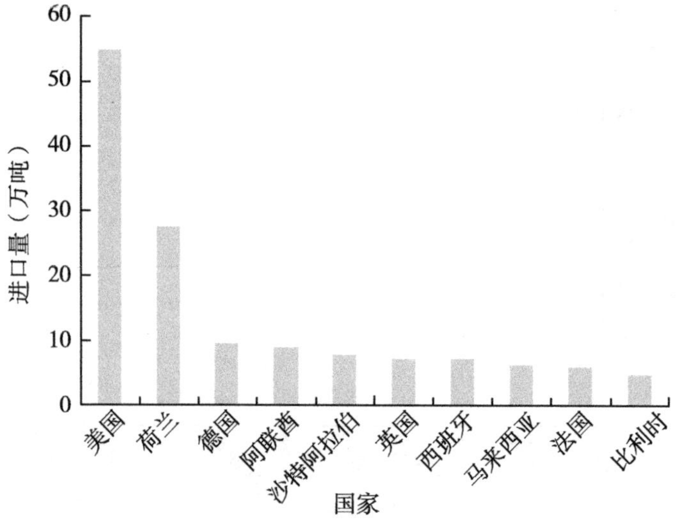


**图5　2020年世界鲜芒果进口量前十位国家**

数据来源：FAO。

2020年世界鲜芒果进口总额为269 166.7万美元。进口额世界第一位为美国55 535.1万美元，其次为荷兰、德国、英国、法国、西班牙、俄罗斯、阿联酋、比利时、葡萄牙（图6）。

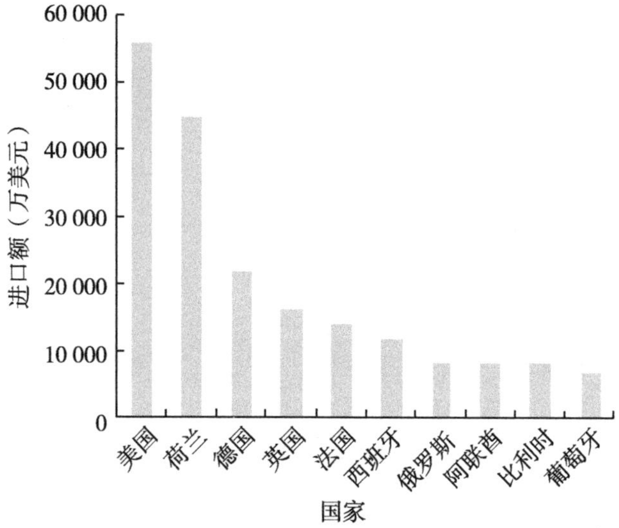


**图6　2020年世界鲜芒果进口额前十位国家**

数据来源：FAO。

**3. 世界芒果科研概况及发展趋势**

（1）世界芒果科研现状

世界各国重视芒果种质资源保存和育种研究，各主要生产国均有自主知识产权的主栽品种；在生产上采用诊断综合施肥法（DRIS）、土壤养分状况系统研究法、配方施肥技术等进行芒果的肥水管理。另外，国外在芒果的病虫害防治、采后保鲜和贮运等方面也做了大量的研究，并研发出实用性较强的技术。

（2）世界芒果科技发展趋势

①重视种质资源收集保存和资源自主创新，培育有自主知识产权的品种；重视基于分子标记的芒果种质资源遗传多样性研究，已选育出耐瘠薄和耐黏重土壤、具有高产和矮化特性的砧木品种。

②重视精准化栽培技术研究，泰国、澳大利亚等国家在芒果精准施肥、节水灌溉、水肥共施等技术方面处于领先地位；芒果主产国普遍通过信息技术和生物防控手段防治芒果病虫害，一些国家已实现通过高光谱图像自动分析和现场检测芒果果蝇虫害。

③重视采后商品化处理技术体系研究，研究冷藏保鲜中降低腐烂、减少生理损失的处理办法；开展果肉、果皮、果核深加工及抗氧化物、抗菌物等提取物研究，开展加工副产物综合利用研究。

④重视芒果全面质量技术支撑体系研究，开展芒果产前、产中、产后全产业价值链所有环节涉及质量保障的技术研究和集成。

**（二）中国芒果产业发展概况**

**1. 产业发展概况**

我国芒果主要分布于海南、广西、云南、四川、广东、福建、贵州及台湾的热带、亚热带地区，分布于100多个市县。我国大规模规范化种植芒果始于20世纪60年代，先后在海南、广东、广西、福建、云南等省（区）建立规模化种植的芒果园。通常以1993年、1998年、2005年及2014年为划分节点，将我国芒果产业发展划分为起步阶段、爆发式增长阶段、稳定发展阶段、调整阶段及快速增长阶段五个阶段。芒果生产总体保持增长，其中，广西增长最快，发展优势明显，成为我国最大的芒果产地；广东地位逐渐下降，面积下降较快；云南发展相对平稳，面积稳步增长；四川作为后起之秀，面积增长较快，发展潜力较大。

据农业农村部农垦局统计，2020 年全国芒果种植面积 34. 34 万公顷（515. 05 万亩）（不含台湾地区，下同），收获面积 24. 32 万公顷（364. 77 万亩），全年总产量 331. 18 万吨，全年总产值 204. 58 亿元，与 2019 年相比，面积、产量、产值全部实现增长。其中，广西壮族自治区种植面积全国第一、产量全国第二，云南省种植面积全国第二、产量全国第一，海南省种植面积和产量均居全国第三，四川省种植面积和产量均居全国第四，广东省面积和产量均居全国第五，贵州省种植面积和产量均居全国第六，福建省种植面积和产量均居全国第七，在统计中首次出现西藏自治区统计数据，种植面积 13. 33 公顷、产量 100 吨，种植面积和产量均居全国第八（表 2）。另据 FAO 数据，中国台湾地区 2020 年芒果（含山竹和番石榴）栽培面积共 16 061 公顷，产量 171 537 吨。

**表 2　全国 2020 年芒果面积及产量**

| 地区 | 年末实有面积（公顷） | 其中 | | 全年总产量（万吨） | 单位面积产量（千克/公顷） | 全年总产值（万元） | 面积增减（%） | 产量增减（%） | 产值增减（%） |
|---|---|---|---|---|---|---|---|---|---|
| | | 当年定植（公顷） | 收获面积（公顷） | | | | | | |
| 广西 | 103 573. 33 | 1 233. 33 | 69 606. 67 | 94. 66 | 13 599. 30 | 552 063. 00 | 0. 93 | 18. 62 | 8. 89 |
| 云南 | 101 566. 67 | 15 426. 67 | 72 860. 00 | 96. 23 | 13 067. 25 | 538 688. 40 | 10. 51 | 28. 95 | 13. 59 |
| 海南 | 58 160. 00 | 1 573. 33 | 55 846. 67 | 76. 48 | 13 694. 10 | 504 748. 20 | 2. 15 | 13. 16 | -1. 73 |
| 四川 | 50 180. 00 | 800. 00 | 25 700. 00 | 35. 02 | 13 626. 45 | 231 132. 00 | 1. 62 | 4. 72 | -2. 59 |
| 广东 | 17 333. 33 | 1 333. 33 | 16 000. 00 | 23. 52 | 14 700. 00 | 178 752. 00 | 23. 81 | 30. 30 | 26. 96 |
| 贵州 | 12 133. 33 | 4 620. 00 | 2 766. 67 | 4. 36 | 15 743. 55 | 34 867. 00 | 61. 49 | 15. 95 | 56. 66 |
| 福建 | 406. 67 | 6. 67 | 386. 67 | 0. 91 | 23 420. 70 | 5 433. 60 | -10. 29 | -6. 89 | -33. 49 |
| 西藏 | 13. 33 | | 13. 33 | 0. 01 | 7 500. 00 | 100. 00 | | | |
| 合计 | 343 366. 67 | 24 993. 33 | 243 180. 01 | 331. 18 | 13 618. 80 | 2 045 784. 20 | 6. 37 | 19. 03 | 7. 48 |

数据来源：农业农村部农垦局。

近 10 年，我国芒果产量保持高速发展，2011 年我国芒果产量为 100. 34 万吨，2020 年我国芒果产量再创新高，达 331. 18 万吨，是 2011 年产量的 3 倍以上，增量达 231. 04 万吨，增幅 230. 26%，年均复合增长率为 12. 68%。

**2. 芒果优势产业带情况**

芒果为热带水果，热量条件为芒果栽培的重要指标，其栽培最适气温为 25～30℃，花期授粉温度要求在 20℃左右，无低温和阴雨，生育期全年基本无霜，日照充足，全年日照时数在 2 700 小时以上。根据芒果需求的气象条件和自身的物候特征，综合区域产业规模（产业集中度）、效益和发展潜力，国内多数同行专家将我国芒果产业划分为七大优势产业带，即海南早熟芒果优势产业带，广东雷州半岛早、中熟芒果优势产业带，广西右江河谷中熟芒果优势产业带，云南怒江—澜沧江流域中熟芒果优势产带，云南红河流域早熟芒果优势产业带，金沙江干热河谷流域晚熟芒果优势产业带和贵州西南部中熟芒果优势产业带（表3）。

**表3　我国芒果优势产业带发展基本情况**

| 产业带 | 主栽品种 | 上市时间 |
|---|---|---|
| 海南 | 台农1号、金煌、红金龙、澳芒、红玉等 | 3—5月（11月至翌年2月海南南部有早果，6月有个别晚果） |
| 广西 | 台农1号、红象牙、金煌、桂热82号、红金龙、桂热10号 | 5—9月（其中6—7月集中采摘） |
| 云南怒江—澜沧江流域 | 帕拉英达（小鹰嘴芒）、四季芒、三年芒等 | 6—8月 |
| 云南红河流域 | 红金龙、金煌、台农1号、三年芒等 | 5—7月 |
| 广东 | 台农1号、金煌、贵妃、粤西一号和椰香等 | 6月中旬到8月上旬 |
| 金沙江流域 | 凯特、吉禄、金煌、金白花、红象牙、肯特、圣心等 | 8—11月（6—7月已有早果） |
| 贵州 | 台农1号、红象牙、金煌芒、桂热10号、桂热82号、凯特芒、红玉芒等 | 7—8月 |

**3. 芒果产业市场与贸易情况**

（1）价格变动情况

我国芒果品种多，由于果实品质及栽培地区消费水平、消费习惯等的差异，价位相差极大。例如，2019年全国芒果离地收购价格每千克2.4~20元，以广西的金穗（每千克2.4元）最低，广东的椰香及海南的树上熟贵妃芒果（均价为每千克20元）最高。

全年价格高点多出现在每年12月至翌年2月，低点多出现在每年5—9月，主要是冬季新鲜水果供应较少，加上节假日期间（春节）消费旺盛而拉高芒果批发价格；而5—9月有大量新鲜水果上市，尤其是荔枝、龙眼大量上市，消费者消费选择多，拉低芒果批发价格。

（2）芒果进出口贸易情况

①鲜果和干果贸易情况。近10年我国的芒果进口变化可分为两个阶段，

2011—2015年，我国鲜或干的芒果进口量不断减少，市场需求更多由国内的芒果产量增长填补；2016—2020年，我国鲜或干的芒果进口量恢复增长，2020年随着《区域全面经济伙伴关系协定》（RCEP）的签订，进口量增加至84 137吨，与2011年相比，增量达56 262吨，增幅约为2011年的2倍，年均复合增长率约为13.06%。从进口结构来看，我国进口芒果主要来自越南与泰国，其中从越南进口芒果占到进口总量的79.84%。越南芒果供应期长且供应量充足，从每年的9月开始至次年的6月结束，而且相比国内芒果而言有局部价格优势，从广东、广西等部分地区零售市场来看，越南芒果品种主要是大青芒，价格相对海南芒果略低，因此越南芒果拥有较强的竞争力。此外，澳芒卖相比较好，价格较高，针对中档市场；来自泰国的芒果如彩虹芒等定价较高，主要针对高端消费市场。

2020年，我国芒果（鲜或干的芒果）出口量达44 407吨，出口金额8 570万美元，主要出口至越南、俄罗斯、马来西亚等国家。与2011年出口量3 867吨、出口金额282万美元相比，出口量增量达40 540吨，实现10.5倍的增幅，年均复合增长率约为31.16%；出口金额增量达8 288万美元，增幅达2011年的29.4倍，年均复合增长率达46.14%。我国芒果对发达国家出口优势较低，主要是因为相对世界芒果出口大国墨西哥、印度、泰国等国家，我国的芒果以小农户生产为主，质量难以统一，生产成本较高。

②芒果汁贸易情况。芒果加工品贸易主要是芒果汁、芒果肉等产品，市场份额较小，其他芒果产品还有芒果干、果酱、芒果罐头、糖浆等。相较而言，2011—2020年我国芒果汁的进口依赖整体下滑，进口量和进口金额的减少量分别为997吨、122万美元。

相较鲜或干的芒果的出口量的增长速度而言，我国芒果汁出口量增长乏力。近10年间，2014年我国的芒果汁出口量达到峰值367吨，是2011年出口量的3.7倍，其后6年间呈现波动增长趋势。2020年，我国芒果汁出口量达140吨，出口金额为17万美元，与2011年相比，出口量和出口金额的年均复合增长率分别为3.72%和1.28%。芒果汁出口量的增长速度远低于鲜或干芒果出口量的增长速度，也略低于我国芒果产量的增长速度，说明我国芒果深加工环节缺位，限制了芒果产业效益的发挥。

**4. 我国芒果科研情况**

（1）资源收集、保存与评价

我国建有国家芒果种质资源圃 1 个（位于广西田东）、农业农村部芒果种质资源圃 1 个（位于海南儋州），技术依托单位均为中国热带农业科学院品种资源研究所，另外在中国热带农业科学院南亚研究所及广西、四川、云南等地建有芒果种质资源保护创新基地。截至 2021 年年底，入圃保存芒果种质资源达 1 200 余份，其中四川省芒果种质资源保护单位为攀枝花市农林科学研究院，已收集保存芒果种质资源 220 份。

（2）新品种培育

我国芒果品种以引进国外优良品种为主，并与当地气候及地理位置等条件相结合，有目的地进行筛选。在芒果选育方面，我国芒果选育种进程较缓慢，仅有 15% 左右品种为自育品种，其余品种均为引进外国（地区）品种。全国种植面积超 2 万公顷、排名前 3 位的芒果品种是台农 1 号、凯特、金煌，均为国（境）外品种；具有自主知识产权、种植面积超 6 667 公顷的仅有桂热 82 号，超 3 333 公顷的仅有桂热 10 号，且桂热 10 号面积有逐年下降趋势。

（3）栽培技术研发

在栽培技术方面，随着国家对芒果产业的重视，陆续从国外（如泰国、美国、印度等）和我国台湾地区引进先进的芒果标准化生产技术，在栽培技术上日趋成熟，如三亚的芒果企业，主要以我国台湾的芒果栽培管理模式为主，结合自身条件发展反季节芒果取得了很好的效果。但从总体上看，由于产区不同，气候不同，国内的芒果栽培技术除育苗、定植、修剪、高接换种、辅助授粉、套袋等技术已基本成熟外，还存在着产期调节、养分综合管理、病虫害综合防治等关键技术问题。目前，有关科研单位针对不同区域气候特点不断深入开展试验研究，并取得初步成绩，基本形成适宜本地的高效栽培模式。

（4）采后处理和加工

科研院所进行了许多芒果采后处理等方面的研究，如采收技术和标准、微生物源和植物源防腐保鲜剂、热处理技术、气调贮藏等方面研究，探索形成规范的芒果采后处理技术，2018 年 12 月农业农村部发布《芒果采收及采后处理技术规程》（NY/T 3333—2018）行业标准。但目前国内芒果采后处理技术简单且设备匮乏，果实采后主要靠手工分级，然后进行简易包装，普通车辆运输。在国内能够严格采用清洗、杀菌、分级、打蜡、包装和冷链运输等商品化处理措施的极少，极大地影响芒果贮运损耗、后熟损耗、货架期及市场竞争力等。

有关科研单位及院校先后研制出芒果汁的加工工艺、速冻芒果生产线、芒果皮蜜饯生产线、芒果果脯生产线、脱水芒果块生产线和设备。但总体上，设备与工艺还有待改进，我国加工企业仍主要以引进国外先进的设备和技术为主。在芒果产业延伸方面，芒果生产副产物，包括芒果叶、芒果核含有丰富的生理活性成分，是重要的植物药材，其开发利用已引起国际上的广泛关注。我国在芒果叶活性物质提取方面有过初步研究，但研究不系统、不全面且深度不够。

## 二、四川省芒果产业发展现状

四川芒果主要分布于金沙江、雅砻江、安宁河流域河谷地区，属于高海拔、高原型内陆山地种植区域，具有日照强、昼夜温差大、无台风和梅雨等特点。得天独厚的气候资源优势和政策、资金、科技等的支撑作用，造就了我国纬度最北、海拔最高、成熟最晚、优质高效的芒果生产基地，已成为国内芒果发展的后起之秀。

### （一）育种科技创新

#### 1. 种质资源收集、保存与评价

现建有农业农村部芒果种质资源保护四川创新基地 1 个，依托单位为攀枝花市农林科学研究院，维护面积 1.6 公顷，已收集国内外种质资源 250 份，入库保存 220 份，累计评价资源 200 余份，芒果种质资源保护四川创新基地侧重于收集、保存中晚熟芒果商业栽培品种，主要目的是鉴定评价和创新利用，以选育出优良的中晚熟芒果新品种，为四川晚熟芒果产业奠定更坚实的物质基础。2022 年攀枝花市农林科学研究院被评为四川省第一批省级农业种质资源保护单位，负责保存芒果、石榴、油梨种质资源。

#### 2. 新品种选育

（1）创新历程

四川省种植芒果的历史始于 20 世纪 30 年代，现攀枝花市仁和区仁和镇保有 1 株 1938 年种植的芒果树，长势良好，每年可正常开花结果。1960 年和 1963 年西昌地区热作所（凉山州亚热带作物研究所前身）两次从海南省引入芒果在四川省进行试种栽培；1964 年攀枝花特区（攀枝花市前身）炳草岗农场从云南河口农场引入

芒果进行适应种植。试种结果表明四川省的金沙江、安宁河谷区域的自然地理气候适宜种植芒果，可以成为芒果种植区。到20世纪80年代中期，攀枝花市各县区及凉山州会理县、德昌县有芒果种植，但分布零散，未形成产业。此时期，芒果以实生繁殖为主，主要种植品种有云南小芒、三年芒、黄象牙芒、龙芒、缅甸芒等。

从20世纪80年代开始，为提高芒果品质和产量，促进芒果产业实现规模化种植，攀枝花市农业科学研究所、凉山州亚热带作物研究所开始芒果品种选育工作，引进吕宋、马切苏等芒果品种进行试种，并选育出攀西红芒、乳芒、安宁红芒等品种在生产上推广应用，逐渐成片种植，为芒果初期发展奠定了基础。

从20世纪90年代中期开始，对外交流合作加强，开始从全国热区科研、教学单位广泛引种。1995年四川省农业科学院从以色列引进凯特、肯特、海顿、爱文、汤米、马亚6个品种在攀枝花大祥芒果基地和凉山州亚热带作物研究所试验地试种。1996年国内院士专家组到攀枝花市各区县实地考察，对攀枝花市已有的40多个芒果品种进行调查鉴定，推荐以海顿、肯特、爱文、凯特、吕宋、金白花、吉禄、台农1号共8个品种为主要栽培品种，并再次从中国热带农业科学院引种，分别在攀枝花市农业科学研究所、米易县长坡基地、仁和区乐弄基地、盐边县昔格达村设点观察，主要由攀枝花市县农牧局、攀枝花市农业科学研究所承担品比试验工作。

进入21世纪，随着芒果产业发展壮大，除科研单位、推广部门持续开展新品种引育工作外，攀枝花大祥果品开发有限责任公司、攀枝花锐华农业开发有限责任公司等芒果生产企业在承担良繁基地建设项目中开始重视芒果新品种引育工作，开启了四川省芒果新品种选育新篇章。

（2）良种选育成效

“十五”期间，筛选出凯特、吉禄、海顿等10余个芒果品种在生产上示范推广，其中凯特、海顿、台农1号、吉禄于2002年通过了四川省品种审定委员会审定，爱文于2003年通过了省级审定。“十一五”期间，筛选出马亚、金煌和金白花在生产中推广应用，于2008年通过省级审定。“十二五”期间，筛选出热品10号，于2015年通过省级审定。芒果品种凯特列入农业部“十二五”期间第一批热带南亚热带作物主导品种。“十三五”期间，芒果品种凯特于2017年通过全国热带作物品种审定委员会审定，金白花和热品10号两个芒果品种列入农业农村部“十三五”期间第一批热带南亚热带作物主导品种。

在具有自主知识产权新品种选育上，“十二五”前主要是通过实生选育和芽变选育，凉山州亚热带作物研究所、攀枝花市农业科学研究所选育出乳芒、安宁红芒和攀西红芒，于1994年和1997年通过四川省农作物品种审定，相继成为当时的主栽品种，现生产上还有少量种植。“十三五”期间，攀枝花市农林科学研究院通过芽变选种、实生选育、人工杂交、控制授粉、诱变育种等育种方法，获得实生后代群体单株600余株，筛选出攀育2号、攀育3号、攀育5号等攀育系列的中晚熟优良单株8份，已申报新品种权2个，攀育2号芒果已累计在四川区域推广种植1 300余公顷，并于2021年通过全国热带作物品种审定委员会审定。攀枝花市锐华农业开发有限公司与中国热带农业科学院南亚热带作物研究所通过开展院企联合，以产、学、研合作模式，连续多年开展诱变育种、人工杂交育种工作，目前已创制芒果育种新株系2 000余份，热农3号、热农16号、锐华5号等9个芒果新品种获农业农村部授予植物新品种权。主要推广品种有锐华1号，还储备优良品种多个，为四川芒果培育适宜区域化、本土化的具有自主知识产权的新品种奠定重要的物质基础。

经多年的良种选育和示范推广，四川省芒果种类基本涵盖了世界上已有的知名优质芒果品种，如源自美国的凯特、吉禄、爱文、海顿，中国台湾地区的金煌、台农1号、贵妃，澳大利亚的热农1号、肯辛顿，泰国的金白花、青皮芒，菲律宾的吕宋芒，印度的椰香芒等。但是现在生产上较大面积种植且具有自主知识产权的芒果品种仅有攀育2号，2020年种植面积达到1 300余公顷。

**3. 品种结构及主栽品种简介**

四川省芒果种植品种以晚熟品种凯特为主，占总面积的75%以上，其次为吉禄、红象牙、金煌、椰香、攀育2号、台农1号、金白花、红贵妃等，形成了以晚熟芒果为主，早、中、晚熟搭配的产品结构，品种结构比例大约为1∶1.5∶7.5。

（1）凯特（Keitt）

原产于美国佛罗里达州，1995年引入四川省试种，现已广泛分布于金沙江干热河谷地区，是最重要的栽培品种。该品种生长势中等，坐果率较高，果实大，单果重600~1 000克，最大果可达2千克以上。含可溶性固形物15.0%~16.7%，味甜芳香，质地滑腻，果实可食率74.8%~77.0%。8月下旬至9月上旬成熟，高海拔区和高纬度区可留果至11月。每公顷产量15 000~22 500千克。目前在四川省种植面积40 000公顷左右。

（2）金煌（*Mangifera india* L. cv. Jin-Hwang）

原产于我国台湾省，1999 年从海南省引入攀西地区。该品种长势强壮，果实大，平均单果重 500~900 克，可食率 76.9%，可溶性固形物 17.8%~20.0%；果实肉质致密、嫩滑、多汁、果肉纤维细、少、味甜、香味浓郁；8 月中旬成熟。每公顷产量 1 2 000~15 000 千克。目前在四川省种植面积 2 600 公顷左右。

（3）吉禄（Zill）

原产于美国佛罗里达州，中国热带农业科学院南亚热带作物研究所 1984 年从澳大利亚引进，1992 年引入四川省。该品种树势壮旺，坐果率高，果实中等大小，近圆形或卵圆形，单果重 253~324 克，肉质细滑、纤维少、味甜清香，可食率 70.3%~72.4%，可溶性固形物 15%，每公顷产量 12 000~15 000 千克。目前在四川省种植面积 2 000 公顷左右。

（4）红贵妃

又名红金龙、红金凤，中国台湾地区选育而成，1997 年引进海南省种植，2000 年从海南省引入四川省试种。产量中等，纤维极少，果肉芳香，浓甜，果实不整齐，大小果实比例各占 50%，大果型单果重 360~460 克，可食率 65.0%，种子单胚；小果型单果重 140 克，可食率 80%~86%，种子无胚，可溶性固形物含量 15.3%。每公顷产量 9 000~12 000 千克。目前在四川省种植面积 2 000 公顷左右。

（5）椰香（Dasheri）

原产印度，我国于 20 世纪 70 年代引进，70 年代末引进四川省。该品种树势中等，单果重 220~310 克，最大果重达 475 克，可食率 78%~84%，可溶性固形物含量 16%~23%，是非常适口的鲜食芒果果品。成熟期为 7 月中下旬。每公顷产量 9 000~12 000 千克。目前在四川省种植面积 1 300 公顷左右。

（6）金白花

原产于泰国，果实长椭圆形，呈“S”形，平均单果重 323 克；果实可溶性固形物 17.0%~22.6%，果肉淡黄色，肉质滑腻，多汁，无纤维，味清甜、芳香，风味极佳，礼品果首选。7 月下旬至 8 月中旬成熟，每公顷产量 7 500~12 000 千克。在四川省种植面积 400 公顷左右。

（7）攀育 2 号

攀枝花市农林科学研究院等单位选育，2021 年通过国家热带作物品种审定委员会审定。果实长椭圆形，平均单果重 339 克；果实可溶性固形物 17.0%~21.5%，果肉淡黄色，肉质滑腻，品质佳。8 月中旬成熟，耐寒性、稳产性一般，每公顷产量 12 000~15 000 千克，在四川省的种植面积 1 300 余公顷。

**4. 苗木种植和繁育情况**

由于干旱和灌溉条件不足等因素，87.6%的果农选用价格便宜的实生苗定植，因苗木补栽、补接及可能不亲和造成长势不一，且投产期、丰产稳产期延迟。

四川省没有较大型企业和单位建立优质苗木繁育基地，多为小型商贩在主产区建育苗场，2005 年前，由于苗木需求量大，供不应求，大量繁殖所需种子来自各芒果加工厂，或从社会零散收购，导致砧木品种杂乱、来源混乱。后由于苗木裂皮、流胶严重，各方才开始重视种子品种和来源。从 2010 年左右开始，砧木种子较多选用来自广西、海南的扁桃芒、缅八、小草芒等长势旺、抗性好的砧木种。四川省 64.6%的种植户从本地育苗场购买苗木，30.5%是通过自育，还有少部分的种植户是在国内其他省区购买。有 97%的苗木销售方没有植物检疫证书。售卖苗木不规范，苗木可能带病，给后续生产带来管理难度，甚至产生较大损失。

实生苗定植后 2~3 年，主干 60 厘米以上，开始嫁接，嫁接时间多在 2—3 月，少量在 9—10 月，以劈接、切接为主，有 75%的种植户是从其他果农那里获得接穗，从科研单位和企业获得接穗的只占 21%。实生苗嫁接后，有 41%的农户没有再更换品种，有 47.4%的农户更换了一次品种，有少数更换了 2 次及以上。出现改换品种的原因主要是“不好卖”，说明市场对生产的“倒逼”，而不是生产引导、决定市场。

**（二）栽培技术研发情况**

作为国内芒果发展新区，在学习借鉴其他产区优良技术和成功经验的基础上，结合当地实际，针对生产主裁品种，开展关键共性技术、瓶颈技术等配套栽培技术研究，形成了四川省自有的、与其他产区有显著区别的芒果生产技术。

**1. 栽培技术研究及发展历程**

四川省芒果栽植大致经历实生稀植、矮化密植、适度栽植三个阶段。

（1）实生稀植阶段：从 20 世纪 60 年代引进发展直到 80 年代后期，多采用实生稀植，且未进行田形调整，多在坡地依地形而种或作为行道树，行距 5~8 米，株距 4~6 米，每公顷种植 300~525 株。多为实生生长，多是自然树形经过稍微修剪形成的，主枝在中心干上不分层，树冠较高，主干高达 7~10 米，有的甚至 10 米以上，培养树冠年限长（5~7 年），开始结果晚（6~7 年），早期产量低。这种栽植方式现生产上已没有，只见于行道树、绿化树。

（2）矮化密植阶段：从 20 世纪 90 年代初期开始，受全国“密植热”影响，为追求早期产量和适应高品质果实质量要求，四川省芒果栽植密度增大，以 3 米×3 米、3 米×3.5 米和 3 米×4 米居多，每公顷种植840~1 110株，由于密度偏大，成年后造成树冠荫蔽，通风透光不良，果实品质变差，且不利于机械操作。由于无矮化品种和砧木，多用人工矮化，树形以纺锤形为主，控制主干高度在 3 米左右，冠幅 3~4 米。矮密栽植对快速提高产出、促进产业发展起到了重要作用，但随着树体长大，暴露出矮化密植的问题：树势旺、枝量大、控冠难、果实品质差、果园郁闭、用工多、不利于机械操作等问题。

（3）适度栽植阶段：近几年，四川省芒果栽植从实生稀植和矮化密植中吸取教训，栽植密度趋于合理，新栽园根据砧穗组合综合生长势及生态和栽培条件确定适宜的栽植行株距，行距 5~6 米，株距 4~5 米，通过修剪、保持适宜挂果量，确保行间可以通行旋耕机、割草机等小型农机。对于过去的密植园，因园制宜，采用控冠和间伐措施，以满足现代化生产技术和生产优质果的需要。

展望未来，由于四川省芒果园多数立地条件差，无灌溉保障，果农经济基础薄弱，技术水平不高，矮化密植还要继续存在许多年，但栽植面积比例会逐渐下降，四川省芒果将会长期维持矮化密植和适度栽植，各有其发展空间。

**2. 特色栽培技术**

（1）抹花促花技术

攀西地区芒果花期、幼果期易遭遇“倒春寒”，落花、落果严重，造成大幅减产，科技人员最早从加强肥水管理、使用防寒抗冻剂、保花保果剂等措施开展试验，但效果均不佳。攀枝花市农林科学研究院科技人员观察发现凯特芒具备二次成花习性，在蕾期开展了分批次抹去第一次花穗，结合肥水管理，促使重新萌发二次花以避开花期不良气候，提高坐果率试验，获得成功。抹花措施还可以延迟凯特芒果成熟时间，且可以适度解决果实种子发芽导致品质下降的问题。目前抹花措施除在凯特芒上大量推广应用外，其他品种上也开始试用。采用抹花方式推迟花期的农户中，采用全抹的农户占 62.2%，采用分批抹的农户占 37.8%。

（2）轮换结果修剪技术

针对凯特、吉禄等晚熟芒果成熟期晚，采后修剪抽发的枝梢由于气温较低，枝梢生长发育时间短，营养积累不足，不能正常开花结果，易形成“大小年结果”或老茎结果现象。科研人员先后学习和试验了全国热区（包括台湾）和国外的“采后重剪、采后全剪（海南的“剃光头”修剪法）、机械化统一回缩修剪”等多种修剪模式，均未成功。攀枝花市农林科学研究院科研人员在总结上述经验基础上，从修剪时期、修剪位置和保留枝梢量上开展了大量研究，最后探索形成了与其他芒果主产区完全不同的“轮换结果修剪”模式，打破了晚熟品种采果后，秋梢无法老熟，第二年无产量的局面，有效地解决了“大小年结果”问题，实现了凯特芒的丰产、稳产，在生产上得到普遍应用，极大地推动了攀枝花市晚熟芒果产业的快速发展。

（3）套袋技术

与其他热区相比，四川省攀西地区积温略低、昼夜温差大，此区域栽培芒果果实发育期长，干物质积累多，是四川省芒果优质、晚熟所具有的优势。但因其发育期长，与其他产区相比，果实更易受“日灼”及其他病虫为害。2000 年由攀枝花市、凉山州两地科研单位、推广部门及生产企业组成联合攻关项目组，从果袋材质、适宜规格、套袋时期及套袋前后管理技术等方面开展了系统研究，并在四川省开展示范推广应用。目前四川省芒果生产 95%以上采用套袋技术，是全国套袋技术普及率最高的芒果产区。有效避免了病虫为害，减少了农药使用量和降低了果品农残，显著改善了果实的商品外观品质。

生产上现规模使用的果袋全是纸袋，主要分为单双层黄、白袋，使用内黑外黄的双层袋套出的果实由于不透光果面为黄白色，使用透光的白袋果面接近本色。果农选择果袋主要依据头年市场行情、芒果品种和套袋时期等因素，在选用白袋时有 68. 2%选用了单层白袋，31. 8%选用了双层白袋；选用黄袋时 78. 8%选用了内黑外黄双层黄袋，只有少部分人选用了单层黄袋。另有 45. 6%的农户选择二次套袋，选用二次套袋方式主要是前黄后白，使果皮颜色鲜艳，且有适当提高品质的效果，但会增加果袋成本和人工成本。

**3. 肥水管理技术**

自 20 世纪 90 年代开始，相关科研单位和高校持续致力于芒果优质高效栽培技术研究，开展了测土配方施肥、平衡施肥、叶面追肥、高效节水、水肥一体化等多方面肥水管理研究，研究出了适宜不同土壤类型的底肥、基肥、追肥的肥料种类、施用量、施用时期、施用方法等多项成果，探索出了芒果高效节水灌水制度、灌水模式等。

现生产上建园时根据情况挖定植沟或定植穴，普遍重视底肥，以秸秆、畜禽粪便、农家肥、有机肥为主，但秋施基肥（有机肥）年份和数量越来越少，部分果农施用少量生物菌肥，追肥时使用水溶性复合肥较多，叶面追肥以 P、K 肥和 Ca、P、Zn 等微量元素肥为主。

受技术水平限制及农资经销商推销影响，72.8%的果农施用复合肥，采购 N、P、K 单质元素肥根据不同生长季按不同比例混合施用的果农只占 27.2%。开花期喷施叶面追肥的果农占 66.3%，用来促进花芽分化；花蕾期喷施叶面追肥的果农占 70.7%，以及时补充养分；幼果期喷施叶面肥的果农占 72.8%，以满足果实膨大期对营养物质的需求。

目前，四川省芒果园约有 16 000 公顷左右（占总面积的 30%）安装有高效节水设施，以微喷、滴灌、小管出流、管灌为主，近 70%为高效节水项目安装。由于水量不均匀、耕作时易损坏管材且损坏的管材不方便维修以及水源管理、主管道维护缺乏等问题，导致 47%的果园无法正常使用。果农应用最多的节水灌溉设备是人工浇灌，占 48%，表明人工浇灌是果农较喜欢的灌水方式，喷滴灌为代表的现代高效节水技术在四川省已建高效节水灌溉中的比例偏低。攀枝花 26 度果园、攀枝花锐华农业开发有限责任公司等企业安装有水肥一体化设施进行肥水管理，总面积约 200 公顷。

在未安装高效节水设施的农户中，73%的农户对实施高效节水灌溉是持接受、欢迎的态度，但普遍认为一公顷喷滴灌高效节水灌溉的直接建设成本约 15 000 元，费用过高，有 74%的农户愿意花费 7 500 元/公顷以下的费用来安装节水设施，有 12%的农户能承受 7 500~10 500 元/公顷的价格。另有 27%不愿意接受节水设施的农户，一方面有足够的水源，认为不需要浪费这笔钱；另一方面是果园面积小、分散，觉得成本太高不划算。

### （三）绿色防控技术

#### 1. 绿色防控技术研究情况

自 20 世纪 90 年代初科技人员开始关注病虫害问题，开展了“芒果病虫害普查”“芒果常见病虫害防治技术研究”等项目研究，摸清了病虫害种类、分布、严重度并提出了防治建议，研究出了白粉病、蒂腐病、介壳虫等的防治技术。

2000 年以来，随着芒果新品种的引进和规模化、集约化种植，部分次要病虫害上升为主要病虫害，新的病虫害种类不断增多，病虫害问题日趋突出。科技人员本着安全、高效、节本、无公害原则，通过开展“精品芒果生产技术研究”、农业部芒果“948”项目、芒果公益性行业科技、攀西特色水果创新团队病虫害防控技术研究等项目，先后进行了芒果主要病虫害白粉病、炭疽病、细菌性黑斑病、畸形病、幼果果肉生理性褐变黑果病、蓟马、橘小实蝇、叶瘿蚊等的防治技术研究及套袋防治芒果病虫害、修剪控制芒果病虫害等关键技术创新研究。

编写出《芒果病虫害名录》《金沙江干热河谷区——芒果病虫害识别与防控原色图谱》等专著，优化集成了以生态调控、生物防治、理化诱控、科学用药为主体的芒果病虫害绿色防控技术，核心技术为：套袋防治实蝇、炭疽病等病虫害技术；平衡施肥预防生理性缺钙、缺硼等缺素症技术；杀虫灯、蓝板、引诱剂诱捕芒果害虫技术；使用树干防护罩防治主干裂皮、流胶、冻害等；科学使用生物农药及高效、低毒、低残留化学农药技术；清园、翻耕、树干涂白等技术。绿色防控技术在生产上普遍使用，大大降低了病虫的为害，显著提升了果实外观质量，明显减少了果园杀虫（菌）剂的施用量，进一步确保了果品质量的安全，为四川省芒果产业的安全、持续发展提供了技术支持。

**2. 病虫害防控生产情况**

果农重视芒果病虫害防控，有较高的综合防控理念，50. 5%的果农采用了综合防治的方法，65%以上果园能做到冬季清园杀菌、树干涂白，73%的农户会在病虫害发生前期、初期用药；全年施药次数平均在 10~15 次，每公顷施用农药成本在 6 750~7 500 元，远低于其他热区；绝大多数的农户在一年内使用同一种农药不超过 3 次，85%以上农户使用喷药机喷药，15%左右使用电动喷雾器，部分专业合作社和承接社会化服务的企业配备有无人机。另使用除草剂的果农和使用次数在逐年减少，采用割草机施行割草还田的果农越来越多。

四川省芒果病虫害防控水平参差不一，总体来看，攀枝花市优于凉山州，发展老区优于新区，公司优于散户。与全国其他产区相比，受益于良好的气候条件（干旱、无梅雨等）、栽培技术较先进（套袋）、培训示范工作开展较多等多方面因素，四川省芒果的优质果率、商品果率及运销过程中低损耗率等，均名列全国前列。

**（四）机械化、信息化、智能化生产技术与应用**

近10年来，攀枝花市农林科学研究院、凉山州亚热带作物研究所、西昌学院等科研单位和高校，立足于四川省芒果生产实际，持续开展山地小型农机选型、试验与改进工作，已在四川省芒果生产上示范推广耕整机、打孔机、割草机、果枝粉碎机、喷药机等多种实用小型农机。在攀枝花市农林科学研究院建设信息化芒果园展示基地，在仁和区大龙潭乡芒果现代农业园区建设“一站四机三系统”（一站即气象站，四机即植保无人机、轨道运输机、小型果园开沟机、新型芒果支撑架，三系统即无线太阳能监控追溯系统、水肥一体化系统和高效节水灌溉系统），助力园区建设智慧芒果园区，实现统一田间管理、统一检测和统一销售。

目前，四川省果农在芒果种植中比较常用的农业机械有耕整机、割草机、水泵、电动枝剪、打药机等。从近年调研的情况来看，攀枝花市果农中，拥有耕整机的农户占67%，拥有割草机的占71.6%，拥有水泵的占61.4%，少部分农户有开沟机、挖坑机、打药机等，使用电动枝剪（锯）的农户不多。另外，2016年攀枝花市在仁和区总发乡开通芒果防伪溯源系统建设试点工作，实现扫码查询真伪。

**（五）采后处理和加工**

**1. 科研及生产情况**

针对芒果采后病害严重，贮运损耗大、货架期短等问题，省内外科技人员从20世纪90年代初开始通过承担“芒果常温保鲜技术”“精品芒果生产技术”，农业部“948”项目、“四川攀西特色水果创新团队芒果产后处理岗”等项目开展贮藏保鲜和加工研究。通过科技人员大量的试验和研究，形成了规范的采后商品化处理技术。目前采收、分级、包装等技术已在生产上得到广泛应用，部分企业已开始在礼品果上较为规范使用采后商品化处理技术。

目前，四川省芒果在采后商品化处理上已具备了“无伤化采收、专业包装队伍、精准分级、细致包装、快速运输”等特点，因前期栽培管理水平较高，贮运期病虫害少，在销售中即使经销商未严格按采后处理程序操作，损耗率仍然极低，货架期较长。

针对芒果残次果数量大（占鲜果10%左右），既降低收益又易造成对好果市场的冲击，省内外科研、教学单位和企业进行了“果脯、果汁、果酒、腌制品及提取物”等综合利用研究，为芒果加工提供了贮备技术。

**2. 产业配套**

现已在攀枝花市建成万吨冷链物流中心、10万吨芒果分选系统，初加工设施68个、冷链冷藏设施93个，初加工能力43.4万吨，初加工率达到79%。建成攀枝花市创客工贸有限公司、仁和攀香园等一批加工企业，开发出芒果干、芒果冻干等产品，产品附加值大幅提升。

**（六）成果转化**

自芒果产业开始发展以来，各级政府、行业部门、科研单位、企业等坚持科研与推广相结合，采取“科普宣传”“科技下乡”“科技特派员”“专家服务示范基地”“专家大院”“田间学校”“短期集中培训”等多种模式，将科技成果尽快转化为现实生产力。

由攀枝花市民族宗教事务委员会、攀枝花市农林科学研究院、仁和区福田镇政府联合创建的成果转化新模式——“福田模式”，采用“首席专家统一负责技术，团队专家分户（示范户）分片指导、专家—示范户—对子户捆绑考核和动态考核”的管理形式，建立技术服务和技术到位率“追踪绩效反馈”的机制。该模式实现了成果推广的“精、准、快”，破解了少数民族地区脱贫难题，取得突出成效，中央电视台《新闻调查》栏目以“福田镇芒果故事”为标题进行专题报道，中央电视台《看中国》栏目向全世界报道福田模式，福田模式还入选四川脱贫攻坚案例。该成果转化模式已在其他农业产业、其他地区多次成功复制。

**（七）生产现状**

截至2021年，四川省芒果面积已达5.73万公顷（86万亩）。其中，攀枝花市芒果种植面积4.8万公顷，年产量34.93万吨，产值28.95亿元；凉山州芒果种植面积0.94万公顷，年产量12.74万吨，产值7.64亿元（表4）。

**表4　四川省2021年芒果种植情况**

| 地区 | 面积（公顷） | 产量（万吨） | 产值（万元） | 主栽品种 |
|---|---|---|---|---|
| 攀枝花市合计 | 47 953.34 | 34.93 | 289 520.35 | |
| 仁和区 | 22 180.00 | 15.58 | 119 684 | 凯特、吉禄、红象牙 |
| 盐边县 | 13 206.67 | 8.62 | 83 793 | 凯特、金煌、红贵妃、椰香 |

（续表）

| 地区 | 面积（公顷） | 产量（万吨） | 产值（万元） | 主栽品种 |
|---|---|---|---|---|
| 米易县 | 9 093.33 | 8.03 | 53 863 | 凯特、金煌、椰香 |
| 东区 | 2 086.67 | 1.99 | 20 944.35 | 凯特 |
| 西区 | 1 386.67 | 0.71 | 11 236 | 凯特、金煌、贵妃、椰香、吉禄 |
| 凉山州合计 | 9 433.33 | 12.74 | 76 440* | |
| 会理县 | 4 733.33 | 4.80 | | 凯特、贵妃、椰香 |
| 会东县 | 2 806.67 | 6.36 | | 凯特、贵妃、象牙 |
| 盐源县 | 933.33 | 0.70 | | 凯特、椰香 |
| 德昌县 | 666.67 | 0.71 | | 凯特 |
| 宁南县 | 206.67 | 0.13 | | 凯特、乳芒 |
| 金阳县 | 53.33 | 0.04 | | 凯特 |
| 西昌市 | 20.00 | | | 凯特 |
| 雷波县 | 13.33 | | | |
| 合计 | 57 386.67 | 47.67 | 365 960.35 | |

数据来源：攀枝花市统计局、凉山州农业农村局，* 数据为课题组调研所得。

四川省规模化芒果种植基地主要分布在攀枝花市仁和区、米易县、盐边县及凉山州会理县、会东县共 5 个农业县（区）。攀枝花芒果主要分布在金沙江、雅砻江流域海拔 1 500 米以下，早、中、晚熟品种均有种植。海拔 1 500 米以上主要种植以凯特为主的晚熟品种。近年，随着极晚成熟芒果（10 月中下旬到 12 月上旬）的比较效益显著，芒果发展趋势有向更高海拔地区发展趋势，部分基地已超过 1 600 米，最高海拔达 1 800 米，但高海拔区域抵御低温风险能力弱。凉山芒果主要分布在雅砻江流域海拔 1 500 米以下、安宁河流域海拔 1 400 米以下、金沙江流域海拔 1 600 米以下区域，其中：州南部（会理、会东、宁南）金沙江流域以早熟为主，重点布局发展品种为贵妃、椰香等；雅砻江流域（盐源、德昌、西昌）、安宁河流域（德昌）及州东部（金阳、布拖）金沙江流域以晚熟为主，重点发展品种为凯特。

四川省芒果种植面积超过 1 万亩的乡镇有 20 个（攀枝花市 17 个，凉山州 3 个），已建成部级南亚热带作物名优基地 3 个（攀枝花市 3 个），建成部级芒果标准化生产示范园 10 个（攀枝花市 9 个，凉山州 1 个），省级现代芒果示范区 12 个（攀枝花市 9 个，凉山州 3 个），建成 5 星级现代农业园区（芒果）1 个。

2011—2020 年，攀枝花市芒果保持快速增长，面积从 13 753.33 公顷增长到 44 733.33 公顷，增加 30 980 公顷，增长率为 225.2%；产量从 4.95 万吨增长到 29.33 万吨，增加 24.38 万吨，增长率为 492.43%（图 7）。与同期国内热区比，增加量、增长率均排名前列。

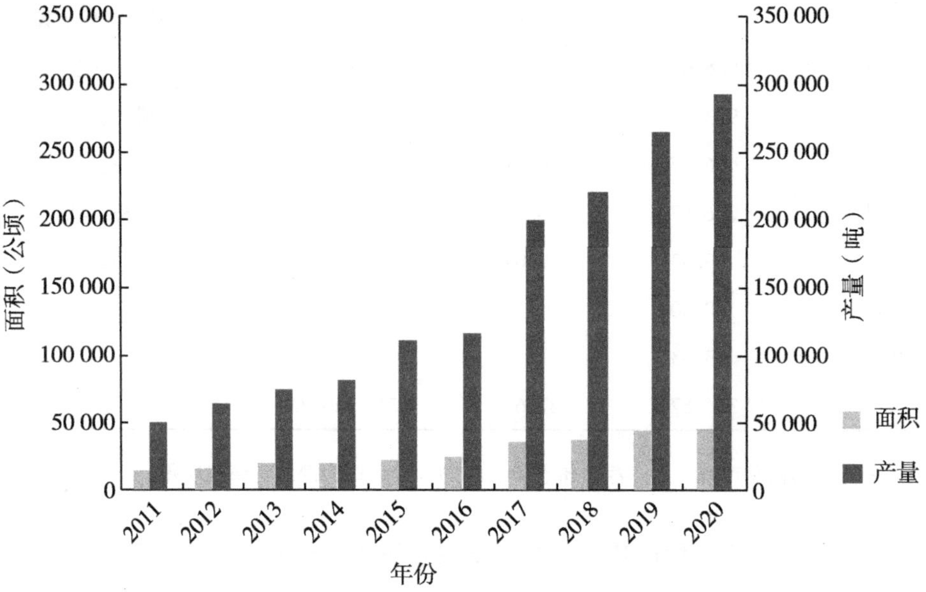


**图 7　攀枝花市芒果 2011—2020 年发展情况**

数据来源：攀枝花市统计局。

凉山州在四川省开展芒果引种和栽培技术研究最早，但由于适宜发展的河谷区受到交通、干旱等因素限制及其他原因，州、县均未将芒果产业列为农业支柱产业，多为农民自发发展。集中在与攀枝花市相邻的会理、会东、盐源、德昌四县，到 2015 年，芒果种植面积达 3 202.2 公顷，但大多为新种植的芒果幼树，很多还是没有嫁接的实生苗，已经定植的嫁接苗也存在品种杂乱，管理水平低下，病虫害严重等问题。2016 年，在各方重视和支持下，凉山州农业局组织相关部门编制《凉山州晚熟芒果产业发展规划》，州、县政府从政策、项目、资金上给予大力支持，芒果产业得到快速发展。

**（八）经营主体状况**

四川省的芒果种植涉及农民 53 800 余户（攀枝花市 47 068 户），已成立芒果

（水果）专业合作社430家（攀枝花市392家，凉山州38家），企业81家（攀枝花市78家，凉山州3家），具有规模经营的龙头企业主要有攀枝花市锐华农业开发有限责任公司、攀枝花市德益果品开发有限公司、攀枝花市鸿鹄农业开发有限责任公司、会理县天泽实业有限责任公司、会理县远航实业有限公司等10多家，其中，攀枝花市锐华农业开发有限责任公司芒果年销售收入突破4亿元大关，成为国家农业产业龙头企业，成功注册了国际商标，取得了GAP认证，获得了芒果出口的资质。田园果业专业合作社成为全国首批农民专业合作社示范社。

**（九）市场营销、价格与趋势**

**1. 市场营销**

为了开拓芒果市场，把产品转化为经济效益，近年来，攀枝花在北上广、长三角、珠三角等大中城市，持续开展了以“阳光花城·金色芒果”为主题的攀枝花特色农产品营销活动，进一步提高了攀枝花芒果的美誉度和知名度，在华东、华南、东北、西南等八大区域建立和完善了产品营销网络。在北京、成都建立了攀枝花特色农产品（芒果）展示展销体验店，按照“直供直销”和“农超对接”的模式，与沃尔玛、北京华联、世纪联华、家乐福、步步高等知名超市和各地经销商建立了长期的合作关系。积极发展电子商务，将芒果产业与互联网结合，“26度果园”等一大批电商参与农产品网上营销，成效显著，基本形成了批发市场、商超、精品店连锁、电子商务共同发展，线上线下互补的销售模式。

四川省芒果销售方式主要有当地销售、批发外销、网上营销、超市直供4种。其中，当地销售占10%左右，主要是农贸市场、大型超市、水果批发市场及其他零散销售；批发外销占70%左右，批发商直接到生产基地进行采收、包装、运输，农户坐等商贩上门收购，外地商贩主导市场、随意压价，收购价与市场销售价相差较大；网上营销、超市直供占20%左右，网上营销主要通过微信、淘宝、抖音等平台进行线上销售，呈逐年增大趋势，据攀枝花市邮政局统计，2021年6—11月全市芒果快递量达2 810万件。

**2. 价格与趋势**

四川省芒果销售的平均价格与品种和成熟时间相关，品质优、个头大小适中的销售价格较好。从2021年调研数据来看，早熟品种椰香的平均售价为10元/千克，红贵妃8元/千克，台农7.5元/千克，中熟品种金煌7元/千克，金白花6.8元/千克，中晚熟品种吉禄 5.6 元/千克，晚熟品种凯特平均售价 6.2 元千克。

因栽培面积大，种植纬度、海拔不同，凯特芒果销售时间长达 4 个月，销售价呈现两头高中间低、越晚成熟价格越高的趋势。

**3. 进出口贸易**

通过建设国家级出口食品农产品（芒果）质量安全示范区和芒果出口示范基地，完善生产技术规程，提高芒果质量，开展产销对接等工作，加大芒果出口。一是依托外地贸易企业签订外贸订单；二是从 2021 年开始与国外客商直接签订外贸合同，拥有了更多自主销售话语权，标志着四川省本地企业已做到对芒果出口全链条、全渠道的掌握。三是攀枝花市人民政府、满洲里市人民政府和京东集团三方签订合作协议，推动四川省的特色农产品优势与京东集团的自建物流优势以及满洲里市的口岸优势有机整合、充分互补，构建三方互利共赢、共促双循环新格局的合作发展新模式。

2011 年四川省芒果首次以直销的形式走出国门。四川省芒果主要出口俄罗斯、哈萨克斯坦、新加坡等 10 个国家和地区，出口量增长迅速。2019 年出口 34 吨，2021 年出口达到 259.4 吨，出口均价为 10.21 元/千克。

因四川省无边境口岸等原因，市场销售的进口芒果多数从边境省份（云南、广西）进入我国，然后进入四川，近 3 年四川省直接进口芒果量少，最大量为 2020 年的 2.2 吨。

**4. 品牌建设**

坚持区域品牌+企业品牌的“双品牌”战略。当前，攀枝花市已成功打造“攀枝花芒果”区域公用品牌，并建立品牌准入和退出机制，确保攀枝花芒果的品牌声誉。攀枝花芒果先后取得了农产品地理标志、绿色食品、欧洲良好农业规范（GAP）、全国名优果品区域公用品牌、全国名特优新农产品、四川省著名商标等认证。2021 年，“攀枝花芒果”区域公用品牌被中国品牌促进会评估市值达 42.53 亿元。目前，攀枝花市正在全力打造涵盖所有攀枝花水果的“攀果”区域公用品牌。凉山州芒果产业发展晚、产业规模小，未发展芒果专有的区域公用品牌，与其他农产品共用“大凉山”区域公用品牌。

在芒果产业发展过程中，四川省芒果企业培养了“攀枝花牌”“仁和牌”“大祥牌”“金河牌”“鸿鹄牌”“26 度果园”等一批极具竞争力的企业品牌。

**5. 政策保险**

为增加芒果产业抵御市场风险的能力，引导芒果产业合理布局、优化结构，提升产业竞争能力，促进芒果产业持续健康发展，四川省攀枝花市积极响应国家、省政府号召，在推行芒果自然灾害保险后从 2016 年开始逐步试点推行芒果政策性价格保险，规定了参保条件和品种、保险金额、保险费率及分摊比例、赔偿计算方式及免赔率、无赔款优待等内容。保险金额为 74 100 元/公顷（保险价格×保险产量），其中，保险价格为 5.2 元/千克（综合评估确定的价格），保险产量为 14 250 千克/公顷（综合评估确定的平均单产）。保险费分摊方式为市县财政补贴部分（>50%），投保人自筹部分。年度赔付率在 150%以内由保险承保机构全额承担；介于 150%至 300%之间，保险机构承担 50%，财政承担 50%（其中市、县财政各承担 25%）。最高赔付率为 300%。

攀枝花市在全国率先推出的政策性芒果价格指数保险，对稳定芒果价格，保证芒果市场的正常供给，维护芒果种植户生产收益，调动种植户的积极性起到了较大的促进作用，正越来越受到果农欢迎，参保人数年均增长率超 20%，2022 年参保芒果达到 2 000 公顷。

**（十）一、二、三产业融合**

开展芒果采摘节、芒果音乐节等农业特色节庆活动，建成现代农业集成创新示范农庄 5 个、休闲农业景区 17 个。大力发展体验农业。探索“休闲观光+采摘体验+农耕展示”“旅游休闲+民俗体验”等农康融合模式，推进金河—纳尔河 3 333 公顷芒果主题公园、26 度庄园等项目建设。开发芒果干（冻干）、芒果原浆等具有保健功效的 40 余种特色农产品作为“伴手礼”，推动普通农产品功能化，功能农产品市场化。

## 三、四川省芒果产业发展存在的主要问题

四川省芒果产业历经几十年的发展取得了较大的发展成绩，已成为全省种植面积最大的热带水果和攀西地区种植面积最大的农业支柱产业。但在发展现代农业、建设现代农业示范基地和全国知名的农业现代化示范区新形势下，芒果目前正处于由传统农业向现代农业转型、实现提质增效的关键期。还存在基础设施薄弱、科技支撑不强、产业水平较低、商品竞争力不强等问题。

### （一）基础设施薄弱

四川省芒果种植在攀西地区河谷区，园地立地条件普遍差，干旱缺水、交通不便以及水利、道路设施不配套仍然是制约产业现代化发展的重大因素。除近几年新发展的芒果基地以及少数老基地的水利、道路设施基本配套外，大多数芒果基地的水利、交通条件都不配套。还有近半数的果园处于“雨养”阶段，尤其是每年2—5月正值芒果需水最旺时期，但此时却是旱季，多数果园供水能力弱，甚至部分果园无法灌水，严重影响芒果产量和品质。有待于财政资金的进一步支持，以改善四川省芒果园的基础设施条件。

### （二）科技支撑不强

#### 1. 创新体系尚未健全

四川省专业从事芒果科研的研究机构主要是攀枝花市农林科学研究院、凉山州亚热带作物研究所，四川省农业科学院园艺研究所，20世纪末有10年左右时间开展芒果研究，相对而言，专业科研机构少且科研力量薄弱，科研平台数量不多，科技合作范围小，尤其事关芒果科技发展问题进行全面合作的不多，创新体系尚未完全建立，与芒果传统主产区之间存在差距。

#### 2. 科技支撑引领不足

主要体现在种质资源匮乏、品种结构体系不合理、栽培技术水平不高、提质增效和品牌效应不明显、深加工技术不足等方面。

从种质资源看，四川省已建成芒果种质资源创新基地，收集种质资源250份，但与国内1 200余份（个别资料介绍有2 000余份）种质资源相比，四川省芒果种质资源数量少，晚熟芒果种质资源数量更少。同时，由于芒果具有高度杂合体的天然特性，育种难度较大，种质资源库利用率偏低，致使品种选育不足，优质品种较少，对调整品种结构、增加品种多样性、满足市场多元化的需求有较大影响。

从品种结构看，经过多年的新品种引进、选育、示范、推广，初步形成“早、中、晚”搭配、品种较为丰富的结构体系，但晚熟主栽品种凯特占比过大，种植面积达4万公顷，占种植面积的75%以上，至今尚未选育出满足合理品种结构体系的芒果替代品种，品种单一、优良品种储备不足，选育技术滞后，获得理想优良芒果品种难度大，导致品种合理布局与更新缓慢，严重影响芒果产业可持续健康发展。

从栽培技术上看，四川省制定了芒果标准化生产技术规程，标准化生产技术逐年推广，在育苗、定植、修剪、高接换冠、辅助授粉、果实套袋等方面标准化程度高，但在花期调控、肥水管理、品质改良、病虫害高效综合防治等方面还存在较多问题。标准化生产技术整体水平不高、配套技术不完善、绿色防控体系不健全，导致四川省芒果产量低、质量参差不齐，降低了芒果种植效益。

从提质增效和品牌创建上看，龙头企业、种植大户等将精力主要放在基地建设、生产技术推广和应用上，对产品质量控制、标准化生产管理技术优化以及品种创建和市场营销上重视不够。四川省打造芒果专用的区域公共品牌“攀枝花牌”品牌效益还不明显，企业品牌如“金河牌”“鸿鹄牌”等在行业内有一定知名度，但社会影响力小。

从采后处理和深加工技术上看，四川省芒果科研重产中，轻产后，采后贮存、保鲜、商品化处理和冷链运输能力不足，未按照芒果采后处理、贮运保鲜标准化操作规程进行。深加工技术创新不够，产品加工能力弱，加工产品单一，产品附加值低。

**3. 科技创新投入不足**

近年来，省级层面长期稳定支持芒果科研的主要是四川省产业技术体系“南亚作物创新团队”，每年经费 65 万元，用于开展育种、栽培、病虫防控、高效节水、产后处理全产业链研究；另外，科技厅下达育种攻关项目每年芒果经费 10 万元。能实现稳定支撑的科研经费每年只有 75 万元。攀枝花市 2009—2021 年共支持芒果产业领域科技计划项目 36 项，总资金 428 万元，年均投入 23. 8 万元，即使算上每年争取的国家、省、市各类科研项目，每年总经费不会超过 150 万元。对于一个产值超 20 亿元的热作产业，科研经费投入占比过小。并且由于四川省芒果产业领域的企业普遍规模不大、自主研发投入意识不强、科研投入资金量小，导致四川省芒果产业科技投入强度小，难以支撑四川省芒果产业大规模发展、高质量发展所需的技术研发所需。

**4. 专业人才体系不健全**

21 世纪以来，四川省长期系统从事芒果研究的科研机构主要是攀枝花市农林科学研究院、凉山州亚热带作物研究所及推广部门部分科技人员；中国热带农业科学院、海南大学、四川省农业科学院等科研单位和高校通过承担项目阶段性对四川省芒果开展研究。目前，攀枝花市农林科学研究院专职从事芒果研究的人员只有 10

余人，凉山州亚热带作物研究所已于2021年与其他单位合并成立“凉山州林业草原科学研究院”，按新单位职责，下一步从事热作研究的人员肯定越来越少。

攀西地区的市（州）、县农业推广部门的部分研究人员在长期推广芒果产业过程中掌握了一定的芒果知识，但乡镇农技站基本没有芒果专业技术人员，芒果生产企业的技术人员流动性大。芒果产业人才不健全，使得芒果生产技术指导不到位，专业人才对芒果生产的引导、带动不强，产业发展严重受制于人才缺乏的困境。

**（三）产业水平较低**

**1. 产业优势区划布局不充分**

近年，四川省芒果种植区域逐步向高海拔和北部地区扩展，由原来规划的海拔1 400米以下河谷地区，发展到1 500米以上、局部地区1 700米以上；集中成片、规模上百公顷的果园已在北纬27°以上地区出现。由于未对高海拔区和北部进行详细的种植风险评估和科学品种选择，造成种植风险增加；且部门间、行政区域间对产业发展区划缺乏统筹规划，造成优势品种布局分散，集约化、专业化程度不高。

**2. 栽培上存在的主要问题**

（1）种植密度过高

目前四川省成年投产果园，80%以上出现郁闭现象，造成通风透光不足、病虫害加剧、果品质量变差，甚至出现产量降低。

（2）果园立地条件差

四川省70%以上坡地芒果园未按规范进行“坡改梯”，给农事操作、生产管理带来难度，不利于机械化、省力化栽培技术推广。

（3）有机肥施用过少

生产中有机肥施用严重不足，除建园时作为底肥施用外，多年不施有机肥现象较为普遍。造成土壤板结、微量元素缺乏，近年出现的生理病害（溏心、海绵组织、黑心等）加重现象，据相关研究，均与此有关。

（4）农机装备不足

一是已安装且能正常使用的高效节水设施不足总面积的30%；二是山地小型农机应用不足，农资果品搬运、套袋、修剪、采果等农事操作全靠人工，仅有不到10%的平地和梯地果园使用机械耕翻地。

（5）病虫防控上存在的主要问题

一是综合防控措施不全、重治轻防现象大量存在，且区域内统防统治未实现；二是仅有60%左右果农能对主要病虫害进行准确识别，超50%果农购买农药时受经销商推荐影响；病虫防控时多种药剂混用，甚至同成分药剂混用，既造成施药量超标、又浪费财物。三是大量果园使用除草剂，割草还田应用较少，造成土壤环境变差。

**3. 采后处理和加工上存在的主要问题**

一是采后商品化处理完全由经销商负责，多数果实销售时只进行简单分级筛选，商品化处理技术粗放且不规范。二是从事等外果加工的企业少、规模小，未实现综合利用。

**4. 销售上存在的问题**

一是除少数龙头企业外，多数农业企业、专业合作社、种植大户均没有专业的营销机构和营销人才，市场信息不畅，尚未建立起相对稳定的市场营销渠道，未形成精准化、差异化营销战略，坐等收购商上门。

二是中小电商低价促销大量存在，部分电商质量把关不严，对“攀枝花芒果”品牌和价值有负面影响。

三是果品批发市场专业化程度不高，未建立起便民的镇、村级交易市场，农户掌握及时的销售信息难，同时造成监管难。

四是市场竞争加剧。广西大量发展晚熟、海南大量发展促成早熟芒果品种，造成独占销售市场的黄金期由4个多月缩短为不到3个月，且国外果品的涌入更是挤压空间；周边大量发展晚熟芒果，目前云南省丽江地区华坪县已种植2.8万公顷，已有1.6万公顷投产、计划发展到3.3万公顷，楚雄州永仁县已种植0.66万公顷、计划发展到1.33万公顷，周边地区在品种、质量、成熟时间等方面和四川省芒果形成同质竞争。

**5. 果品质量安全保障体系不健全**

虽然国家和四川省均有果品生产规程和技术标准，但在实际生产上，除个别规模化自主经营的企业外，种植密度、投入品、生产技术均不统一、不标准。部分农业投入品使用、销售不规范；无芒果袋质量标准、使用规范；有机肥特别是生物有机肥种类繁多、缺乏有公信力的使用数据；部分叶面肥含有膨大剂成分，易造成树体早衰、果实品质变差。市（州）、县（区）级果品质量安全检测、监管普遍存在缺少专业人才、专业设备、运转经费等问题，乡镇、村两级基本上没有果品质量安全检测、监管机构和人员。果品销售没有实行市场准入机制，使外地或本地的“问题果品”有机可乘。

**6. 芒果生产存在的其他问题**

一是生产人员老龄化严重，文化素质偏低。从事芒果生产的果农超过60%在45岁以上；有近10%的果农（多为55岁以上）只识少量字或不识字，文化素质较低；普遍接受新技术的能力不强，技术操作的准确率、到位率不高，重复性极差。

二是超过80%果农的果品标准意识、商品化处理意识、质量品牌意识、持续发展意识等较淡薄。

三是大部分果农对转变农业生产发展方式认识未完全到位，多数果农追求高产出，轻视低投入，对“一控两减三基本”执行力度不够，控制用水、减少化肥农药主动性不足，部分果园还存在采果后果袋乱丢、农药包装物乱扔现象。

四是专业合作组织、技术协会普遍未与果农建立利益和风险共担机制，约束力低，组织化程度不高。

五是农村土地流转成本高，评估、登记机制不健全。

## 四、四川省芒果产业发展趋势与对策建议

经几十年的发展，四川省芒果产业取得了突出的成绩，也存在着较多的问题，当前，随着国内其他产区反季节栽培技术的发展，四川芒果市场优势逐步减弱，竞争加剧，周边有同一生态区的云南丽江、楚雄芒果的同质化竞争，国外有印度、柬埔寨果品竞争，分析四川芒果业的发展趋势，对下一步发展具有重要意义。

### （一）四川省芒果产业发展趋势研判

**1. 芒果市场前景分析**

2020年，我国芒果总产量331.18万吨，人均拥有量仅2.37千克，与柑橘、苹果、葡萄、香蕉等大宗水果相比，人均拥有量相差甚远；与印度、泰国人均拥有芒果量相比，也相差甚远。随着我国人民生活水平的提高，芒果需求潜力很大，伴随贮运保鲜技术的发展，我国芒果消费主要人群逐渐从南方向中原地区、北方大中城市发展，芒果的消费呈逐年增长趋势。2020年我国芒果进口量84 137吨，与2011

年相比，增量达 56 262 吨，增幅约为 2011 年的 2 倍，说明市场需求量仍然在不断增长。

**2. 四川省发展芒果的优势分析**

（1）自然资源优势

攀西地区从南到北海拔 1 500 米以下的南亚热带区域均适宜种植芒果。该区域年均温 19~21℃，≥10℃年积温 6 000~8 500℃；全年日照 2 300~2 700 小时，无霜期 288~330 天，年降水量 740~1 353毫米，雨季集中在 6—10 月，降水量占全年的 80%以上。11 月至翌年 5 月是旱季，降水量占全年的 10%~15%。得天独厚的光热、土地资源使得攀西芒果品质独特，其糖分、果酸、维生素含量较其他产地芒果高，味甜，肉质细腻，营养丰富，品质较国内其他产区更优。因攀西地区雨季在 6 月之后，芒果果实生长发育期空气湿度较低，病虫害发生较轻，果实表面光洁度较高，果实外观品质好，市场价格较高。

（2）土地资源潜力

四川省攀枝花市可开垦土地已基本趋于饱和，芒果发展面积不会有大的增长，但凉山州河谷区荒山坡地较多，随着金沙江梯级电站建设，原困扰产业发展的干旱缺水等问题得到有效缓解，原制约产业发展的交通问题近年也得到有效解决。据凉山州相关部门调查统计，“两江一河”河谷区适宜种植芒果的山地、旱地和荒地，共计 3.4 万公顷，可开发的土地广阔，凉山州晚熟芒果具有较强的发展空间。

（3）成熟时间优势

攀西地区种植芒果为世界最北缘区域，芒果成熟期较国内其他产区偏晚。冬春季因南支西风带下沉气流盛行，长期受青藏高原高压控制，气候干旱少雨，日照充足，气温高，逆温效应强，形成了攀西地区独特的“大地温室”环境。该气候条件满足了芒果生长发育以及秋冬季花芽分化，有效地避免了冬季低温冻（冷）害，使芒果得以在北纬 26°以北正常生长，为全球所少见，为此形成了全国最晚熟芒果生产最大的区域。攀西地区芒果早熟品种成熟期在 6 月中下旬，较缅甸、印度等芒果主产国晚 40 天以上，较我国海南、广东晚 30 天左右，较云南沿江地区晚 15~30 天。中熟品种成熟期为 8 月，晚熟品种成熟期在 9 月以后，晚熟主栽品种凯特的采摘期还可延长到 11 月底，为全球罕见，从而避开了国外及我国广东、广西、海南、云南等各省区芒果上市的高峰期，形成了攀西芒果的特有市场。

### 3. 科研主攻方向

一是加强新品种引育种研究。做好种质资源的收集、保存、评价和创新利用，做好砧木品种选育、砧穗亲合性研究及良种苗木繁育等工作，着力解决优良品种率低、主栽品种单一、后备良种少的问题，促进产业长期持续发展。

二是做好优质高效、高产稳产、安全栽培技术研究。重点做好安全高效产期调节技术、保花保果和品质改良技术、低产劣质果园改造技术、精准施肥技术和定量肥水管理技术研究、肥水一体化栽培技术、养分高效吸收利用促进剂和专用叶面肥研究等高效栽培技术集成研究；研制完善四川省芒果标准化栽培技术规程，包括种苗繁育、产地环境标准、修剪、肥水管理、果实套袋、采收、果实分级等质量标准等。

三是注重主要病虫害的监测与有效安全控制技术研究。重点解决对芒果产量和质量影响大、防治困难的重要病虫害监测和防控问题，当前应重点解决芒果畸形病、细菌性黑斑病、橘小实蝇、芒果蓟马和生理病害等。

四是重视采后安全贮运技术的研究与试验示范。重点解决芒果采后易腐烂、贮藏期短的问题，以生态安全保鲜为目标，主要开展芒果贮运技术的研究与示范、采前处理对延长贮藏保鲜时间的研究、无损检测仪器和系统的建立；同时开展芒果等外果加工的安全技术研究贮备与示范。

五是加强产业竞争力分析和对策研究。重点解决芒果在特色水果的种类结构和芒果品种结构问题，连片生产、商品化处理和销售的组织形式问题，市场信息问题、市场份额问题、本地市场体系布局与建设问题、营销运输渠道问题、品牌战略问题、果品的持续竞争力问题等。

### 4. 产业发展规划和前景

四川省芒果近期规划到2025年种植面积为6.87万公顷（103万亩），远期规划到2035年为9万公顷（135万亩）。其中，攀枝花市规划到2025年芒果种植面积为5.67万公顷，产量达到45万吨，以后将以“控面、提质、增效”为主。凉山州规划中期目标到2025年发展芒果种植面积1.2万公顷，远期目标到2035年发展芒果种植面积3.33万公顷，规划的范围除已有8个县（市）外，新增冕宁县、普格县、雷波县共11个县市，主要在安宁河、雅砻江、金沙江低山河谷区域。

### （二）促进四川省芒果产业发展的对策建议

未来四川省芒果产业宜控制规模，以提质增效为抓手，围绕“农业+康养”“农业+生态”“农业+互联网”等融合发展新模式，加强技术攻关和成果推广，着力开展优势品种引育及合理配置，优化产业布局，培育产业向省力化、绿色化、商品化、优质化发展转型，实现产业提质增效。

**1. 优化区域布局，调整品种结构**

对芒果产业发展区划要统筹规划，达成一致，在芒果的产业布局中，要特别注意区域化的连片基地建设，只有连片种植和经营才利于专业化、规范化、标准化和组织现代化的生产经营，才有利于提高种植效益、提高果品的附加值和整体效益。

在品种结构调整中，遵循适地适栽和发挥区域比较优势的原则，合理安排熟期结构，认真规划布局。各熟期可选择 2~3 个优良品种作为主栽品种，以利于实施品牌战略。各熟期结构比例可为：早熟、中熟、晚熟分别为 10%、30%和 60%。在良种选择上，首选品质，其次注重外观商品性、耐贮运性、抗逆性和丰产性等。

**2. 健全产业体系，强化科技支撑**

建立健全产学研合作的技术创新体系，构建由科研院所、大专院校和企业构成的芒果科技创新体系，组建利益共享、风险共担的产业技术创新联盟或产业发展集团。

构建基础理论研究体系，加强与中国农业科学院、中国热带农业科学院等国家级科研单位合作开展基础理论研究，联合省级农业科研机构、涉农高校和各类企业参与形成重大关键技术研究体系，积极创建省部级重点实验室、工程技术研究中心、协同创新中心等基地平台体系，不断提高科技创新能力。

坚持创新驱动引领和推动芒果产业升级发展的理念，针对芒果产业中存在的关键共性技术问题和瓶颈难题，系统地开展产业发展所需要的基础性、前瞻性和关键性技术攻关、技术集成与示范推广，重点开展种质资源圃建设、新品种选育攻关、优质高效栽培技术研发、绿色病虫害综合防控、高效节水和山地小型农机选型、采后商品化处理和精深加工等全产业链攻关，解决产业发展中的重大问题。培养产业技术创新人才、推广人才和农村实用人才，构建涵盖产前、产中、产后配套的现代特色芒果产业技术体系、产业发展保障体系等，提高特色芒果产业的整体综合效益。

**3. 强化成果的示范推广，提高产业的整体科技水平**

在四川省芒果主产区内有计划、有重点地布局成果示范的点片，把示范点片建成新品种、新技术、新模式的扩散源和大展台，建成培养锻炼科技人才和农村实用人才的基地，通过推广示范来带动芒果产业整体科技水平的提高。

**4. 强化一、二、三产业融合发展**

以“康养+农业”融合发展模式为抓手，按照“产区变景区、田园变公园的发展思路”，做好以休闲观光、品尝、采摘为一体的芒果田园综合体建设。

**5. 重视加工业发展**

基于芒果果品售价和效益特色，四川省芒果加工以消纳约占总果量10%的等外果为目的；以综合加工、尽量减少废弃物为发展思路；以休闲小食品、伴手礼实现“康养+农产品”的深度结合；以开展招商引资引进加工厂为主；研制“芒果干”省级地方标准，加强自制芒果干的规范和管理。

**6. 加强质量安全监管工作**

一是抓市场，加强市场准入和销售果品质量检测，控制果品进入千家万户的最后一关，要求市场不能销售不安全果品、问题果品，倒逼果农注重果品质量。

二是抓农资投入品，各农资主管部门、工商管理部门和技术监督部门要做好督查监管工作，定期或不定期地检测农药、肥料、果袋等投入品的质量，打击无照经营、违禁经营、假冒伪劣经营的行为。

三是抓生产，各级行业主管部门和技术服务机构要抓重点时期（病虫害发生高峰期）、关键季节，组织相关部门对销售前的果品进行质量检测，查出不合格的果品，按章处罚。另外，必须高度重视对除草剂、生长调节剂残留的监控，引导农户尽量减少除草剂的使用。

**7. 大力推进果农组织化**

基于四川省5.67万公顷、5.4万户的生产现状，芒果生产还属于小农户经营，小农户生产经营要面向“大市场”就必须大力推进果农组织化，以实现投入品、栽培技术和果品质量的标准化，实现销售的最大利益。一是要充分发挥农业龙头企业带动作用和新型农业经营主体的助推作用，与农民建立起利益均沾，风险共担的利益机制；二是对现有100余家芒果专业合作社（协会）分片区建立专业合作联社，促使专业合作社做大、做强，增强市场风险抵抗力，同时要吸纳更多农户加入专业合作社、协会。

**8. 强化产业发展保障**

一是加强领导，充分发挥党委政府的领导和推动作用，出台一些推动芒果产业发展的扶持政策，优化投资环境；同时充分发挥相关部门的配合促进作用，各相关部门应整合资源，特别注意项目和工作的及时跟进。

二是加强资金筹措，按照“谁投资、谁受益”的原则，鼓励个人和社会资本投入芒果产业，政府协助疏通银行贷款渠道，同时政府做好基础性、公益性、前瞻性投入。

三是加大宣传和培训力度，着力做好对外宣传芒果品牌和形象，扩大知名度和影响力；对内宣传政策和理念，促使芒果从业人员树立质量意识、科技意识、品牌意识、可持续发展意识，用全新的理念来指导生产和经营，才能提升果品的市场竞争力，推动产业的持续健康发展，提高芒果产业的整体效益。

# 四川石榴产业发展报告

黄　云[1]　张慧芬[2]　刘　斌[1]　张　森[1]　王　成[1]

（1. 四川省农业科学院攀西分院，四川攀枝花 617061；

2. 四川农业大学园艺学院，四川成都 611130）

**摘　要：**本研究针对四川省石榴产业的现状进行调查，结合国内外石榴产业发展情况，对四川省石榴产业发展存在的主要问题进行分析，并针对四川省石榴产业发展提出对策及建议。

**关键词：**四川省；石榴产业；现状；品种；技术；建议

石榴（*Punica granatum* L.）别名安石榴、若榴、丹若、金罂、金庞、涂林等，属石榴科石榴属，落叶灌木或小乔木，原产伊朗、阿富汗等地。石榴具有很高的食用和药用价值，我国自古就把石榴作为观赏花卉及药用植物进行栽培，果实只作为副产品，因而其药用价值及利用等研究较充分，花用、药用良种较多，果用良种较少。目前，世界上有伊朗、阿富汗、印度、美国、日本、中国等 40 多个国家种植石榴。

石榴在汉朝时（公元 1—2 世纪）传入我国，现已有 2 000 多年的栽培历史。最早在新疆叶城一带栽培，继而在陕西、河南、山东、安徽一带发展，后来遍布我国亚热带及温带 20 多个省区，在流传的过程中，形成了我国八大石榴传统栽培区，包括山东枣庄产区、陕南关中产区、河南产区、皖北产区、四川攀西产区、滇北产区、滇南产区、新疆叶城喀什产区。我国石榴栽培虽然有 2 000 多年历史，石榴却一直被视为杂果，庭院零星栽培，规模化商业栽培石榴的地区较少。20 世纪 90 年代后，随着桃、苹果栽培面积日益饱和，石榴种植受到有关部门的高度重视和农户的青睐，栽培面积日益扩大。目前，我国石榴栽培面积已经超过世界石榴原产地伊朗，位居世界第一。但是，石榴产量仅占全国水果总产量的 1%，相对于苹果、柑橘和葡萄等大宗水果来说，我国石榴种植面积并不算大。

四川省攀西地区海拔 900~2 000 米，具明显的垂直地带性气候特点，果树种类繁多，常绿、落叶果树常混交分布，属常绿、落叶果树混交带。攀西地区（主要包括攀枝花市仁和区和凉山州的会理县、西昌市）是我国重要的石榴栽培生产区之一，地处四川金沙江和安宁河流域，属于典型的干热河谷气候，年温差小，气温日较差大，光热资源丰富，日照时数长，光合效率高。年平均气温 17~23℃，≥10℃年活动积温 6 700~8 300℃，且无霜期长，全年无明显冬季，1、2 月平均气温均在 10℃以上，独特的环境条件使得攀西地区的石榴上市早、果大、色鲜、皮薄、粒大、籽软、味甜、风味浓郁、品质优良，生态优势明显。据 2021 年四川省园艺作物技术推广总站业务数据统计，四川石榴总面积 3.3 万公顷（49.5 万亩），产量 86.8 万吨，产值 45.3 亿元，栽培面积及产量跃居全国前列。石榴在攀西地区已形成规模化栽培，石榴栽培面积约占全国栽培面积的 1/4，石榴产业已成为当地发展农村经济、增加农民收入的支柱产业之一。栽培品种主要有突尼斯软籽、青皮软籽、紫美等。其中突尼斯软籽石榴栽培面积占 80%以上。

四川省的石榴产业虽然已经取得了一些成果，但由于还处于产业化发展阶段，不可避免存在着许多问题，如：基础设施有待改善，管理较粗放、存在“果品早采”现象，营销组织化程度不高，产后服务环节不完善、包装滞后，深加工程度不够等。

四川省石榴产业的发展正面临着机遇与挑战。政府、企业、种植户等各主体已在实践中积累了大量的经验。归纳和总结这些有益的经验，对于研究石榴产业的发展具有十分重要的意义。本研究运用农业产业化理论，结合攀西石榴产业化现状，探索四川省石榴产业可持续发展路径，为四川省石榴产业化发展提供决策参考。

## 一、国内外石榴产业发展概况

### （一）世界石榴产业基本情况

石榴在国际市场也是深受人们喜爱的水果之一，石榴种植总面积约 60 万公顷（900 万亩），总产量超过 600 万吨，全球的石榴种质资源约 1 200 多份。2020 年全球石榴市场规模达到 14 亿美元，预计 2026 年达到 21 亿美元，目前全球有 40 多个国家种植石榴，中国、印度、伊朗、阿富汗、美国、土耳其、巴基斯坦、突尼斯 8 个石榴生产国的种植面积、产量占据世界总量的 75%以上。阿富汗、阿塞拜疆、以色列、西班牙、突尼斯、智利、墨西哥、阿根廷、意大利、摩洛哥、巴基斯坦、土库曼斯坦、亚美尼亚、利比亚、吉尔吉斯斯坦、乌拉圭、克罗地亚、希腊、秘鲁、埃及、乌兹别克斯坦、俄罗斯、黎巴嫩、澳大利亚、乌克兰、伊拉克、韩国、约旦、阿尔及利亚、泰国、越南、缅甸、阿曼、日本、苏丹等国家也有规模不等的石榴商品化生产（表1）。

**表1　主要石榴生产国种植面积和产量**

| 国家 | 种植面积（万公顷） | 产量（万吨） | 主要品种 |
|---|---|---|---|
| 中国 | 12.8 | 170 | 突尼斯软籽、青皮软籽、净皮甜、河阴软籽、大红皮甜、皮亚曼等 |
| 伊朗 | 7 | 67 | Malase-Torshe-Saveh、Rababe-Neiriz、Malase-Yazdi、Shishe-Cape-Ferdows、Naderie-Natanz（Budrood） |
| 印度 | 15 | 110 | Ganesh Bhagwa、Ruby、Arakta、Mridula、Paper Shell、Spanish Ruby、Muscat Red、Velladu |
| 土耳其 | 2.69 | 31.5 | Hicaznar、Silifke Asisi |
| 美国 | 2.65 | — | Wonderful、Foothill Early、Early Wonderful |
| 阿富汗 | 4.2 | 50 | Kandahari、Bedana |
| 西班牙 | 0.33 | 4.5 | — |
| 以色列 | 0.3 | 5 | Wonderful、Shani、Akko |
| 塔吉克斯坦 | 0.5 | — | Kizil-Anor、Kazake-Anor（Bashkalinskiy）、Desertniy、Achik-Dona、Azarbayjan |
| 阿塞拜疆 | 1 | — | Bala Mursel、Rala mursel Gara、Guloysha、Girmizi、Guloy-sha、Nazikgabig、Galingabig、Gara Gila、Shirinnar |
| 意大利 | — | — | MG1、MG2、MG3、Tordimonte A、Tordimonte B |

数据来源：枣庄市石榴研究中心（枣庄市石榴国家林木种质资源库）。

伊朗石榴栽培面积约为7万公顷（105万亩），年产量为67万吨，是世界石榴生产与出口大国之一。亚兹德石榴保存中心从全国各地收集了760份种质资源，其中21份是软籽石榴品种。除了哈马丹省，石榴几乎遍布伊朗全国。主要分布在法尔斯、霍腊桑、中央、伊斯法罕和亚兹德等省份，占全国产量的75%。法尔斯是伊朗最大的石榴生产基地，石榴栽培面积为1.3万公顷（19.5万亩），年总产量为

15.5 万吨，占全国总产量的 23%，该省的石榴主要用于出口，主栽品种有 Malase-Torshe-Saveh、Rababe-Neiriz、Malase-Yazdi、Shishe-Cape-Ferdows 和 Naderie-Natanz（Budrood）。近年来，伊朗的石榴出口量增长稳定，年出口量约为 15 万吨。主要出口欧洲、俄罗斯、乌克兰、阿拉伯国家及中非等。

印度石榴种植面积大约有 15 万公顷（225 万亩），年总产量为 110 万吨。与其他国家相比，印度的石榴产业优势在于几乎可以全年供应，并在淡季出口欧洲国家，印度石榴已经加入欧洲联盟组织。马哈拉施特拉邦、卡纳塔克邦、古杰拉特邦、安得拉邦和泰米尔纳德坦邦是印度主要的石榴栽培地区，主要栽培品种是 Ganesh、Bhagwa、Ruby、Arakta 和 Mridula。在印度南部，石榴品种 Paper Shell、Spanish Ruby、Muscat Red 和 Velladu 的发展前景广阔。马哈拉施特拉邦的石榴种植面积约 9.4 万公顷（141 万亩），位居印度首位。艾哈迈德纳格尔、索拉布尔、萨达拉、纳希克、杜利亚、桑迦利、浦那、奥兰加巴德和沃尔塔等地区，每年总产量高达 10 万吨，卡纳塔克邦是印度最早种植石榴的地区，主要集中在卡纳塔克邦北部，其种植面积和年总产量位居第二位，分别为 1.36 万公顷（20.4 万亩）和 14.26 万吨。科普帕尔、巴格尔果特和吉德勒杜尔加地区的石榴栽培面积和年产量位居卡纳塔克邦的前三位，种植面积分别为 0.48 万公顷（7.2 万亩）、0.19 万公顷（2.85 万亩）和 0.17 万公顷（2.55 万亩），年总产量分别为 5.81 万吨、1.76 万吨和 1.57 万吨。

土耳其是石榴的原产地之一，野生石榴由安娜陀利亚传播到地中海国家，种植面积位居世界第四位。2012 年，土耳其的石榴种植面积约为 2.69 万公顷（40.35 万亩），年总产量达到 31.5 万吨，安塔利亚、穆拉和代尼慈利 3 个省的石榴生产位居全国前列。土耳其拥有丰富的石榴种质资源，除了很多当地品种外，30 余个选育的新品种也被广泛种植，土耳其有 43 个注册石榴品种。由于 Hicaznar 和 Silifke Asisi 这两个品种的果皮呈深紫红色，酸甜可口，很适合用于果汁加工，因而成为土耳其果汁产业需求量最高的石榴品种。

美国石榴主产区在加利福尼亚州。根据美国加州大学合作组织报道，在加利福尼亚州圣华金河流域的种植面积有 1.17 万公顷（17.55 万亩），主要栽培品种有 Wonderful、Foothill Early 和 Early Wonderful。其中 Wonderful 是在佛罗里达地区被发现的，1896 年引种到加利福尼亚州，是最早进行商业化栽培的品种。Wonderful 石榴果个大，果皮深红色，厚度中等，籽粒小，红色，可溶性固形物含量高，酸度高。目前，该品种的栽培面积所占比例较大，但也有一些早熟和晚熟品种种植，延长了石榴供应季。美国极为重视石榴种质资源的收集、引进与创新工作，先后收集了 232 个石榴品种，有些是从土库曼斯坦实验站引进的，有些是软籽品种，均保存在加州大学戴维斯分校的国家石榴种质资源圃中。美国的突尼斯石榴种植面积大约有 1.5 万公顷（22.5 万亩），年产量 5 万吨，主要集中在美国南部，大约有 60 多个品种。

在阿富汗，石榴种植面积占园艺作物总面积的 2%，是继葡萄、扁桃、杏和苹果后排名第五位的重要园艺作物。当地的石榴果品主要出口到巴基斯坦、俄罗斯和阿拉伯等。商业化栽培区域主要集中在坎大哈、巴尔克、赫尔曼德、卡比萨、萨曼甘等省份。坎大哈石榴年总产量约为 1 万吨，主栽品种是 Kandahari，因其果品品质优、产量高而闻名全国。其他石榴园位于阿尔甘达卜河附近。目前，阿富汗的石榴种植面积约为 4.2 万公顷（63 万亩），年总产量 50 余万吨，其中有 5 万吨鲜果用于出口。石榴品种资源约有 48 个，其中包含 20 个甜品种、17 个中甜品种和 11 个酸品种。当地的无核石榴品种非常有名。海拔高度是限制石榴生产的主要因素，石榴适宜在阿富汗海拔高度 700~1 500 米的地区生长。格哈尔主栽品种 Bedana 适宜在海拔高度为 1 000 米以上的地区生长，Kandahari 适宜的海拔高度是 550~1 000米。

西班牙是地中海盆地石榴生产和出口的主要国家之一，商业化栽培主要集中在南部（科尔多瓦、塞维利亚和韦尔瓦）和东南地区（阿利坎特和巴伦西亚）。阿利坎特是传统上最早栽培石榴的省份，商业化石榴园不断增加。近年来，石榴栽培逐渐扩大到其他地区，主要在伊比利亚半岛的东部和南部地区。西班牙是欧盟最大的石榴出口国，60%的果品用于出口。德国、英国、荷兰、法国、意大利和俄罗斯是西班牙石榴最主要的进口国。2012 年西班牙石榴的栽培总面积约为 0.33 万公顷（4.95 万亩），年总产量为 4.5 万吨，年出口量高达 2.5 万吨，约 84.4%的面积在阿利坎特。

以色列的石榴栽培已有几千年历史，是由伊朗等邻近起源地区最先传播进行栽培的国家之一。目前，以色列的石榴商业化栽培面积约有 0.3 万公顷，其中近 0.25 万公顷（3.75 万亩）进入盛果期。2012 年，以色列的石榴总产量为 5 万吨，50%用于出口，30%用于国内鲜果市场，20%用于商业加工。以色列石榴的主要栽培品种是 Wonderful，约占全国生产量的 70%。早熟品种 Shani 和 Akko 占 15%以上，中熟品种所占的比例不足 15%。

塔吉克斯坦是种植石榴最古老的地区之一。在当地，石榴是富裕的象征，因而当地人不用石榴做饮料。在吉萨尔山谷、库利亚布和库尔干秋别等地区，石榴的栽培面积在 0.25 万公顷（3.75 万亩）以上。石榴种质资源丰富，广泛栽培的石榴品种有 Kizil-Anor、Kazake-Anor（Bashkalinskiy）、Desertniy、Achik-Dona 和 Azarbayjan。最受消费者喜爱的石榴品种有 Safid-Anor、Turush-Anor、Shizgin Anor 和 Ak-Dona 等，很早就在当地栽植。石榴年产量高达 20~25 吨/公顷。位于鲁米的塔吉克斯坦农业科学研究院园艺研究所在亚热带农作物试验站和帕米尔生物研究所保存了大量的石榴种质资源。以前，在苏联作物研究所土库曼斯坦分部保存了 1 000 多份石榴品种和种质，1959 年选育出新的石榴品种 Desertniy。很多优良的石榴品种在中亚地区（塔吉克斯坦、土库曼斯坦和乌兹别克斯坦）普遍得到栽培。石榴品种 Achink-Dona、Bala-Mursal、Gulyasha、Kaim-Nar、Kayachik Anar、Kazake-Anar、Kizil-Anar、Kirmizi-Kabukh、Purpuroviy、Salavatskiy 和 Shoh-Anar 等适宜在中亚和高加索地区栽植。2010—2014 年，塔吉克斯坦政府采用最优品种，在最适宜地区建立面积约为 0.25 万公顷（3.75 万亩）的石榴示范园。

阿塞拜疆是石榴的起源中心之一，阿塞拜疆的石榴栽培可追溯到公元前 1000 年，历史悠久，并有野生石榴分布，主要在连科兰—阿斯塔拉地区的库那河岸，石榴主要栽培在阿塞拜疆的低地和山麓地区，如盖奥克恰伊、阿赫苏、阿格达什、丘尔达米尔、伊斯梅尔雷、连科兰、马萨雷和沙姆基尔等。希尔凡地区成为高速发展的石榴生产中心。目前，阿塞拜疆的石榴栽培面积约有 1 万公顷（15 万亩），其采用传统的栽培方式，不使用化肥、农药等化学品。每年 10 月在盖奥克恰伊地区举行石榴节。阿塞拜疆最大面积的石榴园主要位于盖奥克恰伊、阿格达什和阿赫苏地区，这些地区种质资源较丰富。优异的石榴品种主要有 Bala Mursel、Rala mursel Gara、Guloysha、Girmizi、Guloysha、Nazikgabig、Galingabig、Gara Gila、Shirinnar、Veles、Meles、Gardash、Agh dana、Agh shirin、Girmizi shirin、Meykhosh、Shuvalan 和 Irideneli 等。这些品种在独联体（CIS）国家普遍有栽培。有些品种也是整个中亚地区的主栽品种，如 Guloysha Chahravi、Guloysha Girmizi、Bala Mursel 和 Girmizigabig 等。

意大利石榴种植区域仅限于西西里岛和撒丁岛地区，石榴果品主要是从西班牙、土耳其和伊朗进口。优异的石榴种质资源生长在半荒弃的果园或稀疏地。西亚大学从当地品种中选育出5个优良的石榴品种，其中的MG1、MG2和MG3为高甜品种，酸度中低水平，适宜商业化果品生产；Tordimonte A和Tordimonte B为高酸品种，适宜果汁加工。

**（二）国内石榴产业基本情况**

**1. 国内石榴生产概况**

我国石榴地理分布范围非常广泛，遍布大半个中国。北至北京、河北，南至海南，东至东海、黄海沿岸，西至新疆、西藏。在北纬20°~40°、东经76°~122°范围内，除东北三省、内蒙古、新疆北部等极寒冷地区外，都有石榴分布。分布区域跨越了热带、亚热带、温带三个气候带和暖温带大陆性荒漠气候、暖温带大陆性气候、暖温带季风气候、亚热带季风气候、亚热带季风湿润气候五个气候类型。2019年全国石榴总产量超过100万吨。在我国的石榴栽培中，鲜食石榴占石榴总产量的80%以上，赏食兼用石榴占总产量的15%以上。赏食兼用石榴品种主要种植在城市、郊区、生态观光园以及街道绿化上，鲜食石榴主要供给华东、华北、华南等我国石榴的主要消费区。目前我国的水果市场已经形成“南果北卖”的格局，南方石榴能提早成熟上市销往北方，仅四川、云南两省的石榴总产量已占全国总产量的近60%。截至2021年12月14日，全国共有2 904家石榴种植合作社，其中河南、云南、四川石榴合作社占据前三名，分别为381家、335家、317家，四川、云南等产区的优质石榴销往东南亚、俄罗斯等国家和地区，年出口量15万吨左右，出口额约5亿美元。

**2. 发展历程**

我国石榴产业发展至今大致可以分为三个阶段：一是长期缓慢发展阶段，二是20世纪80年代初到21世纪初的中速发展阶段，三是21世纪初至今的快速发展阶段。

我国石榴栽培虽有2 000多年历史，但20世纪80年代前发展缓慢，主要是零星种植，规模化栽培较少。至20世纪80年代中期，全国石榴栽培总面积4 200公顷（6.3万亩），约380万株，总产量4 000吨。20世纪80年代中期之后，石榴生产才有了一定的发展，截至2005年年底，全国石榴栽培面积8万公顷（120万亩），石榴鲜果年产量3.2亿千克，全国人均占有量还不足0.25千克，市场上石榴供不应求。因此，开发石榴产业具有较强的市场前景，石榴开始从零星栽植走向规模化、集约化栽培，有些主产区开始把石榴生产作为当地农村的支柱产业。以突尼斯软籽为代表的软籽石榴近几年风靡南方，发展迅猛，如云南永胜、会泽等县种植近1.5万公顷（22.5万亩），四川攀西地区也快速发展到3万公顷（45万亩）以上。而北方各石榴老产区，由于自然灾害频繁和生产成本逐年走高，石榴种植的产量和效益正在逐年下降。

21世纪初至今，我国石榴产业得到快速发展。在政策层面上，我国加入世界贸易组织、农业结构战略性调整加快，加强生态建设、退耕还林、农村税费改革、农村产业化等一系列相关优惠政策，对于我国石榴产业的发展起到了巨大的推动作用。近年来，各地通过加大资金投入、政策扶持等手段，加速了石榴加工产业的发展，相继开发生产了石榴茶、酒、饮料、盆景、医疗保健品、化妆品、籽油等产品，带动了石榴产业链的发展。

**3. 主产区现状**

目前我国石榴栽培面积约12.8万公顷（192万亩），年产量约170万吨。历史悠久、产量较高的产区有陕西、河南、山东、安徽、四川、云南、新疆七大栽培区，栽培面积占全国面积的85%以上，产量占90%以上。其中，陕西省西安市（临潼）、河南省郑州市（荥阳）、山东省枣庄市（峄城）、安徽省蚌埠市（怀远）和淮北市（烈山）、四川省凉山州（会理），云南省红河哈尼族彝族自治州（蒙自、建水）、新疆维吾尔自治区和田地区（策勒、皮山）和喀什地区（喀什、叶城）等是我国石榴栽培的著名产地（表2）。

**表2　我国石榴主要产区生产情况**

| 主要产区 | 分布区域 | 种植面积（万公顷） | 产量（万吨） | 主栽品种 |
|---|---|---|---|---|
| 陕西 | 临潼、礼泉、潼关 | 1.0 | 10 | 净皮甜、天红蛋、三白甜、软子净皮甜、临选2号、御石榴、突尼斯软籽 |
| 河南 | 郑州荥阳、巩义，洛阳，开封，新乡封丘，商丘虞城，信阳平桥，南阳淅川 | 1.2 | 7 | 突尼斯软籽、铜皮、大红甜、大白甜、大红袍、河阴软籽、中农红软籽、中农黑籽甜、豫大籽、冬艳、豫石榴1号、豫石榴2号、豫石榴3号、豫石榴4号、豫石榴5号 |

（续表）

| 主要产区 | 分布区域 | 种植面积（万公顷） | 产量（万吨） | 主栽品种 |
|---|---|---|---|---|
| 安徽 | 蚌埠市怀远、禹会，淮北市烈山、濉溪，宿州市萧县，淮南市寿县，合肥市巢湖 | 0.73 | 8.0 | 玉石籽、玛瑙籽、大青皮甜、白花玉石籽、红花玉石籽、玛瑙籽、大笨子、二笨子、青皮、粉皮等 |
| 山东 | 枣庄市峄城、薛城、市中等地，泰安、济宁、烟台、威海、青岛、临沂、淄博等地 | 1.2 | 8.0 | 大青皮甜、大红皮甜、青皮马牙甜、青皮岗榴、三白甜、泰山红、秋艳、霜红宝石、桔艳、青丽 |
| 云南 | 红河州蒙自、建水、弥勒，丽江市永胜，大理州宾川，曲靖市会泽，保山市，楚雄州姚安，文山州砚山，怒江州六库，玉溪市易门等地 | 2.8 | 39 | 突尼斯软籽、甜绿籽、厚皮甜砂籽、甜光彦、绿皮、红玛瑙、红珍珠、火炮、红壳、青壳、花红皮 |
| 四川 | 攀枝花市仁和区、凉山州的会理、西昌、德昌、会东等地 | 3.48 | 88 | 突尼斯软籽、青皮软籽、紫美、大绿子等 |
| 新疆 | 叶洲、喀什地区、阿克苏、克州等 | 1.38 | 5.72 | 皮亚曼、洛克 4 号、达乃克阿娜尔 |

数据来源：枣庄市石榴研究中心（枣庄市石榴国家林木种质资源库）。

陕西石榴栽培历史已有 2 100 余年，是中国石榴的发源地，也是中国石榴种质资源最多、最丰富的地区。石榴栽培规模 1.0 万公顷（15 万亩），年产量近 10 万吨，品种 40 余个。主要分布在关中、陕南地区，以西安市临潼区、咸阳市礼泉县、渭南市潼关县出产的石榴最为有名，三大石榴产区面积约占全省石榴总面积的 70%左右。主栽品种为净皮甜、大红甜（天红蛋）、三白甜、临选 2 号、御石榴、突尼斯软籽、陕西大籽、新疆大籽甜、黑籽甜、临潼星、铁炉红等。临潼石榴主要分布在斜口、秦陵、骊山、行者、代王、仁宗、马额、穆寨、零口、新丰等地，以其果色艳丽、果大皮薄、汁多味甜、品质优良，在国内外享有盛誉。礼泉石榴主要分布在昭陵、石潭、烟霞、建陵等乡镇。潼关是陕西石榴新产区，以发展突尼斯软籽石榴为主，分布区域集中在县城东、西两沟及秦东南刘、城关前塬、安乐马润等地。

河南石榴主要分布于郑州荥阳、巩义，洛阳，开封，新乡封丘，商丘虞城，信阳平桥，南阳淅川等地。全省栽培总规模 1.2 万公顷（18 万亩），年产量 7 万吨。主栽品种有突尼斯软籽、铜皮、大红甜、大白甜、大红袍、河阴软籽、中农红软籽、中农黑籽甜、豫大籽、冬艳、豫石榴 1 号、豫石榴 2 号、豫石榴 3 号、豫石榴 4 号、豫石榴 5 号等。其中，荥阳石榴栽培历史悠久、规模最大、享有盛誉，栽培面积约 0.53 万公顷（7.95 万亩），是中国最早成功种植突尼斯软籽石榴的产区，是中国北方最大的突尼斯软籽石榴生产基地。淅川县充分利用独特的区位和山水优势，将石榴产业发展与脱贫攻坚、生态旅游、乡村振兴相结合，扶持河南仁和康源农业发展有限公司、河南丹圣源农业开发有限公司、河南豫淅红生态农业有限公司等龙头企业发展石榴种植，建设 60 公顷（900 亩）以上的石榴基地 8 个，淅川县突尼斯软籽石榴种植规模达到 0.23 万公顷（3.45 万亩）。新安县依托郑州果树研究所、河南林业职业学院等科研团队，引进以色列软籽等国外石榴良种，探索绿色环保、生态经济的栽培模式，发展观光采摘、果园生活体验等相关产业，成为当地特色产业一张靓丽的名片和重要的扶贫产业基地。

山东石榴主要分布在枣庄市的峄城、薛城、市中等地，泰安、济宁、烟台、威海、青岛、临沂、淄博等地区有零星分布。全省栽培总规模 1.2 万公顷（18 万亩），产量 8 万吨，品种、类型有 50 余个，主栽品种为大青皮甜、大红皮甜、青皮马牙甜、青皮岗榴、三白甜、泰山红、秋艳、霜红宝石、桔艳、青丽等。新品种秋艳籽粒大、汁液多、品质佳、抗裂果，综合经济性状优良，是通过国审的石榴良种。峄城区是山东石榴的发源地和集中产地，1996 年被农业部命名为“中国石榴之乡”，存有世界上最大的石榴古树群落，被上海吉尼斯总部认定为“世界之最”，誉为“冠世榴园”，被国家林业局（现国家林业和草原局）确立为“古石榴国家森林公园”，建有国家 AAAA 级“冠世榴园”风景名胜区、石榴国家林木种质资源库、中国石榴博物馆、中华石榴文化博览园和规模最大、水平最高的石榴盆景盆栽基地，是中国石榴产业化水平最高的产区之一。

安徽石榴栽培面积 0.73 万公顷（10.95 万亩），产量 8 万吨，主要分布在蚌埠市怀远、禹会，淮北市烈山、濉溪，宿州市萧县，淮南市寿县，合肥市巢湖等地，其中怀远和淮北石榴最为有名，品种近 30 个，主要有玉石籽、玛瑙籽、大青皮甜等。怀远石榴栽培历史悠久，品质优良。怀远石榴栽培面积约 0.17 万公顷（2.55 万亩），年产量约 2 万吨，其传统产区主要分布在荆山、涂山山麓，新发展石榴产区主要分布在茨淮新河沿岸，主栽品种为白花玉石籽、红花玉石籽、玛瑙籽、大笨子、二笨子、青皮、粉皮等，其籽粒晶莹，若珍珠，似宝石，风味醇厚，被农业部授予“最受消费者喜爱的中国农产品区域公用品牌”。烈山区是国家林业局认定的“中国软籽石榴基地”，石榴栽培面积约 0.46 万公顷（6.9 万亩），年产量约 5 万吨，主栽品种为大青皮、淮北软籽 1 号、淮北软籽 2 号、淮北软籽 3 号等。“塔山石榴”是国家农产品地理标志认证产品，“塔仙”石榴是安徽省著名商标。

云南是中国石榴栽培规模最大、产量最高的主产区之一。栽植面积为 2.8 万公顷（42 万亩），总产 39 万吨。主要分布在红河州蒙自、建水、弥勒，丽江市永胜，大理州宾川，曲靖市会泽，保山市，楚雄州姚安，文山州砚山，怒江州六库，玉溪市易门等地。海拔分布范围 860~1 920米。传统主栽品种有甜绿籽、厚皮甜砂籽、甜光彦、绿皮、红玛瑙、红珍珠、火炮、红壳、青壳、花红皮等，近年突尼斯软籽石榴发展迅猛。蒙自市石榴种植面积最大，约 0.83 万公顷（12.45 万亩），主要分布在新安所镇、文澜镇、雨过铺镇、草坝镇 4 个坝区镇和芷村镇 1 个半山区镇，主栽品种甜绿籽，产量 30.6 万吨。2017 年出口 8.1 万吨，创汇 1.1 亿美元，主要销往泰国、越南、老挝、阿联酋、俄罗斯等国家。建水县石榴种植面积 0.34 万公顷（5.1 万亩），总产量 4.3 万吨，主栽品种为红玛瑙、红珍珠、红宝石、突尼斯软籽。永胜县种植面积 0.31 万公顷（4.65 万亩），产量 5 万吨，主栽品种突尼斯软籽。会泽县种植面积 0.17 万公顷（2.55 万亩），约 85%的是新发展的突尼斯软籽石榴。宾川县种植面积现有 0.13 万公顷（1.95 万亩），总产量 1.6 万吨，其中绝大部分是近年种植的突尼斯软籽石榴，少部分为青皮软籽、甜绿籽和当地的麻壳石榴，主要分布在海拔 1 300~1 700 米的区域。

新疆石榴先由中亚传入新疆，再沿着丝绸之路传入我国陕西，并逐渐传至全国，也是中国石榴种质资源最多、最丰富的地区之一。主要分布于环塔里木盆地、吐哈盆地绿洲区。石榴栽培总规模 1.38 万公顷（20.7 万亩），产量 5.72 万吨。重点产区是喀什与和田地区。其中，喀什地区为 0.8 万公顷（12 万亩），产量 3.8 万吨，主要分布在喀什市的阿瓦提乡和伯西克热木乡，叶城县伯西热克乡、洛克乡和特铁尔乡；和田地区为 0.44 万公顷（6.6 万亩），产量 1.9 万吨，主要分布在策勒县策勒镇和策勒乡、皮山县皮亚勒玛乡和藏桂乡等地。新疆石榴品种主要分为甜石榴和酸石榴两大类群，中间还有很丰富的过渡类型。著名甜石榴品种有皮亚曼、达乃克阿娜尔（叶城大籽甜）、洛克 4 号、千籽红、喀什甜等；酸石榴品种主要有赛柠檬、阿奇克阿娜尔、叶城酸石榴、喀什红籽酸石榴、叶选 4 号、阿克萨拉依 2

号、拉斯奎 1 号、伽依 2 号等。

其他地区石榴种植，如山西运城市临猗县、河北石家庄市元氏县、江苏徐州市贾汪区、甘肃陇南与甘南等地也具有一定的生产规模，是中国石榴相对集中栽培区。江石榴、太行红等主栽品种亦远近闻名。湖南、湖北、重庆、贵州、江西、广东等地也有零星栽培，江苏太湖东山、广东汕头南澳、贵州铜仁思南、江西梧州等地石榴也较有名气。

**4. 品种及资源**

据调查，我国现有石榴品种资源约 300 个，引进并保存的石榴品种资源近 200 份，据不完全统计，在过去 70 年间共选育了 115 个石榴新品种，基本实现了适应不同栽培区的品种配套，各主栽培区发展其特色品种。在生产上应用的优良特色品种有：河南的突尼斯软籽、河阴软籽、中农红软籽、中农黑籽、豫大籽、大白甜、大红甜和大红袍，四川的突尼斯软籽、青皮软籽、紫美和红皮软籽，山东的大青皮甜、大马牙和泰山大红，陕西的陕大籽、净皮甜和三白甜，安徽的玉石籽和玛瑙籽，云南的红玛瑙、红珍珠、突尼斯软籽、火炮、花红皮和汤碗，山西的江石榴，新疆的叶城大籽、皮亚曼、千籽红等，实现了我国石榴品种品质的全面提升。我国的石榴选育目标主要是外观颜色、口感、抗性及成熟期等方面，例如，中国农业科学院郑州果树研究所曹尚银等从突尼斯软籽石榴选育出果面芽变品种中农红软籽，并以突尼斯软籽石榴为亲本选育出中石榴 2 号，针对突尼斯软籽石榴果面颜色及抗寒性差进行了改良。实现了石榴品种成熟期配套，如临选 2 号 9 月中下旬成熟，临选 8 号 9 月中旬成熟，临选 14 号 9 月下旬至 10 月上旬，陕西大籽 10 月中下旬成熟。

科研人员对我国石榴资源进行了调查、收集、分类等诸多研究工作，我国有较为丰富的石榴种质资源。截至 2016 年，枣庄市石榴研究中心（枣庄市石榴国家林木种质资源库）保存有国内外石榴种质 298 份，保存数量居世界第五位。其中，国内种质 270 份，主要来自山东、河南、安徽、陕西、云南、四川、河北、新疆、江苏等石榴产区；国外种质 28 份，主要来自美国、以色列、伊朗、突尼斯、缅甸等国家。观赏种质45 份，其中，微型观赏种质 10 份，软籽种质 12 份。这些种质资源为我国开展石榴良种选育、生物特性研究、遗传学研究等工作奠定了基础，为石榴种质创新提供了丰富的遗传材料。

#### 5. 深加工情况

石榴加工产业发展较早，如传统的石榴酒、石榴茶、石榴饮料等加工技术20世纪就已形成。随着市场化的不断深入，石榴深加工产业亟待深入发展。石榴深加工产业中主要产品为石榴酒，其市场份额占到了石榴深加工产品的50%以上，其次是石榴汁与石榴果醋，加工产品较为单一。国内石榴深加工企业还没有形成龙头企业，深加工技术水平相对落后，与其他果品深加工产品相比缺乏市场竞争力。近些年来，也有一些知名企业开始对石榴深加工产品进行研发推广，如榴之恋果酒（五粮液）等。还有以山东珀默珀尼卡果汁有限公司、云南中信红河开发有限公司、四川果果果业有限公司为代表的数十家石榴深加工企业。我国的系列石榴产品不仅深受国内市场欢迎，还远销欧美。随着对石榴的需求不断增加，石榴产量已满足不了国内外市场和深加工需求。

#### 6. 石榴文化产业

在中国传统文化中，石榴被喻为团圆、吉祥、安康、和谐、团结、喜庆、红火、和睦、多子多福以及辟邪趋吉的象征。石榴极具社会价值，除食用价值高、适应性强等特性外，其用途多样的文化内涵和美好象征意义的文化外延也是重要原因。石榴是古人喜爱的植物，也是历代文人墨客吟咏的对象。在现代石榴文化中，石榴成为打造生态旅游产业极具特色的亮点，成为城市形象、对外开放的标志，成为现代文化产业的重要组成部分。

各石榴产区都以石榴资源、石榴文化为媒介，举办了各种形式的石榴节。如会理国际石榴节、峰城石榴采摘节、荥阳河阴石榴文化节、淮北石榴旅游采摘文化节、临潼石榴节、攀枝花国际石榴节、蒙自石榴节等。这些节庆活动，都以“石榴为媒、文化搭台、经贸唱戏”为主要内容，有力促进了地方经济和社会发展。

枣庄市峄城区作为山东石榴的发源地，也是我国最古老的石榴产区之一，尤以资源丰富、古树众多而闻名国内外，存有百年以上石榴古树3万余株，被上海吉尼斯总部认定为吉尼斯世界之最，称“冠世榴园”，其石榴盆景、盆栽产业是全国有名的石榴文化产业。

## 二、四川省石榴产业发展现状

### （一）产业概况

四川省的石榴主产区位于攀西地区，主要分布于攀枝花市的仁和区和凉山州的会理、西昌、德昌、会东等区县，2021 年石榴栽培面积 3. 3 万公顷（49. 5 万亩），年总产约 86. 8 万吨，产值 45. 3 亿元。凉山州全州栽培面积 3. 17 公顷，产量 84. 5 万吨，会理、会东、西昌、德昌栽培面积分别为 2. 67 万公顷（40. 05 万亩）、0. 427 万公顷（6. 405 万亩）、533 公顷（7 995 亩）、93. 33 公顷（1 399. 95 亩），产量分别为 74 万吨、9 万吨、1. 2 万吨、0. 3 万吨。主栽品种为突尼斯软籽、青皮软籽，搭配品种有紫美、大绿子等，其中青皮软籽石榴约占总栽培面积的 10%；突尼斯软籽石榴约占比 87%。突尼斯软籽石榴在攀西地区已发展到了 3. 08 万公顷（46. 2 万亩），软籽石榴总产量 80 余万吨，年新增产值 30 余亿元。近年来，攀西地区石榴种植产业规模和产量不断增加，涉及乡镇 40 余个，石榴种植面积、产量和产值都成为全国八大石榴主产区之首，形成了综合产值达到 45 亿元的藏富于民产业，石榴已成为攀西地区农业生产中的支柱产业，成为石榴生产农户经济收入的主要来源。

会理县石榴栽培历史悠久，唐时为皇帝御定贡品，清朝乾隆六十年（1795 年）编撰的《会理州志·物产卷·果之属》中就有记载。会理县把石榴种植作为推动农业结构调整、农业增效、农民增收和实施乡村振兴战略的特色支柱产业，2021 年，会理全县石榴种植面积达 2. 67 万公顷（40. 05 万亩），产量达 74 万吨，产值达 58. 5 亿元，果农收入 38. 5 亿元，拉动物流等产业产值 20 亿元。从事石榴产业的种植户有 2 万多户，涉及 30 个乡镇，栽培规模、总产约占四川省栽培规模、总产的 86%，成为名副其实的“中国石榴生产第一大县”，主要分布于鹿厂镇、障冠乡、爱民乡、爱国乡、富乐乡、海潮乡、竹箐乡、通安镇、新发乡、杨家坝乡、木古乡、关河乡、南阁乡等 40 余个乡镇。2002 年取得国家工商总局证明商标，被中国特色之乡推荐及宣传活动组织委员会授予“中国石榴之乡”，2007 年获批国家地理标志产品保护，2008 年获四川省著名商标，2012 年被国家工商总局评为中国驰名商标。会理石榴不仅畅销国内，还远销东南亚、中东、西欧和美洲各国，深受广大消费者喜爱。会理石榴产业的发展，同时带动了运输、劳务、包装、住宿、餐饮、农资、营销等行业的健康发展，实现了产业多元化。

四川攀西地区石榴商品化生产历程三个阶段（图 1）。

第一阶段：试种观察阶段（1984—1991 年）。种植面积由 1984 年的 33 公顷（495 亩）发展到 1991 年的 0. 27 万公顷（4. 05 万亩），约占四川省果树面积的 0. 7%。

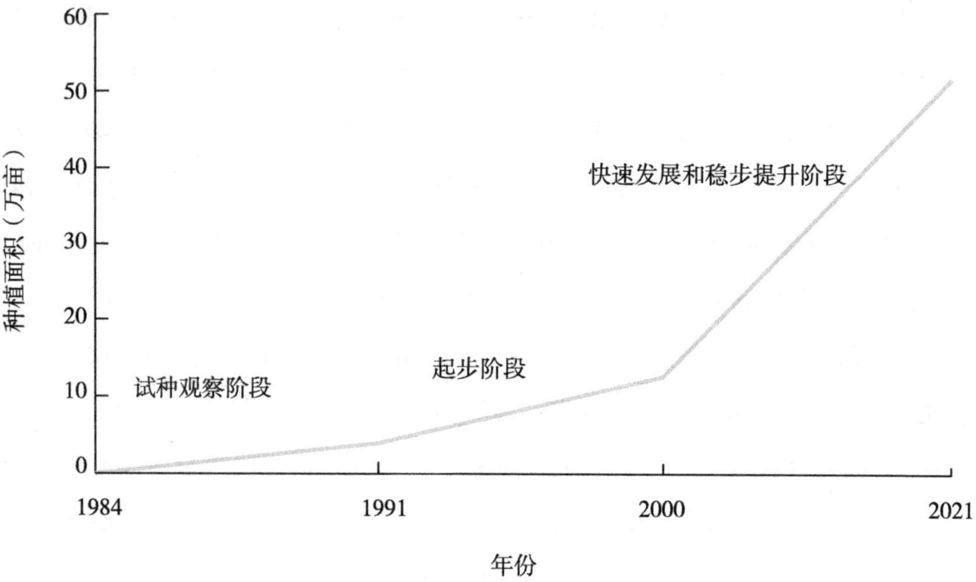


**图 1　四川攀西地区石榴产业发展进程**

第二阶段：起步阶段（1992—2000 年）。种植面积由 1991 年的 0.27 万公顷（4.05 万亩）增加到 2000 年的 0.7 万公顷（10.5 万亩），扩大了 0.4 万余公顷（6 万亩）。

第三阶段：快速发展和稳步提升阶段（2001 年至今）。种植面积达到 3.47 万公顷（52.05 万亩），产量 88 万吨。

经过多年的发展，四川石榴各产区种植面积基本稳定（表 3），各地先后进行了资源调查，引育、推广了一批优良品种，形成了当地特色，深加工不断发展，形成完整的产业链，使四川省的石榴市场更加丰富。

**表 3　2021 年四川各市（州）石榴种植情况**

| 序号 | 市（州） | 总面积（万公顷） | 投产面积（万公顷） | 产量（万吨） | 产值（亿元） |
|---|---|---|---|---|---|
| 1 | 成都市 | 0.016 | 0.016 | 0.35 | 0.21 |
| 2 | 攀枝花市 | 0.077 | 0.074 | 2.19 | 1.08 |
| 3 | 泸州市 | 0.001 3 | 0.001 3 | 0.01 | 0.01 |
| 4 | 绵阳市 | 0.000 3 | 0.000 3 | 0.003 | 0.007 |
| 5 | 广元市 | 0.018 5 | 0.001 3 | 0.012 3 | 0.013 3 |
| 6 | 南充市 | 0.007 3 | 0.006 | 0.09 | 0.17 |
| 7 | 达州市 | 0.013 | 0 | 0 | 0 |
| 8 | 甘孜州 | 0.001 5 | 0.001 1 | 0.004 3 | 0.004 3 |

（续表）

| 序号 | 市（州） | 总面积（万公顷） | 投产面积（万公顷） | 产量（万吨） | 产值（亿元） |
|---|---|---|---|---|---|
| 9 | 凉山州 | 3.167 1 | 2.99 | 84.185 | 43.780 5 |
| 合计 | | 3.302 | 3.09 | 86.844 6 | 45.275 1 |

数据来源：四川省园艺作物推广总站（业务数据）。

近5年统计数据显示，攀枝花石榴栽培与生产呈平缓上升趋势，2017年石榴栽培面积为680公顷（10 200亩），产量为1.48万吨；到2021年，攀枝花石榴栽培面积增长至795公顷（11 925亩），产量达1.80万吨，其中2019年增速最快（图2、图3）。

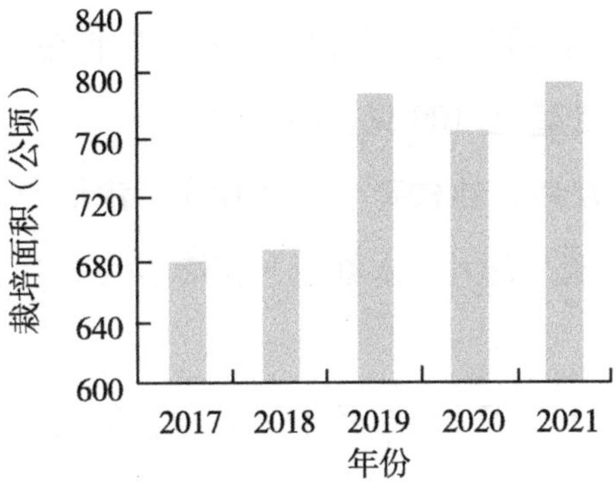


**图2　2017—2021年攀枝花石榴栽培面积**

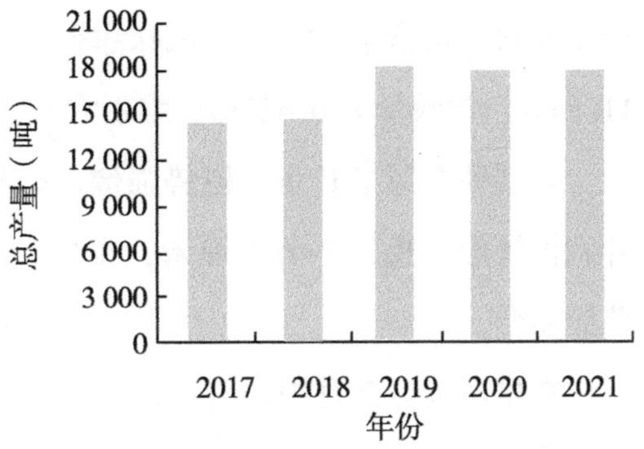


**图3　2017—2021年攀枝花石榴年总产量**

数据来源：攀枝花市统计局。

**（二）主要石榴品种及资源**

四川省已经拥有较为丰富的石榴种质资源。近年来，由于品种选育和更新换代研究滞后，导致石榴产业生产出现了品种退化、品质下降、抗性降低等问题，影响了石榴产业的健康发展。针对石榴生产存在的问题，四川省科技厅已将石榴纳入四川省“十一五”和“十二五”的“突破性果树新品种选育”项目，通过项目开展，先后从全国各地引进了100多个石榴资源观察、评价与利用，并开展了石榴引种筛选试验、百公顷优质石榴的示范推广、精品石榴生产技术研究、石榴麻皮病研究与防治、“攀西”牌优质石榴标准体系研制与应用、石榴麻皮病防治产业化示范等项目，在“十二五”期间建立和完善了石榴品种资源圃，保存石榴品种资源数达到38份，主要品种有：黑籽酸、黑籽甜、河阴软籽、突尼斯软籽、中农红、大绿子、青皮软籽、西昌一号、胭脂红、大红甜、豫大籽、红皮黑籽、蒙阳红、泰山红、墨石榴、牡丹花石榴、大红袍、以色列软籽石榴、以色列酸石榴、大田软籽、突尼斯软酸、青皮软籽变异等，其中大绿子、青皮软籽、红玉软籽、紫美等石榴品种已通过四川省农作物品种审定委员会审定。

### （三）攀西地区主要石榴品种简介

#### 1. 青皮软籽石榴

来源和分布：来源于四川会理县。主要分布于攀枝花市仁和区、凉山州会理县、西昌市、云南省巧家县。

性状：果实大，近圆球形，平均单果重 467. 3 克，最大的达 1 121 克，皮厚约 0. 35 厘米，黄绿红晕。单果籽粒 528 粒，籽粒大，百籽重 57. 9 克，籽粒水红色，核小而软，可食率 53. 6%。风味甜香带淡蜜香，含可溶性固形物 15. 3%、含糖量为 11. 84%、含酸量为 0. 427%、维生素 C 含量 11. 5 毫克/100 克，品质优。

该品种树冠半开张，树势强健。嫩梢叶面红色，幼枝青色。叶片大，浓绿色，叶阔披针形，长 5. 7~6. 8 厘米，宽 2. 3~3. 2 厘米。花大，朱红色，花瓣多为 6 片，萼筒闭合。

在攀西地区 2 月中旬萌芽，3 月下旬至 5 月上旬开花，7 月末至 8 月上旬成熟，较抗病，耐贮藏。五年生树每公顷产量 2. 25 万千克以上。

#### 2. 红玉软籽石榴

来源和分布：于 1986 年从突尼斯引入我国，主要分布于河南、四川、云南等地。

该品种树势中庸，树姿半开张，萌芽率中等，成枝力强，枝条较密。以中、短果枝结果为主。果实近圆形，果形端正，果实大而整齐，果实光洁明亮，成熟后阳面鲜红、间紫红。平均单果重 406 克，最大单果重达 717 克，果皮光洁明亮，果皮薄，平均厚 0. 3 厘米，风味甜，籽粒粉红色，色泽鲜艳，籽粒特软，百粒重 56. 2 克，汁多而浓甜，口感好，可溶性固形物 16. 5%，可食率 70. 48%，有清香气味，品质优，是目前较好的鲜食品种。该品种适应性强，耐旱，耐瘠薄，在山地栽培可正常生长结果。早实，丰产，栽植第二年可部分开花结果，三年生平均株结果 5 千克，第四年每公顷产量可达 1. 16 万千克。

**3. 紫美石榴**

来源和分布：1996 年从以色列引入我国，在四川的攀枝花市、会理县，云南省等石榴产区均有一定种植面积。

性状：果实形状近球形，单果重 581.1 克，最大单果重 1 334 克，果实纵径 8.5 厘米，横径 9.9 厘米，果皮厚度 0.3 厘米，果皮质地粗糙，百粒重 45 克，籽粒深红色，籽粒软，可食率 47.9%，维生素 C 12.1 毫克/100 克，总糖 11.48%，总酸 1.430%，可溶性固形物 17.4%，果实风味酸甜，果实外观优，果肉品质中。四年生树单株产量 41.63 千克，折合公顷产 4.371 万千克。

树势强，主干灰褐色，新生枝条浅紫红色，老熟枝条灰褐色，叶片质地薄革质、具光泽，叶片形状为长椭圆形、倒卵形，嫩叶浅红绿色，老叶深绿色，叶片长 8~10 厘米，宽 2.0~3.5 厘米，叶柄长 0.3~0.8 厘米，叶着生为对生、簇生，叶尖类型钝形、凸尖，叶基形状楔形，叶缘全缘，叶脉羽状脉明显，花为辐状花，花瓣红色，花药黄色，萼片深红色，6 枚，花托深红色、筒状或钟状，雄蕊数 220~320 枚。坐果率较高，达 40%~50%，4 月上中旬到 9 月上中旬是果实发育期。果实耐贮藏性状优良。

在攀西地区 2 月中旬萌芽，3 月中旬现蕾，4 月上旬到 5 月下旬开花，9 月中下旬成熟。是一个中晚熟品种。

**4. 大绿子石榴**

来源和分布：攀枝花市农林科学研究院通过青皮软籽石榴芽变选育而成，在四川省攀枝花市仁和区、凉山州会理县均有零星种植。

性状：果亚球形，皮黄绿色，阳面有红晕。平均单果重 442 克，果皮厚 0.35 厘米，皮色绿红晕。平均单果重 360 克，籽粒白色，少数果水红色，籽粒规则马齿形，每果有籽粒 630 粒左右，排列疏松，长且大，百粒重 60 克以上，风味甜，汁多，核可嚼扁，可食率高达 67.6%，可溶性固形物含量 13.8%，维生素 C 含量 1.53 毫克/100 克。成熟果晶芒多，百核重 9 克，核较软。

树势强健，树姿较直立，叶片椭圆形，春叶扭曲率较高，红花，萼片半直立到直立，果实大小均匀。该品种在攀枝花试验栽培条件下，树形较紧凑，抗性强，早期丰产性好，栽后第四年平均株高 3.05 米，冠幅 4.0 米×3.5 米，小枝直斜生长，叶大小 7.0 厘米×3.0 厘米，平均株产 20 千克，折合公顷产 2.1 万千克。

在攀西地区2月上旬萌芽，3—4月开花，8月中下旬成熟。

**（四）石榴关键生产技术研发情况**

**1. 石榴花期调控技术**

在4月初用三得利叶面肥25克和超磷钾150克兑水50千克对突尼斯软籽石榴进行灌根处理，催花可以提高产量和果实的整齐度，对突尼斯软籽石榴进行催花处理后两性花比例可以提高10个百分点。

**2. 石榴套袋技术**

6月下旬至7月初开始套袋，套袋前全园用苯醚甲环唑+杀扑磷+果蔬钙（氨基酸钙）喷洒，果实药液干后立即套袋。套袋后喷杀菌剂+磷酸二氢钾或甲嘧磺隆，每15天喷一次，连喷2~3次。

**3. 突尼斯软籽石榴高压苗繁育技术**

突尼斯软籽石榴苗木繁育目前主要采用扦插苗和实生苗嫁接两种方式进行，扦插苗存在根系不发达和童期较长的缺点，实生苗存在童期更长和石榴品质受砧木影响的缺点，而采用高压苗繁育可以达到树形快速成型和有效利用空闲枝组育苗的目的。在4月对突尼斯软籽石榴进行高压苗繁育，成活率都很高，使用生根剂后成活率可以提高7.15个百分点，根系在营养袋的饱满度有显著提高。

**4. 石榴花果期管理技术要点**

用休眠延长剂推迟萌芽期：让盛花期避开“倒春寒”天气，提高一、二茬花坐果率，以稳定产量。施用方法：2月上旬左右，当上年秋梢上的芽开始显红色（萌芽前10天），喷药一次。已发芽树喷药无效。

树干包药：在5%芽萌转绿时，进行树干包药，方法是在树干40厘米处用利刃轻轻削至树皮现绿时，用卫生纸和地膜包10厘米宽的药带，用广谱性杀虫剂和杀菌剂再加0.1%的渗透剂喷洒树干和卫生纸至湿透为止，药干后立即补药。可以防治无翅蚜虫和蚧壳虫上树为害。

提高坐果率：在盛花期进行人工液态授粉，一次花末叶面喷施250倍PBO溶液。

疏花疏果：石榴现花蕾后及时疏除多余钟状花，对弱枝上对生的筒状花，去小留大，留单花，减少营养消耗和后期果实机械损伤，在二次花谢花后，进行疏果。先疏去有虫伤疤果、畸形果，再疏除纤弱枝上的果，对同一果柄着生多个果的，只留一个大果，其余疏去。要求每果间距15厘米左右，中弱枝留一个果，中庸枝在两侧方各留一个果，强旺枝留3~4个果。

**5. 石榴病虫害绿色防控技术**

为生产绿色有机食品，要多采用物理防治方法和生物防治方法，较少使用化学防治。

防治原则：贯彻“预防为主，综合防治”的植保方针，以改善果园生态环境，加强栽培管理为基础，综合应用各种防治措施，为减少农药的使用量，最好采用统防统治。

农业防治：在果园建设和栽培管理过程中，采用种植防护林带、蜜源植物、间作或生草等手段，创造有利于果树生长、各类天敌生存而不利于病虫生长的生态系统，保持生物多样化和生态平衡。冬季修剪，清园，消灭越冬虫害和传染源；中耕、翻地晒土，杀死地下害虫。

物理防治：在石榴园安装佳多频振式杀虫灯，诱杀桃蛀螟等夜间活动的害虫，采用人工或工具捕杀金龟子等害虫和蛹，采用物理防治可以大量减少害虫虫口基数，减少杀虫剂的使用，有利于生产绿色食品。

生物防治：树立健康植保理念，充分利用科学、合理的栽培管理、园艺管理、土壤管理、水肥管理技术、现代生物源（尤其是植物源）生物技术、物理防控技术对病、虫、草害进行预防、治疗，从而减少或避免使用化学农药，进一步减少农作物对化学农药、化学肥料的过度依赖。生物防治配合使用高效、低毒、低残留量化学农药，禁用高毒、高残留的化学农药并改进使用药技术，降低农药用量。

病虫防治上多应用小檗碱、氨基寡糖素、苦参碱、大蒜素、香菇多糖、香芹酚、楝素、除虫菊素等成分生物源农药，维持果园生态平衡。

**6. 石榴冬季清园技术**

采果和落叶后，按照树上、树下的顺序，将果树上的干枯枝、病虫枝、干腐果清理，彻底清理树下的枯枝、落叶、烂果和杂草。感染干腐病、褐斑病，以及被害虫为害的果实会失水干缩成僵果，挂于树上经冬不落，成为病菌和害虫的越冬场所。摘除僵果，可减少来年病菌侵染，降低越冬害虫基数。通过全面清园，保持果树、果园清新整洁。深翻果园，一般深度在20厘米，破坏害虫的越冬场所，或将其翻到地表冻死或被鸟类吃掉，地表和浅土层中的害虫则被埋入深处，使其来年难以出土。冬初进行全园翻挖，使土壤疏松，调节土壤中水、肥、气、热的成分，促进石榴树根系的生长发育。冬季刮树皮集中消灭枝干翘皮裂缝中越冬的害虫、病菌，可减轻来年虫口密度和病菌的初侵染。刮完以后，立即进行涂白。对刮皮后的树干涂白，可减少日灼病发生，并杀死刮露出的病菌和害虫。在清园、修剪结束后，及时全园树冠喷雾石硫合剂或波尔多液 1 次，以杀灭越冬病虫害，降低越冬病虫基数。

**（五）石榴销售**

随着四川省石榴品质的提升，贮藏运输技术的完善，市场逐渐扩大，四川省石榴的销量大幅上升。在国内市场，四川省的优质石榴果品销往北京、哈尔滨、广州、深圳、杭州、南京、上海、重庆、成都等城市及台湾、香港、澳门地区。随着四川省石榴在全国范围内知名度的不断提高，国际市场也不断扩大，石榴远销美国、英国、越南、泰国、马来西亚、新加坡、印度尼西亚和俄罗斯等国家。四川天喆生态农业开发有限公司等企业出口鲜果开拓国际市场，2021 年凉山州会理县的软籽石榴出口国际市场，累计出口量已达 198 吨。符合出口食品企业质量安全管理体系的企业有凉山州红石榴农业开发有限公司、冕宁元升农业科技有限公司、四川会理果果果业有限责任公司等。

**（六）品牌打造**

攀西石榴已于 2007 年 5 月通过了国家质量监督检验检疫总局（现国家市场监督管理总局）的审查、审核，取得无公害农产品标志、绿色食品标志、会理石榴商标、“攀西”牌石榴商标等标识，会理石榴还取得了国家“地理标志保护产品”认证，实现会理石榴标识的统一管理。会理县人民政府授权会理县石榴营销协会统一管理，对“会理石榴”品牌进行规范管理，攀枝花市已注册“攀西牌”石榴商标，同时启动了地理标志保护申报工作。凉山州会理县利用石榴区域优势，石榴产业已成为当地特色支柱产业之一，“会理石榴”在国内重大展示活动中，获得多项殊荣，形成了有一定影响力的知名品牌。

**（七）石榴栽培技术研究与示范推广**

科研人员开展了攀西地区石榴生育期的划分与生长生理分化研究、突尼斯软籽石榴裂果机理及防控技术措施研究、突尼斯软籽石榴水肥调控花期技术研究、突尼斯软籽石榴套袋技术研究，在石榴栽培技术上取得了一定的创新和突破，集成果园定穴式、免耕节水高效水肥一体化栽培技术。在调查工作的基础上，根据气候条件和病虫害发生为害情况，不断试验调整完善植物检疫、生态调控、物理防控、生物防控、科学用药等绿色防控技术，并积极开展示范推广工作。

会理石榴科技小院针对会理石榴以小农户生产为主，组织结构“小、散、乱”，为解决生产出的石榴产量、品质得不到保障等问题而成立，科技小院通过长时间跟踪石榴高产优质种植户，总结绿色优质高产种植经验，并与相关技术专家、科技农户进行多次讨论交流，制定了会理石榴绿色优质高产技术规程。该技术规程一共归纳了 17 项绿色优质高产的关键技术，分为石榴的冬季管理、生长季管理、花果管理、采前管理、水肥管理、杂草防控、病虫害防治以及土壤管理 8 个板块，为方便农户进行应用，每一个板块都详细说明了所应用的关键技术及操作方式。经过验证，采用此技术规程农户种植石榴产量提升 23%，肥料投入减少 30%，可溶性固形物提升 0.5 个百分点，商品率提升 10%，经济效益提升 39%。

**（八）石榴产业管理服务体系**

攀西地区石榴产业管理服务体系在近年来得到了较好的发展，其中以会理县石榴产业服务体系最为完善。会理县组织现代石榴产业办公室、县石榴研究所、县经济作物管理站、县石榴生产协会、县石榴营销协会、石榴科技小院等相关单位为石榴产业发展提供全程管理和服务。6 个农业龙头企业和 75 个石榴专业合作社覆盖了 11 个石榴主产乡（镇、街道），为果农提供生产环节到营销环节的全程服务。石榴组装式机械冷藏保鲜库 58 处，各类容量型号保鲜库 250 座，冷藏保鲜能力 6 万吨。以石榴为主的农产品及系列加工产品批发交易市场——九榜农特产品交易市场、万顷农产品交易集散市场，占地面积 18.67 公顷（280.05 亩），具有分级、包装、冷藏、物流、交易结算、信息发布等功能，日采购交易石榴 5 000 余吨，年交易量达 30 余万吨。到“十三五”末期，实现会理石榴产业基地面积稳定在 2.67 万公顷（40.05 万亩），果品产量 80 万吨以上，浓缩汁加工产量 5 000 吨以上，石榴产业产值达到 100 亿元以上，其中，果农收入 55 亿元以上，深加工产业产值 10 亿元以上，拉动物流、休闲观光农业产业等相关产业产值 35 亿元以上。

**（九）产业链情况**

四川石榴产业的发展已经形成较为完整的产业链。以会理县为例，主要体现在以下方面。

一是通过众多专业合作社作为连接石榴生产协会与各个果农的中间组织，更好地带领农民参与到市场交易进程中、参与到更加高层次的合作经济组织当中，实现石榴果农收益最大化。建立石榴产业物资集散及信息中心，提供包括生产资料、种植各环节在内的详细信息，解决了由于信息不对称等原因造成石榴流通环节处于无序状态的问题，使市场自动的调节机制发挥该有的作用，从而降低果实加工、贮运等产业链各环节成本高的问题。

二是除了产业链前端中端的设计比较完整以外，会理石榴产业还依托像四川果果果业有限责任公司这样的大企业在中后端带动产业链的发展，努力打造科学化、商品化、集约化、产业化的现代农业龙头企业，积极扩大现有的投资规模，争取形成规模化经营；同时加强产业链各环节的结合，从原材料生产、粗产品加工，到包装、销售，都鼓励当地农户参与其中。以会理百公顷基地为核心基础，以四川果果果业有限责任公司为龙头，联合发展其他资源型生产基地，形成资源相对集中、确保生产原材料充足供应的优良局面。同时将在发展生产石榴浓缩汁、石榴天然提取物等基础之上，做好市场调研，并组织开发拥有自主知识产权的以功能性为主的终端产品，最终将资源优势转化为品牌优势，使“会理石榴”这一品牌长期占领消费者心智，从根本上解决季节性生产的劣势。

三是生产上由粗放到精细，产品的分级、包装由混乱到符合规范。会理县政府不仅制定了感官上的分级标准，还对会理石榴包装生产销售进行了规范，实行外包装箱生产备案制，获得备案审核的企业可合法取得“会理石榴”系列专用标识的年度使用权，非定点企业禁止生产销售“会理石榴”外包装箱。其中“会理石榴内包装须使用符合食品安全、卫生、环保要求的网套、保鲜膜等包装材料，禁止使用不符合国家强制性技术规范要求的卫生纸、红纸、草纸等包装材料。”这些规定为消费者提供了一个辨别正宗会理石榴的指标，品牌意识得到加强，品牌的确立提高了石榴的档次身价。

四是产业链按照“公司+科技+专业合作组织+基地+农户+金融”的产业化发展模式运行，紧扣国内外市场需求，大力发展优质良种石榴种植，打造原生态、无污染、绿色和有机的原料基地，大力投资研发石榴终端产品，拓展市场消费群体，组建成立了普瑞康石植科技研发中心，对极具市场潜力的新产品进行开发。会理石榴的批发价也从公司成立时的 1.4 元/千克收购价涨到了 5 元/千克，实实在在地提高了果农的收益，石榴产业良性发展。

五是利用网络以及电商平台，在原有传统渠道的基础上，通过新零售、电商、果品连锁超市等新业态拓宽会理石榴的知名度和影响力，采取线上线下结合的方式打通石榴渠道建设，充分发挥互联网和物联网的优势，整合石榴产业上下游各个环节，充分实现石榴产业的产销高效协同，同时通过网络信息平台、大型展会及组织石榴产品评优会等多种形式对会理石榴的品牌形象进行全方位的宣传，进而有效提高优质会理石榴的知名度及美誉度，为宣传特色石榴产品搭建了很好的展示平台。如中国攀西石榴节、会理“石榴一条街”、2017 年 9 月举办“中国石榴之乡石榴产业观光体验游”活动，吸引大量的游客、经销商参加，多家媒体报道，进一步提高了会理石榴的知名度，对石榴产业发展有非常积极的作用。

## 三、四川省石榴产业发展存在的主要问题

### （一）石榴传统品种退化，主栽品种过于单一，种植结构急需调整

虽然四川石榴的种植面积位居全国前列，有紫美石榴、西昌 1 号、江驿石榴、酸石榴等石榴新品种，但目前栽培石榴还是以会理青皮软籽和突尼斯软籽石榴为主，占总栽培面积的 90%。突尼斯软籽石榴大面积推广之后，我国传统的石榴品种短短几年时间纷纷退让市场，市场空间一度缩水，生产上缺乏果实外观漂亮（果实全面着浓红色）、果实着色早（落花即着浅红色）、早熟、品质优良（纯甜、可溶性固形物达 15%以上）、籽粒紫红色，汁多味甘甜，出汁率 85%以上，核仁特软（硬度 2.9 千克/米$^2$以下）、早果性好、丰产稳产、抗裂果、抗旱耐瘠薄性强，综合性状优良可以更新换代的后备品种群体。由于品种更新慢，品种单一的问题突出，品种单一产区病虫害危害大。

8—10 月，石榴大量成熟，80 万吨左右的鲜食石榴集中上市，给市场造成极大的压力，严重缺乏不同上市期及不同用途的品种。短短的 2~3 个月，要将如此庞大数目的石榴销售出去，成了攀西地区石榴销售的重难点工作。最近几年，受市场炒作的影响，突尼斯软籽石榴的价格持续位居高位，甚至是青皮软籽石榴的 3~4 倍，巨大的价格差距诱使当地农民大面积高接换种。突尼斯软籽石榴虽然商品性较好，有皮薄、种子小、适口性好的优点，但同时也极易损坏，不耐贮运，商品货架期短。因此大面积更换该品种势必会导致 8 月、9 月石榴鲜果销售压力增大，价格下

降，影响果农收入。

### （二）石榴生产管理水平总体不高

四川石榴生产还是以小农户种植为主，种植理念和管理技术差异较大，不同种植户间的基本素养、受教育程度对石榴的种植管理水平有很大影响，果园基础设施有待完善，管理水平较差，导致石榴单产和质量总体不高。目前攀西地区部分果农仍然采用传统的管理方法，对先进的、集约化的管理方式认识不足，加之水利设施设备落后，园区基础设施建设不完善，部分投产果园石榴病虫害过多、农药残留过大，这都是导致石榴品质不高的原因。加上传统种植户往往按照已有的习惯和经验进行果园管理，生产理念上已经落后于市场对产品的需求；一味盲目追求产量忽略质量，施肥管理上盲目施用化肥以求得高产，不注重养分的平衡及土壤性质的改善；病虫害防治上没有预防的概念，攀西石榴种植者不同的生产管理水平已经严重制约了四川石榴产业的发展。更有甚者，部分农户为了利益，大量提早采收果品，使得早采时间年年提前，早采的石榴成熟度不足，品质不高，损害了攀西石榴好不容易打造的优质形象。

### （三）石榴产业融合发展遇到瓶颈

跨行业的产业融合属于产业融合发展的高质量阶段，其跨行业、多领域的特征需要土地、资金、人才等生产要素的支撑。但是，四川石榴产业融合发展中的要素支撑仍然不足。建设性基础用地指标严重稀缺，难以满足石榴加工业、旅游业发展的用地需求，石榴产业融合仍然存在用地难的瓶颈。石榴向二、三产业领域的拓展，具有显著的资金密集型倾向，但是大多经营主体自有资金有限，存在较为突出的信贷抑制与约束问题，发展产业融合心有余而力不足，石榴产业融合发展所需的运营管理、电子商务、技术研发、文化创意等严重稀缺。农村青壮年劳动力大多转移到城镇，留守中老年成为发展石榴产业的主力军，对石榴产业融合发展的新理念、新知识、新技能知之甚少，难以担起石榴产业融合的发展需要。

### （四）石榴特色旅游资源开发不足

攀西石榴产区一直致力于发展以石榴为主导的特色旅游，目前较为成熟的石榴文化旅游资源有石榴文化广场、国际石榴节、石榴采摘体验休闲旅游、石榴花观光等，但对于发展石榴特色旅游，现有的旅游资源尚显不足，突出表现在以下三个方面。一是石榴特色旅游资源品类单一。现有的均为季节性特色旅游，赏花、采摘等，都有一定的季节限制，并且只是指向石榴产品所进行的旅游活动，没有充分利用当地其他旅游资源，形成常年可用的综合旅游模式。二是石榴特色旅游从业人员缺失，参与现有石榴特色旅游的从业人员主要为政府人员以及果农，由政府人员组织旅游活动，果农提供石榴产品以及农家乐采摘，缺少专业旅行社等组织规划石榴特色旅游线路。三是石榴特色旅游性质多为营销。石榴产业作为攀西地区支柱产业之一，果农们纷纷将石榴看成“摇钱树”，每年针对石榴举办的活动，主要目的是为了吸引更多的国内外石榴批发商，因而来到攀西地区参加石榴旅游活动的游客多为采购石榴而来，而不是以旅游为主要目的。导致石榴特色旅游空有其表，没有为旅游业真正作出贡献，由此看来，四川石榴特色旅游并没有完全发挥其内涵作用，一味地追求石榴销量反而可能会造成石榴跌价等问题，只有将批发石榴收入转为更多的与石榴相关的旅游收入，才是既能提高攀西旅游业收入，又能为果农带来持续增收的双赢举措。

**（五）石榴电商平台正处于起步阶段**

在“互联网+”的发展背景下，基于四川省石榴产业的快速发展，四川石榴产业迎来了电子商务发展的契机。在石榴产业电子商务的发展过程中，农产品销售的问题也日益突出。首先，石榴产业电子商务的发展需要网络销售平台的助力，虽然目前主动开发了网店、网络平台注册等方式，门槛低且方便注册，农村网店的数量也不断增多，但是专门为四川石榴销售的官方、大型的网络平台并未形成，大多数石榴销售都是委托第三方网络平台进行的，而且鱼龙混杂，相对专业的网店不仅少之又少，而且规模比较小，大部分的销售平台专业化程度比较低，只是单纯地利用网络进行农产品的销售，缺乏对网店自身农产品、消费者人群的定位和网络售后服务等方面的专业知识，造成资源浪费，阻碍四川石榴的网络销售发展。其次，委托第三方销售的形式，闭塞的沟通渠道使得农产品生产者与消费者之间的交流受到阻碍，遇到问题无法及时反馈，消费者的权益也无法保证，不利于农产品的快速流通。最后，四川石榴电子商务的产品标准混乱且监管不到位，石榴电商交易的产品质量参差不齐，电子商务平台所发布的产品信息与实物不匹配的情况时有发生，供货商鱼目混珠，供应产品质量参差不齐，提供的石榴品种类目繁多，难以建立统一的质量标准，政府有关部门没有对石榴网络销售市场进行更加有力的规范，石榴销售小平台、小电商更是乱象丛生。凡此种种导致石榴品牌形象受到不同程度的损害，阻碍四川石榴产业电商平台的可持续、健康发展。

### （六）深加工落后，产品附加值低

四川的石榴加工业起步较晚，规模小，加工工艺及设备有待于整体提升，一直制约着行业的整体快速发展。对石榴产业在科研、生产加工技术上的资金投入偏低，农民素质不高造成对石榴深加工新技术、深加工前沿信息缺乏，造成整个产业链系统建立不够完善，加工技术落后，采收分级贮藏阶段果实分级环节处理的不规范、不细化，贮藏与鲜加工技术普及性不够。石榴果实采后果皮极易褐变、失水，籽粒中的花青素会发生降解，降低果实的商品价值，同时缺乏对石榴花、石榴叶、石榴皮、石榴籽等传统石榴废弃物的加工技术研究。例如浓缩石榴汁产业，四川省较大的浓缩石榴汁企业不到3家，石榴汁加工过程中易褐变、清汁过滤后易产生后浑浊现象、加工过程中存在过度加工造成营养损耗、浓缩过程中易存在芳香物质逸散等问题而无法满足国内外客户的要求，一直是困扰大多数生产企业的技术难题。这些工艺技术的不成熟也容易造成石榴汁加工企业加工的产品良莠不齐，影响石榴深加工产业的迅速发展。四川省石榴产业虽取得了一定发展，但总体上品种多、乱、杂，适合加工的品种选育工作滞后，尤其是酸石榴种植规模更小，远不能满足加工需求和高端客户的需求，降低了企业利润。据统计，由于本地原料不足，一些企业不得不高价外调原料，使得成本大大增加；加之一些产区果园管理技术水平落后，科技含量低，防治病虫害时滥用化学农药，导致产品农药残留超标；有些地方贮藏条件比较差，造成贮藏过程中干腐病、黑斑病扩散较快，残次果较多的现象较为严重；石榴采摘、包装不规范，运输过程中烂果严重等不利因素，使得可用于加工的石榴原料严重不足，制约着四川省石榴产业的深加工发展。

随着四川、云南等地石榴栽培面积的逐渐扩大，大量石榴在同一时期上市销售，对石榴果品的销售造成较大压力。以软籽石榴为例，近几年，四川、云南种植面积快速扩大，石榴通货价格已经从原来的每千克20多元降到5~6元。提升产业附加值，成为保证农民收入的有效途径。尽管我国石榴种植面积居世界第一，但是与其他国家相比，石榴产品的附加值较低，究其原因，一方面是区域生产规模还不大，生产加工果品供给不足，优质鲜果成本过高。另一方面是大型龙头企业不多，加工企业规模小，规模化加工程度不够，产品多为粗加工，以初级制成品为主，产品附加值较低，且在国内外市场上易被取代，造成资源潜力在深度和广度上挖掘得不够，导致附加值低。生产成本“地板”不断抬升与产品价格“天花板”不断下压，会使产品生产的“双重挤压”加大。考虑到目前国内初级农产品和深加工产品之间的价格差较大，四川省石榴产业在提升产业附加值方面仍大有可为。

## 四、四川省石榴产业发展方向与对策建议

### （一）四川省石榴产业发展趋势研判

四川石榴产业经过起步、稳定发展、快速发展之后，石榴产业发展将面临瓶颈。种植规模在加工产业没有起色之前将处于稳定阶段，从2010年开始全国大力发展突尼斯软籽石榴，价格从最初每千克20多元降到5~6元，加之劳动力成本逐年上升，国家稳定粮食生产的措施逐步出台，果农发展石榴的积极性将下降。下一步石榴产业在生产技术方面将朝着标准化、省力化、集中化、水肥一体化的高效栽培方向发展，向国际先进的栽培模式看齐。软籽石榴品种栽培比例会越来越高，种类也将更加丰富。软籽石榴的独特性决定了软籽石榴更受消费者的欢迎，也会让更多的人喜欢上石榴。目前，仅突尼斯软籽石榴品种难以满足广大消费者的需求，随着引种和育种工作的大力推进，会有更多的品种投入市场。

四川各地应该立足资源优势发展生态绿色石榴产业，由政府主导制定发展规划，继续扶持大中型龙头企业，建立标准化石榴生产基地，增强科研育种、深加工能力，重点开发石榴饮品、药品、护肤品等产品，将资源优势转化为商品优势和经济优势。四川石榴产业的发展要注重发展农业新业态，将产业融合理念融入石榴的品牌提升中，迎合消费者的需求，大力发展休闲观光、采摘、农家乐等农业新业态，同时努力改善并丰富农业新业态的配套设施，包括道路交通、餐饮住宿等，推进四川石榴产业功能的拓展与升级，从而提高四川石榴市场占有率，提升其品牌附加值。

### （二）促进四川省石榴产业发展的对策建议

#### 1. 加强石榴种质资源的收集和石榴种质资源的创制，尽快实现石榴栽培品种多样化、良种化

改变攀西石榴种植品种较为单一的现状，积极引进及培育优良品种。以建设四川首批省级农业种质资源保护单位为契机，加强石榴种质资源的收集和创制工作，做好石榴产区的规划及布局，完善地区品种结构，创造出更高的经济效益。在品种结构上，注意早、中、晚及加工型品种的搭配栽培，可使石榴产区主栽品种多样

化，提高农业生产的安全性，同时可以错开上市时间，提高石榴商品价格，延长销售时期。在短时间内可以通过高接换种改变当地品种单一稀少的情况。新发展的石榴园必须实现品种良种化，做到“建一片、成一片、优化一片”，良种与良法相配套。提高石榴种植技术水平，推广设施栽培与省力化栽培。应根据主栽区所处的地理位置，选择优良的适地适栽品种，努力提高石榴的种植技术和管理水平。

**2. 集成示范推广石榴主要病虫害绿色防控技术**

要继续开展生态调控、物理防治、生物防治、科学用药等方面技术集成和示范推广工作，加强与国内外科研院校和单位合作，强化对石榴枯萎病和橘小实蝇防控技术的研究攻关，力争探索有效的方法和措施，控制其扩展蔓延。结合产业调研、技术指导和培训工作，积极深入四川石榴产区进行石榴病虫害调查和监测工作，掌握石榴不同生育期的主要病虫害种类和发生为害程度。在调查和监测的基础上，根据每年的气候条件和病虫害发生为害情况，不断试验调整完善植物检疫、生态调控、物理防控、生物防控、科学用药等绿色防控技术，并开展示范推广工作，为四川石榴产业的健康持续发展提供有力的技术支撑。

**3. 大力开展科技培训，提高果农种植技能**

农民的综合素质不高，管理水平不到位，果农科技意识较差，管理水平参差不齐，质量品牌意识缺乏、部分果农仍存在早采现象，严重影响了优质石榴品牌形象。针对采后处理技术原始，产品包装不规范等问题，农业科研和推广部门全面调查征集农户提出的需要解决的技术问题，制定出技术培训年度计划，充分发挥县乡石榴专业合作社的作用，在核心示范基地加强对专业大户和农技骨干的培训，并将培训教材汇集成册提供给推广部门，以先进实用技术为培训重点，将最新研究成果尽快融入“大培训、大示范、大推广”之中，开展科技培训，提升果农种植技能，提高石榴产业整体效益。

**4. 发展冷链系统，提高石榴贮藏品质**

四川省石榴产业的发展需要有方便快捷、设施完备的物流系统作保障，但石榴产业链的产业主体因为多方面原因很难通过自身的实力建设大型的物流系统。因此，应该鼓励各环节经营主体与专业的第三方物流公司合作，在每年秋季石榴大量成熟时期，可以对大批量冷链运输企业进行一定的资金支持或税费减免，使攀西石榴能够保质保量快速地运往全国各地。对于公路交通方面可以减免过路费，治理交通运输环节的乱收费现象；加大“农超对接”运行模式的推广范围，将现代化流通方式引到更广阔的农村，将千家万户的果农与千变万化的大市场紧密联系起来；要重视石榴的冷链物流建设，应用冷库单果塑膜密封贮藏技术和气调贮藏技术，使用冷藏车来运输，降低石榴运输过程中的损耗，加强石榴的流通管理。

**5. 引进新技术与新装备提升石榴深加工水平，加强石榴深加工企业发展**

根据中国海关数据显示：2021 年 9 月中国果蔬汁出口数量为 4 万吨，同比增长 7.1%，出口金额为 0.56 亿美元，同比增长 39.7%；2021 年 1—9 月中国果蔬汁出口数量为 33 万吨，出口金额为 3.99 亿美元。

石榴深加工企业在石榴产业链上起着至关重要的作用，它的发展与整个石榴产业密切相关。四川省石榴产业的各类加工企业不应该仅仅发展石榴酒、石榴汁两类产品，而是应该加大研发力度，向更深层次比如附加值较高的医药、化妆品上转移，增加投资力度，以形成新的高技术含量的产业集群，优化四川省石榴产业链。

要引进国内外石榴深加工行业的新技术与先进设备，提升四川省石榴深加工产业在全国乃至全球深加工行业的地位，为特色石榴产品加工奠定良好的工业基础。如澄清用的复合酶技术、低温浓缩技术、过滤除菌技术，超滤设备、卧螺离心机等关键技术及设备，实现传统工艺向现代工艺的转换，大幅度提高加工效率，降低生产成本，提高产品营养和风味。在龙头企业的示范带动下，这些技术与装备将在四川省石榴深加工行业中广泛应用。

支持石榴加工企业加快技术更新，面对经济的全球化发展，规模化、国际化经营已经成为许多石榴加工企业的必然选择。鼓励企业面向国际市场，并取得必要的国际认证出口资格，重要的国际认证有 HACCP 食品安全体系、国际 ISO900、12000 体系、KOSHER 认证、HALAL 清真食品认证、美国 FDA 食品安全注册等。同时企业应严格按照国外进口标准进行生产，自上到下严格执行质量体系认证标准，保障产品质量安全卫生。

**6. 加强人才培养，增加科技投入，加大对石榴新品种新技术研发力度**

人才培养是产业链优化这一过程中的可控因素，结合重点项目的实施，建立人才的引进和激励机制，采取团队引进、核心人才领军等方式引入熟悉石榴产业生产技术与管理、能够驾驭市场、具有战略眼光、既善管理又懂技术的复合型人才，全面提升石榴专业合作社或石榴加工企业专业技术与管理人才的综合素质，提升企业以及整个产业链的整体竞争实力。在人才引进的过程中，建立人才激励机制，从户籍管理到社会保障，再到鼓励科技入股，奖金分红等形式，调动相关专业人才的积极性，以此吸引更多的人才投入石榴的种植、研发、管理事业中。同时，可以尝试校企合作、定向培养模式，尝试与国内科研院所、高校的合作，对石榴品种改良、石榴种植过程中的病虫害防治、石榴的精深加工等进行有针对性地研究，增强人才培养的针对性，做到学为所用，提高人才培养的效率。目前对石榴的研究在国内尚未引起足够的重视，从事石榴研究的单位较少、科研经费不足、人员缺乏、科研条件差，政府要加大对科研创新的支持力度，增加科技投入，加大对石榴新品种新技术研发力度，促进四川石榴产业健康发展。

## 参考文献


曹尚银，侯乐峰，2013. 中国果树志．石榴卷［M］. 北京：中国林业出版社.

陈利娜，敬丹，唐丽颖，等，2019. 新中国果树科学研究 70 年——石榴［J］. 果树学报，36（10）：139-148.

陈宁，2018. 地域特色农产品产业化发展路径研究——以荥阳河阴石榴产业为例［D］. 郑州：郑州大学.

丁鹏力，谭少杰，王昌梅，等，2020. 基于电子商务模式解决蒙自石榴销售存在的问题和对策建议［J］. 湖北农业科学，59（16）：184-187.

丁峙峰，2016. 在农业主导产业全产业链建设中农业科技人才培养现状，存在问题及提升措施［J］. 科学种养（8）：19.

冯玉增，陈德均，2000. 石榴优良品种与高效栽培技术［M］. 郑州：河南科学技术出版社.

冯玉增，等，2011. 软籽石榴优质高效栽培［M］. 北京：金盾出版社.

冯玉增，宋梅亭，2000. 我国石榴生产现状与发展建议［J］. 林业科技开发，14（5）：3.

侯乐峰，2018. 有机石榴高效生产技术手册［M］. 北京：中国农业科学技术出版社.

侯阳，韩璐璐，蔡哲，2017. 我国传统零售企业向互联网销售转型的困境与对策［J］. 改革与战略，33（7）：159-161.

贾晓辉，张鑫楠，刘艳，等，2021. 石榴的营养，功效及应用［J］. 果树实用技术与信息（4）：2.

蒋国文，2018. 会理石榴产业园区建设调研报告［J］. 植物医生，31（11）：27.

李红珍，2015. 安徽怀远石榴产业发展研究［D］. 合肥：安徽农业大学.

刘婷，谢彦明，唐金朝，等，2022. 石榴产业融合的模式，瓶颈与对策研究［J］. 中国林业经济（2）：5.

罗华，侯乐峰，赵亚伟，等，2017. 枣庄市石榴国家林木种质资源库创新利用进展［J］. 山西果树（6）：4.

马丽萍，温玉石，谢宝玲，等，2020. “互联网+精准扶贫”背景下网络销售平台发展策略［J］. 现代农村科技（6）：8-9.

马寅斐，赵岩，朱风涛，等，2013. 我国石榴产业的现状及发展趋势［J］. 中国果菜（10）：3.

苗卫东，2013. 石榴生产实用技术［M］. 北京：金盾出版社.

秦改花，2015. 石榴优质高效栽培新技术［M］. 合肥：安徽科学技术出版社.

清扬，2018. 软籽石榴：一个“网红”水果的机遇与挑战［J］. 中国果业信息，35（9）：12.

孙尚尧，2019. 基于“互联网+”特色产业发展的扶贫对策研究——以怀远县石榴产业为例［J］. 区域治理（29）：66-68.

陶华云，黄敏，王秀兰，2019. 我国石榴产业发展趋势分析与对策建议［J］. 中国果业信息，36（7）：13-6.

王茂华，张莉，张剑，2016. 中国 HACCP：食品安全从规范管理到走向国际——中国 HACCP 认证：助食品企业快速进入国际高端市场［J］. 质量与认证（6）：25.

苑兆和，招雪晴，2014. 石榴种质资源研究进展［J］. 林业科技开发，28（3）：1-7.

张放，2022. 2021 年中国进出口果汁情况简析［J］. 中国果业信息，39（4）：21-30.

张军，1989. 石榴［M］. 西安：陕西科学技术出版社.

郑崇兰，余爽，巫登峰，等，2018. 四川攀西地区石榴产业发展 SWOT 分析及对策［J］. 中国果树（6）：102-106.

# 四川无花果产业发展报告

李金平　何祥莉　陈凯莉　徐永宁

（威远县无花果科学研究所，四川内江 642450）

**摘　要：** 无花果又名天仙果，是四川省川果中的优良树种之一。近年来，四川无花果产业快速发展，在全国无花果产业中占有重要地位。四川省无花果产业种植规模、加工能力和水平、品牌影响力均全国领先。本研究概述了四川省无花果产业发展现状、存在问题及发展对策，以期为四川省无花果产业高质量发展提供参考。

**关键词：** 无花果；产业现状；存在问题；发展对策

无花果属桑科无花果属，亚热带多年生落叶小乔木果树。无花果由许多小核果组成，小核果由隐生于囊状花托内的花序发育而来，这种花序被称为隐头花序。无花果被证实在中东地区已有11 000余年的栽培历史，原产于地中海沿岸的阿拉伯也门地区，后传入叙利亚、土耳其等地，在14世纪前后引入地中海沿岸各地。无花果大约在汉代传入我国，最早在新疆阿图什地区栽培，至唐代随“丝绸之路”才传入甘肃、陕西等地。

无花果是一种结果早、产量高、营养丰富和经济效益高的药食两用果树。果实既可鲜食，又可制干、酿酒、制汁。鲜果含水分83.6%、蛋白质1.0%、脂肪0.4%、粗纤维1.9%、灰分0.5%，含糖量15%~20%，还含有钙、钾、铁、硒等矿物质、多种纤维素以及18种氨基酸。无花果果实还含有苯甲醛、佛手柑内酯、补骨脂素等抗癌物质，脂肪酶、蛋白酶、水解酶等酶类，具有开胃润肠、解毒消肿、降低血脂等多方面的医疗保健功能。因此，国内越来越重视无花果产业的发展，无花果也成为新兴水果之一，越来越受到消费者的青睐。本研究分析了四川无花果产业发展现状、存在的问题，并提出了发展建议，以期为无花果产业的可持续发展提供借鉴。

## 一、世界无花果产业发展现状

根据联合国粮食及农业组织（FAO）统计，近5年来，世界无花果的种植面积比较稳定，约30.6万公顷，总产量约400万吨。世界无花果主要生产区域集中在地中海地区，是全球最大的无花果主产区。地中海地区国家无花果种植面积占比超过世界总种植面积的60%，其中土耳其、摩洛哥、阿尔及利亚和埃及四个国家的种植面积占世界总种植面积约50%，其他种植区域主要分布在亚洲的中国、伊朗、日本和美洲的美国、巴西。

## 二、我国无花果产业发展现状及趋势

### （一）发展现状

我国无花果栽培已有2 000多年的历史，在20世纪90年代以前，除新疆地区的喀什、阿图什、和田等地有小块无花果产地外，各地基本上均为庭院零星种植。我国现代无花果产业的发展开始于1997年，由山东省林业科学研究院承担了国家林业局“948”项目“无花果新品种及保鲜加工技术引进”课题，并先后从美国、日本等国家引进世界范围内栽培的4种类型无花果新品种共66个，经多年多点引种试验，优选出一批优良品种推广全国。自此，无花果产业进入快速发展阶段，国内无花果种植面积从1998年的不足万亩，一直上升至2021年的近3.3万公顷，种植面积位居世界第五位。

无花果对土壤酸碱度的适应范围很广，pH值5.5~8.5栽培均能生长，同时，耐盐性和抗旱性均较强，北方地区虽然受低温的影响，但利用日光温室栽培克服了低温的限制。我国的无花果产地主要分布在山东、新疆、江苏、上海、浙江、福建、广东、陕西、四川、广西等地；华北地区的无花果主要集中在山东沿海的青岛、烟台、威海地区；江苏省主要分布在南通市、盐城市、丹阳市、南京市；福建省集中栽培主要在福州市；新疆主要分布在阿图什、库车、疏附、喀什、和田等地。目前，已经形成四川威远县、新疆喀什市和山东威海市三大主产区。

### （二）发展趋势

无花果作为特色农业产业的后起之秀，正逐步成为又一个百万亩级的新型产业。

一是无花果营养价值极高。无花果果实含有丰富的有机酸（柠檬酸、延胡索酸、琥珀酸、苹果酸、丙乙酸、草酸、奎宁酸等）、各类生化酶（脂肪酶、蛋白酶、超氧化物岐化酶、水解酶等多种酶）、18种氨基酸（10种人体必需，包括2种儿童必需）以及苯甲醛、补骨脂素、香豆素类化合物、呋喃类芳香化合物，大环萜类化合物和佛手柑内酯等活性物质。

二是无花果可满足高中低全类型加工需要。无花果除用于鲜食外，可以加工果干、果脯等低端产品，还可以加工酵素、膳食纤维、米果脆等精深加工品，甚至可用于提取蛋白酶、补骨脂素等保健和医疗功能产品的开发。

三是无花果产业科研力量不断增强。近年来，中国农业大学、南京农业大学、四川农业大学都组建了无花果研发团队。随着科研力量不断增强，国内品种也从引进为主变为了自主选育为主，2015年中国农业大学培育了国内自主选育的第一个无花果新品种紫宝，2020年，四川培育的新品种甜城红获得了品种认证，未来3年内，国内将有望突破常温贮存5天的无花果新品种，一旦成功培育耐贮的品种并推广，无花果将成为继草莓、番茄、猕猴桃后，又一个以突破性品种快速推动产业发展的案例，将成为又一个百万亩级的特色农业产业。

## 三、四川省无花果发展现状

### （一）四川省种植规模全国领先

近年来，四川省无花果产业发展迅速，种植面积从2010年不足1 300公顷增加至2021年的6 800公顷，主要分布在成都、内江、绵阳、广元、自贡等市和攀西地区，占全国无花果种植总面积的29%。成熟期比山东主产区早45天，比新疆主产区早60天。天猫、京东无花果鲜销量排行前十位内，四川省就占了5席，其中第一名和第二名也都是成都的经销商。

### （二）四川省加工水平和能力全国领先

四川省无花果加工集中在内江市威远县，共有5家无花果加工龙头企业，加工能力7万吨，包括无花果酵素、休闲即食食品、无花果茶等不同加工类别，生产无花果果干、果脯、果茶、米果脆、膳食纤维棒、酵素、饮料等30余种无花果产品，深加工种类多、品种全，其中无花果膳食纤维生产技术集成获得四川省科技进步奖三等奖，为全国独家生产。

### （三）四川省品牌影响力全国领先

2014年至今，中国经济林协会已在四川省成功举办了两届“中国（国际）无花果产业大会”，威远县成功举办了五届“中国（威远）无花果采摘节”。2014年，威远县被中国经济林协会命名为“中国无花果之乡”，2019年又命名为“中国无花果名县”，2020年获评中国特色农产品优势区，2021年获评四川省五星级现代农业园区。威远县正在积极筹备2023年国际园艺学会第七届世界无花果大会，届时30余个国家，200余名国内外无花果专家将齐聚四川，共商无花果产业未来。

### （四）四川省产业科技支撑全国领先

四川具有国内唯一的中国农业大学无花果教授工作站，四川大学、四川农业大学、四川食品发酵研究院都有专家牵头从事无花果加工和生产研究，威远县聘请国际园艺学会无花果分会主席为无花果产业发展顾问，成立了全国唯一的县级无花果研究所，建立了种质资源库和基因库，开展了世界首次无花果航空搭载诱变育种，为四川省无花果产业发展提供技术保障。同时，威远的3家加工企业与9所科研院校建立了研发中心，在膳食纤维棒加工、优化干燥工艺、无花果原浆无菌常温贮藏等方面广泛开展技术攻关合作。

## 四、四川省无花果发展存在的主要问题

四川省无花果产业发展虽然取得了显著进展，但也存在突出的问题。找到关键问题并提出有效解决方案，已成为我国无花果未来可持续发展的工作重点。

### （一）基础性研究薄弱

我国无花果产业仍处于初级发展阶段。一是无花果科研工作者较少，无花果种质资源的收集还停留在“引”为主，在基因编辑、分子设计、生理生化机制等新兴育种技术研究方面存在明显短板。二是育种材料短缺，由于我国不是无花果的原产地，尤其缺乏父本材料，近几年，无花果品种自主选育只能通过诱变的方式，导致育种效率低。

### （二）栽培品种结构单一

由于育种没有取得重大突破，致使全国各地区无花果栽培品种几乎相同，以布兰瑞克、青皮、玛斯义陶芬为主，导致无花果上市时间比较集中，进而衍生出产量相对过剩、价格下跌、果农销售压力大等一系列问题，采收前后又会出现空档期，

造成市场空缺。

**（三）种植机械化水平偏低**

四川省无花果种植大部分在坡地，受到地形地貌的影响，大型拖拉机很难使用，专业的果园小型设备必须依托果园的路网、水网配套，导致种植、施肥、旋耕、除草等方面的管理水平偏低，严重制约了无花果产业的集约化、规模化发展。加之无花果是一种浆果树种，采摘周期基本在120天以上，目前国内还未有成熟的果实采收机械（装备），大多是人工采收，大面积种植时，不可避免地遇到劳动力不足的问题。随着人工费用的增加，采收成本不断增加，会严重限制无花果产业的发展。

**（四）采后保鲜技术落后**

无花果极不耐贮运是制约无花果产业发展停滞不前的关键因素。无花果虽属于呼吸跃变型果实，但又具有非呼吸跃变型果实的成熟特点，即无花果果实后熟现象不明显，只有在树上达到可食成熟度才能采摘，但采后迅速衰老；由于成熟的无花果在果顶端裂一小圆口易产生裂果，易遭受病虫的为害，这些因素造成无花果鲜果贮藏期不到3天。果实不耐贮运是限制无花果发展的一大难题，目前，无花果的贮藏保鲜问题尚未解决，严重影响四川无花果产业的发展。

**（五）加工产品精深程度不高**

无花果果实味甘、气平、无毒，开胃止泻，其功效不仅在我国医药古方古籍《救荒本草》《本草纲目》等有记载，在《中药大辞典》《药用植物辞典》等现代医学药典中也有载录。虽然无花果药用价值潜力很大，但国内研究成果离真正应用还有不小的距离。目前，市场上见到最多的是果干、果酱和果酒等常规产品，具备药用价值的蛋白酶、抗癌活性物质和抑菌素等精深加工品较少，加工产品竞争力不强。

## 五、四川省无花果发展的对策建议

根据四川省无花果产业的现状和存在的问题，建议以市场需求为导向，细分无花果品种外观、品质、营养功能和耐贮性等特征特性，培育加工、鲜食、药用等多功能新品种；提升加工能力，有效开发市场竞争性强的加工产品；强化品牌建设，以2023年世界无花果大会为契机，提升四川无花果的国际影响力。

**（一）加强无花果优良品种自主培育**

我国无花果品种大多从国外引进，对许多栽培种的来源、亲缘关系仍然不清，分类工作基础薄弱，从而无法与世界无花果栽培品种进行衔接，不利于种质资源保护与利用，也造成遗传育种和新品种培育困难。一是应建立无花果种质资源基地，通过国内考察、国际交流合作的方式，广泛收集国内外无花果栽培种、近缘野生种资源、父本资源。开展产量、抗病、耐贮、耐逆、品种等相关基因的研究，为建立分子标记辅助育种技术体系提供标记信息。二是利用杂交、辐射、分子标记辅助选择等方式，培育耐贮性优质的无花果新品种。三是以市场需求为导向，选育品质好、耐贮运的品种，同时加强加工专用型、农旅观光型专用品种选育力度，满足加工、农旅市场的需求。

**（二）建立完善的标准化栽培模式**

虽然无花果生长条件要求不严，但容易受到环境影响，在抗寒、抗旱等方面需要科学指导和加强管理。因此，应加大标准化栽培模式研究示范力度，实现科学施肥，增施有机肥，监控农药使用和加强管理。建立绿色、有机栽培管理生产标准，形成一批具有高水准的标准化示范区，提高无花果的品质和产量。

**（三）进行配套技术研究**

一是绿色化生产技术。无花果病虫害少，易于实现绿色生产。根据无花果生长发育的需求条件，按照绿色食品生产标准技术流程种植，推广应用生物方法防治病虫害，如捕食螨、枯草芽孢杆菌等天敌及生物农药的应用。种植前进行土壤测定，开展测土配方科学施用，避免大量施用化肥。二是完善无花果与大豆、红薯等间作技术。粮食安全是国之大者，多措并举提高粮食的种植面积至关重要，利用无花果休眠期的空档，研究无花果的间作技术措施，积极推行“无花果/大豆”“无花果/红薯、马铃薯”等模式，在增加农业产值的同时增加粮食产量，不断提高土地利用率和产出率。

**（四）构建无花果产销一体化体系**

一是推行专业化生产。土地流转和适度规模经营是农业现代化的前提，实行专业化生产，才能更有效地增加科技投入、更好地推行科学种田，更有利于发展生产经营的标准化和产业化。二是建立“公司（企业）+基地+农户”农业产业化经营模式。在四川省威远县等已经建成的大面积无花果种植基地，统一管理、统一技术指导、统一包装，积极推行订单农业，农户负责种植生产，产业化经营组织负责销售，实现产销一体化。同时，还应尽快建立无花果贮运链条，实现冷藏贮运、连锁经营、电子商务等物料与创新型营销方式，与农户建立利益紧密链接的产销机制。三是拓展市场渠道。依托2023年世界无花果大会，通过线上线下等多种形式进行宣传，提升四川无花果的国际影响力，充分利用各种形式的商贸洽谈会，拓展无花果销售市场。

### （五）提高无花果加工水平和产业附加值

进一步开发生产无花果新产品，开展无花果食品加工开发研究，推进初级加工向精深加工转变，由果干、果脯等资源消耗型加工向萃取等高效利用型转变，加大无花果在医药领域深加工的研发力度，提高无花果活性成分的制备技术，进一步开发生产出适销对路的无花果保健品和药品，提高产品附加值。

## 参考文献

曹尚银，2009. 无花果栽培技术［M］. 北京：金盾出版社.

沈元月，2018. 我国无花果发展现状、问题及对策［J］. 中国园艺文摘（2）：75-78.

孙锐，贾明，孙蕾，2015. 世界无花果资源发展现状及应用研究［J］. 世界林业研究（3）：31-36.

王敬斌，2001. 无花果保护地栽培［M］. 北京：金盾出版社.

王雯慧，2022. 我国无花果产业现状［J］. 中国农业科技（7）：45-48.

赵瑞雪，蒋永贵，2005. 无花果栽培与贮藏加工新技术［M］. 北京：中国农业出版社.

# 四川水果采后商品化处理与加工产业发展报告

曾晓丹　李华佳　朱永清　李　可　贺红宇　袁怀瑜　潘翠萍

（四川省农业科学院农产品加工研究所，四川成都 610066）

**摘　要**：四川因其独特的地理位置和气候条件成为多种水果的优势特色产区，川果具有品类丰富、熟期多元、质优鲜食的特点，近年来在全国水果消费市场上备受欢迎，也成为四川乡村振兴的主要产业，带动农户增收、农业增效作用显著。水果采后商品化处理和加工是产业链条上的重要环节，随着人们消费的转型升级，市场对优质鲜食水果、健康多元化加工产品的需求也不断增长，产业对采后商品化处理和加工的设施建设、技术需求、产品更新也在不断发生变化。分析四川省水果采后商品化处理和加工环节的现状，理清产业发展中后端存在的问题和发展趋势，并从不同层面提出对策建议，对保障优质川果的流通和供应，促进四川水果产业的可持续发展具有重要意义。

**关键词**：水果；商品化处理；精深加工；发展趋势；对策建议

四川地形地貌复杂，海拔和区域气候差异大，形成了独特的立体气候和小气候环境，适宜温带、亚热带、热带水果的生长；攀西和高原地区光照充足、昼夜温差大，为生产优质水果提供了良好的条件；经过多年的发展，四川水果形成了“品类丰富、熟期多元、质优鲜食”的特点，晚熟柑橘、优质猕猴桃、晚熟芒果、攀西石榴、晚熟葡萄、安岳柠檬、龙泉水蜜桃等特色水果成为川果的代表，深受消费市场的喜爱。2021 年，四川省水果产量 1 154.2 万吨，居全国第八位，主要水果种植企业有 7 339 个。水果年人均占有量 146.1 千克/人，居全国第十九位（2020 年）。近年来，水果产业的发展重心逐步从增量增产转移到提质增效，随着供给侧结构性改革推进和消费转型升级，优质鲜食水果和健康多元化加工产品成为消费市场的主流需求，加之物流业的迅速发展，为川果产业发展提供了新的赛道，在做好采前的品种选育和栽培管理的基础上，加快水果采后商品化处理和精深加工的投入和研发应用，是把握这一赛道上的关键环节，为进一步提升四川水果质量，延伸水果产业链条，打造优质川果品牌，推动川果产业可持续健康发展奠定基础。

## 一、水果采后商品化处理及加工产业概况

### （一）国内外水果采后商品化处理及加工概况

我国是水果的生产和消费大国，根据联合国粮食及农业组织（FAO）对全球197个国家的统计数据显示，2020年全球水果种植面积为6 485.93万公顷，产量为88 702.7万吨，同年我国水果种植面积1 264.628万公顷，产量28 692.4万吨，面积和产量均位列世界第一。水果采收后果实水分含量高、营养物质丰富、呼吸作用旺盛，导致新鲜水果易失水和腐烂变质，为鲜果销售和加工原料储存处理增加了难度。

FAO 2020年的数据显示，全球采后、运输、贮藏和加工环节的农产品损耗为13.8%，每年损失超过4 000亿美元，而水果作为生鲜产品，损耗率更高，全球平均采后损耗率维持在20%左右，采后损耗率的高低与果蔬类型、产地、年份、产业链环节等因素密切相关。以新西兰、澳大利亚为代表的部分发达国家农业在国民经济中占据一定的比重，农业科技和产业较受重视，发展迅速，园艺产品的供应链较为完善，采后损耗率控制在5%左右甚至更低。包含我国在内的东亚和东南亚果蔬采后商品化处理和加工链条不完善，在供应链不同环节的损失差异较大，如采收、运输和批发零售环节的平均采后损耗率超过5%，加工包装环节的平均采后损耗率超过10%，而贮藏阶段是损耗率最高的环节，损耗超过20%。采后损耗率高，加上种植水平差异大导致水果品质参差不齐，市场竞争力差，严重影响了生产者和消费者的信心。

自20世纪50年代，我国水果采后商品化处理相关研究起步，随着研究的深入和产业的发展，基本形成了包括采收、分选（分级）、清洗、保鲜、贮藏、包装、运输、销售等环节的商品化处理体系，分级分选和冷链物流设施的研发和制造业也不断发展。部分产业和地区实现了园艺产品采后损失控制在10%以内，但全国平均损耗率在30%左右。水果采收后以鲜销为主，用于加工的水果不足10%，低于世界

平均水平（30%），普通消费加工产品（饮品、食品等）的研发和生产供给不足，以果汁为例，目前国内人均果汁消费量仅为世界平均水平的1/10，为发达国家的1/40，具有极大的消费增长空间和市场缺口。精深加工产品的比例和市场缺口更大，以水果为原料的保健品、营养食品、婴幼儿辅食等产品进口依赖程度更高。

**（二）四川省水果采后商品化处理及加工概况**

四川水果采后商品化处理和精深加工产业处于发展阶段。全省水果95%是鲜销，其中约60%经过不同程度的采后商品化处理后进入鲜果销售流通渠道。采后商品化处理生产经营以中小规模的合作社、家庭农场和农业企业为主，分级分选、预冷/贮藏、包装是现阶段水果采后商品化处理应用较多的环节，完整规范的水果采后商品化处理体系尚未完全形成，机械化智能化水平不高。在设施设备建设方面，2012年以来，四川省共争取投入资金逾5亿元支撑产地初加工和冷藏设施的建设，新建或改扩建了一批冷藏库、气调库、冷藏运输车、采后分级分选、预冷、包装等商品化处理设施，基础设施情况得到一定程度的改善。2019年四川省有各种规模的冷链经营主体2 000余家，静态库容超1 000万立方米，冷链仓储能力占四川省水果总产量的20%左右。中小规模的生产经营主体开展分级分选和包装以人工操作为主，使用简易的设备，依靠熟练工人进行大小、重量的分级、分选和包装。具有一定规模的企业投入的机械化智能化分选设备的保有量不高，但近年来在各级政府重视下，通过大型农业公司的引进、各级资金在基础设施设备建设中的投入，设施设备的条件逐步得到改善，在眉山、蒲江、都江堰、凉山州和攀西等特色水果产区针对晚熟柑橘、猕猴桃、苹果、葡萄、芒果等特色水果，引进了自动化和半自动化分选线，提高机械化作业水平，可实现重量分级、视觉分析外观瑕疵果分级、糖度等质量品质分级等，但智能化设施设备和应用技术覆盖率不足，严重影响了使用效果。总的来说，四川省大部分生鲜水果的采后商品化处理程度和水平不高，没有形成从采收到物流销售的完善体系，各个环节和技术的匹配程度不高，导致采后损耗率仍高达20%~30%，远高于发达国家5%的损耗水平。

在精深加工方面，四川省水果加工比例仅有5%左右，以果干、果脯、调配果汁、罐头、果酱等普通消费加工产品为主，产品品质不高、同质化严重，雪梨膏、枇杷膏、各类果酒等产品多以传统工艺手工制作，品质难以保证，生产规模难以突破，成为水果加工业发展的瓶颈。高端发酵果酒、发酵果汁饮品、保健品、化妆品等精深加工产品处于起步阶段，体量普遍较小，设备和工艺与国内沿海食品加工业发达地区相比较为落后，缺乏品牌和市场竞争力。

## 二、四川省水果采后商品化处理及加工产业发展存在的主要问题

近5年来，在脱贫攻坚和乡村振兴的大背景下，水果作为附加值较高的经济作物，规模快速增长，从扩大面积、改换品种、高产栽培等各个采前环节，实现了量和质的增长，四川省现有水果产量为1 154.2万吨，与2018年相比增加了23.18%。而生鲜水果采后商品化处理和加工环节是衔接采前生产和消费市场的重要环节，水果规模和产量的快速增长、消费市场的转型升级等因素共同作用，对采后商品化处理和加工环节提出了新的更高的要求，采前、采后发展不同步不匹配的问题和矛盾也更加突出。

### （一）基础设施设备建设和发展不能满足产业发展和消费升级的需求

#### 1. 采后商品化处理设施设备的数量规模和布局不能满足产业发展需求

就数量和规模而言，目前四川省冷链仓储能力约为水果总产量的20%，分级分选、预冷、包装等简单商品化处理设施设备的覆盖率不足50%，且70%~80%的商品化处理设施设备的集约程度不高，以中小规模、简单设施为主，存在设备老旧、维护情况不佳等问题，水果的冷链流通比例不足40%，导致了商品化处理的效率和效果有限，损耗大、效益低，没有达到预期的效果。就商品化处理设施布局而言，没有形成以产地、集散地、区域枢纽为单元的层级清晰、有效衔接的布局结构，在经济较发达的成都平原地区设施建设占四川全省的70%左右，设施体量和建设的规范性整体较高，而在川西高原、川东北丘区、川南等特色水果产区的产地商品化处理和仓储设施不足，产地的初加工和物流节点支撑不足，导致水果商品化处理和物流运输时间、成本显著增加，中间环节消耗时间占比在60%以上，商品化处理的流程和时效性不符合采后供应链的要求。

#### 2. 采后商品化处理和加工设施设备的完整性、功能性不合理

一是采后商品化处理设施建设的重点集中在贮藏库建设上，忽略了商品化处理体系中其他环节的设施设备需求，如转运、分级分选、包装和其他环节配套设备的建设。二是注重建库，没有考虑具体的产业需求和功能区分，大部分经营主体以建设规模化的贮藏库为主，预冷贮藏混用，没有考虑建设专用的预冷库来提高效率和

效果；对于蓝莓、桑果、樱桃、伏季水果等易腐烂损耗的水果缺乏产地预冷、冷链转运车等专用设施来为品质保驾护航。三是冷藏保鲜库和气调保鲜库区分不清，没有根据水果贮存品类的需求选择，造成建设投入的浪费，增加建设和管理运营成本。

**3. 采后商品化处理和加工设施设备的建设和应用管理技术不能支撑生产需求**

在设施建设阶段，商品化处理和加工厂房、设备的设计建设没有充分考虑生产工艺流程和行业标准要求，或设计方在生产工艺技术方面的专业性不够，导致设计不合理、达不到标准、不满足生产使用等问题普遍存在。在产业中，更加注重硬件设施的建设，忽略了设施设备的应用管理和维护的专业性需求，没有做到设备与工艺技术相融合，从而发挥设施设备的最大效用。

**4. 智能化信息化建设水平不能满足产业发展需求**

采后供应链信息化体系建设还处于初级阶段，数据信息平台建设滞后，缺乏对产地、生产、物流、交易、市场等信息大数据收集分析与有效利用，导致供求信息反馈不及时、不匹配，限制了鲜果产业的高效发展。现阶段水果采后商品化处理和加工还处于高度依赖人工的阶段，人力成本不断增加是降低效益、限制产业发展的重要因素，推进智能化生产能力的建设是川果产业发展的趋势。

**（二）采后商品化处理和加工技术水平不能满足产业发展和消费升级的需求**

**1. 缺乏对专用品种的基础研究和评价，原料品质稳定性难以得到保障**

目前水果品种选育和生产选择多以鲜食品种的特征指标为主，且重点关注产量、抗性、果形、干物质、糖度、色泽等与生产栽培和风味感官相关的指标，没有树立鲜食、加工专用品种的理念。首先是没有区分鲜食品种和加工专用品种，大多数品种都作为兼用品种进入生产环节，鲜销受到影响，或残次果作为加工原料，导致鲜食果品的特色不突出，加工原料不适合或品质不稳定，产品质量也受到很大影响。其次是对于鲜食品种、加工品种需要考察的指标体系缺乏系统的研究，对于现有品种的采后商品化处理特性和加工特性缺乏基础研究，不能精准有效地指导生产对品种进行选择，也不能为品种的选择利用方向提供科学的参考，造成品种原料利用和选择的双向不确定性。

**2. 采后商品化处理技术不精准、技术链不完善**

不同种类水果、同一种类不同品种水果的采后商品化处理技术有差异，现阶段生产端技术应用多以粗放、笼统的商品化处理技术为主，没有充分考虑品类、品种的差异性和流程工艺的精准性。同时对于采后商品化处理应该包含的众多环节，往往较重视大小重量分级、入库冷藏保鲜和包装环节，而没有形成包含适时采收、精准分级分选、科学预冷、保鲜处理、适温和精准低温贮藏、按需选择气调贮藏、贮藏期管理、包装、冷链运输和销售货架期管理等环节的商品化处理技术体系，各环节之间存在脱节现象，技术链不完善，很难保障水果采后供应链全过程的品质和损耗率。

**3. 加工产品的创新和技术改造升级滞后**

随着消费群体的不断细分和消费升级的不断变化，消费者对加工产品的需求呈现多元化、个性化的特点，对加工产品的研发也提出了更多的要求。普通加工产品如果干、果脯、调配果汁、罐头、果酱等产品品质不高、同质化严重，难以建立品牌并获得消费者的青睐；而传统加工产品如果膏、果露和各类果酒等有一定的优势，符合传统饮食文化，具有一定健康功效等，但大多数仍然以作坊式加工、小规模生产为主，标准化、规范化不足，产品质量成为消费选择关注的主要问题。另外，传统食品缺乏创新，与现代消费场景的契合程度不高，也成为传统加工产品面临的一大问题。

**4. 技术产品研发和产业化、工程化应用存在脱节现象**

水果的采后商品化处理和加工技术不仅涉及农业和食品学科，还需要与设备机械、工程等学科相结合，与生产应用紧密结合，才能实现产业化应用。一方面技术和产品开发重点关注保鲜效果、产品功效，而忽略工艺流程的可行性、产品的风味等商品性、成本效益等因素；另一方面设备选择和生产线的设计建设没有充分考虑工艺流程和产品个性化需求，导致技术实现落地难、设备应用难，研发和产业化存在一定程度的脱节现象。

**（三）水果采后商品化处理和加工产业的标准化工作滞后**

水果采后商品化处理和加工产业的标准化包括质量安全标准和技术标准两个方面，把好质量安全关是保障食品安全的前提和基础，而生产技术的标准化是质量安全的保障和技术支撑。在水果的采后商品化处理和加工环节，国家及浙江、贵州等省对于部分品类水果的鲜果品质、加工产品的质量、采收贮运等陆续出台了相应的标准和规程，四川在水果采后商品化处理加工环节的地方标准起草制定和修订工作推进存在一定程度上的滞后，影响了产业的发展。

### （四）缺乏有影响力的水果加工企业和品牌

川果的特色优势明显，近年来也受到全国消费市场的青睐，红心猕猴桃、晚熟柑橘等水果也走出国门、远销海外。而川果品牌在消费市场上为人熟知的主要是区域公共品牌，如都江堰猕猴桃、眉山春橘、会理石榴、巴山脆李、汶川甜樱桃等，品牌被地域名片替代，区域公共品牌主要依靠政府、协会等进行打造和宣传，在区域公共品牌的大旗下，多以中小规模的家庭农场、种植大户、小农户等分散生产经营为主，缺乏有规模、有实力的龙头企业支撑，一方面导致产品的品质难以标准化、参差不齐，对区域品牌造成一定的影响；另一方面品牌的打造和宣传在投入、营销、品牌维护、影响力等方面有一定的局限。同时四川缺乏成规模的本土水果精深加工企业和产品品牌，引进的规模化加工企业更多的是以四川优质水果为原料进行包装销售和加工生产，对于形成有影响力的本土加工品牌作用有限。

## 三、四川省水果采后商品化处理及精深加工产业发展趋势与对策建议

### （一）四川省水果采后商品化处理及精深加工产业发展趋势

#### 1. 水果品种的选择和应用向专用化方向发展

目前水果产业布局和品种评价主要针对鲜食品种，用于加工的专用品种少有开展明确的评价和研究。品种的评价和用途要进一步与采后商品化处理和加工应用需求相结合，将贮运特性和加工特性作为品种选育和评价的特征性指标进行相关基础研究，才能更好地指征品种的优点和特性，为品种的选择利用提供科学的依据，同时为鲜食和加工产业选择更适宜的品种原料提供参考。对于鲜食品种，明确其商品化处理特性、贮藏运输特性等，细分即食性和耐贮性品种，便于做好采收贮运计划与市场供给相衔接；对于加工品种，明确其加工特性，适合加工产品类型等，为原料选择提供依据。从品种原料端开始向专用、细分方向发展，为加工原料稳定性和产品品质提供良好的保障。

#### 2. 水果采后商品化处理体系向精准化个性化方向发展

随着设施设备的建设、采后商品化处理规模不断发展和技术的进步，对建立采后商品化处理体系的内容和目的更加清晰。为保障果品质量、提高产业链后端的效

益，水果采后商品化处理技术由粗放型向精准化转变：一是技术方案在遵循和满足采后商品化处理流程要求的框架下，更加关注水果品类和品种的差异化并作为技术方案的依据，各环节处理的技术参数更加精准，流程操作和设备应用管理更加精细，来实现精准化管控；二是注重建立完善的处理流程体系，从采收、转运、分级分选、预冷、保鲜处理、贮藏、包装、冷链运输、销售货架期管理等全方位进行管控，形成完善有效的采后商品化处理技术链；三是关注处理后果品的运输流通和消费场景需求，来制定个性化的采后商品化处理方案，实现与消费市场端有效衔接。总之，各个环节都向精细化操作、精准化调控的方向发展，来满足消费市场对果品优良品质、定制化服务的需求。

**3. 水果采后分级分选技术向智能化、多维度方向发展**

随着商品化处理技术覆盖率的增加、技术体系环节不断完善和细化、人力成本上涨等，越来越多的智能化设备将应用到采后商品化处理环节中来替代人工、提升效率和效果，且借助于设备的应用，可实现多维度的检测判断和处理，满足不同的分级分选需求。例如，水果采后分级分选由人工根据大小、重量粗放分级，发展到采用设备的输送、称重单元进行自动化分级；再由常规的以重量或大小为标准的分级，逐步发展到依托在自动分选线上加载多个设备单元进行不同目的的分级，可采用视觉分析单元进行果形、外观、瑕疵的分级分选，采用红外分析单元进行干物质、可溶性固形物、内在品质的无损分级分选。水果采后分级分选从注重外观品质向关注内在品质转变，更加细分商品果的品质等级，为消费市场以质定价、消费者因需选择提供更精确的依据。从分选效率效果来看，随着设备的升级，分选速度和精度将进一步提高，由目前的单通道每秒钟分选 3~5 个果、分选精度 60%，到每秒钟分选 10 个果、精度达到 80%以上，且通过硬件设施和分选参数的调整，有效控制分选果机械损伤发生率，整体提高果实品质。同时，随着各学科交叉融合，采后商品化处理技术与装备将在园艺学、光学、传感器技术、计算机科学、工程学等多学科的基础上快速发展，并投入到产业化应用，实现更多维度的精准化处理和管控。

**4. 水果采后冷链物流技术和装备向高效绿色、智能化物联网方向发展**

在食品的营养健康、安全受到广泛关注的大背景下，绿色、安全、生态环保的采后保鲜技术是发展主要方向。过去水果的采后保鲜对化学保鲜剂、抑菌剂的依赖程度较高，主要起到抑菌防腐和一定程度上调控生理衰老的作用，但生产上化学保鲜剂使用不科学甚至滥用的情况长期存在，会造成药剂残留，危害健康。物理保鲜技术和生物保鲜技术相对来说是安全有效的采后保鲜调控手段。采用低温、冰温、气调、低温等离子、辐照、保鲜包装材料等物理手段可达到调控果实采后生理变化和衰老、抑制病害发生的作用，采用生物保鲜剂、天然提取物、拮抗菌剂等实现抑菌防腐的效果。随着对果实采后生理和病害特征及作用机制充分研究和解析不断深入，要明确调控靶标，采用多种物理、生物技术形成复合保鲜技术，实现采后生理和病害的精准调控。

在采后冷链物流体系中，融合运营大数据、云平台、智能化等技术手段实现供应链的全程信息化管理。数字化、智能化的发展一方面以机器代替人工节省运营成本，另一方面为海量数据的提取与挖掘、农产品供应链管理优化、农业全产业链调控平台建立等提供了技术与支撑，有利于改变农产品供应链零散脱节的状况，提高信息服务的及时性和准确性。配套“物联网智能化果蔬采后供应链管控技术”，实现水果“适时采收—分选—贮藏—销售”整个供应链条的精准化和智能化。

**5. 特色水果精深加工向多元化营养健康产品方向发展**

果品作为人们日常饮食中必不可少的一部分，满足人体对维生素、膳食纤维、矿物质及多酚、黄酮、生物碱等生物活性物质的摄入需求，具有维持人体各种生理机能、平衡膳食的重要作用，同时水果酸甜多汁、果香风味浓郁也是满足人们对食物口感体验的重要组成。随着果品人均消费量的逐渐增加、消费习惯的变化、消费群体的年轻化，对产品品质评价标准发生了较大的变化，多元化、个性化、功能性等需求成为主流，加工产品因其保质期长、便捷等特点，消费需求也不断增加。

（1）加工成分配方简单化

过去消费市场对产品品质的关注角度不同，加工产品更多关注产品的外观品质、味道、保质期、成本等因素，调色、调味、抑菌防腐等环节使用各种添加剂的可能性增加，天然原料在产品成分中的比例有限，产品配方复杂。随着消费观念的变化，消费转型升级，消费市场对于产品的成分配方更倾向于简单化、少添加、零添加，以新鲜水果为原料，保留水果原有的风味和营养，采用先进工艺以最小加工方式、简单配方生产的高品质产品受到消费者的青睐。如 NFC 果汁类产品，将新鲜水果榨汁后采用超高温瞬时灭菌和无菌罐装工艺，能较好地保留水果的营养和风味不受破坏，工艺流程简单无添加，又有一定的保质期，便于贮存流通和消费；采用冷冻干燥技术加工的果干、果粉等产品，区别于热风干燥技术破坏水果的色泽和营养，能最大限度地维持水果的外观形状、风味、营养和色泽，还可以结合超微粉碎技术二次加工，生产新型果粉，食用更方便，口感更好，其营养成分更容易消化吸收和利用，可用于面食、固体饮料、乳制品、婴幼儿食品、调味品、糖果制品、焙烤制品、方便食品等的加工原料。

（2）产品选择营养健康化

在追求风味、口感、色泽的基础上，满足消费者对营养健康功效食品的需求是水果加工产品发展极具潜力的方向，也是水果作为加工原料具有的独特优势。水果中含有许多天然植物活性成分，具有一定的生理活性和健康功效。如红葡萄中含有白藜芦醇，能够抑制胆固醇在血管壁的沉积，防止动脉中血小板的凝聚，有利于减少血栓的形成而软化血管；蓝莓、桑果等富含花青素，具有抗氧化作用和预防衰老的作用；大多数水果中含有的黄酮、多酚等物质，能有效地抗氧化、抑菌、预防肿瘤等。选择优质的水果作为原料，采用合适的加工方式和工艺，能最大限度地保留或富集活性物质，如通过非热加工的方式保留热敏性的维生素、酚类、花青素等活性成分；结合益生菌发酵的方式加工发酵果汁，能起到护色、增加益生菌和有益代谢产物，改善肠道健康的作用；或通过提取、浓缩等加工方式富集高浓度的有益成分，生产膳食补充剂等高附加值产品。

（3）产品形态多元化、个性化

随着生活水平提高，消费市场的需求被不断深挖，产品类型也不断细分，人们对产品的需求和期待除了满足饮食需要、健康需要，食品还被赋予了更多的其他功能，如休闲功能、社交功能等，更加多元化和个性化。很多传统水果加工产品面临寻求变化和突破的困境，如以雪梨膏为代表的果膏类产品、以枇杷露为代表的果露型产品等，进行加工条件和技术的升级改造以外，还应考虑融入现代消费市场多元化和个性化的理念。对于产品的研发和定位，一方面要细分不同人群的消费需求，瞄准不同年龄的人群如老人、婴幼儿、女性、学生等的不同需求；另一方面要细分不同的消费场景，产品的类型甚至包装等要满足如家庭消费、旅途便携、聚会等场景；随着年轻一代逐渐成为消费的主力军，追求个性化、定制化、跨界混搭风格产品趋势日渐突出，在产品的风味、形态、包装，甚至内容表达的创新要求不断提高，也为加工产品的研发提供了更多的可能性和发挥的空间。以果酒为例，通过水果发酵将浓郁的果香、色泽保留是基本需求，通过调整酒精含量从4%~30%以及甜度口感不同来满足女士、男士和对酒精度要求不同的人群选择；通过不同水果混合，水果与鲜花、茶饮、咖啡、香料、调味品等混搭，形成独特的风味口感满足不同人群的个性化消费。

**（二）促进四川省水果采后商品化处理及精深加工产业发展的对策建议**

**1. 加大政府支持和引导**

（1）强化政策扶持

在我国，水果采后商品化处理属于初加工产业，投资大，回报慢，附加值不高，但是带动地方脱贫和乡村产业振兴作用显著。自2019年，四川省委省政府确定了“川果”作为全省“10+3”现代农业产业之一，并将现代农业烘干冷链物流作为先导性支撑产业，川果产业得到了各方的重视，取得了较大的发展。在目前良好发展情况下，应进一步通过政府引导，出台奖励扶持等政策，鼓励有实力的企业或协会联合投入到水果初加工产业，改变一家一户、分散粗放的经营管理模式，引进采后商品化处理的设施设备，积极发展初加工，延长产业链条，提高水果分级、保鲜、贮藏等环节处理工艺水平，降低产品损耗，提升产品品质，增加经济效益。同时，加大初加工企业在融资、土地、税收等方面的政策支持，强化园区建设，推进水果产业发展。

（2）加大金融支持

利用财政杠杆，加大对区域优势水果产业升级的政策与金融支持，按照因地制宜、规划优先、合理布局、突出重点、规模经营的要求，打破区域分割，优化资源配置，大力推进规模化、集约化、标准化生产，加速现代生产要素向优势区聚集，不断扩大采后商品化处理和加工的投入，形成相对统一的品牌、商标、包装、质量标准、技术体系和销售渠道，构建川果产业的新格局，提升水果产业的综合经济效益。

（3）强化信息平台建设

为进一步推进水果采后冷链物流体系信息化服务，需要政府相关部门在信息平台建设方面加强投入和引导，积极推动在四川省建立水果产业物流供应链数字化服务平台，一方面为水果种植、采摘、加工生产、销售、运输、配送等提供一站式服务，共享产业信息，消除供需信息不对称带来的问题；另一方面采集水果产业各环节的数据信息，通过大数据分析赋能，为研究、产业、市场等各方提供有效信息数据。

**2. 推进水果采后商品化处理和加工产业体系的建设**

（1）大力培育新型经营主体

水果采后商品化处理和加工产业区别于种植生产环节，其经营主体不再是分散经营的单个农户，要实现产业化、集约化、规模化经营，需要培育在采后商品化处理和加工环节上的新型经营主体，如具有一定规模和投入能力的家庭农场、合作社、企业等产业化组织，既能链接前端生产，又能链接后端市场，是水果供应链上非常重要的一环。通过政策、资金、基础设施建设、园区建设、营商环境等各方的支持，进一步培育水果采后商品化处理和加工企业，壮大从业队伍，增加产业体系的活力，补全水果产业分选、贮藏、流通、精深加工和废弃物综合利用全产业链条，加速水果产、加、销一体化进程，形成水果生产专业化、加工规模化、服务社会化，赋予和保障四川水果产业的发展活力。

（2）持续推进仓储冷链设施建设

进一步推进四川省水果仓储冷链基地建设，加大对水果产区就地预冷库、移动式预冷库的建设补贴，增加对产区高温保鲜库的建设规模，实现产区 20 千米半径内冷链仓储库容达到产量的 35%以上，合理规划布局产地、集散地、区域枢纽，形成供应链设施网络。对新建库房，鼓励采用节能环保的新型制冷机组，以达到低碳环保的循环发展模式。

（3）加强水果加工品牌建设

积极构建以双流冬草莓、都江堰猕猴桃、眉山春橘、安岳柠檬等区域公用品牌为主体，企业、合作社、家庭农场品牌为补充的“公用品牌+企业品牌+产品基地"的品牌建设体系。引导生产基地县申请地理标志产品保护、注册商标保护等认证标识。筹集专项资金用于品牌建设和宣传营销，同时利用好网络等媒体渠道，以及各类果品展销活动，并主动举办形式多样的宣传会，不断加大宣传力度，以提升四川果品的知名度。严厉监督使用公共品牌商家的商业行为，打击冒用四川果业品牌标识、商标、域名的行为，保护好品牌市场价值。果品标准化是果品品牌建设的必要条件，是品牌建设的技术支撑。未来果品产业要坚持标准与品牌协调发展，以标准促品牌，以标准强品牌，通过健全果品标准体系、优化产业结构、聚焦特色优质果品，激发果品品牌发展的新动能。

**3. 重视水果采后商品化处理和加工技术体系建设**

（1）重视水果采后商品化处理和加工技术人才培养

与种植生产端相比，水果采后商品化处理和加工技术人员非常缺乏，从业人员中具有专业知识、懂技术的比例不超过20%，严重影响了技术的应用和产业的发展。应鼓励和支持四川省内从事水果采后商品化处理和加工技术研发、产品开发的相关高校和科研院所投入到产业技术培训和从业技术人员培养工作中，打通向基层合作社与企业培养和输送人才的路径，壮大基层水果采后商品化处理和精深加工技术人才队伍，保障四川省水果采后商品化处理和精深加工技术的产业化应用，增强科技力量和创新活力。

（2）夯实川果采后商品化处理和加工的科技创新基础

科技创新特别是基础研究创新离不开国家持续稳定的研发投入和支持，四川省水果采后商品化处理和加工领域的科研实力较弱，缺乏大量的基础性研究工作做支撑，创新性不强，难以为产业发展提供持续有效的理论和应用基础支持。因此要加大水果采后商品化处理和加工领域的基础科学研究投入力度，鼓励和推动企业成为应用基础和应用技术研究的科技创新投入主体；要加强知识产权保护和科技成果的转化，创造良好的科技创新与转化环境，使真正具有产业应用价值的成果成为产业发展的支撑，使具有创新能力的企业能够依靠科技发展，引领行业进步；要积极拓展研发融资渠道，支持中小企业科技创新，创新和完善风险投资机制。

（3）鼓励从事水果采后商品化处理与加工的科研院校和企业提升创新能力及服务水平

鼓励从事水果采后商品化处理与精深加工研究的科研院所进一步提升创新能力，通过引进、消化、吸收再创新的方式，研发先进技术和设施设备，鼓励原创性技术装备的创制和应用，鼓励、支持科研院所研发的先进技术与装备在产地推广应用。建立四川省水果采后商品化处理和加工科技创新平台，通过建立产业技术研究院和专家大院等产业化平台，鼓励与企业、科研院校加强产学研合作，推动解决产业关键技术问题，提高科技成果从纸面到地面的快速转化。

**4. 建设完善四川水果质量标准体系**

（1）统筹规划，不断完善四川水果产业相关质量标准体系

针对四川省水果产业标准偏少的问题，需要整合涉农管理部门、行业研究机构

和主要产区业主的技术力量，统筹规划，共同制定适合四川地区优势特色水果的商品化处理标准体系和精深加工产品标准体系。从当前的水果标准主要集中在产品标准上，增加采收、分选、贮藏、加工、包装、运输等环节的生产技术规程，不断充实和完善果品产业链条涉及的质量标准体系，做到有标准可依。

（2）加强推广，切实开展贯标工作

通过地方农技推广部门开展标准推广宣贯，推动标准宣贯落到各标准使用主体。通过互联网、大数据和移动通信等工具拓宽标准宣贯渠道，有效利用视频直播、在线学习等方式，利用纸质或线上文字与音视频资料，开展丰富多彩的宣贯工作，做到业主知晓标准，有标可循。

**参考文献**

蔡臣，吕火明，江国良，等，2020. 四川水果产业发展现状及竞争力分析——基于科技支撑的视角［J］. 四川农业科技（1）：5-10.

陈静，周大森，张鑫，等，2022. 我国果品产业标准化现状及发展建议［J］. 中国果菜，42（4）：68-71.

段秀萍，2016. 实施农业标准化生产提升农产品质量安全水平［J］. 吉林农业（12）：29-30.

国家统计局，2021. 中国基本单位统计年鉴 2021［M］. 北京：中国统计出版社.

国家统计局农村社会经济调查司，2021. 中国农村统计年鉴-2021［M］. 北京：中国统计出版社.

罗紫薇，2021. 基于文献计量分析和问卷调查对我国果蔬采后科研与技术的进展研究［D］. 武汉：华中农业大学.

王敏，2021. 水果产业物流供应链存在的问题及对策研究［J］. 中国果业信息，38（3）：17-19.

温成韬，2020. 中国水果竞争力国际比较分析［J］. 现代营销（12）：106-108.

谢兰，2018. 我国水果产业的现状与机遇［J］. 农村新技术（11）：42-43.

詹惠敏，王延宏，张来雨，等，2022. 陕西省农产品初加工机械化发展情况与对策［J］. 农机科技推广（3）：52-53.

张克俊，张泽梅，2015. 农业大省加快构建现代农业产业体系的研究［J］. 华中农业大学学报（社会科学版）（2）：25-32.

赵晶晶，2020. 我国水果产业物流供应链存在的问题及对策研究［J］. 中外企业家（5）：117.

# 四川果园数字化关键技术及智能装备应用报告

高文波[1,2]　何　鹏[1,2]　李　晓[1]

（1. 四川省农业科学院农业信息与农村经济研究所，四川成都 610066；
2. 四川省农业科学院大数据中心，四川成都 610066）

**摘　要**：围绕四川省水果产业生产过程中存在的问题，以果园数字化转型为切入点，明确了数字果园的内涵，剖析了四川省发展数字果园的意义，并对果园数字化相关研究成果和典型应用案例进行了介绍，最后对果园数字化转型提出建议。

**关键词**：水果产业；四川省；数字果园；数字技术与智能装备

水果产业已成为四川省农村经济发展、农民致富增收的支柱性产业，在区域经济发展中占有重要的地位。然而四川水果产业在果品生产、加工、流通等环节均存在诸多问题，在生产过程中存在的主要问题如下：一是果园生产成本快速升高，其中人力成本和肥水成本占比达70%~80%，尤其是近年来农村空心化现象日益严重，用工成本不断上升，导致整个水果产业的土地产出率、资源利用率、劳动生产率低，资源要素亟待优化。二是多数果园生产标准化程度低，由于经营规模小、管理模式粗放落后，优质果率不高，果品质量均一性差，部分果农片面追求产量而大量施用化肥、农药，果品质量安全未得到保障，果园生态环境风险增加，严重影响果业的可持续发展。三是商品化程度不高，发展规模存在农民盲目发展、政府过度作为等问题，小规模生产与大市场之间的矛盾非常明显，需要探索新的生产组织方式和技术服务模式。因此，要建设现代水果产业，增强四川果业竞争力，推动区域乡村产业振兴，亟须科技创新引领整个产业提质增效。近年来，农业信息化对现代农业的支撑作用越来越强，尤其是以物联网、5G、机器视觉、大数据技术为主的数字技术的应用，在加快推进农业现代化、转变农业生产方式、推动农业高质量发展等方面的作用越来越突出。因此，本研究以果园数字化转型为切入点，明确了数字果园的内涵，剖析了四川省发展数字果园的意义，并对现阶段开展的果园数字化相关研究工作和成果应用进行了介绍，提出了果园数字化转型相关建议。

## 一、数字果园的内涵

数字果园是利用传感器、采集器、物联网平台等信息感知传输技术设备对果园生产管理、仓储物流、市场销售等环节产生的大量数据进行收集和存储，通过数据处理、挖掘和可视化表达的知识发现过程，研究产前、产中、产后各类数据的最优调控信息组合，并开发智能控制算法模型和调控模块，以此为基础实现水果从生产到市场全流程的智能化控制管理。按照数字技术应用的环节可以分为三个方面，即：果园生产的数字化管理与控制，果品质量安全数字化管理与追溯，果品经营与流通数字化管理与电子商务。

## 二、四川省发展数字果园的意义

### 1. 有利于实现果园生产管理省力化和智能化

果园的日常管理是以果树生长信息和果园环境信息的获取和反馈为基础的，各类特色水果有不同的生态适宜性，温度、光照、水分等气候因子，土壤肥力、微量元素，果园的坡度、坡向、海拔等地貌特征，果树的长势、枝形、物候期等指标都是果园管理需要采集的数据。在传统的果园管理中，对果树生长信息和果园环境信息的获取和反馈多以人工记录和管理人员的经验为主，这样不仅耗费人力，而且存在反馈滞后的问题。果园数字化管理关键技术研究聚焦西部地区优势特色水果品种，将对果树形态信息采集、果园环境信息采集等技术进行研究，实现果树形态的建模与仿真以及果园环境信息智能感知，提高果园信息采集的效率和完整度，为果园省力化管理和智能化管控夯实基础，这对提升四川省果园的管理效率有重要意义，是果园现代化和信息化发展的需要。

### 2. 有利于促进水果产业高质量可持续发展

摈弃粗放落后的果园管理模式，创建现代果园管理体系，寻求经济效益和生态效益的“双赢”，是四川省果业可持续发展面临的重要任务。果园现代管理技术体系的建立离不开信息技术和智能装备技术的应用。数字果园通过构建基于信息技术的现代果园管理体系，搭建了果园数字化管理平台，围绕与果园生产管理相关信息的感知与获取、处理与分析、决策与控制、管理与服务等方面，对果园环境、水肥环境、果树形态信息、生产投入信息等进行精细的监测和准确的调控，实现了生产管理全程的远程可视和精确可控，节约了人力资源，提高了农业资源利用效率，保护了四川省丘区和山区相对脆弱的果园生态环境，这对实现果业的可持续发展具有重要意义。

**3. 有利于推动乡村产业兴旺发展，持续助农增收**

近年来，水果产业已成为推动区域经济发展和农民增收的重要产业。然而大多数地区果园生产标准化程度低，果园管理模式粗放落后，导致果园单产低、果品质量差，制约了水果产业的可持续发展和果农的持续增收。因此，亟须开展改变果园粗放落后的管理模式的研究，解决果园生产标准化程度低的问题，而数字化管理技术的应用是解决这一问题的有效途径。果园数字化管理平台关键技术与应用将围绕与果园生产相关的农业大数据感知与获取、处理与分析、决策与控制、管理与服务等方面开展研究，通过生产环境信息采集、农事信息采集和生产过程智能决策等果园生产过程与信息技术的深度融合，实现了果园的智能化管控，提升了果园农业科技含量和现代化水平，提高了果园生产管理的效率和精细化程度，这对于推进果业的提质增效、增强果品竞争力，巩固脱贫成果、实现果农持续增收具有重要作用。

**4. 有利于提高我国果业竞争力，缩小同发达国家技术差距**

国外数字农业研究较早，尤其是美国、德国、日本等发达国家在数字农业研究方面处于领先地位，形成了科学的理论和技术体系。我国数字农业起步较晚，与国际先进国家差距较大，与领先国家相比，各项关键技术的研发仍处于实验室、中试阶段，而发达国家的相关技术已经进入了产业化阶段。未来一段时间，我国农业信息技术的发展应以提高农业劳动生产率、资源利用率和土地产出率，促进农业发展方式转变为目标，加强人工智能技术与农业领域融合发展的基础理论突破、关键技术研究、重大产品创制、标准规范制定和典型应用示范，建立以“信息感知、定量决策、智能控制、精准投入、个性服务”为特征的农业智能生产技术体系、农业知识智能服务体系和智能农业产业体系。因此，依托数字技术，构建现代果树栽培技术体系，研发果园环境智能感知设备，发展信息化和智能化果园，对我国数字农业发展具有重要的现实意义，是加速缩短与发达国家差距、提高农业产业国际竞争力的迫切需要。

## 三、果园数字化关键技术及智能装备成果

2016年至今，四川省农业科学院农业信息与农村经济研究所联合国家农业信息化工程技术研究中心、中国农业科学院农业信息研究所等单位，开展了一系列果园数字化管理关键技术及智能装备创新研究，取得了系列研究成果。

### （一）果园环境信息智能感知技术与装备成果

#### 1. 果园土壤信息传感器

针对土壤信息监测设备精度低、实用性差、安装困难等问题，提出了低功耗、无线化、多点多参数监测的设计理念，研究了低功耗高频振荡、扩频通信、低功耗低频无线信号唤醒等技术，研制了低功耗多剖面土壤水分、土壤多点温度等系列传感器，解决了土壤水分监测精度低、适用性差、设备安装维护成本高等问题，提供了果园墒情监测标准化和系列化解决方案，实现了低成本、高性能的自动信息监测。

#### 2. 果园小气候和土壤环境智能监测设备

研究果园小气候和土壤环境特征，建立果园环境下环境适应性的测试方法，在分析国内外现有同类产品优缺点的基础上，综合电路可靠性设计技术、低功耗技术和阻抗匹配技术，研制了适用于果园的小气候和土壤环境监测设备，解决了小气候和土壤环境监测精度低、适用性差、设备安装维护成本高等问题，实现了果园环境信息的自动上报等功能，提供了果园小气候和土壤环境监测标准化解决方案，实现大范围“果树—水—气—土壤”的一体化监测（图1）。

**图1　青神县果园小气候和土壤环境智能监测设备**

### （二）果树形态结构功能模型构建与仿真模拟

#### 1. 果树三维形态建模技术

针对果树高大、枝叶茂盛、分枝结构复杂等问题，构建基于实测数据的果树冠层三维建模方法。利用三维激光扫描仪快速获取果树冠层三维点云数据，并基于三维点云数据，构建冠层骨架增量提取方法、冠层叶片密度分割方法，进而实现了果树冠层三维精度重建。以苹果树为例，基于研发算法，研制了苹果树三维重建交互式设计系统，为果树冠层模拟和可视化计算提供了三维模型支撑，为构建数字化果园提供技术支撑。

#### 2. 果树冠层光分布计算模拟技术

基于果树冠层二维模型的冠层光分布计算精度问题，一直是制约果树冠层模拟精度的瓶颈。针对该问题，结合三维冠层模型优势，利用 Z-buffer 算法和 Turtle 算法，研究构建了果树三维冠层中太阳直射光合有效辐射计算模拟算法和天空散射光合有效辐射计算模拟算法。从而有效提高了果树冠层光合计算的模拟精度，为果树冠层修剪策略研究提供定量化计算模型。

#### 3. 果树生长动力学模拟模型

针对果树生态系统的复杂性问题，试验研究果树形态结构和土壤含水量、养分以及修剪之间的关系，结合果树生长知识和动力学理论，构建了果树生长模拟动力学系统模型。从而为果树疏花疏果、整枝修剪，以及灌溉施肥等果园管理提供决策模型支撑。

#### 4. 果树三维建模及可视化计算服务系统

基于研制的算法和构建的模型，以苹果树为例，研发了苹果树三维建模及可视化计算服务系统，系统提供用户对三维模型进行交互式设计、可视化渲染、交互浏览、果树冠层科学计算等功能。为虚拟果树研究以及果树虚拟修剪研究提供有效的软件工具和平台，从而为计算机辅助果树栽培管理提供核心模型支持。

### （三）果园数字化管控技术与装备

#### 1. 果园节水灌溉智能决策及产品

针对果园灌溉水利用效率低下等问题，开展果园节水综合技术研究及集成。首先模拟果树生产周期内耗水过程，制定了各生育期用水指标和水分胁迫模型，为自动化灌溉提供依据；分析提取果园取水环境特点，研究灌区输送水系统的智能调控技术，解决配送过程的问题；从土壤物理学角度开展作物根系储水过程研究，完成多种土壤储水模型的建立；在综合输送水、储水、作物耗水前述技术基础上，提出了适用于果园的智能灌溉决策方法。针对果园水资源利用环境，从水井取水到最终灌溉的全过程考虑，研发能够精确监管和控制灌溉各个环节的自动灌溉装备。针对果园系统的铺设组网和能量供给问题，开发果园用水智能机井用水管理设备、智能灌溉控制设备。

**2. 果园驱鸟设备技术与产品**

以鸟类对果园生产的危害为目标，以我国水果产品生产中危害严重、爆发性强的鸟害行为作为研究对象，利用生物声学、仿生学、数字语音和数字电子等技术，通过研究鸟类危害信息快速获取及数据处理技术、数字语音还原及仿真技术，开发鸟害行为声防数字化技术和智能语音驱鸟产品，进行鸟类危害防护系统的研究、开发和生产，实现对鸟害行为的防治。在语音还原技术方面，适合低成本嵌入式防护设备的语音存储技术，研究数字语音加密和还原技术，实现对声音库中原始声音的真实还原；研究鸟类原始声音的频谱特征，通过数字处理和小波分析等技术实现相同频率下的声音效果，模拟不同个体的声音效果，以防止鸟类的适应性；开发数字语音处理和合成系统，实现数字语音合成和转换的自动化管理。

**3. 果园虫情监测技术与产品**

在果树生长过程中，以病虫害防治要点，分析西部地区果园环境下主要害虫种类，统计虫情害发生规律，开展果园虫情预警技术研究，研究强噪声背景下微弱信号提取、高压瞬态形态抓取等电子学技术，同时对比市场同类产品优缺点，研制了一体化杀虫计数装备，精准获取一定范围内虫情数量，利用分布统计学知识反演出当地虫情并划分虫害等级。

**（四）现代果园生产管理模式的创新与推广应用**

**1. 果园数字化管理平台**

本研究针对我国多数果园生产标准化程度低，管理模式粗放落后等问题，为实现果树生长信息和果园环境信息的智能采集、传输、分析与储存等功能，开展了果园数字化平台研究与构建。该平台由农用物资管理、农事规划与记录、果树长势监测、果树生育期识别、果园小气候与土壤环境监测以及果园智能灌溉等部分组成，利用该平台系统可详细记录果园农资使用情况，结合实时采集的气象墒情信息、果树生育期等信息，实现了以果树蒸腾量为主要依据，结合土壤水分条件和降雨预报的智能化灌溉功能。

**2. 利用果园气候大数据，开展果实气候品质分析评估**

对区域农业气象数据进行空间化，形成主要优势特色水果适宜区精细区划。结合园艺专家的研究成果，筛选出影响不同水果品质的主导气象因子，结合水果生育期，构建农产品气候品质认证模型，并利用当年果园实测气象数据进行案例研究分析。形成四川省基于果园小气候条件的果实品质评价方法。

**3. 水果生产知识智能服务体系研究与推广**

针对西部地区不同地域、不同自然资源条件下果园的特点，探索了基于数字化管理技术及智能装备的现代果园管理模式，开展了果园数字化技术推广应用模式的研究，创新构建集合智能感知、智能分析、智能控制、智慧管理和专家远程技术服务等“五位一体”果业信息服务模式和集果农、专业合作社、区域的“三级联动”的技术推广模式。成果已在四川省眉山市青神县，凉山州西昌市、盐源县，成都市新都区，内江市资中县、威远县，宜宾市江安县等地区示范推广应用。

## 四、成果应用案例：青神县数字果园

### （一）基本概况

青神县数字果园项目位于青神县碰柑现代农业园区内，占地面积约 800 亩。青神县数字果园集成应用了大数据、物联网、云计算等现代信息技术，采用“1+1+1+N”的模式，即一个数字果园综合信息服务平台、一个数字果园大数据应用分析、一个指挥控制中心以及 N 个子系统，实现一个平台，多种应用，为果园里的每一颗果树提供采前、采中、采后的全方位监测和指导。

### （二）成果应用

**1. 果园环境智能监测装置与设备**

该项目根据柑橘园地形地貌和土壤条件，把园区分为 10 个种植小区，在每个小区安装果园小气候环境采集仪器、土壤环境信息采集仪器、虫情测报仪，物联网杀虫灯，高清摄像机等，实现了对果园各种植小区的生产环境的智能感知，并结合果园数字化管理平台的搭建，实现了果园全天候环境信息的可视化和数据存储，以方便基地管理人员和水果专家时刻了解果园环境变化情况，为生产过程的农艺措施提供精确数据参考。建成至今，共计发布柑橘晚霜冻害和高温日灼等果园逆境预警共计 50 余次。

**2. 果园数字化管理平台**

该项目搭建了果园数字化管理平台。管理平台由五个功能模块组成。

一是果园环境数据收集与可视化模块。该模块的功能是收集果园小气候环境设备、土壤环境设备以及虫情测报仪等物联网设备采集的果园实时环境数据，对数据进行存储和数字化展示，并实时与果园适宜环境指标阈值进行智能分析与比较，若果园出现超出适宜环境阈值的情况，系统平台将给相应种植小区的管理人员发出预警信息，并记录果园逆境信息。

二是农事作业管理和记录模块。该模块包括果园组织机构管理、农事活动管理、生产资料管理与记录、投入品管理与记录、项目用户管理等内容。主要功能是管理记录果园农事作业情况、生产资料和投入品使用情况以及果园专业合作社、家庭农场等用户资料信息。

三是农产品市场信息收集与可视化模块。该模块主要是对柑橘历史和实时市场价格以及柑橘供求数据的可视化展示。数据来源主要是管理人员 App 录入上传以及利用网络爬虫技术定时定点收集农产品交易市场信息。为果园经营管理人员及时了解市场行情信息提供数据服务。

四是果品可追溯模块。该模块的功能是对果园中各种植小区的果品进行可追溯管理。现已将园区 40 余户农业新型经营主体纳入该系统进行管理，实现对柑橘生产、流通等环节监管和追溯。消费者通过扫描二维码，可以更直观地看到柑橘从生产到加工销售的整个过程。

五是科普培训模块。科普培训模块主要内容是依托四川省农业科学院专家优势，拍摄当地柑橘生产全产业链科普培训视频，包括果树种植技术培训视频、果树植保防疫培训视频、鲜果产后贮藏运输培训视频以及极端气象灾害发生后应对措施视频等，所有培训视频在平台上可供当地果农永久观看学习，并提供种植技术答疑信息服务。从平台建成至今共解答果农种植问题 240 余条/次。

青神县数字果园项目建成于 2020 年 9 月，已正常运行 2 年。现正准备在果园数字化管理平台采集多年不同类型农业大数据的基础上，引入果树生育期智能识别、晚熟柑橘智能灌溉决策、鲜果气候品质预评估、柑橘虫害早期预警等模型算法，实现果园智能水肥管理、虫害早期预报预警、鲜果上市预测和果品品质预估等，推动基地从标准化果园提升为数字化果园，再到智慧果园的转型升级。

## 五、果园数字化转型的建议

考虑到数字化技术、智能装备投入巨大，对果农和果园管理者数字素养与技术要求高的特点，建议四川省果园数字化转型应该走低成本、省人力、高效用的转型升级之路。

**1. 加强果园的标准化、规模化建设，做好数字化转型试点示范**

加强果园标准化、规模化建设，选取位于四川省五大优势水果产业带和八大特色水果生产区的标准化、集中连片的种植基地开展果园数字化转型提升试点示范工作。

**2. 大力推动省力化、精准化和指尖式数字果园管理模式**

果园数字化管理平台建设不宜大而全，宜以节约劳动力、提升生产管理精准度为目的，如对灌溉、施肥、打药、病虫害识别和水果运输等环节的智能控制模型模块的应用。除生产基地专门建设有机房控制中心的果园建议搭建果园数字化管理平台电脑客户端以外，其他果园建议主要开发基于手机 App 或微信小程序的移动客户端，用好“手机”新农具，推广“指尖管理”数字果园的新方式。重视对果园生产管理历史数据的收集和挖掘分析。

**3. 加强果园数字化人才培养**

加大农业数字技术培训基地建设，以水果种植大户、专业合作社负责人、家庭农场主等新型经营主体负责人为重点发展对象，开展果园数字化技术培训，提高其数字素养和技术水平，提升其对数字化技术的认同程度和接受程度。

### 参考文献

高群，李明丽，武装，等，2022. 山东省数字化果园发展现状与对策研究［J］. 中国果树（7）：105-108.

唐齐粒，魏伟，2022. 四川省水果产业地理分布及其休闲潜力分析［J］. 中国果树（6）：102-108.

周国民，2015. 数字果园研究现状与应用前景展望［J］. 农业展望，11（5）：61-63，81.